U0938430

門閥時代

魏晉南北朝的政治與制度

門閥時代

魏晉南北朝的政治與制度

祝總斌　著

商務印書館

責任編輯： 童思媚
裝幀設計： 涂　慧
排　　版： 肖　霞
責任校對： 趙會明
印　　務： 龍寶祺

門閥時代 —— 魏晉南北朝的政治與制度

作　　者： 祝總斌
出　　版： 商務印書館（香港）有限公司
香港筲箕灣耀興道 3 號東匯廣場 8 樓
http://www.commercialpress.com.hk
發　　行： 香港聯合書刊物流有限公司
香港新界荃灣德士古道 220-248 號荃灣工業中心 16 樓
印　　刷： 中華商務彩色印刷有限公司
香港新界大埔汀麗路 36 號中華商務印刷大廈 14 樓
版　　次： 2025 年 3 月第 1 版第 1 次印刷

ISBN 978 962 07 6748 7
Printed in Hong Kong

導讀

葉煒

本書上編、下編收錄了祝總斌先生研究魏晉南北朝政治史、制度史的論文十篇，外編收錄書評兩篇與祝先生的學術自述。十篇論文當中，最早的一篇是發表於 1980 年的《"八王之亂"爆發原因試探》，最晚的一篇是 1995 年發表的《試論魏晉南北朝的門閥制度》。20 世紀 80 、90 年代，是祝先生最具學術創造力的時期，其代表作《兩漢魏晉南北朝宰相制度研究》以及對秦漢魏晉南北朝政治、制度研究中最具原創性、影響力的論文大都出自這一時期。也可以說這一時期的論著，體現了祝總斌先生的學術旨趣與研究特點。下面，我就把個人閱讀、學習這些著作後的一點兒體會分享給大家，不一定準確，供讀者參考而已。

祝總斌先生的史學研究，特點有四：

一、關注重大問題，推進整體認識

歷史研究中可供選擇的論題很多，其中有些論題尤其具有實質意義和全局意義，這就是所謂重大問題。祝先生討論重大問題，不是泛泛而談，而是建立在細密的考證基礎之上。門閥制度是魏晉南北朝的核心制度之一，影響涉及政治、經濟、社會諸多方面，對當時政治、社會具有重要的塑造作用。在《試論魏晉南北朝的門閥制度》一文中，祝先生開宗明義地指出："中國中古的門閥制度，整個看來，最主要的特徵在於按門第高下選拔與任用官吏，至於士族免徭役、婚姻論門第，'士庶之際，實自天隔'等特徵，都是由前者逐漸派生出來的。所以門閥制度在相當長的時期內，主要當屬於政治制度的範疇，社會制度的成分是次要的。"文章正是以是否"按門第高下選拔與任用官吏"為主軸，對西晉"二品繫資"、東晉南朝前期"門第二品"，以及南朝梁十八班與宋齊官品關係等一系列關鍵問題進行了細密、精彩的考辨，令人信服地解決了不同時期人品、門品與官品之間的複雜關係，動態地展現了不同時期士族的構成及其變化。在此基礎上，祝先生條分縷析門閥制度發展的階段性，認為門閥制度大體萌芽於東漢後期，初步形成於曹魏、西晉，確立、鼎盛於東晉及南北朝前期，而衰落於南北朝後期，進而分析了門閥制度在各個階段的特點及其出現和存續的原因。祝先生關於門閥制度的研究構成了一個理解魏晉南北朝時代的框架，此期許多重要的歷史現象都可以在這個框架中就位、得到比較好的解釋。這不僅有效地深化了學界對於魏晉南北朝時代的整體認識，而且對秦漢史和隋唐史的認識也具有重要的參照價值。

此外，如《試論東晉後期高級士族之沒落及桓玄代晉之性質》《都督中外諸軍事及其性質、作用》《略論晉律之"儒家化"》等論文都是通過對重大問題的討論，深化了學界對時代特色及發展脈絡的整體把握。

在《試論魏晉南北朝的門閥制度》《都督中外諸軍事及其性質、

作用》等制度史研究中，祝先生對是否為制度規定、是否為正常官制的關注，對社會風氣與政治制度關係的探討，都深化了對制度史的研究，並使制度史研究與政治史、社會史更為緊密地聯繫起來。

二、大處着眼、小處着手

這一道理知易行難，關鍵在於大、小的結合，如何找到關鍵的切入點，如何將宏觀認識建立在微觀考察基礎之上。祝先生對此十分重視，他認為"一部史學著作不但需要有宏觀方面的理論概括和創造性見解，而且需要有微觀方面的嚴謹處理與史料的細緻考證和巧妙運用。前者欠缺，後者便易流於餖飣；後者單薄，前者又會失之空洞、缺乏說服力"(《評田餘慶著〈東晉門閥政治〉》)。他在《我與中國古代史》講"論從史出"時談到："對於一些在關鍵問題上的精彩考證，必須給予高度評價，有些考證絕不亞於一篇大論文或專著。"本集所收《劉裕門第考》《素族、庶族解》兩篇文章，就是這方面的代表。

在《劉裕門第考》中，祝先生的問題指向是："劉裕代表的是哪一種社會勢力？劉裕代晉體現了甚麼歷史規律？"而祝先生的具體着力處，則是劉裕家族的門第，也就是"為了有助於這些問題的研究，本文試圖探討一下劉裕的出身、門第"。祝先生從分析劉氏家族及其婚姻家族的為官情況入手，指出他們擔任的官位大致上可分三類：第一類是地方上的縣令、郡太守，第二類是不歸朝廷選任，地方上由郡太守自行辟除的郡功曹，第三類是中央的郎官、御史和助教。接着，祝先生按類別，一一詳細考辯了在東晉哪些家族可以擔任以上三類官職，在比較中確認劉裕家族的社會地位。他認為在東晉，縣令、郡太守多由士族壟斷，故劉裕及其婚姻家族一般不可能是寒族，但他們三代人中沒有一人治理過像吳郡、會稽那樣的大郡，又證明他們一般決不可能是高級士族。郡功曹一般是由低級士族充任，寒族仍不敢染指。所以劉裕及其婚姻家族，從充任郡功曹這一點看，一般也不可能是寒族，多半應是低級士族。對第三類官員而言，從"尚書郎、正員郎言，我們似乎應該推定劉裕及其婚姻家族決非寒族。然就治書侍御史、侍御史、助教說，又不會是高門，恐怕只可能是一個低級士族"。論證到此，似乎已經很能夠說明問題了，但祝先生仍然考慮到了反例的存在，他特別強調："劉裕家族卻不可能是這種例外。因為在其本族和婚姻家族中不是個別人充任這三類官，而是整整三代人都離不開這三類官，這豈能是例外呢？"接着祝先生又論證了東晉社會"次門下一等即'役門'，也就是寒族"，"次門和役門間並無別的階層"。這樣東晉士族仍只有兩等，即高級和低級，或高門與次門，劉裕門第為低級士族、次等士族的觀點得以充分論證。這篇文章中，祝先生大處着眼、小處着手，思維嚴謹、考證細密的特點十分突出。而且，《劉裕門第考》從分析劉氏及其婚姻家族的任官特權入手分析劉氏家族所屬社會階層，這裏已經有了後來研究門閥制度，強調門閥制度"最主要的特徵在於按門第高下選拔與任用官吏"的基本認識。

《素族、庶族解》是一篇篇幅不大的考證文章，但要解決的，卻是關乎準確理解門閥制度的部分關鍵詞。其中，討論"素族""素姓"二詞的出現及其與"庶族""庶姓"的混用時，還從"素"字的字義和聲韻方面做了研究，與歷史學討論相得益彰。祝先生提倡"文字學、訓詁學、考古學、天文曆法、科學技術、中外交通、文學藝術、哲學宗教等知識，也都需要不同程度地儘可能多懂一些"(《我與中國古代史》)，以上考證也是祝先生厚積薄發的一個例子。

三、質疑成說，推陳出新

讀祝總斌先生的論文，思路總是不斷地隨着作者提出的一個又一個"為甚麼"而前行。祝先生的很多研究，都是從對大家所共知的基本歷史現象問"為甚麼"開始，又是以追問"為甚麼"而層層推進的。如為甚麼出身"寒微"的低級士族劉裕敢於覬覦皇帝寶座，而最後終於得以如願以償，淩駕諸高級士族之上，推翻司馬氏，建立宋王朝呢？為甚麼高級士族要推桓玄為帝？為甚麼說他是高級士族的代表？(《試論東晉後期高級士族之沒落及桓玄代晉之性質》)劉裕代晉後的第二年，派人殺死了禪位後的晉恭帝。祝先生就此提出："為何魏文、晉武不殺前代之君，而劉裕卻敢於開此先例呢？"(《晉恭帝之死和劉宋初年的政治鬥爭》)在《陶淵明田園詩產生的歷史、文化背景》中，祝先生開篇提出的是："陶淵明的田園詩，自唐宋以來為人們高度讚許和廣泛傳誦，已經一千多年"，"為甚麼恰好在東晉、劉宋之際會出現這種風格的詩？"結合具體歷史、文化背景的探討由此展開。

這作為祝先生思考、寫作的一個特點，在未收入本集的論文中也比比皆是。如為甚麼在公元前 3 世紀中開始把成文法稱作"律"，並且此後約定俗成，一直沿用了下去？為甚麼在那以前各種成文法的名稱，經過摸索、選擇，終於為"律"所代替？"律"字適合用於法律意義，其強大的競爭力究竟何在？(《關於我國古代的"改法為律"問題》)為甚麼八股對仗這一文體前後能存在數百年？(《正確認識和評價八股文取士制度》)對於吏胥，唐宋以後予以嚴厲抨擊，

可是為甚麼這一制度始終無法廢除或徹底改革？（《試論我國古代吏胥制度的特殊作用及官、吏制衡機制》）

正是這種不斷提問和質疑的精神，使得祝先生的論文往往能突破成說，推陳出新。在《“八王之亂”爆發原因試探》中，祝先生認為“八王之亂”爆發的主要原因，既不是晉武帝大封同姓諸王，也不是任諸王以方面重鎮、賦予權力過大，而是晉武帝在世時安排的皇位繼承人及輔政大臣不得其人。更為典型的是《正確理解顧炎武八股文取士“敗壞人才”說》等三篇對八股文取士制度的研究。多年來，提到八股文取士，有關論著幾乎是一片否定之聲，而且是全盤否定，對八股文取士“敗壞人才”的觀點也幾乎成為了大家無條件接受的“公理”和“常識”。然而，祝先生正是在他人批判性思維停止的地方繼續追問，從八股文取士制度得以延續數百年這一基本現象入手，以具體問題具體分析的歷史學方式，探討其立法意圖與產生的弊病，及其二者的關係，指出八股文取士制度對明清社會文明程度大幅度提高的積極作用。這使我們得以更為歷史地、全面地把握這一制度。對“公理”和“常識”的質疑，使我們的認識得以擺脫桎梏。

四、前後貫通，籠罩全局

祝總斌先生的研究成果雖然以秦漢魏晉南北朝史和古代政治制度史為主，但是他的研究範圍上起先秦，下及明清，可以說對中國古代史有通盤的理解。這既包括前後貫通，如《略論中國封建政權的運行機制》和《試論我國封建君主專制權力發展的總趨勢》，也包括上下貫通，既研究中國古代政權中高高在上的皇帝與宰相，也研究處於政權神經末梢、但絕非不重要的吏胥。

貫通和全局觀不僅體現在研究對象的選擇上，而且更體現在具體研究之中。《試論東晉後期高級士族之沒落及桓玄代晉之性質》的背後，是祝先生對魏晉南北朝門閥制度發展歷程的整體思考和把握。祝先生提出，門閥制度始於魏晉，至東晉前期達到頂峰。門閥特權在東晉已制度化，門閥制度的高度發展腐蝕了高級士族。他們或是統治才幹越來越弱，或是雖有統治才幹而為門閥特權所累，除了關心保住權位和家族外，全都在現實政治中發揮不了多大作用。這就是低級士族劉裕雖然遭到高級士族普遍輕視，仍得以取代司馬氏，成為高級士族不得不北面奉事之君主的根本原因，亦即門閥制度高度發展的必然結果。

儒家的禮是有差別的行為規範，法家的法是無差別的行為規範，禮、法結合是一個漫長的過程，也是理解、揭示中國古代法律發展特色的重要課題。20 世紀 40 年代，陳寅恪先生提出了晉律在古代法律儒家化中所佔之重要地位："古代禮律關係密切，而司馬氏以東漢末年之儒學大族創建晉室，統制中國，其所制定之刑律尤為儒家化。"不久以後，瞿同祖先生《中國法律之儒家化》進一步系統討論了這一過程。祝先生在此基礎上提出："所謂儒家化，主要指制定晉律遵循和吸收的是儒家經典中'禮'的精神和規範。"進而從"司法中禮、律並舉，同具法律效力""官吏得終三年喪，居喪違禮受法律制裁""關於處理私復仇案件之折中辦法""強調繼母名分同親母""父在，子不得分家異財""禁止以妾為妻""貴族官吏犯法得到照顧，享有特權"七個方面揭示晉律儒家化的表現，將晉律儒家化的討論引向具體和深入。而且，祝先生還從封建大土地所有制和大家族發展這一東漢魏晉具有時代特色的重要歷史現象出發，從秦漢魏晉政府處理封建大家族與封建王朝之間孝與忠、家與國、私與公關係的角度揭示晉律儒家化的原因，其討論超出了法律史範疇，拓展了理解晉律儒家化的空間，也使讀者能夠獲得更大的啟發。

祝總斌先生總是能夠將宏觀的見識建立在微觀的考證基礎之上，文章恢宏而不失於疏闊，顯示了祝先生關照全局的宏大視野與思接千載的史學思維魅力。讓我們感受到錢穆先生所謂"能總攬全局，又能深入機微"，"能見其全、能見其大、能見其遠、能見其深、能見人所不見處"的學術境界。讀祝總斌先生的文章，眼前似乎浮現出了一位容貌清癯的武林高手形象，他非以精妙的招式取勝，而以深厚的內力見長，他出招不緊不慢，但環環相扣，毫無破綻，一招一式樸實無華，卻又綿綿不絕，勢不可擋。

目　錄

上編　政治與人物

下編　制度與法律

外編　學者與學術

上編

政治與人物

"八王之亂"爆發原因試探 *

"八王之亂"[1]是西晉統治集團之間一場爭權奪利的激烈鬥爭，開始是宮廷政變，後來演化成大規模的屠殺戰爭。在這之前，階級鬥爭、民族鬥爭本來並不尖銳，社會秩序是比較穩定的。干寶描述說："太康之中，天下書同文，車同軌，牛馬被野，餘糧棲畝，行旅草舍，外閭不閉。……故於時有天下無窮人之諺。"[2]《晉書》卷二六《食貨志》也說："平吳之後……天下無事，賦稅平均，人咸安其業而樂其事。"這些話雖有極大誇張之成分，卻並非子虛烏有。而從"八王之亂"開始後，情況就大不同了。規模比較大的少數民族起義和流民起義接踵而起，階級矛盾和民族矛盾迅速激化，不過二十幾年，一個強大的帝國就土崩瓦解了。很明顯，"八王之亂"是導致西晉滅亡的一個關鍵事件，所以古今論述它的不乏其人，筆者在這裏想僅就其爆發的原因談一點粗淺的意見。

* 原載《北京大學學報（哲學社會科學版）》1980 年第 6 期。

1 為行文簡便，本文的"八王之亂"一詞包括賈后亂政。

2 《文選》卷四九"史論類"干令升《晉紀總論》。

一

不少人認為，“八王之亂”是晉武帝大封同姓諸王，建立了許多王國所造成的。這種看法符不符合歷史情況呢？

大家知道，曹魏王朝控制諸王十分嚴厲。封國小，地方窮，戶口少，所謂“子弟王空虛之地，君有不使之民”。[1] 特別是諸王沒有實權，“寮屬皆賈豎下才，兵人給其殘老，大數不過二百人”。[2] 而且“設防輔、監國之官以伺察之”，諸王行動沒有自由，“遊獵不得過三十里”。[3] 有一次曹植與曹彪從洛陽回封國，兄弟二人因為很久不見，“欲同路東歸，以敘隔闊之思，而監國使者不聽”。曹植氣憤地寫了首詩咒罵。[4] 然而也只是罵罵而已，絲毫無濟於事。由於曹魏王朝控制諸王如此之嚴，“王侯皆思為布衣而不能得”，[5] 因而西晉初年一些大臣都把這看成是曹魏之所以輕易被取代的根本原因，認為這種制度使得諸王毫無力量藩衛中央，中央太孤立了。[6] 正是在這個認識的基礎上，晉武帝“懲魏氏孤立之敝，故大封宗室”，[7] 前前後後大約封了幾十個同姓王。要是單從這個指導思想看，賦予諸王的權力應該很大，然而事實不然。因為一項政治制度的建立不可能超越它的時代條件。在西晉，這些條件主要是：第一，從秦漢以來，專制主義中央集權制度適合於封建經濟基礎，已經

---

1 《三國志》卷二〇《魏書》注引《魏氏春秋》載曹冏上書之言。

2 《三國志》卷一九《魏書・陳思王植傳》。

3 《三國志》卷二〇《魏書》注引《袁子》。

4 《三國志》卷一九《魏書》注引《魏氏春秋》。

5 《三國志》卷二〇《魏書》注引《袁子》。

6 《晉書》卷四六《劉頌傳》、卷四八《段灼傳》。

7 《資治通鑒》卷七九晉武帝泰始元年。

逐漸完備，不可移易。王國的權力不可能擺脫這一羈絆。第二，經過東漢末年的戰亂，社會經濟一直未能完全恢復，全國人口到太康元年（280），包括吳、蜀在內，也才只有一千一百一十六萬，[1] 和西漢末年五千九百多萬比，相差甚遠。王國的規模和制度必然要受它制約。由於這兩個條件，儘管西晉諸王極受尊重，行動也自由得多，然而就實權看，比起曹魏諸王來，卻沒有也不可能有根本的變化。

西漢初年，"藩國大者，跨州兼郡，連城數十"。[2] 而西晉只不過"封諸王以郡為國"。[3] 而且這個"國"並不全部屬於諸王，"名山大澤不以封，鹽鐵金銀銅錫，始平之竹園，別都宮室園囿，皆不為屬國"。[4] 而對封給諸王的地區，他們也無權收取全部民戶的賦稅。如中山國有戶 32000，中山王睦食戶只有 5200；平原國有戶 31000，平原王榦食戶只有 11300；梁國有戶 13000，梁王肜食戶只有 5358；太原國有戶 14000，太原王瓌食戶只有 5496；東平國有戶 6400，東平王楙食戶只有 3097；等等。[5] 同時，即使諸王所食之戶，大部分剝削收入也要歸晉王朝，諸王只能到手一部分，大體是三分之一。[6] 由於財權太小，於是便發生了這樣的事情：中山王睦"遣使募徙國內八縣受逋逃、私佔及變易姓名、詐冒復除者七百

---

1 《晉書》卷一四《地理志上》。

2 《漢書》卷一四《諸侯王表序》。

3 《晉書》卷一四《地理志上》。

4 《晉書》卷二四《職官志》。

5 參《晉書》之《地理志》及諸王本傳。王國的戶數是太康元年數字，諸王食戶是泰始年間數字，二者並不正相值，但諸王食戶只是王國戶數的一部分則是沒有問題的。

6 《通典》卷三一、《宋書》卷四〇《百官志下》、《初學記》卷二七引《晉故事》。

餘戶，冀州刺史杜友奏睦招誘逋亡，不宜君國”。[1] 招誘逋亡，漢魏以來屢見不鮮，是貴族、官僚和豪族大地主與封建王朝爭奪勞動力的慣用伎倆，並不奇怪。奇怪的是中山王睦招誘的是自己封國內的勞動力。表面看來，是自己挖自己的牆腳，其實，正好反映諸王財權太小，王國範圍內的賦稅剝削大部分被晉王朝攫去了，諸王不夠揮霍，所以要另謀生財之道。挖，實際上是挖晉王朝的牆腳。

在官吏的任用上，王國也受極大限制。西晉剛建立時，曾允許諸王“皆自選其文武官”。[2] 然而說是“自選”，其實並不能隨心所欲，而要受晉王朝的監督。《晉書》卷三八《梁王肜傳》：“時諸王自選官屬，肜以汝陰上計吏張蕃為中大夫”，因為蕃“素無行”，犯了法，結果肜“為有司所奏，詔削一縣”。所以有些王也就不敢、不願自選官吏。《晉書》卷三八《齊王攸傳》：齊國“長吏缺”，攸拒絕自選，下令說：“至於官人敘才，皆朝廷之事，非國所宜裁也。”《晉書》卷三八《琅邪王伷傳》：封東莞郡王，時晉武帝“特詔諸王自選令長，伷表讓，不許”。在這種情況下，諸王官屬的任命權大概不久又交還了晉王朝。《晉書》卷五七《吾彥傳》：彥吳平後歸晉，“時順陽王暢驕縱，前後內史皆誣之以罪。及彥為順陽內史，彥清身率下，威刑嚴肅，眾皆畏懼。暢不能誣，乃更薦之，冀其去職”。這是內史由晉王朝任命的明證。如果順陽王自選，顯然就不會發生“乃更薦之，冀其去職”的問題了。《晉書》卷四八《段灼傳》：灼泰始、咸寧（265—280）間上書，建議諸王除特殊情況外，“年十五以上悉遣之國。為選中郎、傅、相，才兼文武，以輔佐之”。“中郎”

1 《晉書》卷三七《高陽王睦傳》。

2 《晉書》卷二四《職官志》。《資治通鑒》卷七九繫於泰始元年。

或即中尉之誤，[1] 是王國三卿之一；“傅”即諸王師，因避晉景帝司馬師諱，有時稱傅；“相”即王國相。[2] 段灼的話，反映這些主要屬官是全由晉王朝配備的。[3]《晉書》卷四六《劉頌傳》：頌於太康年間上書建議賦予諸王以實權時說：“至於境內之政，官人用才，自非內史、國相命於天子，其餘眾職及死生之斷，穀帛資實，慶賞刑威，非封爵者，悉得專之。”這段話反過來也就證明當時諸王已被取消了從內史、國相到“其餘眾職”的任命權了。

至於軍隊，王國的數量並不多。《晉書》卷一四《地理志》的記載是大國五千人，次國三千人，小國一千五百人。而且是由晉王朝配備的。《晉書》卷二四《職官志》稱：諸王“其未之國者，大國置守土百人，次國八十人，小國六十人”。及至議遣諸王就國，荀勖又說：如諸王就國，“國皆置軍，官兵還當給國，而闕邊守”。[4] 這裏曰“置”，曰“給”，而且要動用邊防軍，可證不是諸王自行豢養的私兵，[5] 而應是晉王朝調撥的官軍。這些官軍調撥給諸王後，和晉王朝維持一個甚麼樣的關係，史無明文，但根據以下事實，可以做一個推測。第一，曹魏諸王國的軍隊雖然少，也是由中央王朝調撥的，而他們常常被徵發調走。《三國志》卷一九《魏書・陳思王植

1　考西晉王國官屬無“中郎”，而有“中尉”掌兵，根據段灼兩次上書強調王國“繕修兵馬”“增益其兵”的精神看，“郎”字可能是“尉”字之誤。

2　參《晉書》卷二四《職官志》。

3　參《晉書》卷五四《陸雲傳》、卷三八《樂安王鑒傳》、卷九一《儒林・陳邵傳》、卷四六《劉頌傳》、卷九一《儒林・氾毓傳》、卷九四《隱逸・辛謐傳》、卷七〇《甘卓傳》。還可參《太平御覽》卷二四八引《山公啟事》。

4　《晉書》卷三九《荀勖傳》。

5　當然，諸王也養有私兵。《晉書》卷六四《淮南王允傳》：允為中護軍，“率國兵及帳下七百人”討伐趙王倫。然據下文“允所將兵皆淮南奇才劍客也”，而且數量不多，加上中護軍帳下親兵才七百人，應該就是本傳所說的“密養”的“死士”，這是一小部分亡命徒，和晉王朝配備的王國正式軍隊不同。

傳》注引《魏略》："是後大發士息，及取諸國士。"曹植因為原來得到的士兵才一百五十人，後來士兵的子弟已被調走三批，"其遺孤稚弱，在者無幾，而復被取"，所以上書抗議，方才免除徵發。但這只是一種特恩，按制度是可以調走的。第二，西晉的高級文武官員常常由皇帝"加兵"，作為一種榮寵。[1]如《晉書》卷三四《杜預傳》："以預為安西軍司，給兵三百人、騎百匹。"《晉書》卷三六《衛瓘傳》：瓘遷司空，領太子少傅，"加千兵百騎，鼓吹之府"。《晉書》卷五九《汝南王亮傳》：亮為太宰，錄尚書事，"給千兵百騎"。《晉書》卷四〇《楊駿傳》："置參軍六人、步兵三千人、騎千人。"同卷《賈充傳》："給羽葆、鼓吹、緹幢、兵萬人、騎二千。"這種加兵與王國軍隊有不少共同點。首先，賜給時也是曰"置"，曰"給"，與調撥軍隊給王國的提法相同。其次，主要任務是護衛長官，與王國軍隊護衛諸王相同。如《晉書》卷四〇《楊駿傳》：賈后發動政變，"殿中兵出，燒駿府……駿兵皆不得出"。《晉書》卷五九《汝南王亮傳》：楚王瑋攻亮府，"帳下督李龍白外有變，請距之。……長史劉準謂亮曰：'觀此必是奸謀，府中俊乂如林，猶可盡力距戰。'"駿、亮府中之兵當即晉王朝所加之兵。[2]然而這些加兵並不屬於私人，長官一離任，就和他不再發生關係。如上引衛瓘"加千兵百騎"，後告老免職，所加之兵也就撤銷了。至惠帝時方才作為榮寵，"復千兵"。甚至未離任時，晉王朝也有權免去這部分軍隊。如《晉書》卷三八《齊王攸傳》：攸遷驃騎將軍，"時驃騎當罷營兵，兵士

---

1 《晉書》卷二四《職官志》。

2 《晉書》卷四二《王渾傳》：渾遷司徒，雖為文官，猶加兵。楚王瑋起事，渾"以家兵千餘人閉門距瑋"。這裏的"家兵"大概不是私人豢養的軍隊，而應和駿、亮情況一樣，是所加之兵。因為一個文官司徒在京師洛陽蓄私兵千餘人，君主專制制度是不允許的。

數千人戀攸恩德，不肯去，遮京兆主言之，（武）帝乃還攸兵”。西晉驃騎乃虛號，並不主兵。[1] 罷營兵當即罷所加之兵，[2] 故下面說“帝乃還攸兵”。然還兵乃特恩，可罷所加之兵乃制度。這些說明，“加兵”的最後支配權仍屬晉王朝。第三，當時吳國實行領兵制度，由君主賜給將領以士兵，死後子弟繼續統率，形成世襲。但這些士兵並不屬私人，仍屬孫吳王朝，君主有權奪回，改賜他人。[3] 所賜諸王之兵似乎也是如此。《三國志》卷四八《吳書・孫皓傳》：天紀二年（278），“立成紀、宣威等十一王，王給三千兵”。而陸抗上書反對，認為“諸王幼沖，未統國事，可且立傅相，輔導賢姿，無用兵馬，以妨要務”。[4] 要求孫皓收回，交他統率，抵禦西晉。可見按制度是可以收回的。從以上曹魏、西晉、孫吳的三項制度來推測，西晉王國的軍隊恐怕必要時同樣可由晉王朝調動。

總之，西晉的諸王無論財權、政權、軍權都受晉王朝的限制和控制，實際只不過是專制主義中央集權制度下一種特殊的地方機構而已。所以諸王在相當長一段時期內，都留在京師陪伴皇帝，而不樂意就國。後來實在不得已被迫就國時，“皆戀京師，涕泣而去”。[5]“就國”有時甚至成為削弱權力、鉤心鬥角的一種手段。如晉武帝因為弟齊王攸威望高，怕他留在京師自己死後會奪太子之

1 錢大昕《廿二史考異》卷二五“南齊書・百官志・領軍將軍”條：“晉宋以來，將軍有二等，自驃騎至龍驤將軍，皆虛號，非持節出鎮，不得領兵。”

2 西晉一些虛號將軍常有“營兵”。如《晉書》卷三四《羊祜傳》：祜為衛將軍，“給本營兵”。《晉書》卷四二《王濬傳》：濬拜輔國大將軍，“增兵五百人為輔國營”。這些營兵可能是“加兵”的一種，是以長官的軍號為軍號的。賜給無軍號之長官，大概就泛稱“加兵”了。

3 唐長孺：《魏晉南北朝史論叢》，生活・讀書・新知三聯書店，1955 年，第 19—26 頁。

4 《三國志》卷五八《吳書・陸遜傳附陸抗傳》。

5 《晉書》卷二四《職官志》。

位，便下詔一再催促他“就國”。[1] 又如楚王瑋為衛將軍，領北軍中候，汝南王亮和衛瓘“以瑋性狠戾，不可大任，建議使與諸王之國，瑋甚忿之”。[2] 這樣的王國，用劉頌的話就是“法同郡縣，無成國之制”。他認為建立這樣的王國“適足以虧天府之藏，徒棄穀帛之資，無補鎮國衛上之勢也”。[3] 既然起不到“鎮國衛上”的作用，難道能掀起“八王之亂”的大風浪嗎？所以我認為，說晉武帝大封同姓諸王是“八王之亂”的原因，理由是不充分的。

二

有的人認為，“八王之亂”雖非晉武帝大封同姓諸王所造成，卻是他任諸王以方面重鎮，賦予權力過大的結果。這種看法也值得商榷。

我們知道，咸寧三年（277）晉武帝在泰始初年已任命了一些王為都督的基礎上，採納了楊珧“異姓諸將居邊，宜參以親戚”[4] 的建議，增封諸王為都督，並調換封國，使與都督所在地相近，以擴大其權力。[5] 到太康十年（289），晉武帝臨死前，為了防止叛亂、加強帝室，他再一次增封諸王為都督，任以方面重鎮。[6] 這是不是“八王之亂”爆發的主要原因呢？這就需要首先探討一下都督

---

1 《晉書》卷三八《齊王攸傳》。

2 《晉書》卷五九《楚王瑋傳》。

3 《晉書》卷四六《劉頌傳》。

4 《晉書》卷二四《職官志》。

5 因為這樣一來，都督還可以同時指揮王國的軍隊。《晉書》卷三八《琅邪王伷傳》：伷本為東莞王，因任徐州都督，乃徙封琅邪王。平吳時指揮徐州諸軍，還使“琅邪相劉弘等進軍逼江”，即其證。

6 兩次增封見《資治通鑒》卷八〇咸寧三年、卷八一太康十年，又見《晉書》卷三《武帝紀》。

制度。

都督最早建立於魏文帝曹丕之時。[1] 它們的正式名稱是都督某州諸軍事或都督某地（如淮北）諸軍事。在中央則叫都督中外諸軍事。其中資歷深、威望高的，加號大都督。西晉沿此制度而更完備，"都督諸軍為上，監諸軍次之，督諸軍為下；使持節為上，持節次之，假節為下"。[2] 都督的權力比起諸王來的確擴大了許多。就地方上的都督言，根據官職的不同，可以統率一個州或幾個州的軍隊。大家知道，曹魏及西晉初年地方上的軍隊分為兩類：一是駐紮在地方上的中央軍；[3] 一是當地的州郡兵即地方軍。前者駐紮在某州固然歸該州都督直接統率，並且是他的主力；後者由州郡長官直接統率，按制度也歸都督指揮。《晉書》卷三四《羊祜傳》：祜為都督荊州諸軍事，有一次與吳將陸抗戰，"遣荊州刺史楊肇攻抗，不克"，"有司奏：'祜所統八萬餘人……乃遣楊肇偏軍入險……'"這條材料說明了三個問題：其一，刺史的州郡兵歸都督指揮。[4] 其二，州郡兵不是都督手下主力，只是"偏軍"，主力應是駐紮於荊州的中央軍。由此也就可以解釋為甚麼平吳後晉武帝罷州郡兵而不擔心統治受到削弱。[5] 其三，都督統軍竟多到八萬人。當然，在這後一問題上有點特殊情況，即荊州都督處於和孫吳對峙而且交鋒最激烈的前線，加上羊祜本人有才幹，極受晉武帝信任，或許軍隊稍多一

1　見《宋書》卷三九《百官志上》、《通典》卷三二。這是指正式建立，萌芽則可遠至東漢光武帝之時。

2　《宋書》卷三九《百官志上》。

3　何茲全：《魏晉的中軍》，載《"中央研究院"歷史語言研究所集刊》第 17 本，1948 年。

4　參《晉書》卷三四《杜預傳》、卷三五《陳騫傳》、卷四二《王渾傳》。

5　關於這一問題有不同看法，有人認為罷州郡兵削弱了西晉統治。

些，[1]但一般都督所統，相差也並不懸殊。[2]

但是，都督權重只是就制度的一個方面說的。必須看到，魏晉的都督是專制主義中央集權制度下的都督，建立這種機構並賦予它以重權的目的是要它為鞏固專制主義中央集權制度服務，而不是起危害作用，因此限制與防範也很厲害。

第一，都督沒有治民權。太康以前曹魏、西晉的都督與東晉南朝的都督不同，後者都督必兼刺史，統軍兼治民；[1]而前者都督往往不兼刺史，刺史另由晉王朝委任。特別是平吳後，一般“都督知軍事，刺史理人，各用人也”。[4]在不兼刺史的情況下，都督僅僅在軍事上可以指揮刺史的州郡兵，而在行政上、財政上，刺史按制度是獨立的。也就是說，都督沒有治民權。大概和這種制度有關吧，刺史有時甚至連軍事上也不服從都督。如《晉書》卷三四《杜預傳》：預為秦州刺史，都督秦州諸軍事石鑒命預出兵擊鮮卑，預拒之，“陳五不可，四不須”，“鑒大怒，復奏預擅飾城門官舍，稽乏軍興……”《晉書》卷三五《陳騫傳》：騫為都督揚州諸軍事，“時（牽）弘為揚州刺史，不承順騫命”。這樣，都督的權力當然要大受限制。

第二，都督沒有任命屬官的權力。其權歸晉王朝。如《晉書》卷五六《孫楚傳》：石苞為驃騎將軍，都督揚州諸軍事，孫楚為參軍，[5]“負其材氣，頗侮易於苞，初至，長揖曰：‘天子命我參卿軍

1　參《晉書》卷三四《羊祜傳》。

2　《晉書》卷三《武帝紀》：咸寧五年伐吳，共派出六個都督（有的是監軍）、一個刺史，共二十餘萬人，則平均每個都督有三四萬人。其中主力監梁、益二州諸軍事王濬率軍達七萬人，見《華陽國志・大同志》；入建業時“戎卒八萬”，見《資治通鑒》卷八一太康元年。

1　這是從惠帝末年開始的，見《通典》卷三二。《歷代職官表》卷五〇說，自此之後，“蓋有不治軍之刺史，而無不治民之都督”。

4　《通典》卷三二。

5　這本是驃騎將軍的參軍，然魏晉都督無不帶將軍號，將軍之參軍亦即都督屬官。

事。'"當然，從孫楚開始，參軍與長官的關係有所變化，"初，參軍不敬府主，楚既輕苞，遂制施敬，自楚始也"。然這只是形式上的更改，任命權歸晉王朝則不變。《晉書》卷四五《何攀傳》：益州刺史王濬辟攀為別駕，平吳前夕濬升為監梁、益二州諸軍事，遣攀見晉武帝面陳伐吳之策，"帝善之，詔攀參濬軍事"。說明州刺史僚屬可以自辟，而參軍之任命必須經過皇帝。《晉書》卷三四《羊祜傳》："咸寧初，除征南大將軍，開府儀同三司，得專辟召。"然所謂"專辟召"，僅指辟召一般文職掾屬，至於掌管軍事之長史、司馬、參軍並不在其內。故《晉書》卷二四《職官志》稱：將軍開府位從公者，"置長史一人，秩一千石"；加兵者（加兵見前），"增置司馬一人，秩千石"；為持節都督者，"增參軍為六人"。據文義都不在辟召範圍內。故羊祜死後，"故參佐劉儈、趙寅、劉彌、孫勃"稱："昔以謬選，忝備官屬，各得與前征南大將軍祜參同庶事。"此處之參佐應指長史、司馬、參軍，據其語氣，顯然不是羊祜辟召的，而是皇帝選任的。所以他們下面推崇羊祜謙虛不辟召，"雖居其位，不行其制"，臨死前"始辟四掾，未至而隕"。杜預也說："祜雖開府而不備僚屬。"[1]所謂"不備"，應指像"四掾"這樣的掾屬，而不是參佐。否則羊祜為荊州都督十年，統軍八萬，而不備長史、司馬、參軍，是不可想象的。然而即使這些地位較次要的掾屬，羊祜也不辟召，其原因主要恐怕不是如本傳所說的"謙讓"，而是和前述齊王攸拒絕自選屬官相仿，是為了儘可能避免皇帝的猜忌（參見下石苞事）。這從他"嘉謀讜議，皆焚其草，故世莫聞。凡所進達，

1　參《晉書》卷三四《羊祜傳》。

人皆不知所由。或謂祜慎密太過者”[1]一事，亦可窺其端倪。事實上在中央集權的西晉，不慎密就可能帶來大禍，因為晉王朝派來的參佐，同時也負有監視的使命。《晉書》卷四二《唐彬傳》：彬為使持節，監幽州諸軍事，“參軍許祗密奏之，詔遣御史檻車徵彬付廷尉……”，雖“以事直見釋”，卻不能不在都督心中投下極大的陰影。

第三，都督無權自行發兵、募兵。《晉書》卷四一《李憙傳》：憙除涼州刺史，加揚威將軍，領護羌校尉，“羌虜犯塞，憙因其隙會，不及啟聞，輒以便宜出軍深入，遂大克獲，以功重免譴……”大家知道，護羌校尉地位雖低於都督，但作為一級軍事長官，統率大軍鎮壓叛亂的性質是基本相同的。[2]西晉涼州治姑臧，即今甘肅武威，距京師洛陽一二千里。二地相去如此之遠，而護羌校尉發兵竟需先啟聞皇帝，否則就要受懲罰，可見晉王朝控制之嚴，[3]李憙免譴只是一個特例而已。《晉書》卷四二《唐彬傳》：彬任監幽州諸軍事，為參軍許祗密奏（見上），也是因為鮮卑叛亂，“彬欲討之，恐列上俟報，虜必逃散，乃發幽冀車牛”。他得到的罪名恐怕也是擅發兵。又《資治通鑒》卷七九泰始八年：王濬為監梁、益二州諸軍事、益州刺史，為伐吳，大作舟艦，別駕何攀建議：“宜召諸郡兵合萬餘人造之，歲終可成。”“濬欲先上須報”，[4]“攀曰：‘朝廷猝聞召萬兵，必不聽，不如輒（專）召，設當見卻，功夫已成，勢不得止。’”這又說明即使發州郡兵，也得上請，而且數量稍多，就不批准。王濬這次擅發兵，不知為甚麼沒有受到追

1　參《晉書》卷三四《羊祜傳》。

2　《宋書》之《百官志》、《晉書》卷二四《職官志》。

3　對都督控制的制度始於曹魏，參見《三國志》卷二八《魏書・鄧艾傳》。

4　《華陽國志》卷一一《何攀傳》作“濬及綱紀疑輒召萬兵，欲先上須報”，文義更勝。

究，但可以肯定是不合法的，是違反制度的。不僅發兵權，連募兵權都督也沒有。《晉書》卷五七《馬隆傳》：隆自稱能平羌患，晉武帝問其方略，對曰："臣請募勇士三千人，無問所從來，率之鼓行而西，稟陛下威德，醜虜何足滅哉！"而"帝許之。……隆……自旦至中，得三千五百人"。又《資治通鑒》卷七九泰始八年：監梁、益二州諸軍事王濬為了給平吳作準備，"雖受中制募兵，而無虎符；廣漢太守敦煌張斆收濬從事列上。帝召斆還，責曰：'何不密啟而便收從事？'斆曰：'蜀漢絕遠，劉備嘗用之矣。輒收，臣猶以為輕。'帝善之"。兩條材料合在一起就可看出，募兵必須皇帝批准，而且十分慎重，要有虎符。因為怕擅自募兵，發生像三國的劉備那樣的割據。王濬無虎符，所以軍事上歸他指揮的廣漢太守（屬梁州）也有權扣押他的從事，而且最後博得皇帝讚揚。這還不說明為了防微杜漸，西晉制度的周密嗎？

由於都督權重而又受到上述種種限制，所以我們可以看到以下情況：

首先，在晉武帝一代，無論異姓都督或諸王兼都督，起的基本上是鞏固西晉統治的積極作用。例如平吳的主力就是徐州都督琅邪王伷、揚州都督王渾、沔北都督胡奮、[1] 荊州都督杜預、梁益二州監軍王濬、巴東監軍唐彬。其中王濬軍"旌旗器甲，屬天滿江"，最先進入吳都建業。[2] 再如西北邊境，氐羌鮮卑多次侵擾。泰始年間

1　《晉書》卷三《武帝紀》作"都督江北諸軍事"。吳廷燮《晉方鎮年表》以為"江北"當作"沔北"。是也。江北都督已於泰始、咸寧間罷去，見《晉書》卷三四《羊祜傳》。

2　《晉書》卷四二《王濬傳》。

秦州刺史胡烈、涼州刺史牽弘先後敗死。靠都督雍涼等州諸軍事汝陰王駿"善撫御，有威恩"，多次給侵擾者以打擊，方才出現了"遣入質子"和"二十萬口又來降"的局面。汝陰王駿因此徙封為扶風王，使王國與都督所在地相近，並且一直在這裏當了十八年都督，直到死去。[1]

其次，在晉武帝一代沒有一個異姓都督或諸王兼都督敢於叛亂。因為他們很清楚，權力是皇帝賦予的，權力雖大，限制極嚴，一旦用來反抗鞏固的中央集權，自己只會落一個可悲的下場。《晉書》卷三三《石苞傳》：苞為大司馬，揚州都督，"鎮撫淮南，士馬強盛，邊境多務，苞既勤庶事，又以威德服物"。但當晉武帝聽信讒言，派大軍掩襲時，石苞不敢做絲毫抵抗，立即"放兵步出，住都亭待罪"。石苞如此馴服，絕非偶然。在曹魏時期，也就在淮南，發生了三次叛亂，反對當時掌握了中央大權的司馬懿父子。第一次是王淩，為揚州都督，外甥令狐愚為兗州刺史，"舅甥並典兵，專淮南之重"。[2]第二次為毌丘儉，也是揚州都督，文欽為揚州刺史，二人手下有兵五六萬。[3]第三次為諸葛誕，仍是揚州都督，擁有"淮南及淮北郡縣屯田口十餘萬官兵，揚州新附勝兵者四五萬人"。[4]軍隊都不可謂不多，但由於司馬懿父子挾中央集權之勢，調動全國兵力來鎮壓，三次叛亂很快都失敗了。另一事例是鍾會和鄧艾。鍾會為鎮西將軍、關中都督，鄧艾為征西將軍、隴右都督。二人奉命統

---

1 《晉書》卷三八《扶風王駿傳》、《資治通鑒》卷八一太康七年。又東北邊境都督也立有大功，見《晉書》卷三六《衛瓘傳》《張華傳》。

2 《三國志》卷二八《魏書・王淩傳》。

3 《三國志》卷二八《魏書・毌丘儉傳》。

4 《三國志》卷二八《魏書・諸葛誕傳》。

大軍伐蜀，很快滅亡了蜀國，立下大功。但由於鄧艾居功驕傲，反對司馬昭“事當須報，不宜輒行”的指令，想要專權，被密告“有反狀”；而鍾會更是“自謂功名蓋世，不可復為人下，加猛將銳卒皆在己手，遂謀反”。結果都得不到部下的支持，先後送了命。[1] 這些不能不成為西晉石苞以及其他都督的前車之鑒。

再次，在西晉初臣子心目中，都督地位雖高，權力雖重，因遠在邊地，很容易在皇帝面前遭人離間（石苞即一例）而大禍臨頭，遠不如在京師做官，接近皇帝、討好皇帝，來得保險，並易於飛黃騰達。請看：

《晉書》卷三四《羊祜傳》：祜為荊州都督，“貞慤無私，疾惡邪佞”，得罪王戎、王衍，“並憾之”。二人後任職京師，“每言論多毀祜。時人為之語曰：‘二王當國，羊公無德。’”

同書同卷《杜預傳》：預繼羊祜為荊州都督，平吳時功高勛重，然“在鎮，數餉遺洛中貴要。或問其故，預曰：‘吾但恐為害，不求益也。’”又“累陳家世吏職，武非其功，請退……”

同書卷四〇《賈充傳》：充為尚書令，“專以諂媚取容”，侍中任愷等“咸共疾之”。時氐羌侵擾，晉武帝十分憂慮，任愷乘機推薦賈充，詔以充為使持節、都督秦、涼二州諸軍事。尚書令三品，持節都督二品，這是升遷。詔令還十分信任地說，有賈充鎮關中，“則吾無西顧之念，而遠近獲安矣”。但賈充並不高興，“自以為失職，深銜任愷”。最後採荀勖策，將女兒嫁給太子，方才免除了都督職務和關中之行。

《晉書》卷三六《張華傳》：華為尚書，“名重一世……有台輔之

1 《三國志》卷二八《魏書・鄧艾傳》《鍾會傳》。

望焉。而荀勖自以大族，恃帝恩深，憎疾之，每伺間隙，欲出華外鎮。……間言遂行。乃出華為持節、都督幽州諸軍事……”

《晉書》卷五九《汝南王亮傳》：亮為太尉、錄尚書事，及晉武帝病重，“為楊駿所排”，被任為“大都督，督豫州諸軍事，出鎮許昌”。

《晉書》卷三八《齊王攸傳》：晉武帝逼攸就國時，除了齊王銜，還封他為“大司馬、都督青州諸軍事”。但這絲毫不能增加他的興趣。王渾上書武帝諫阻說：這是“假以都督虛號，而無典戎軿方之實，去離天朝，不預王政”。[1]“軿方”即總管一個方面之意。《晉書》卷三九《王沈傳》：“出軿監牧方岳之任。”此其省語。但這裏並不是說不統率軍隊，毫無權力，而是說，和在中央輔政比起來，當都督是有名無實的。

以上六條材料，通過前兩條，可以看到都督受到中央何等大的牽制和影響。像杜預，既是外戚（娶晉武帝之姑），又立有大功，極受武帝信任，尚且如此憂讒畏譏、小心謹慎，其他都督可想而知。通過後四條材料，又可看到，出任都督如同諸王就國一樣，在西晉初年也成為統治集團間相互排擠的一種重要手段了。

綜上所述，可以概括成這樣一個看法：魏晉建立都督，從制度上說，既賦予重權，又極力限制與防範，目的是既要讓它為鞏固專制主義中央集權王朝服務，而又不致變成分裂割據力量。從晉武帝的統治實踐看，無論異姓都督或諸王兼都督都基本符合這一要求，二十六年中立功累累而無一叛亂事例就是證明。晉武帝認識到這是個成功的經驗，所以在世時廣泛推行。後代封建統治者也認識到都

1　《晉書》卷四二《王渾傳》。

督制度的作用，所以不僅東晉南北朝繼續沿用，而且隋唐至明清的“總管”“節度使”“巡撫”等，也都是以此為楷模而進一步發展建立的。[1] 把這樣一個顯然有利於中央集權王朝的制度，看成是“八王之亂”爆發的原因，恐怕是過於強調了它權重的一面，而忽視了對它限制、防範的一面，是不能令人信服的。

三

那麼，“八王之亂”的爆發主要是甚麼因素造成的呢？我以為就是晉武帝在世時安排的皇位繼承人及輔政大臣不得其人。

我們知道，我國專制主義中央集權封建統治機器的有效運轉，在地主階級和農民階級的矛盾比較緩和的情況下，主要靠兩個因素。第一，要靠中央集權制度特別是其中皇帝與宰相、皇帝與地方長官、皇帝與統兵大臣相互關係等具體制度的不斷發展與完備。第二，要靠擁有一個能夠認真實行這一制度的統治集團，尤其重要的是，擁有一個有威望、有才幹的皇帝。二者缺一不可。皇帝有威望、有才幹，統治集團也願意為皇帝鞠躬盡瘁，如果中央集權制度尚未臻於完備程度，則無論如何認真實行，也超越不了歷史階段而高度集權。臣屬、地方必將保有相當大的權力。反過來，制度不管如何高度完備，如果統治集團不能認真實行，特別是沒有一個有威望、有才幹的皇帝（皇帝年幼時則為輔政大臣）控制大局、督促實行，一切就都會落空，制度就等於具文，高度集權的目的同樣無法

1　當然，明清的總督、巡撫後來兼掌軍、民大權，與西晉初都督不同，但就封建王朝對他們又賦予大權，又極力予以限制的精神而言，則是一脈相承的。

達到；不僅如此，根據皇帝和統治集團的無能狀況，中央集權制度將遭到不同程度的破壞，甚至統治階級內部矛盾激化，爆發政變或分裂割據戰爭，造成持續的政局混亂。

西晉初年，上述兩個因素基本具備。晉武帝建立新王朝，統一全國，本人有統治才幹，威望也比較高，所以能夠推動整個統治集團繼續實行漢魏以來的制度，把至高無上的權力牢牢握在自己的手中，保持住政局的穩定。同時，當時"土廣人稀"，[1] 土地問題不嚴重；晉王朝頒佈了佔田法、戶調式，罷免了州郡兵，賦稅徭役也不十分沉重，所以整個社會生產是向前發展的。前引干寶《晉紀總論》和《晉書》卷二六《食貨志》的話就是證明。當然，如所周知，晉武帝和他下面統治集團中一部分人比較奢侈腐化，[2] 會不斷加深階級矛盾和民族矛盾以及統治階級內部矛盾，但從現有史料看，到晉武帝死為止，這些矛盾還遠沒有達到激化或接近激化的程度。如果晉武帝死後繼位的皇帝不十分愚蠢，是個中人之才，或者接受顧命的輔政大臣具有相當的威望與才幹，能夠基本上控制政局，西晉王朝肯定還將繼續存在一個相當長的時期，直到統治階級進一步腐朽，生產關係死死地束縛住生產力使之無法發展，各種矛盾激化時為止。

然而繼位皇帝和接受顧命的輔政大臣的情況遠非如此。

晉武帝在世時，根據當時的制度和輿論，可供選擇的繼位人有兩個。一個是惠帝司馬衷。他是晉武帝楊皇后所生，上面有個哥哥早死，下面諸弟又都太小，所以泰始三年被立為太子，是合法的皇

---

1 《晉書》卷四七《傅咸傳》。

2 參《晉書》卷三一《武元楊皇后傳》《胡貴嬪傳》，卷三三《何曾傳》《何劭傳》《石崇傳》，卷四二《王濟傳》。又可參《世説新語》卷下"汰侈"門。

位繼承人。但他是個白癡。因而從晉王朝和封建地主階級的利益出發，不少大臣主張廢掉他，比較突出的是衛瓘與和嶠。《晉書》卷三六《衛瓘傳》：“惠帝之為太子也，朝臣咸謂純質，不能親政事。瓘每欲陳啟廢之，而未敢發。後會宴陵雲台，瓘託醉，因跪（武）帝牀前曰：‘臣欲有所啟。’帝曰：‘公所言何耶？’瓘欲言而止者三，因以手撫牀曰：‘此座可惜！’帝意乃悟，因謬曰：‘公真大醉耶？’瓘於此不復有言。”又《晉書》卷四五《和嶠傳》：“嶠見太子不令，因侍坐曰：‘皇太子有淳古之風，而季世多偽，恐不了陛下家事。’帝默然不答。”[1]

另一個可作為繼承人的是齊王司馬攸。他是晉武帝的同母弟，按照傳統制度，是不該他繼位的。但他在統治集團中比較有威望、有才幹。《晉書》本傳稱他“才望出武帝之右”，過去晉文帝司馬昭多次要立他為太子，因晉武帝是長子方才作罷。所以到晉武帝晚年，“諸子並弱，而太子不令，朝臣內外，皆屬意於攸”。即便不作為皇位繼承人，也希望能留齊王攸在京師輔佐惠帝執政。《晉書》卷四二《王渾傳》：渾上書甚至說，如嫌齊王攸一人輔政權太重，為防萬一，可“與太尉汝南王亮、衛將軍楊珧共為保傅，幹理朝事。三人齊位，足相持正，進有輔納廣義之益，退無偏重相傾之勢”。考慮總算很周到了。

在這二者之間，晉武帝如何選擇？

一方面，晉武帝對齊王攸十分猜忌，從太康三年起，接連下詔逼齊王攸就國，離開京師。這就表示不但絕不以他為皇位繼承人，

1　《世說新語・方正》注引干寶《晉紀》載和嶠語為：“季世多偽，而太子尚信，非四海之主，憂太子不了陛下家事……”意更明。

而且也把他排斥於惠帝輔政大臣之外。對這一措施，當時一些有見識的大臣不論同姓異姓，如征東大將軍王渾、扶風王駿、光祿大夫李熹、中護軍羊琇，侍中王濟、甄德，都曾極諫。《晉書》卷四二《王渾傳附子濟傳》：他還使妻常山公主及甄德妻長廣公主入宮見武帝，"稽顙泣請帝留攸"，以至武帝大怒說："兄弟至親，今出齊王，自是朕家事。而甄德、王濟連遣婦來生哭人！"將王濟貶了官。因為聽說趕走齊王攸是楊珧出謀劃策的，羊琇和北軍中候成粲甚至"謀欲因見珧而手刃之"。[1] 這都說明這場鬥爭非同小可，十分激烈。齊王攸本人當然不願意走，"憤怨發疾"。於是以此為理由，"乞守先后陵"，請求不就國。晉武帝又不許。雖然表面上裝作友愛，派御醫去診視，但"諸醫希旨，皆言無疾"。結果攸"疾轉篤，猶催上道"，終於"歐血而薨"。[2] 這既表明晉武帝一意孤行，决心極大；[3] 同時也表明當專制主義中央集權制度高度發展時，即使君主所幹的事明顯地會危害整個封建統治集團的利益，周圍大臣都看到了，但誰也阻攔不住。

另一方面，晉武帝又想方設法為惠帝穩穩當當繼承和鞏固皇位作準備。

第一，為太子護短。一次在平吳前。《晉書》卷三一《后妃上・惠賈皇后傳》：由於衛瓘等主張廢太子，晉武帝便召集東宮官屬，舉行宴會，"而密封疑事"，送東宮太子處等他回答。太子不會，

1　《晉書》卷四〇《楊珧傳》。

2　《晉書》卷三八《齊王攸傳》。

3　《晉書》《資治通鑒》皆言齊王攸就國是荀勖、馮紞、楊珧所構，其實是他們迎合了晉武帝心意而提出的，上引"諸醫希旨，皆言無疾"，以及齊王攸死後晉武帝表面"哭之慟"，而馮紞一說齊王攸壞話，他立即"收淚而止"，可證。

賈妃竟命給使張泓起草答案，由太子抄一遍交卷。晉武帝看後很高興，“先示太子少傅衛瓘，瓘大踧踖”。我們知道，東宮官屬包括衛瓘經常與太子見面，太子水平如何應了若指掌，有何必要考給他們看呢？而且既要考試，為何不當面進行，而竟讓太子在東宮裏回答？很明顯，這是縱容弄虛作假，以便炮製出一篇考卷來塞群臣之口。其所以要考給東宮官屬看，就因為他們最了解太子情況，太子的笑話多半是他們透露出去的，需要公開考這麼一下，暗示他們今後不要亂說了。這一點恐怕東宮官屬都清楚，晉武帝也知道他們清楚。但這一層薄紙誰也沒捅破。這就是衛瓘為甚麼“大踧踖”的真正原因。[1] 另一次護短是在平吳之後。《晉書》卷四五《和嶠傳》記載，因為和嶠曾說過太子“不了陛下家事”，有一天晉武帝便對他以及荀顗、荀勖說：“太子近入朝，差長進，卿可俱詣之，粗及世事。”然而見了太子回來，“顗、勖並稱太子明識弘雅，誠如明詔”，[2] 而和嶠仍倔強地說“聖質如初耳”，“帝不悅而起”。其實，太子肯定沒甚麼變化，所以晉武帝自己也說得很不理直氣壯：“差長進”“粗及世事”。他希望的是，三個人能“希旨”，說兩句好話，造造輿論，誰知和嶠仍直言不諱，使自己下不了台，然而這是事實，無可奈何，只能“不悅而起”了。[3] 這兩件事說明，晉武帝為了堅持傳位惠帝，不惜自己哄自己，還要求群臣和自己相互哄騙，已經頑固到了

---

1 根據《世說新語・規箴》注引《晉陽秋》：晉武帝考太子，是緊接在衛瓘進諫之後，其護短之意甚明。所以《世說》稱他“不悟太子之愚，必有傳後意”。

2 《世說新語・方正》注引《晉陽秋》稱荀顗沒有參預這件事，似是。因當時顗已是太尉，地位甚高，又“行太子太傅”，常與太子見面，恐怕沒有必要找他。《晉書》卷三九《荀顗傳》、《資治通鑑》均從《晉陽秋》。

3 《晉書》卷三九《荀勖傳》稱：“時帝素知太子暗弱，恐後亂國，遣勖及和嶠往觀之。”似乎要他們如實反映情況，供自己參考。這和晉武帝一貫言行不合，今不取。

何等程度！

第二，宣揚皇孫聰慧。《資治通鑒》卷八二太康十年條稱，皇孫司馬遹（惠帝子）五歲時，一次宮中夜失火，晉武帝站在樓上觀望，遹"牽帝裾入暗中，曰：'暮夜倉猝，宜備非常，不可令照見人主。'帝由是奇之。嘗對群臣稱遹似宣帝（司馬懿），故天下咸歸仰之"。據說，"帝知太子不才，然恃遹明慧，故無廢立之心"。姑且不論失火時五歲小兒說這番話是否可信，即便宮廷熏陶加上本人聰明真說了這番話，也終究只是一個孩子，對惠帝的統治濟得甚事？何況長大後很不成材，"不好學，惟與左右嬉戲……"，"愛埤車小馬，令左右馳騎，斷其鞅勒，使墮地為樂"。官屬杜錫諫，竟"使人以針著錫常所坐氈中而刺之"。這種品行，晉武帝在世時應已多少有所暴露，[1]這個皇孫究竟可恃到甚麼程度，恐怕晉武帝自己也會打問號的。然而"恃皇孫"這一思想其所以始終不變，除了可作為一種自我安慰外，恐怕就是晉武帝要以此給自己堅持傳位白癡多找一個藉口吧。

第三，替太子安排輔政大臣。這本來是十分必要的，託付得人，或許不至於發生後來那樣的風波。然而晉武帝託付的卻是楊駿和汝南王亮！[2]楊駿是晉武帝的岳父，姪女皇后楊豔是惠帝親母，楊豔死後，女兒楊芷又繼為皇后。《晉書》卷四〇《楊駿傳》：駿"素無美望"，但卻被晉武帝"超居重位"，任為侍中、車騎將軍，和兩個弟弟珧、濟一起，"勢傾天下"。尚書褚䂮、郭奕上表警告說"駿

1　據《晉書》卷五三《愍懷太子遹傳》，永康元年（300）他被賈后殺死時二十三歲，則太康十年（290）晉武帝死前已十二三歲，惡行不會不有所反映。

2　此從《晉書》卷四〇《楊駿傳》。《武帝紀》稱僅以汝南王亮一人輔政。但從晉武帝信任楊后，長期以來重用后黨的行徑看，《楊駿傳》較合理，《資治通鑒》亦從《楊駿傳》。

小器，不可以任社稷之重”，晉武帝不聽。楊駿又在晉武帝病危時被任為太尉、太子太傅、假節、都督中外諸軍事，成為輔政大臣。他在晉武帝死後“為政嚴碎，愎諫自用，不允眾心”，“又多樹親黨，皆領禁兵，於是公室怨望，天下憤然矣”。固然，據本傳，晉武帝原意託付汝南王亮和楊駿兩人，由於楊駿和楊后乘晉武帝病危之際耍了手段，方才專任楊駿一人。但汝南王亮是甚麼人呢？是否他若參與輔政，局面就不會像後來那麼糟呢？恐怕未必。因為汝南王亮也是個庸才。據《晉書》本傳，在他的歷史上戰無不敗。曾仕魏為東中郎將，“討諸葛誕於壽春，失利，免官”。入晉為都督關中、雍涼諸軍事，又在抵禦羌族的戰爭中指揮無能，再次免官。大概因為是晉武帝的叔父，輩分高，所以後來又當了“宗師”，專對司馬氏宗室“訓導觀察，有不遵禮法，小者正以義方，大者隨事聞奏”。顯然這是個無法安插而又不能不安插的無能之輩！這從晉武帝剛死時他對楊駿的態度也可看到。《資治通鑑》卷八二永熙元年（290）條：亮為楊駿所排，由太尉、錄尚書事出為豫州都督，出鎮許昌。尚未離京，武帝死，“畏駿，不敢臨喪，哭於大司馬門外”，後聽說楊駿要討伐自己，“問計於廷尉何勖。勖曰：‘今朝野皆歸心於公，公不討人而畏人討邪！’亮不敢發，夜，馳赴許昌，乃得免”。一副軟弱無能的樣子，暴露得相當充分。這樣的人，即使不為楊駿所排，恐怕同樣對當時政局無能為力，這從楊駿死後他被推出輔政而又輕易為楚王瑋所殺，[1] 也約略可以推測到。從楊駿和汝南王亮的情況，必然要發生這樣一個疑問：晉武帝為甚麼要找這一對寶貝輔政呢？是不了解他們的情況嗎？恐怕未必。因為無能的汝南王亮是

1 《晉書》卷五九《汝南王亮傳》。

晉武帝親自處理安排的，絕不可能忘掉。而就楊駿說，不但早已有人進諫說他“小器”，不可重用（見上），而且他“以后父超居重位”後的十多年中，未對西晉的文治武功出一謀、劃一策、立一功，這一點晉武帝應該也是清楚的。所以我認為晉武帝用這二人輔政，不是糊塗，而是有意識這樣安排的。對於楊駿，晉武帝看中的可能正是他的“素無美望”和無能，因為在“宗室殷盛”的西晉，尤其在晉武帝做了周密佈置之後，[1] 楊駿除了老老實實輔佐外孫惠帝之外，還敢有甚麼非分之想呢？當然，“宗室殷盛”而讓外戚輔政，肯定會引起宗室的不滿與憤怒，所以又拉上汝南王亮。亮當過“宗師”，平庸無能而輩分又很高，晉武帝取他恐怕也正在這兩點。因為這樣既可撫慰司馬氏之忿，而又不必擔心像齊王攸那樣可能發生篡奪的危險。《資治通鑒》卷八一太康三年載，晉武帝在下詔逼齊王攸就國的同時，馬上任命汝南王亮為太尉、錄尚書事、領太子太傅。這一方面固然為了平息輿論對逼走齊王攸之不滿，另一方面恐怕就已打算今後讓汝南王亮當輔政大臣，所以要以他為“太子太傅”。在晉武帝心目中，安排這樣一個宗室來與外戚楊駿互相配合，而不偏任，惠帝的江山就十分穩固了。後來當楊駿獨攬大權，排斥汝南王亮時，傅咸曾建議說：“夫人臣不可有專，豈獨外戚！今宗室疏，因外戚之親以得安；外戚危，倚宗室之重以為援，所謂脣齒相依，計之善者。”[2] 雖然強調的是二人應和衷共濟以趨吉避凶，卻從另一角度某種程度上反映了晉武帝安排的意圖。然而晉武帝的如意算盤

1　《晉書》卷三《武帝紀》太熙元年：“竟用王佑之謀，遣太子母弟秦王柬都督關中，楚王瑋、淮南王允並鎮守要害以強帝室，又恐楊氏之逼，復以佑為北軍中候，以典禁兵。”

2　《晉書》卷四〇《楊濟傳》。

落空了。他萬沒有想到“愎諫自用”的楊駿竟敢於排斥汝南王亮，連弟弟楊濟的話也聽不進；[1] 而懦弱的汝南王亮也就聽其擺佈，束手無策。更沒有想到，在爾虞我詐、鈎心鬥角的西晉統治集團中，怎能容許由兩個庸才來給白癡皇帝輔政（實際上等於掌握全部皇權），而不覬覦，而不爭奪？何況楊駿又排斥了汝南王亮獨掌大權，給了人以口實？

就這樣，晉武帝出於偏心，繼位人選錯了，輔政大臣也挑錯了，一場醜惡的爭權奪利的鬥爭也就不可避免。

四

下面我們來看一下晉武帝這一措施的後果。

楊駿執政才一年（290 年 3 月—291 年 3 月），就被惠帝野心勃勃的皇后賈南風利用宗室和群臣的憤怒，輕輕易易地殺掉。隨後汝南王亮被請出來輔政，然而庸懦的汝南王亮又怎能壓得住陣？不過三個月，賈后又利用楚王瑋與汝南王亮的矛盾，使瑋殺亮，然後又設計殺瑋，把全部大權掌握到自己手中。由於任用“儒雅有籌略，為眾望所依”而又“無逼上之嫌”的庶姓大臣張華以及裴頠為宰相，[2] 在此後數年中勉強維持了一個和平局面。但根本矛盾並未解決，強大的司馬氏宗室又豈能甘心聽“昏虐”的賈后擺佈呢？恰好後來賈后殺了愍懷太子司馬遹，於是以此為藉口，趙王倫便於公元 300 年起兵殺掉賈后，幽禁惠帝，篡奪了皇位。不幸趙王倫又“素

1　《晉書》卷四〇《楊濟傳》。

2　《資治通鑒》卷八二元康元年。又參《晉書》卷三六《張華傳》。

庸下，無智策”，不足以控制大局，頭上又有一頂“篡奪”的帽子，所以不久即被齊王冏、成都王穎、河間王顒推翻。這時鬥爭也從宮廷政變演化成大規模兵戎相見。隨後諸王又因為年紀輕、資歷淺、威望低或是惠帝的疏屬，彼此互不相讓而動兵，“八王之亂”便更加激烈地展開，形成所謂“骨肉相殘，四海鼎沸”的局面。[1] 西晉王朝也就在這一次次的鬥爭、屠殺、破壞中，由盛而衰，每況愈下。

從這一次次鬥爭中可以看出一個明顯的特點，即登台表演的主要人物：楊駿—汝南王亮—賈后—趙王倫—齊王冏等，沒有一個是有威望、有才幹、控制得住大局的，而在一個時期內他們手裏掌握的卻是極度膨脹了的君權，這就不能不啟人以覬覦、爭奪之心。晉武帝死後“山陵未乾”，[2] 變亂即相繼而起，其根本原因即在於此。《晉書》卷三八《文六王傳》“史臣曰”：如果齊王攸不死，“天假之年而除其害……光輔嗣君，允釐邦政……何八王之敢力爭，五胡之能競逐哉！”王夫之甚至說：“西晉之亡，亡於齊王攸之見疑而廢以死也。攸而存，楊氏不得以擅國，賈氏不得以逞奸，八王不得以生亂。”[3] 這正是從另一個角度反映了歷史真相。

王仲犖先生說：“八王之亂”是“使諸王出專方面重鎮所致”，“如武帝末年，用秦王柬都督關中，楚王瑋都督荊州，淮南王允都督江、揚二州，汝南王亮出鎮許昌。惠帝即位，用梁王彤、趙王倫、河間王顒等先後鎮關中，成都王穎鎮鄴。趙王倫擅政，用齊王冏鎮許昌。……一切割據稱雄與舉兵向闕的事情，也均由此而起”。[4]

---

1 《晉書》卷一〇一《劉元海載記》。

2 干寶語，見前引《晉紀總論》。

3 王夫之《讀通鑒論》卷一一“晉”第十五條。

4 王仲犖：《魏晉南北朝史》，上海人民出版社，1979 年，第 216—217 頁。

這個看法是有可以商榷之處的。

首先，如前所述，諸王出專方面重鎮本來對中央集權制度起的作用主要是鞏固而不是破壞，其所以會發生轉化，關鍵在於晉武帝死後出現了皇位繼承人及輔政大臣不得其人這一決定性因素。否則就無法解釋為何晉武帝早已任諸王以方面重鎮，而他在世時卻始終沒有發生過一起諸王叛亂的事件。

其次，誠然，“八王之亂”的爆發和軍隊是分不開的，但和軍隊分不開是否就意味諸王手中掌握大量軍隊就是“八王之亂”爆發的主要原因呢？這卻不然。如果我們來具體分析一下王先生所列舉的諸王，就會發現秦王柬並未參加混戰，元康元年（291）就死了。楚王瑋、淮南王允、汝南王亮、趙王倫之“亂”，都不在他們出專方面重鎮之時，而是在免去都督職務之後，調到京師任職之時。梁王肜附和趙王倫為亂的情況相同。只有河間王顒、成都王穎、齊王冏發動戰爭時是都督。然而他們主要也不是靠手中兵多起事、取勝的（雖然不能說沒有關係）。我們試把晉武帝死後歷次政變和戰爭包括這三王發動戰爭的情況綜觀一下。

公元 291 年賈后殺楊駿：先指使殿中中郎孟觀、李肇啟惠帝，夜作詔，“誣駿謀反”；殺駿後，又“矯詔”囚禁楊太后。

公元 291 年賈后殺汝南王亮和楚王瑋：“（賈）后使（惠）帝作手詔”，賜北軍中候楚王瑋，命他帶兵免輔政大臣汝南王亮官。瑋因與亮有私怨，於是藉此“矯詔召三十六軍（駐在洛陽宮城內外保衛京城宮城的軍隊）”，殺亮。可是隨後賈后聽從張華之計，不承認惠帝曾賜瑋手詔，並當眾宣佈“楚王矯詔”，於是“眾皆釋杖而走”，不但三十六軍散掉了，連楚王瑋北軍中候的兵也散掉了。“瑋左右無復一人，窘迫不知所為”。

公元 300 年趙王倫殺賈后："矯詔" 命軍兵入宮。賈后看到來抓她的齊王冏時，驚曰："卿何為來？" 對曰："有詔收后。" 后曰："詔當從我出，何詔也！" 並求救於惠帝。可是白癡能有何作為，何況他也落入了趙王倫手中！賈后終於被"矯詔"賜死。

公元 300 年淮南王允攻趙王倫：本來手下兵不多，但他大呼曰"趙王反，我將討之"，"於是歸之者甚眾"，並連連得勝。而後來失敗又是因為支持趙王倫的伏胤"詐言有詔助淮南王"，允"下車受詔，胤因殺之"。

公元 301 年齊王冏等滅趙王倫：雖然冏當時是都督豫州諸軍事，但和趙王倫比，兵力甚弱，其力量主要來自宣佈趙王倫"篡逆"(時倫已廢惠帝自立)，爭得了人心。當新野公歆得到討倫檄文時"未知所從"。嬖人王綏說："趙親而強，齊疏而弱，公宜從趙。"但參軍孫詢大言於眾曰："趙王凶逆，天下當共誅之，何親疏強弱之有！""歆乃從冏"。當檄文到達揚州時，刺史郗隆猶疑不決，部下皆說："趙王篡逆，海內所疾，今義兵四起，其敗必矣！"隆仍觀望，不公佈檄文，為憤怒的部下所殺。當齊王冏的使者至鄴時，盧志對成都王穎說："趙王篡逆，人神共憤，殿下收英俊以從人望，杖大順以討之，百姓必不召自至……"穎乃出兵討倫，"羽檄所及，莫不響應。至朝歌，眾二十餘萬"。

公元 302 年長沙王乂又殺齊王冏：起因是河間王顒長史李含從洛陽逃出，詐稱受密詔，使顒誅冏。顒藉此"檄長沙王乂使討冏"。時乂正在京師任職，得檄後立即馳入宮中，"奉天子" 攻冏。冏派人宣佈乂"矯詔"，乂又稱冏"謀反"。連戰三日，掌握惠帝在手中的乂得到勝利。

公元 303 年河間王顒、成都王穎、東海王越殺長沙王乂：討伐的藉口是乂"專擅朝政，殺害忠良"。穎派陸機率軍二十餘萬由鄴指向洛陽。而乂則讓惠帝下詔宣佈他們是"奸逆"，並"奉帝與機戰於建春門。……機軍大敗"。顒又派張方率精兵七萬討乂，乂同樣"奉帝攻張方，方兵望見乘輿，皆退走，方遂大敗"。乂後又屢勝的原因是"未嘗虧奉上之禮，城中糧食日窘，而士卒無離心"。只是由於東海王越暗中與殿中諸將勾結，夜裏捉住了乂，控制了惠帝，"啟帝下詔免乂官"，隨後才殺了乂。[1]

以上史實說明甚麼？

它說明"八王之亂"之所以爆發，其力量主要不是來自出專方面重鎮之諸王的軍隊（有的政變、戰爭且和諸王出專方面重鎮風馬牛不相及），而是來自反對篡逆、擁護皇權的旗號，或者來自"矯詔"。這正是"八王之亂"的一個突出特點。

如所周知，東漢末年發生過激烈的混戰。但那是在專制主義中央集權力量經過黃巾大起義的沉重打擊極大削弱情況下爆發的，除少數人外，一般不打甚麼擁護皇權的旗號，也不"矯詔"，而是憑藉手中兵力赤裸裸地實行割據，爭奪地盤、財富與勞動力。"八王之亂"則不同。晉武帝二十六年的統治形成了強大的皇權，雖然繼位皇帝和輔政大臣不得其人，但在一個時期內，過去的影響仍是強烈的。趙王倫一"篡逆"，立即遭到全國反對，惠帝被請回復位時，路上"百姓咸稱萬歲"，[2] 都是證明。在這種情況下，"八王之亂"的各個發起人（包括開始發動政變時的趙王倫）都懂得，要爭奪就得爭

1 以上由賈后殺楊駿事至此均見《資治通鑒》卷八二元康元年、卷八三永康元年、卷八四永寧元年、卷八四太安元年、卷八五太安二年、卷八五永興元年。

2 《晉書》卷五九《趙王倫傳》。

奪中央大權、爭奪對全國的統治權，就得打着反對篡逆、擁護皇權的旗號，必要時就得"矯詔"。也就是說，必須藉助強大的皇權來達到個人目的。否則，單純依靠手中的兵力發動政變和戰爭，或不去爭奪中央大權，徑直保地自守，實行封建割據，公開與強大的皇權對抗，都將無異於以卵擊石，只會自取覆亡。

但這一策略不是在任何情況下都可採用。如果晉武帝死後繼位皇帝和輔政大臣得人或基本得人，中央政局穩定，這一策略就很難採用，即使採用，也很難得逞。因為很快就會被揭穿。所以問題又回到晉武帝臨死時的安排上。即由於惠帝是白癡，是"土木偶人"，輔政大臣又無能，它不但如前所述啟人以覬覦爭奪之心，而且另一面還給他們採用這種"奉土木偶人之孱主以逞"[1]的策略，提供了充分的可能性。賈后明白這一點，所以敢於"使惠帝作手詔"命楚王瑋殺汝南王亮，隨後又毫無顧忌地宣佈楚王瑋"矯詔"，甚至公開說"詔當從我出"。諸王也明白這一點，所以敢於隨意宣佈對方"謀反"，自稱受"密詔"，甚至"奉天子"討伐對方，玩惠帝於股掌。就這樣，強大的皇權實際上變成挑起戰亂、破壞皇權的有力工具了。而這一切很顯然都根源於晉武帝臨死時的安排。如果沒有這樣一個安排，不但"八王之亂"爆發不了，而且諸王或諸王兼都督必將繼續有力地鞏固着專制主義中央集權的西晉王朝。

最後，還有一個問題要講一下，即晉武帝時形成的強大皇權的影響並沒有持續很久。道理很簡單：惠帝太不爭氣。本來人們對惠帝期望甚高，支持他，擁護他，希望他成為一個穩定因素，結束混亂局面。誰知在一次又一次的醜惡鬥爭中，他不但不能結束混亂，

1　王夫之《讀通鑒論》卷一二"晉惠帝"第九條。

反而一而再、再而三被人利用來發動戰爭。特別到了“八王之亂”的末期，一方面諸王之間的戰爭更加頻繁，破壞性更大；[1] 另一方面由於中央政局混亂招致的全國統治危機也進一步發展。[2] 在這種情況下，惠帝的號召力逐漸削弱，晉武帝留給他的一個時期內的威望也慢慢消逝。到後來，他甚至被人看成是恢復和平的一塊絆腳石，希望趕快由一個英明的皇帝來代替了。這可以由以下之事得到證明。公元 306 年，惠帝食餅中毒而死。《晉書》卷四《惠帝紀》稱：“或云司馬越之酖。”沒有定論。事後也沒有任何人追究此事。另一面，《晉書》卷五《懷帝紀》載其初即位，“於東堂聽政，至於宴會，輒與群官論眾務，考經籍。黃門侍郎傅宣歎曰：‘今日復見武帝之世矣。’”兩相對照，就可看出傅宣的話，絕不僅代表他一個人，而是反映了統治階級中很大一部分人對惠帝愚昧的不滿，迫切要求一個像晉武帝那樣的君主來挽救危機的心情。王夫之就惠帝中毒事評論說：“惡有天子中毒以死，而不能推其行弒之人者哉？惠帝之為司馬越酖也，無疑。越弒君，而當時天下不能窮其奸，因以傳疑於後世，而主名不立。當其時，司馬模、司馬騰皆唯恐無隙而不足以逞者，然而胥中外為諱之，而模與騰不能藉以為名，史臣於百世之後，因無所據以正越弒逆之罪，何也？天下胥幸惠帝之死也。”又說：惠帝死，懷帝立，“天下且如釋重負而想望圖存之機。故一時人心翕然，胥為隱諱……”[3] 惠帝“昏而不虐”，[4] 落到這樣一個下場當然是一個悲劇！這個悲劇的製造者不是別人，就是晉武帝。

1　參見《晉書》卷四《惠帝紀》永興元年條。

2　參見《資治通鑑》卷八五、卷八六。

3　王夫之《讀通鑒論》卷一二“晉惠帝”第十二條。

4　葉適《習學記言序目》卷二九。

但惠帝死去並不能解救危機，因為當時的局勢已發展到不可收拾的地步，各種矛盾的不斷激化，已超越了任何英明君主、統治集團所能控制的範圍，不用說懷帝即位，即便晉武帝再生，也將無濟於事，西晉的覆亡已經指日可待了。從這個意義上說，晉武帝不但斷送了他的兒子惠帝，而且也斷送了西晉的江山！當專制主義中央集權制高度發展時，封建君主個人的作用是何等巨大呵！

試論東晉後期高級士族之沒落及桓玄代晉之性質 *

眾所周知，在中國古代史上，東晉是一個由王、庾、桓、謝四族為代表的高級士族先後執掌政治軍事大權的社會。在這個社會裏，為甚麼出身"寒微"的低級士族劉裕敢於覬覦皇帝寶座，[1]而最後終於得以如願以償，淩駕諸高級士族而上，推翻司馬氏，建立宋王朝呢？其原因我以為最根本的就在於東晉後期高級士族的沒落，[2]政治和軍事方面的無能和軟弱，他們已經統治不下去了。而這一切正是門閥制度高度發展的必然結果。

一

門閥制度一般說始於魏晉，至東晉前期達到頂峰。在這之前，雖說門第已經形成，但高門政治上的特權尚未制度化。當時所行九品中正制，據《宋書》卷九四《恩幸傳序》，按"成法"本應"以才品人"，只不過在實際評定中往往"憑藉世資，用相淩駕"而已。劉

* 原載《北京大學學報（哲學社會科學版）》1985 年第 3 期。

1 參拙作《劉裕門第考》，載《北京大學學報（哲學社會科學版）》1982 年第 1 期。

2 本文東晉前後期劃分的界限在淝水之戰。在這以前，王、庾、桓、謝迭掌大權，至淝水之戰，高級士族權力、勛業發展到頂峰。在這以後，高級士族衰落，大權逐步轉入皇帝、皇族手中。

毅、段灼等大聲疾呼，反對“上品無寒門，下品無勢族”，正反映在西晉這種特權並未固定，尚處在形成過程之中。“草澤高士，猶厠清塗”之現象因而也還沒有斷絕。[1] 而大體自東晉開始，“歲月遷訛，斯風漸篤，凡厥衣冠，莫非二品，自此以還，遂成卑庶”。[2] 高級士族單憑門第就能飛黃騰達了。試看以下材料。《晉書》卷九三《外戚・王遐傳》：遐出身太原王氏，“少以華族，仕至光祿勳”。《晉書》卷七三《庾亮傳附弟冰傳》：冰出身潁川庾氏，自稱“因循家寵，冠冕當世（升宰相）”。《晉書》卷九一《儒林・范弘之傳》：陳郡謝石，“階藉門蔭，屢登崇顯（為尚書令）”。《晉書》卷八五《劉毅傳》：陳郡謝混，“憑藉世資，超蒙殊遇（任尚書僕射）”。《南史》卷一九《謝方明傳》：方明出身陳郡謝氏，東晉末劉穆之評他與另一高門濟陽蔡廓說，“謝方明可謂名家駒，及蔡廓，直置並台鼎人，無論復有才用”。就是說兩人單憑門第今後就有資格當三公，何況還有才幹。《晉書》卷八四《王恭傳》：恭出身太原王氏，“自負才地[3] 高華，恆有宰輔之望”。至於“華宗”琅邪王氏中王導這一支，到南齊王儉為止，更是“六世名德，海內冠冕”，[4] 當宰相的極多。在東晉，只要是高門，甚至弱智和低能兒也可以出仕。《晉書》卷七五《王湛傳附孫述傳》：“人或謂之癡，司徒王導以門地（太原王氏）辟為中兵屬。”《宋書》卷六七《謝靈運傳》：出身陳郡謝氏，父

1　見《通典》卷一六《選舉四》引裴子野《宋論》。如西晉末、東晉初的熊遠，祖為石崇蒼頭，竟能察孝廉、舉秀才，升為侍中、會稽內史（《晉書》卷七一《熊遠傳》）；陳頵出身“孤寒”，西晉末東晉初辟為晉元帝鎮東府屬官、尚書、梁州刺史（《晉書》卷七一《陳頵傳》），均其例。

2　《宋書》卷九四《恩幸傳・序》認為：總的説，門閥制度產生、發展、完成於魏晉，而在敍述西晉情況後，緊接着講這段話，意思是最後完成了制度上的轉變。雖未具體指東晉，但依上下文意，不得不作此推定。

3　《建康實錄》卷九隆安二年作“門地”。

4　《文選》卷四六《王文憲集序》。

瑍，“生而不慧”，[1] 晉末竟能為清官秘書郎，無疑也是靠的“門地”。《晉書》卷九三《外戚・王蘊傳》：蘊為尚書吏部郎，中下級官吏有缺，在向宰相推薦人才時“不抑寒素”，總多列舉幾名，曰“某人有地，某人有才”，讓宰相選擇，“務存進達，各隨其方，故不得者無怨焉”。可見“地”作為主要標準在吏部已完全合法化，而一般情況下“寒素”有才是得不到這種推薦機會的。正因如此，也就出現了“門地二品”這個用語，[2] 反映單憑門地即可獲得九品中正制中的最高品 —— 二品，由此進一步仕進、升遷。所有這一切，都證明門閥特權在東晉已制度化了。人們愛引用的《南齊書》卷二三“史臣曰”中的幾句話，即魏晉以後“貴仕素資，皆由門慶，平流進取，坐至公卿”，嚴格地說，只有東晉以後才達到了這個地步。

門閥特權帶來的嚴重後果是甚麼呢？

第一，高級士族憑門第而不必靠才幹就可仕進、升遷。在此制度腐蝕下，他們當中相當一部分人日益沉溺於清閒、放蕩的生活，而不關心封建統治事務，甚至拒絕擔任某些事務煩雜、辛苦的官職，特別是武職，因而政治、軍事才幹越來越削弱。

這種傾向本從曹魏玄學、清談之風盛行後即已開始。“仕不事事。……不以物務自嬰”，[3] 作為其末流，是一種必然趨勢。不過在門閥特權制度化以前，由於封建德、才這些品第人才的主要標準，對高級士族多多少少仍起作用，因而他們對之也就不敢完全忽視。而自東晉以後，這種顧慮消除了，虛玄、放誕之風也就更加厲害起

1 《南史》卷一九《謝晦傳附兄瞻傳》作“無才能”。

2 范泰表語，時在劉裕代晉後第二年，無疑乃晉制，見《宋書》卷六〇《范泰傳》。

3 《晉書》卷三五《裴秀傳附子頠傳》。

來。《梁書》卷三七陳吏部尚書姚察曰：“魏正始及晉之中朝，時俗尚於玄虛，貴為放誕，尚書丞郎以上，簿領文案，不復經懷，皆成於令史。逮乎江左，此道彌扇，[1] 惟卞壼以台閣之務頗欲綜理，阮孚謂之曰：‘卿常無閑暇，不乃勞乎？’宋世王敬弘身居端右（尚書僕射），未嘗省牒，風流相尚，其流遂遠。望白署空，是稱清貴；恪勤匪懈，終滯鄙俗。是使朝經廢於上，職事隳於下。小人道長，抑此之由。”[2]

這段話中的阮孚，出身高門陳留阮氏，是一個“蓬髮飲酒，不以王務嬰心”的人物。[3] 王敬弘出身琅邪王氏。所謂“未嘗省牒”一事，見《宋書》本傳，發生在劉宋元嘉三年（426）。當時他為尚書僕射，“關署文案，初不省讀。嘗豫聽訟，上（宋文帝）問疑獄，敬弘不對。上變色問左右：‘何故不以訊牒副僕射？’敬弘曰：‘臣乃得訊牒讀之，政自不解。’”一個宰相連文書也看不懂，甚至看也不看便在上面署名畫行，怠忽職守和昏聵無能已到了何等嚴重地步！元嘉二年離晉亡才六年，王敬弘入宋前已出仕約四十年，此風無疑沿自東晉。[4] 至於“尚書丞郎”，由於典掌機要，在東晉一般仍由高級士族把持。[5] 和西晉比，一個顯著變化是：高級士族的上層——第一流高門過江後卻不願擔任這些官職了（吏部郎除外）。[6] 原因是尚書丞郎事務煩雜，儘管不負責任之風極盛，他們仍嫌辛苦。這是

---

1 《宋書》卷六七《謝靈運傳》“史臣曰”：“有晉中興，玄風獨振，為學窮於柱下，博物止乎七篇，馳騁文辭，義單乎此。”說的雖是文化，且有誇張，但虛玄、放誕之風對政事也有影響。

2 晉代此風，又見《隋書》卷二六《百官志上》，《唐六典》卷一注引梁天監元年詔。

3 《晉書》本傳。

4 參《文選》卷四九《晉紀・總論》注引應詹表“望白署空，顯以台衡之量”；《晉書》卷七一《陳頵傳》“小心恭肅，更以為俗，偃蹇倨慢，以為優雅”。可證晉制早已如此。

5 參拙作《劉裕門第考》，載《北京大學學報》1982 年第 1 期。

6 參《晉書》卷七五《王湛傳附王坦之傳》《王湛傳附王國寶傳》。

東晉高級士族日益忽視、脫離實際統治事務的一個重要動向。總之，陳吏部尚書姚察所批評的風氣，具體分析起來，其主要社會基礎，不是別的，正是高級士族。

必須指出，高級士族此風不僅盛行"台閣"(宰相機構)，在其他中央、地方部門同樣嚴重。《晉書》卷八〇《王羲之傳附子徽之傳》：徽之任都督、車騎將軍桓沖之騎兵參軍，不理政務，"沖問：'卿署何曹？'對曰：'似是馬曹。'又問：'管幾馬？'曰：'不知馬，何由知數！'又問：'馬比死多少？'曰：'未知生，焉知死。'"比這更荒誕可笑的事見於《晉書》卷七六《虞潭傳附孫嘯父傳》：嘯父出身會稽虞氏，為南土高門，任晉孝武帝侍中，"嘗侍飲宴，帝從容問曰：'卿在門下，初不聞有所獻替邪？'嘯父家近海，謂帝有所求，對曰：'天時尚溫，鯽魚蝦鮓未可致，尋當有所上獻。'帝大笑"。"獻替"指獻可替否，為門下侍中最基本的職掌。[1] 虞嘯父身為侍中不但一直沒有獻替，竟連獻替這個詞的意思也不懂，會誤解為向皇帝進獻海味，這比後來王敬弘之"未嘗省牒"，就昏聵無能言，可以說更高出一籌！

然而東晉後期高級士族之沒落，更重要的方面是源於鄙薄武事。在西晉，兵家地位雖然低下，但和士族界限還不十分森嚴。史載太原王氏顯赫的一支司徒王渾子王濟，身為駙馬、侍中，曾準備將妹妹許配給"有俊才"的"兵家子"；他的母親鍾琰，出身名門潁川鍾氏，開始也表示可以考慮，後因兵家子身體太弱，事方作

1 《宋書》卷三九《百官志上》。

罷。[1] 而東晉以後，這種情況不見了。不僅士兵，連一般武將也被劃入"小人"行列，[2] 遭到輕視與侮辱。《晉書》卷七九《謝安傳附弟萬傳》：萬出身高門陳郡謝氏，為豫州刺史、監司豫等四州諸軍事，"但以嘯詠自高，未嘗撫眾。……召集諸將，一無所言，直以如意指四坐云：'諸將皆勁卒。'諸將益恨之"。《資治通鑒》卷一〇〇升平三年（359）胡注："凡奮身行伍者，以兵與卒為諱，既為將矣，而稱之為卒，所以益恨也。"《晉書》卷八四《劉牢之傳》：牢之為北府兵名將，及高門太原王恭為北府兵長官，"雖杖牢之為爪牙，但以行陣武將相遇，禮之甚薄。牢之負其才能，深懷恥恨"。《晉書》卷七五《王述傳》：述乃前述太原王濟之從姪，子坦之，為桓溫大司馬長史，"溫欲為子求婚於坦之。及還家省父……坦之因言溫意。述大怒……曰：'汝竟癡邪！詎可畏溫面而以女妻兵也。'坦之乃辭以他故"。譙國桓氏本亦高級士族，[3] 不過上升為第一流高門時間稍晚；桓溫又長期掌軍，多次北伐，以武功顯，太原王氏竟把這樣的家族也輕蔑為"兵"，[4] 並且拒絕聯姻，則真正的"兵""將"社會地位之低落便可知了。

當然，由於南北對峙，戰爭一直不斷，為了保住或建立功勛，東晉高級士族雖鄙薄武事，卻不能不過問武事。但他們過問武事一

---

1 參《晉書》卷九六《列女・王渾妻鍾氏傳》、《世說新語・賢媛》第一二條，見余嘉錫《世說新語箋疏》（中華書局，1983 年），以下凡引《世說》，均同。又《晉書》卷三六《張華傳附劉卞傳》、卷四九《王尼傳》，均兵家子，而能升高官，或受名士器重，亦其證。

2 《三國志》卷三《魏書・明帝紀》青龍三年注引《魏略》"吏為君子，士為小人"。而至東晉，據《晉書》卷六六《陶侃傳》：庾亮手下將軍王章被視為"小人"。《晉書》卷六三《郭默傳》：默位居後將軍，也被視為"小人"。

3 《晉書》卷七四《桓彝傳》："有人倫鑒識……時人方之許（劭）、郭（太）。……為中書郎、尚書吏部郎，名顯朝廷。"第一流高門庾亮曾屬他"覓一佳吏部（郎）"。《世說・賞譽篇》第四八條注："庾亮、周顗、桓彝一代名士。"依東晉風氣，都不可能不是高級士族。

4 《晉書》卷七九《謝奕傳》：奕為桓溫司馬，亦稱溫為"老兵"。

般都是文武迭任，或文武兼任，[1] 體現的精神是武事雖賤，為了效力君主，不得不暫時屈尊為之，所以往往當軍事長官，而和"以武力為官"、[2] 很少文授的專職武將，有明顯界限。《晉書》卷七九《謝尚傳》：尚出身陳郡謝氏，原為清望官給事黃門侍郎，出為建武將軍、郡太守、都督等，"建元二年，詔曰：'尚往以戎戍事要，故輟黃散（指黃門侍郎及散騎侍郎，均清望官）以授軍旅。所處險要，宜崇其威望。今以為南中郎將，餘官如故。'"《宋書》卷六三《王曇首傳》：曇首出身琅邪王氏，東晉末與從弟王球均辟為大司馬屬官，一起隨太尉劉裕北伐姚秦。劉裕曰："此君並膏粱盛德，乃能屈志戎旅。"曇首答曰："既從神武之師，自使懦夫有立志。"時謝晦在座，便說："仁者果有勇。"兩條材料意思一致，即高門本應文授，由於需要，方"屈志戎旅"，所以要"崇其威望"或口頭表揚，以資鼓勵。

在這種思想指導下，高級士族雖然在東晉前期因為門閥特權剛剛制度化，影響尚淺，不少人又經歷過西晉末的動亂，接觸社會實際較多，因而出過一些軍事人才，立過功勛，最後還在淝水之戰中獲得大勝；但總的說來，軍事才幹在逐漸削弱，特別東晉後期。試舉二例：

王恭：[3] 出身太原王氏，晉孝武帝時"以地望見禮"，[4] 被用為兗、

---

1 文武迭任，如《晉書》卷七五《王湛傳附王國寶傳》：國寶先為琅邪內史，加輔國將軍；後補侍中、中書令；又任中領軍，為武職。《晉書》卷六五《王導傳附孫珣傳》：珣先為大司馬參軍，乃武職；後升侍中、尚書令等官；又進衛將軍，都督琅邪水陸軍事，為武職。文武兼任，如王導子王劭，以尚書僕射領中領軍；王薈，以尚書領中護軍；太原王愷，以侍中領右衛將軍。均見《晉書》本傳。

2 《資治通鑒》卷一一〇隆安二年楊佺期婚宦失類下胡注。

3 以下除注明者外，均見《晉書》卷八四《王恭傳》《劉牢之傳》。

4 《世說・讒險篇》第三條。

青二州刺史、都督，成為北府兵最高長官。如前所引，他“恆有宰輔之望”，然而實是東晉後期高級士族志大才疏、無能愚蠢之典型。其一，身為北府兵長官，而“不閒用兵”，[1] 對北方胡族未打過一次勝仗，相反，曾敗於鮮卑慕容垂，軍號由前將軍降為輔國將軍。其二，喜清談，“有清辭簡旨……而讀書少”，並且宣揚“名士不必須奇才，但使常得無事，痛飲酒，熟讀《離騷》，便可稱名士”。[2] 對此，余嘉錫先生批評說，此言“皆所以自飾其短也”，他的垮台，“正坐不讀書”。[3] 其三，高門惡習極深，就像謝萬“以嘯詠自高，未嘗撫眾”一樣，“自矜貴，與下殊隔”，“以才地陵物”。部下劉牢之，出身低級士族，[4] 為北府名將，王恭禮之甚薄，已如前述。後王恭因爭權奪利起兵反對當權的司馬道子、元顯父子，自己卻不會打仗，為讓劉牢之賣命，竟一反常態，當眾拜劉牢之為兄，並許願“事克，即以卿為北府”，“精兵利器悉以配之，使為前鋒”。有人提出警告，不聽。但正如胡三省所說，“此豈能得其死力邪？適足以速其背己耳”。[5] 果然，劉牢之大權在握，乘機反戈相擊，王恭毫無準備，“久不騎乘，髀生瘡”，被追及捕殺。在這之後，劉牢之功大兵強，司馬元顯便不得不讓他代王恭任北府兵長官。就這樣，低級士族開始脫穎而出了。很顯然，在某種意義上說，這個局面正是王恭愚蠢無能造成的。

---

1 晉孝武帝信任的另一高門陳郡殷仲堪，身為振威將軍、荊州刺史、都督，而“素無戎略”。可見東晉末高門通常如此，見《晉書》卷八四《殷仲堪傳》。

2 以上分別見《世說新語・賞譽》第一五五條及《任誕》第五三條。

3 《世說新語・任誕》第五三條按語。

4 據《晉書》本傳，祖為郡太守，父為征虜將軍（三品），王恭又曾當眾拜他為兄，都可證劉氏絕非寒門。

5 《資治通鑒》卷一一〇隆安二年九月胡注。

謝琰：[1]出身陳郡謝氏，乃名相謝安之子，淝水之戰立過大功。然其後十幾年中，和低級士族劉牢之一直為武將不同，多為文授，加上輕武之社會風氣使然，於戎旅之事日益生疏。表現為：其一，晉安帝初，王恭舉兵，司馬道子命謝琰與另一高門琅邪王珣率兵討伐，然二人均無戰功可言，是靠劉牢之倒戈方得以平定王恭的。所以事後要以劉牢之代王恭，而不及謝琰。其二，劉牢之的官銜是輔國將軍，都督兗、青、冀、幽、并、徐、揚州晉陵諸軍事，司馬道子和高門對他歧視，[2]所以同時又用資望比他高的謝琰為衛將軍、徐州刺史、假節。就職務言，徐州諸軍應歸劉牢之都督，然就軍號言，衛將軍（二品）又高過輔國將軍（三品）。很顯然，是為了牽制劉牢之。但在一年多時間裏，謝琰似乎沒發揮作用，"京口及江北皆劉牢之及廣陵相高雅之（牢之婿）所制，朝政所行，惟三吳而已"。其三，孫恩起義，司馬元顯怕劉牢之插手會稽，立即任命謝琰兼督吳興、義興軍事以討孫恩，[3]後又委以會稽太守，都督五郡軍事。據說"琰既以資望鎮越土，議者謂無復東顧之虞"。然實際他至郡，"無綏撫之能，而不為武備"。孫恩打來，又拒絕部下"宜持重嚴備"的建議，狂妄叫囂："要當先滅此寇而後食也。"結果，出戰敗死，全軍覆沒。大敵當前，迫使司馬元顯不得不改用劉牢之都督會稽五郡。而在這之後，特別從劉裕率軍討伐孫恩起，局面大

1 以下除注明者外，均見《晉書》本傳、《資治通鑒》卷一一一隆安三、四年。

2 《晉書》卷八四《劉牢之傳》："牢之本自小將，一旦據恭位，眾情不悅。"即其證。吳廷燮《東晉方鎮年表》兗州刺史隆安二年條下按：劉牢之淝水戰時已為北府名將，至代王恭為都督時已逾二十年；遷龍驤將軍（三品）亦十餘年，"而傳仍曰小將。晉人重清談，輕勇將如此，宜乎不能恢復中原也"。

3 《晉書》卷一〇《安帝紀》：同時還派劉牢之討伐，誤。據《資治通鑒》卷一一一隆安三年條及《晉書》卷八四《劉牢之傳》：東晉只委任謝琰一人，劉牢之是自行出兵，"拜表輒行"，大敵當前，東晉只得默許。

變，劉裕不斷取勝（當然起義軍本身弱點也起重要作用），“恩由是衰弱”。[1] 這是一個鮮明對比！如果聯繫王恭，便可看到，至東晉後期，經過門閥制度的腐蝕，高級士族已經沒有軍事人才足以承擔維護封建統治、鎮壓農民起義的重要任務，甚至連原來的人才（如謝琰）也發生了蛻變。這就迫使當政的皇族，儘管內心畏懼遲疑，仍不得不把軍權一點點交給有才幹的低級士族，從而為他們後來執掌統治大權奠定了基礎。

第二，當然，以上論述東晉高級士族政治及軍事才幹日益削弱，是就總的趨勢說的，並不排斥以下情況，即由於各人教養和經歷不同，某些高級士族仍具有一定的統治才幹。不過在門閥制度下，只要門第不垮，他們和子弟的富貴榮華也就不愁，因而就又培養出了東晉高級士族的另一特點，即在激烈的政治鬥爭，甚至關乎王朝更替的鬥爭中，往往畏葸退縮，明哲保身，或者見風使舵，隨聲附和，而不願意冒風險，按封建名教行事。就是說他們的統治才幹被門閥特權限制住了。雖然這個問題至南朝發展到最高峰，但東晉開其端，並且到後期已經相當嚴重。試舉二例：

王彪之：[2] 出身琅邪王氏。公元 371 年，桓溫憑藉手握軍權，廢掉了皇帝海西公司馬奕。史載：“溫集百官於朝堂，廢立既曠代所無，莫有識其故典者。百官震栗，溫亦色動，不知所為。”這時王彪之為尚書左僕射，對桓溫說：“公阿衡皇家，當倚傍先代。”“乃命取《霍光傳》，禮度儀制，定於須臾。彪之朝服當階，神彩毅然，

1 《資治通鑑》一一二隆安五年八月。

2 以下除注明者外，均見《資治通鑑》卷一〇三咸安元年條及《晉書》卷七六《王廙傳附弟彬子彪之傳》。

曾無懼容，文武儀準，莫不取定。朝廷以此服之。"這樣一件對封建統治階級來說具有頭等重要意義之廢立大事，海西公既無大過，[1] 事先又未經過醞釀和準備，倉猝提出，百官竟無一人提出異議，包括被認為東晉名臣、頗有才幹的第一流高門王坦之在內。當時高級士族是何等的怯懦，便可知了。王彪之頗有才幹，謝安曾說："朝之大事，眾不能決者，諮王公無不得判。"然而在這件關係身家性命之事上，見風使舵，不但提出廢帝之禮度儀制，幫了桓溫大忙；而且吹捧桓溫"阿衡皇家"，相當於伊尹放太甲，又依據《霍光傳》，把海西公比為昌邑王，為桓溫行徑製造正義性的輿論。所以胡三省說："晉朝以此服王彪之，余甚恨彪之得此名於晉朝也。彪之父彬，不畏死以折王敦，[2] 此為可服耳。"《晉書》卷八《海西公紀》"贊"曰："彼（桓溫）異阿衡，我（海西公）非昌邑。"似乎也是針對王彪之的。固然，王彪之在此事前後，都曾一定程度上抵制過桓溫，但在這性命攸關的問題上，並不是一般隨聲附和，而是積極出謀劃策，大加吹捧，縱然不算政治品質惡劣，至少也應該說不是一個在關鍵的時刻可以信賴的人。

王珣：[3] 乃王導之孫，為高門之高門，有才幹，深受桓溫器重。晉孝武帝以他為尚書僕射，與王恭、殷仲堪並為帝黨，而與宰相司馬道子及其黨王國寶等不和。孝武帝死，司馬道子、王國寶掌權，珣為保住權位，改取和事佬立場。其一，和王恭、殷仲堪繼續對道

1　見《晉書》卷八《廢帝海西公紀》。

2　參《晉書》卷七六《王廙傳附弟彬傳》。

3　以下除注明者外，均見《晉書》本傳、卷七五《王湛傳附王國寶傳》，《資治通鑒》卷一〇九隆安元年、二年。

子等採反對立場，“屢有憂國之言”不同，珣“循默而已”。[1] 因此雖失勢仍得由僕射升尚書令。王恭掌北府兵，欲率兵入朝誅王國寶，王珣勸阻，“恭乃止。既而謂珣曰：‘比來視君，一似胡廣。’”胡廣乃東漢三公，由於貪戀權位，從不冒風險，“京師諺曰：‘萬事不理問伯始（胡廣字），天下中庸有胡公。’”[2] 成為歷史上一種典型。王珣正採此立場。所以對王恭的話，《資治通鑒》胡注說：“謂依違於權奸之間，以保祿位。”其二，後來王恭在殷仲堪等人支持下仍兩次起兵反對司馬道子、元顯等，統治集團矛盾激化。在此期間先是原相黨王國寶、王緒被殺，後是原帝黨王恭兵敗伏誅，而作為原帝黨主要人物的王珣，不知要了甚麼手腕，於王恭第一次舉兵時，不但未遭迫害（時珣在建康，在相黨控制之下），反而能使王國寶向自己問計，王國寶聽信後放棄抵抗，“詣闕待罪”，結果被處死。而王恭第二次舉兵，王珣又能掛名成為討伐王恭的一員，“進衛將軍”，然又只不過擔任次要的守城任務，萬一王恭得勝自己又留下後路，及恭敗死，“加散騎常侍”。兩次流血，王珣時而似乎站在王恭一邊，時而又似乎站在相黨一邊，始終未傷一根毫毛，還當他的尚書令。很明顯，王珣的才幹只是用在保住個人權位、保住家族特權上了。所以王珣死後，桓玄給司馬道子信說：珣一生“崎嶇九折，風霜備經，雖賴明公神鑒（指道子不計前嫌），亦識會居之故也，卒以壽終”。

以上說明，門閥制度的高度發展腐蝕了高級士族。他們或是統

1　其他高門多同此態度。王夫之指出：司馬道子等胡作非為，“乃在廷之士，持祿取容，無或以片言摘發而正名其為奸邪者”（王夫之《讀通鑒論》卷一四“晉安帝”第二條）。可見這是東晉末年高門的共性。

2　《後漢書》卷四四《胡廣傳》。

治才幹越來越弱，或是雖有統治才幹而為門閥特權所累，除了關心保住權位和家族外，全都在現實政治中發揮不了多大作用。可以說，東晉高級士族是一代不如一代了。這就是低級士族劉裕雖然遭到高級士族普遍輕視，仍得以取代司馬氏，成為高級士族不得不北面奉事之君主的根本原因。

二

下面再以太原王氏及王、庾、桓、謝四大族為例，進一步考察上面論述的問題。

太原王氏：[1] 魏晉時已發達。過江後以王湛這一支"世有高名"。湛、承、述三代"論者以為祖不及孫，孫不及父"。且謂王承"渡江名臣王導……之徒皆出其下，為中興第一"。然考諸史實，王承除了"言理辯物……約而能通"，"推誠接物，盡弘恕之理"外，無任何值得稱道的政績可言。連吹捧他的《晉書》也不得不承認他"崇勛懋績有闕於旂常"。王承之孫坦之，著《廢莊論》，比較重實務，曾一定程度上敢於冒風險，抵制過桓溫，並與謝安一起，輔孝武帝，是太原王氏這一支中唯一在東晉政治中起過較大積極作用的人。雖然，冒風險是有限度的，如果身家性命遭威脅太大，如桓溫廢海西公時，他便默無一語。[2] 至於再下一代，王坦之四子愷、愉、國寶、忱及諸孫，情況更糟。其中王忱雖有才幹，然"放酒誕節"，

1　以下除注明者外，均見《晉書》王湛等太原諸王傳、《資治通鑒》卷一〇三咸安二年、寧康元年。

2　由於王坦之抵制過桓溫，有一次溫召謝安及坦之，傳説要殺他倆，"坦之甚懼"，見溫"流汗沾衣，倒執手版"，其膽怯可以想見。這就是抵制有限之原因。見《晉書》卷七九《謝安傳》、《世説・雅量篇》第二九條。

末年，“一飲連日不醒，或裸體而遊”，早死。國寶“貪縱聚斂，不知紀極”，以阿諛奉迎、諂媚無恥著稱。愷亦早死。愉無能。愉子綏，“鄙而無行”。太原王氏這一支由王澤至綏，“八葉繼軌，軒冕莫與為比焉”。愉因此輕侮劉裕，[1] 於裕當權後“謀作亂”，事泄伏誅，子孫十餘人皆死。太原王氏的另一支至東晉末只有王恭最有名，然其無能亦突出，已如上述。恭敗，五男及弟爽等亦被處死，幾乎滅族。[2]

琅邪王氏：[3] 過江後王導這一支興起最早，官位最顯赫。“王與馬，共天下”之語，首先即指這一支。然衰落也最早。王導六子諸孫皆歷顯官，均徒有虛名。除文化上（如書法、弈棋等）有造詣外，在政治、軍事上可以說沒有任何作為。諸孫位至三公、令僕者，如王珣，前已述，有似胡廣，而且“頗好積聚，財物佈在人間”。另一孫王謐，在桓玄篡位時以司徒兼太保身份，實際代表高級士族“奉璽冊詣玄”，開東晉南朝易代之際高門奉璽獻冊之先河。王夫之曾痛斥謐“俄而事此以為主，而吾之富貴也無損；俄而事彼以為主，而吾之富貴也無損”，“誠豺虎不食、有北不受之匪類矣！”[4] 再一孫王廞，為吳國內史，先附和王恭起兵反對司馬道子，“多所誅戮”，[5] 想“乘間而取富貴”；後又與王恭矛盾，立即翻臉討恭，恭派劉牢之抵禦，廞一戰即潰走，“遂不知所在”。[6] 其品質之惡劣，軍事才能

1 《宋書》卷一《武帝紀上》：愉、綏“江左冠族”。綏“以高祖起自布衣，甚相淩忽”。文義勝於《晉書》。

2 參《晉書》卷八四《王恭傳》、卷九三《外戚・王蘊傳》。

3 以下除注明者外，均見《晉書》王導等琅邪諸王傳、《宋書》卷四二《王弘傳》。

4 王夫之《讀通鑒論》卷一四“晉安帝”第十條。

5 《宋書》卷六三《王華傳》。

6 《晉書》卷六五《王導傳附孫廞傳》。

之平庸可知。王導後代最著名的為王珣子王弘。弘甚有才幹，然不冒風險，走的是投靠劉裕父子的道路，從而得以飛黃騰達，升為劉宋宰相，與弟曇首發展成為南朝琅邪王氏中最顯赫的兩支。琅邪王氏中位望微減的其他各支，只有王彪之、王羲之具有才幹。王彪之之見風使舵已如上述。王羲之極負盛名。[1] 王應麟高度評價他說："言論風旨，可著廊廟，江左第一流也。"[2] 有一次他對謝安說："虛談廢務，浮文妨要，恐非當今所宜。"[3] 這話切中時弊。然而由於他在會稽擁有許多田莊，剝削收入豐厚；同時作為第一流高門，子弟仕進有保障，於是便形成高級士族另一種類型："素自無廊廟志"，不貪戀權位。就是說他雖反對當政者"虛談廢務"，自己並無意身體力行。因與太原王述矛盾，憤而辭會稽內史職，"與東土人士盡山水之遊，弋釣為娛"，一直到死。結果，"功名成就，無一可言"。[4] 這與"虛談廢務"實際作用一樣。王羲之諸子亦無政績。其中著名的徽之，放誕無能，已見前。獻之僅善書法。凝之為會稽內史，信五斗米道。孫恩起義，不為備，但禱請"鬼兵"助戰，為義軍鎮壓。王夫之譏為"以庸劣當巨寇，若鴻毛之試於烈焰"。[5] 王彪之後代雖較重實事，[6] 然只不過"諳江左舊事"，熟悉典章制度，四世為御史中丞，被譏為"唯解彈事"，手中從未掌實權，政治上也沒提出甚麼辦法，對挽救東晉的垮台無濟於事。

1　以下除注明者外，均見《晉書》本傳。

2　王應麟《困學紀聞》卷一三《考史篇》"南豐記王右軍墨池"條。

3　《晉書》卷七九《謝安傳》。

4　洪邁《容齋四筆》卷一〇。

5　王夫之《讀通鑒論》卷一四"晉安帝"第六條。

6　以下見《南史》卷二四《王准之傳》。

潁川庾氏：[1] 雖魏晉之際即已升為高門，但東晉掌大權的這一支，卻主要是從庾亮兄弟這一代聯姻帝室而顯赫起來的。庾亮與弟冰、翼都有才幹，重實務，在東晉初年內政和北伐中具有一定影響。這恐怕和庾亮兄弟的經歷，即從青少年時代起一直處於動亂之中緊密不可分。[2] 他們的後代則不同，政治上十分平庸。一部分因與桓溫矛盾，遭到殺戮或流放，另一部分有史可稽的，或是無能之輩，或是反覆無常的小人。突出的如庾亮之孫庾楷，為左將軍、豫州刺史。本黨於司馬道子、王國寶而反對王恭，後因個人權力受侵害，便派人說王恭聯合起兵反對司馬道子。結果楷軍大敗，投奔桓玄。當桓玄與司馬道子、元顯父子鬥爭時，楷“懼玄必敗”，又密遣使告元顯，“若朝廷討玄，當為內應”，終於為桓玄發覺殺掉。再如庾冰曾孫庾登之，[3] 東晉末投靠劉裕。劉裕將北伐，檢閱軍隊，他“擊節驅馳”，似乎很積極，然一轉眼，“以母老求郡”，實際拒絕參加北伐。劉裕大怒，免官。此人在劉宋初年任荊州刺史和都督謝晦的司馬，謝晦反朝廷，命他率軍留守江陵，以“親老在都”為藉口加以拒絕，但又不翻臉對抗，而是改任不統軍之“長史”，以備萬一謝晦得勝還有回旋餘地。謝晦敗死，代登之為司馬的周超亦被殺，而“登之以無任免罪”。後作為高門，又被起用，“以贓貨免官”。以上庾楷、登之兩人都可稱得上是又無能、又無恥之典型。

譙國桓氏：[4] 大體從東晉桓溫貴顯時方升為第一流高門。在這

1　以下除注明者外，均見《晉書》庾亮等潁川諸庾傳、《庾楷傳》。

2　據《晉書》本傳，庾亮公元 340 年死時五十二歲，則當生於公元 289 年，三歲時開始爆發“八王之亂”。又庾亮讓中書監表自稱中原大亂曾隨父“逃難”“求食”，當頗困苦。庾冰公元 344 年死，年四十九，當生於公元 296 年；庾翼公元 345 年死，年四十一，當生於公元 305 年，情況略同。

3　以下見《宋書》卷五三《庾登之傳》。

4　以下均見《晉書》桓彝等譙國諸桓傳。

之前，溫父彝死於蘇峻之亂，時溫年十五，“兄弟並少，家貧，母患，須羊以解，無由得之，溫乃以(弟)沖為質”，其困苦可以想見。這大概就是溫、沖所以並有軍事和政治才幹的客觀原因。然自此以下，桓氏子弟除石虔、石民以武勇著稱外，其他人政治、軍事多不足道，後因追隨桓溫子桓玄篡晉，先後為劉裕所敗。桓氏這一支幾乎族滅，入宋完全衰落。

陳郡謝氏：[1]也在東晉上升為第一流高門。謝安貴顯前，謝氏社會地位還不很高。[2]所以子弟和興起較早的琅邪、太原二王氏不同，習武的還不少，[3]如謝尚、石、玄、琰等。其中石、玄、琰在謝安統一部署下，淝水之戰中立下不世功勛。毫無疑問，這反映了他們的軍事才幹。但恐怕也不能估計過高。因為淝水之戰中苻堅大敗，主要是前秦內部種種矛盾特別是民族矛盾造成的；再加上一個偶然因素，即秦兵從淝水岸邊後撤發生混亂，又給晉兵以可乘之機。[4]也就是說，不能把勝利過多地歸功於諸謝之軍事才幹。[5]葉適曾評說：“若(苻)堅部分無擾，十倍(於晉)之眾得用，則玄等兵力有限，

1 以下除注明者外，均見《晉書》謝安等陳郡諸謝傳、《宋書》卷六七《謝靈運傳》。

2 《世說新語・方正》第二五條：曾與王導爭門第高下的諸葛恢不願把女兒嫁給謝氏；《簡傲》第九條：陳留阮裕輕謝萬為“新出門戶”。均其證。但余嘉錫據此便謂謝安貴顯前謝氏非世族則非是。謝安伯父謝鯤乃名士，王敦、溫嶠均重之，論者以比庾亮，見《晉書》卷四九《謝鯤傳》。鯤子尚，官至尚書僕射，軍號二品衛將軍；謝安弟萬妻父為第一流高門太原王述；謝安妻父沛國劉耽，妻兄劉惔，惔為東晉風流清談者所宗。均在安、萬貴顯前。可證謝氏肯定是高門。阮裕之“新出門戶”，蓋指升第一流高門。參《晉書》卷七九《謝安傳》等、《世說新語・德行》第三六條。

3 《晉書》卷六五《王導傳附子恬傳》：恬為王導次子，“少好武，不為公門所重(《世說新語・德行》第二九條注作‘不為導所重’)，導見悅(恬兄)輒喜，見恬便有怒色”，這種風氣導致子弟習武者極少。

4 參《資治通鑒》卷一〇五太元八年。

5 據《資治通鑒》卷一〇四太元四年條，謝玄雖曾在淮南大敗秦軍，但對方並非主力，而是為配合苻丕攻襄陽而派出的軍隊。晉秦軍數大致相當。所以對此勝利，苻堅並不以為意；而桓沖仍視謝玄等為“不經事年少”(《世說新語・尤悔》第一六條注)。

雖極其精鋭，亦難以必得志矣。”[1] 正因如此，諸謝後來再無值得稱道的戰績可言。謝安於淝水之戰後第二年北征，一年後無功而死。謝玄於這次北征中為前鋒都督，開始因對手是大敗後的秦軍，“乘其釁會”，取得一些勝利，及至遇到後燕與丁零翟遼軍，接連失敗，不得不請求解職。謝琰晚年之無能已見上。至於謝石，情況更糟。史稱他為尚書令，“無他才望，直以宰相（謝安）弟兼有大勳，遂居清顯”。不但“唱言無忠國之謀，守職則容身而已”，而且“貨黷京邑，聚斂無厭”。[2] 當然，話又說回來，安、石、玄、琰畢竟立下“大勳”。特別是謝安，在東晉高級士族中，政治才幹確是佼佼者。然而由於整個高級士族已經腐朽了，謝安等的出現只不過是一種回光返照。不但其他高級士族，即便謝氏子弟亦無能為繼。如謝安孫謝混，是東晉高級士族中最負盛名的一人，“風華為江左第一”。[3] 晉孝武帝請王珣給推薦女婿，條件是“但如劉真長、王子敬便足”。珣舉謝混。劉真長即劉惔，是東晉前期清談代表人物。王子敬即王羲之子獻之，“風流為一時之冠”，實際上只有書法有成就。謝混官至尚書僕射，因黨於劉毅，反對劉裕，被殺。及至東晉禪位於宋時，謝晦謂劉裕曰：“陛下應天受命，登壇時恨不得謝益壽（混小字）奉璽紱。”裕也歎曰：“吾甚恨之，使後生不得見其風流。”由此可見，在人們心目中謝混只不過相當於劉惔、王獻之，善清談、忽實事，如前述琅邪王謐一樣的“風流”人物而已。上述材料中的謝晦，在謝氏子弟中最有才幹，然而他走的又是比較保險的、投

1 葉適《習學記言》卷三〇。又《晉書》卷九《孝武帝紀》“史臣曰”：“上天乃眷，強氐自泯。”意略同。

2 《晉書》卷九一《儒林・范弘之傳》。

3 《南史》卷一九《謝晦傳》。

靠劉裕的道路。謝氏子弟中另一風流人物是謝玄孫靈運，“文藻豔逸”，劉宋時為官，“朝廷唯以文義處之，不以應實見許”。

葉適說：“東晉權歸王謝庾桓四族，而四族亦人材所自出。”[1] 指的均是前期，到東晉末年，這些家族的人材已日益凋零了。正因如此，早在劉裕之前已出現以下奇特現象，即淝水之戰後，晉孝武帝竟一變渡江以來“號令威權多出強臣”的局面，[2] 把軍國大權從高級士族手中奪了過去。史稱孝武帝“威權己出”，[3] 加上弟司馬道子的輔佐，“政出王室，人無異望”。[4] 這是甚麼原因呢？是孝武帝特別有才幹嗎？否。《晉書》本紀稱他“條綱弗垂，威恩罕樹”，“既而溺於酒色，殆為長夜之飲”。是司馬道子特別有才幹嗎？更不是。他是庸才。《晉書》本傳稱他掌權時，“官以賄遷，政刑謬亂”。所以大權被孝武帝、皇族奪去，恐怕要從東晉末年高級士族人材凋零中去尋找原因。

如所周知，掌握東晉政治軍事大權的高級士族開始有王導、王敦，其後有庾亮、庾冰，再後有桓溫，而到孝武帝時，卻沒有這樣一些可以左右政局、使君主俯首聽命的人物了。桓溫死後只有其弟桓沖和謝安握有實權。但桓沖功勛、資歷、威望都無法與桓溫比，所以代溫為揚州刺史後小心謹慎，不敢像桓溫那樣跋扈，後又主動讓出揚州刺史這一足以控制京師的要職，以示沒有野心，諸桓皆“扼腕苦諫”，不聽。[5] 這樣的人是不可能成為孝武帝收回大權

1　葉適《習學記言》卷三〇。
2　《晉書》卷九一《儒林・范弘之傳》。
3　《晉書》卷九《孝武帝紀》。
4　《晉書》卷九一《儒林・范弘之傳》。
5　見《晉書》卷七四《桓彝傳附子沖傳》。

的障礙的，何況他淝水之戰後第二年已死去。至於謝安，聲望雖高過桓沖，但早年高臥東山，屢徵不起，入仕時已四十多歲，桓溫死後方入相，淝水之戰前，才幹、威望均未盡為諸高門所敬服。《晉書》卷六七《郗鑒傳附孫超傳》：超出身高平郗氏，"常謂其父（郗愔）名公（郗鑒）之子，位遇應在謝安右，而安入掌機權，愔優遊而已，恆懷憤憤，發言慷慨，由是與謝氏不穆"。《晉書》卷七四《桓彝傳附子沖傳》：淝水之戰前，桓沖認為謝安"不閑將略"，甚至慨歎由謝安部署淝水之戰，"吾其左衽矣"。此外，《晉書》卷六五《王導傳附孫珣傳》：琅邪王氏與謝安矛盾也不小，"以猜嫌致隙。……二族遂成仇釁"。太原王氏在王坦之死後也與謝安不和。坦之子王國寶乃謝安婿，"安惡其為人，每抑而不用……國寶……由是怨安……譖安於（司馬）道子"。[1] 王夫之評論這一時期的謝安是："社稷之功未著，而不受託孤之顧命（指簡文帝死未受顧命輔孝武帝）……雖為望族，無異於孤寒。時望雖隆……固群情之所不信。"[2] 淝水之戰使謝安威望大大提高了，然而第二年在本可以進一步提高威望、權力的北征中，功績並不理想。在這種情況下，謝安地位不但不能與長期居要職、早建功勛的王導、桓溫比，而且也不能與身為外戚、受遺詔輔政的庾亮相比。史稱："安功名既盛，而險詖求進之徒，多毀短安，帝由是稍疏忌之。"[3] 再加上帝弟司馬道子的排斥，謝安就不得不自求北鎮廣陵"以避之"，[4] 並不久即死去。桓沖、謝安如此，兩人之外高級士族還有誰可與君權抗衡呢？孝武帝和司

---

1 《資治通鑒》卷一〇五太元八年十二月。

2 王夫之《讀通鑒論》卷一四"孝武帝"第三條。

3 《資治通鑒》卷一〇五太元八年十二月。

4 《晉書》卷七九《謝安傳》。

馬道子兩人都沒有卓越才幹，卻能毫不費力地從高級士族手中收回大權，原因就在於此。

正因孝武帝恢復君主專制並非建立在主相二人才幹傑出，以及政治清明、經濟發展、社會穩定的基礎之上，而是高級士族已無人能控制東晉政局，不得不對君主、皇族讓步，所以收回大權之後，統治危機繼續加深。“左右近習，爭弄權柄，交通請託，賄賂公行，官賞濫雜，刑獄謬亂”，“毒賦年滋，愁民歲廣”。范寧上書形容當時的統治危機是：“厝火積薪，不足喻也。”[1] 事實證明，高級士族也好，皇族也好，都已腐朽無能。所以從孝武帝晚年起，社會上出現以下看法：

《晉書》卷一〇〇《孫恩傳》：恩叔父孫泰是東晉官吏，根據種種跡象，“以為晉祚將終，乃扇動百姓，私集徒眾，三吳士庶多從之”。

《晉書》卷九《孝武帝紀》：東晉末讖云，“晉祚盡昌明（孝武帝字）”。《晉書》卷一〇《安帝紀》：讖又云，“昌明之後有二帝”。

《宋書》卷一《武帝紀上》：桓玄從兄桓謙問劉裕，桓玄代晉何如？裕曰：“晉室微弱，民望久移，乘運禪代，有何不可？”後兩句雖非真心話，前兩句確是當時普遍看法。

這一些看法、讖語意味甚麼？意味東晉王朝已失去人心，人們從種種矛盾中預見它壽命不長了。

為了解決嚴重的統治危機，當時一般說有三條途徑：一是由北方少數族政權打過長江，消滅東晉。但前秦滅亡之後、北魏統一之前，北方處於分裂割據和相互兼併狀態，完全無力顧及江南。二是

1　見《資治通鑒》卷一〇七太元十四年、《晉書》卷九《孝武帝紀》“史臣曰”。

爆發農民起義，推翻東晉，建立新的由農民領袖掌權的新王朝。孫恩、盧循起義即其嘗試。然而由於主客觀種種原因，起義最後失敗了。剩下第三條途徑，就是由腐朽性比較小一些的低級士族，壓服和拉攏高級士族與皇族，執掌軍國大權，取代東晉。劉裕正是在這樣的客觀需要下，因緣時會，脫穎而出，不但出身"寒微"而敢覬覦皇帝寶座，而且最後終於勝利地坐上了皇帝寶座。

三

然而在劉裕執掌大權之前，東晉高級士族並沒有料到，也不甘心出現這種局面。他們看到皇族不行了，又想輪流做莊，把軍國大權再次掌握到自己手中來。前述王恭起兵反對司馬道子、元顯，為其第一次嘗試。由於王恭之愚蠢無能和低級士族代表劉牢之轉而支持皇族，這次嘗試失敗了。但高級士族並沒有從中吸取教訓，不久，他們又在政治舞台上演出一幕短劇，這就是桓玄篡晉。公元402年，高級士族代表荊州刺史、都督桓玄攻入建康，殺掉司馬元顯，害死道子，從皇族手中奪回大權；403年底，進一步推翻東晉，建立楚朝。這一系列鬥爭實質反映東晉末年的高級士族想用改朝換代的辦法，欺騙輿論，以挽救晉孝武帝和皇族掌權以來激起的統治危機。下面略加申述。

首先，為甚麼高級士族要推桓玄為帝？為甚麼說他是高級士族的代表？就因為他具備兩個條件：

第一，桓玄出身東晉第一流高門譙國桓氏，是桓溫之子，和其他高門有千絲萬縷之聯繫。特別因為桓溫掌東晉大權二十多年，雖打擊了一批對他有威脅的高門（如潁川庾氏），然更多的是辟舉、拔擢了不少高門，包括王謝二族子弟（如王珣、謝安、謝玄，以及太原王坦之等），再加上婚姻關係，[1] 所以當時高門多給桓玄支持。如司馬道子當權，桓玄受到壓抑，年二十二尚未出仕。太元十五年王珣為尚書右僕射領吏部，第二年桓玄即起家太子洗馬；同年王珣轉左僕射，謝琰為右僕射，桓玄又升義興郡太守（洗馬七品，太守五品）。[2] 儘管桓玄本人還不滿意，但在道子壓制下，恐怕王珣、謝琰已盡了很大力量了。又如《世說・言語篇》記載，一次桓玄見司馬道子，道子醉，當面指斥桓溫晚年想篡位，桓玄嚇得"伏不得起"。[3] 這時道子的長史謝景重（謝安姪孫）竟敢說："故宣武公（桓溫）黜昏暗，登聖明（指廢海西公，立道子父簡文帝），功超伊霍。紛紜之議，裁之聖鑒。"給桓玄解了圍。《資治通鑒》卷一〇七又載，就在桓玄剛出仕之時，太學博士范弘之上書指斥桓溫"不臣之跡"，王珣時為尚書左僕射，"以為溫廢昏立明，有忠貞之節"，於是黜弘之為餘杭令。這對桓玄的發展也是有利的。余嘉錫先生指出，"晉之士大夫感溫之恩，多黨附桓氏"。[4] 大量材料證明，是有道理的。

第二，在無能、軟弱的高級士族中，相對說，桓玄較有才幹和魄力，所謂"承藉門資，素有豪氣"。經過統治階級間相互兼併，到 402 年消滅司馬道子父子前，桓玄實力雄厚，統治地盤達"晉國

1　如桓沖娶琅邪王恬女，見《世說新語・賢媛》第二四條。桓玄姐嫁琅邪王敬弘，見《宋書》卷六六《王敬弘傳》。桓溫女嫁太原王愉，見《晉書》卷七五《王湛傳附王愉傳》。

2　以上見《資治通鑒》卷一〇七太元十七年條，並參《世說新語・言語》第一〇一條余嘉錫箋疏。

3　《資治通鑒》卷一〇七太元十七年條作"伏地流汗不能起"，文意更加顯豁。

4　《世說新語・賢媛》第三二條按語，又參《世說新語・言語》第一〇〇條按語。但余氏認為謝氏壓制桓氏，此處不從。

三分之二”，[1] 沒有其他任何一個高級士族可與比擬，要從皇族手中奪回大權，建立新王朝，非他莫屬。

其次，再來看看高級士族對桓玄的支持。

當時桓玄手下主要分兩派。一派以高門泰山羊孚為代表，[2] 他極力擁護桓玄。《世說新語・文學》第一〇四條稱：桓玄進入建康後，羊孚時為兗州別駕，特意從京口趕來，“詣門，牋云：‘……明公啟晨光於積晦，澄百流以一源’”，欽佩之情，溢於言表。實質反映不少高級士族對桓玄從皇族手中重新奪回大權的支持，並寄託以挽救統治危機之希望。[3] 桓玄對羊孚也十分信任，稱他是自己的“腹心”。孚死，玄慨歎：“祝予之歎，如何可言。”把自己與羊孚比為孔子與顏淵的關係。然而正是這個羊孚，在世時“恆禁”桓玄篡晉。理由史不載，我想大概是怕篡位會招致風險，不如維持東晉之名，讓桓玄以宰輔身份掌握實際大權來得保險。當然，也有可能並非原則上反對篡晉，而是反對在根基不穩時過早篡晉。[4] 另一派以桓玄姐夫殷仲文為代表。仲文出身高門陳郡殷氏，祖融，曾任吏部尚書、太常卿；[5] 從叔浩，歷官揚州刺史、都督、中軍將軍，均較顯赫；本人又“素有名望”。所以連第一流高門謝安之孫謝混，他也不放在

1 《資治通鑒》卷一一二隆安五年、元興元年兩見。

2 過江羊氏與曾和王導爭門第高下的諸葛氏為“世婚”，見《世說新語・方正》第二五條。羊孚弟娶琅邪王氏女，見《世說新語・文學》第六二條。羊孚本人又是第一流高門太原王熙、王爽佩服的人，並與謝安孫謝混“相好”，見《世說新語・雅量》第四二條。均羊氏為高門之證。以下除注明者外，均見《世說新語・傷逝》第一八、一九條。

3 《資治通鑒》卷一一二元興元年條：“自隆安以來，中外之人厭於禍亂。及玄初至，黜奸佞，擢雋賢，京師欣然。”反映寄託希望的人不少。

4 《世說新語・傷逝》第一九條：桓玄自稱當時篡晉太倉促，“匆匆作此詆突，詎允天心？”即一側證。

5 此據《世說新語・文學》第七四條注引《中興書》。

眼裏。[1] 他與另一士族卞範之力主桓玄早日篡晉，[2] 目的除了謀求個人富貴外，還因為司馬道子父子腐朽統治和多次戰爭之後，危機嚴重，[3] 人心不穩，想用這個辦法加上偽造符瑞，來防止變故，穩定封建統治。[4]《魏書》卷九七《島夷桓玄傳》所謂的"既慮事變，且幸其利"，大概就是指的這一動機。以上兩派政見雖然不同，但在支持桓玄上則是一致的。

諸桓氏子弟也不外乎這類態度。至於其他高級士族，對桓玄篡晉積極支持或不反對的也不少：

太原王氏：當時王坦之四子只剩下王愉一人。愉為桓溫婿，愉子綏為桓玄甥，都大力支持桓玄。楚朝建，愉為尚書僕射，綏為中書令，均要職，"父子寵貴"。

琅邪王氏：首先是王導孫王謐以中書監、領司徒、兼太保的身份"奉璽冊詣玄"，粉飾了禪代，因而"受寵桓氏"，已如前述。王導曾孫王嘏，由晉左衛將軍（四品）升桓玄太常（三品）。[5] 王彪之孫王訥之任桓玄尚書左丞，訥之子准之任尚書祠部郎。[6]

陳郡謝氏：謝安孫謝澹，桓玄時"兼太尉"，地位甚高。謝安兄謝據之孫謝裕為桓玄黃門侍郎，領驍騎將軍。謝據曾孫瞻仕桓玄

---

1 《晉書》卷九九《殷仲文傳》。

2 《世說新語・賢媛》第三二條：卞範之外祖母是陳郡殷浩姐，曾任吏部尚書、中正之韓康伯的母親，可見至少是士族。

3 《資治通鑒》卷一一二元興元年四月："三吳大饑，戶口減半，會稽減十三四，臨海、永嘉殆盡。"同書卷一一三元興二年九月："晉室衰亂，江淮南北，戶口無幾，戎馬單弱。"

4 偽造符瑞參《晉書》卷九九《桓玄傳》。

5 《晉書》卷六五《王導傳》、卷九九《桓玄傳》。

6 《資治通鑒》卷一一三元興三年二月"訥之"作"納之"。此據《世說新語・文學》第六二條注。王准之，見《南史》本傳。

為秘書郎。謝安弟謝鐵之孫謝方明仕桓玄為著作佐郎。[1]

潁川庾氏：由於遭桓溫迫害，宗族已不繁盛，且與桓氏有仇，然仍有仕楚朝者，如庾亮曾孫悅為桓玄中書侍郎。[2]

四族以外之高門追隨桓玄的也不少。如南陽劉瑾為尚書，渤海刁逵為中領軍，吳郡張敞為廷尉卿等。[3]

這些高級士族不僅仕於楚朝，而且積極支持、吹捧桓玄，我們還可舉出以下材料：

1.《宋書》卷五二《謝景仁傳》：謝景仁即謝裕（見上），司馬元顯當權時受壓抑，桓玄入建康，"謂四坐曰：'司馬庶人父子云何不敗，遂令謝景仁三十方作著作佐郎。'"桓玄為高級士族打抱不平，並顯示他與皇族不同，不斷提拔謝裕至四品官（"領驍騎將軍"）。而謝裕也不負桓玄期望，為之出謀劃策。史稱他"博聞強識，善敘前言往行，玄每與言，不倦也。玄出行，殷仲文、卞範之之徒皆騎馬散從，而使景仁陪輦"。有一次他留劉裕吃飯，"食未辦，而景仁為玄所召。……俄頃之間，騎詔續至。高祖（劉裕）屢求去，景仁不許，曰：'主上見待，要應有方。我欲與客共食，豈當不得待。'竟安坐飽食，然後應召。高祖甚感之"。後一事並不意味他重視劉裕，而是為了表示他與桓玄親密無間，極得信任。聯繫前引太原王愉、王綏"父子寵貴"，琅邪王謐"受寵"，以及桓玄敗後，劉裕上台，愉、綏謀反，謐從弟王諶也鼓動他"起兵為亂"，[4] 就可看出，高

1 見《晉書》卷七九《謝安傳》、《南史》卷一九《謝裕傳》《謝晦傳附兄瞻傳》《謝方明傳》。

2 《南史》卷三五《庾悅傳》。

3 劉瑾、刁逵見《晉書》卷九九《桓玄傳》、《世說新語・品藻》第八七條注、《晉書》卷六九《刁協傳附孫逵傳》。張敞見《宋書》卷四六《張邵傳》。此外參《晉書》卷六一《劉喬傳附孫耽傳》，《宋書》卷五六《孔琳之傳》、卷五四《羊玄保傳》、卷五二《袁湛傳》。

4 《晉書》卷六五《王導傳附孫謐傳》。

級士族對桓玄絕非敷衍，而是真心擁戴。

2.《晉書》卷九九《桓玄傳》：玄為劉裕打敗後，吏部郎曹靖之指責桓玄統治腐敗，招致"神怒人怨"。玄曰："卿何不諫？"對曰："輦上諸君子皆以為堯舜之世，臣何敢言！"這些輦上諸君子無疑指的是一些地位高、經常接近桓玄、多半由高級士族充任的官吏。從曹靖之語氣看，他們絕非少數。同傳記載桓玄於篡晉前夕還曾"置學官，教授（門地）二品子弟數百人"。可見桓玄不但提拔原來受皇族壓抑的某些高級士族（如謝裕之類），而且加意培養他們的子弟，作為楚朝官吏的後備軍，因而所謂"堯舜之世"，恐怕也就不能不理解為肺腑之言。

3.《宋書》卷一《武帝紀上》："桓玄雖以雄豪見推，而一朝便有極位，晉氏四方牧守及在朝大臣，盡心伏事，臣主之分定矣。高祖位微於朝，眾無一旅，奮臂草萊之中，倡大義以復皇祚。由是王謐等諸人時失民望，莫不愧而憚焉。"這段話雖旨在吹噓劉裕，但據說晉內外大臣"盡心伏事"桓玄，卻大體是事實。在朝大臣王謐之流已如上述；四方牧守據吳廷燮《東晉方鎮年表》，除益州刺史毛璩拒絕桓玄任命，其弟寧州刺史毛璠估計抱同一態度外，其他十幾個牧守，沒有一個抵制的。其中江州刺史郭昶之，直到桓玄被劉裕打敗，由建康逃往江陵，路經尋陽，還在"給其器用兵力"，以至使殷仲文產生希望說："敗中復振，故可也。"所謂"臣主之分定矣"在這裏得到了體現。[1]

總之，以上材料證明，東晉高級士族和內外大臣對桓玄從皇族手中奪權及篡晉，基本上是擁護支持的，並對他寄託以保護高級士

1 參《晉書》卷九九《桓玄傳》。

族利益、挽救統治危機之希望。

然而他們的希望落空了。

自晉孝武帝以來，由於無能和軟弱，高級士族連平庸昏聵的皇帝和皇族都對付不了，現在局面更複雜了，包括盧循農民起義軍的繼續鬥爭和以劉裕為首比較有才幹的低級士族集團的競爭，又豈能獨掌大權，特別是篡晉另立新王朝呢？篡晉就得戴上"篡逆"的帽子。儘管司馬氏已不得人心，但由於傳統習慣勢力的頑強存在，如果本人及核心集團沒有特殊才幹，是禁不住這頂帽子的壓力的。《宋書》卷一《武帝紀上》：劉裕在桓玄篡晉前對何無忌說："桓玄必（《資治通鑒》作'若'）能守節北面，我當與卿事之，不然，與卿圖之。"劉裕並非晉室忠臣，他這話的實際意思是：桓玄如不篡晉，就不能貿然反對他，篡晉，就容易打敗了。這個意思從《宋書》卷五四《孔季恭傳》也可得到印證。傳稱：劉裕欲討桓玄，"季恭以為……玄未居極位，不如待篡逆事彰，釁成惡稔，徐於京口圖之，不憂不克"。可見篡晉確是桓玄被對手抓住的一條辮子。但桓玄失敗更主要的原因並不在此，而在於他和手下謀士才幹有限。桓玄才幹雖比其他高級士族高出一籌，可以打敗司馬元顯，但用來執掌大權，應付複雜的局面，卻遠遠不夠了。依羊孚方案，或許可多統治一些時日，急於篡晉，貽劉裕以口實，就只能加速崩潰。

桓玄本來像許多高級士族一樣，文化方面頗有造詣，"文翰之美，高於一世"。余嘉錫先生評說："蓋是楊廣、趙佶一流人物，但彼皆帝王家兒，適承末運，而玄乃欲為開國之太祖，為可笑耳。"[1]

1　以上兩條分見《世說新語・文學》第一〇二條注，及《世說新語・品藻》第八七條按語。

他的無能於掌大權、當皇帝後顯得突出了。[1]史稱桓玄"欲廢錢用穀帛，及復肉刑，制作紛紜，志無一定，變更回復，卒無所施行"，"性苛細，好自矜伐……或手注直官，或自用令史，詔令紛紜，有司奉答不暇，而紀綱不治，奏案停積，不能知也"。再加上桓玄又像一般高級士族一樣，貪得無厭，窮奢極慾，"人士有法書、好畫，及佳園宅，必假蒲博而取之；尤愛珠玉，未嘗離手"。篡晉後，"更繕宮室，土木並興，迫嚴督促，朝野騷然，思亂者眾"。同時桓玄又十分怯懦。早在他從江陵出發討伐司馬元顯時，"慮事不捷，常為西還之計；及過尋陽，不見官軍，意甚喜"。胡三省注："史言桓玄畏怯。"那次是因司馬元顯比他更無能方才得志的。及桓玄執掌東晉大權，曾上表請北伐，掃平關、洛（後未行）；在準備時，"先命作輕舸，載服玩、書畫。或問其故。玄曰：'兵凶戰危，脫有意外，當使輕而易運。'眾皆笑之"。這裏一是北伐中還要帶服玩、書畫，二是還沒打仗先準備逃走。怪不得胡三省又說："桓玄意態終始如此耳。時人誤以為雄豪而憚之，故每遇輒敗。崢嶸洲之戰，劉道規等知其為人而徑突之，一敗而不能復振矣。"所謂崢嶸洲之戰，指的是後來桓玄為劉裕敗後的事。當時他逃回荊州，收集軍隊，重新率師東下，遇劉裕部下於崢嶸洲。時玄軍要多數倍，眾憚之。劉裕弟劉道規說："玄雖竊名雄豪，內實恇怯……決機兩陣，將雄者克，不在眾也。"麾眾先進，"玄常漾舸於舫側以備敗走，由是眾莫有鬥心"，遂大敗。

桓玄的無能、怯懦和胡作非為，劉裕及其同夥都看在眼裏。所以正當高級士族、內外大臣對桓玄"盡心伏事"之時，後來成為

1　以下均見《資治通鑒》卷一一二、一一三元興元年至三年。

劉裕同黨的王仲德卻說："自古革命誠非一族，然今之起者（指桓玄），恐不足以成大事。"[1] 北府兵的另一將領袁虔之早在桓玄篡晉前便對後秦姚興說："玄乘晉室衰亂，盜據宰衡，猜忌安忍，刑賞不公，以臣觀之，不如其父（溫）遠矣。玄今已執大柄，其勢必將篡逆，正可為他人驅除耳。"[2] 這個"他人"是誰呢？無能和軟弱的高級士族中已沒有人了，歷史使命便落到了劉裕頭上。

當然，促使劉裕起兵反對桓玄，除上述原因外，還有一個重要因素，就是桓玄對北府兵將領的屠殺。如前所述，北府兵主要將領本是低級士族出身的劉牢之。劉牢之手握重兵，而又有才幹，但為了個人名位，反覆無常。先背叛王恭投司馬元顯，後又背叛元顯投桓玄，弄得"大失物情"。[3] 所以第三次當桓玄剛進入建康他又要背叛桓玄時，部下諸將不幹了，劉牢之被迫自殺。然桓玄向來畏懼、猜忌北府兵將領，實質反映沒落的高級士族對有才幹而又不馴服的低級士族和寒門的態度。所以劉牢之死後，桓玄並不罷手，乘北府兵將領群龍無首之機，先後殺掉高素、竺謙之等六人，"皆牢之之黨，北府舊將也"。[4] 另一方面對劉裕，由於他曾口頭上表示支持桓玄篡晉（見前），又有軍事才幹，桓玄想先利用他征伐北方，於是使出了另一手，即拉攏、收買；同時仍不放鬆警惕，一直到劉裕起兵前夕，桓玄還在打聽："北府人情云何？卿近見劉裕何所道？"[5] 迫使劉裕為了保全自己，也不得不起兵。

---

1 《宋書》卷四六《王懿傳》。王懿雖出身太原王氏，但過江甚晚，故王愉等"禮之甚薄"，地位略相當於低級士族。

2 《資治通鑒》卷一一三元興元年十二月。

3 《晉書》卷九九《桓玄傳》卞範之語。

4 參《晉書》卷九九《桓玄傳》。

5 《宋書》卷一《武帝紀上》。

由此可見，桓玄與劉裕之爭，實質是高級士族與低級士族為爭奪全國統治權的一次較量。桓玄是高級士族推出的新的代表人物，妄圖在皇族倒台後用改朝換代的辦法穩固自己的統治。劉裕等人則是長期以來不為高門重視的低級士族、武將，他們看到高級士族之無能，準備取而代之。《晉書》卷八五《何無忌傳》：劉裕起兵後，桓玄甚懼，或曰裕乃烏合之眾，勢必無成。玄曰："劉裕勇冠三軍，當今無敵。劉毅家無儋石之儲，樗蒲一擲百萬。何無忌，劉牢之之甥，酷似其舅。共舉大事，何謂無成！"這是反桓玄的三個主要人物。劉裕乃低級士族。劉毅，曾祖廣陵相，祖、父兩代無聞，叔父鎮曾為三品清官左光祿大夫，但那是劉毅與劉裕一起打倒桓玄、貴顯以後的事，不足為門第高之證據。[1] 所以劉毅頂多也不過是一個高級士族的最下層。[2] 至於何無忌，史但言為低級士族劉牢之甥，而不及其父系，則據婚姻關係推斷為低級士族，當無大誤。

桓玄的顧慮變成現實。較量結果，劉裕集團取得勝利。桓玄統治才半年便垮了台。高級士族的最後一張王牌失靈了。從此在東晉歷史上，軍國大權第一次落到低級士族、武將劉裕等人手中。事實證明，受到門閥制度腐蝕而無能、軟弱的高級士族已沒有資格獨力支撐封建大廈，必須要由低級士族來充當頂樑柱了。

1　參《晉書》卷八五《劉毅傳》、《宋書》卷四五《劉粹傳》、《資治通鑑》卷一一六義熙八年十月。

2　這是考慮到劉氏與滎陽鄭氏中居江南位望不高的一支通婚所做的推定，見《宋書》卷六四《鄭鮮之傳》。

劉裕門第考*

劉裕是南朝的第一個君主，中國歷史上以統治大權完全由高級士族壟斷著稱的東晉王朝，就是被他推翻的。劉裕代表的是哪一種社會勢力？劉裕代晉體現了甚麼歷史規律？為了有助於這些問題的研究，本文試圖探討一下劉裕的出身、門第。

趙翼說："江左諸帝乃皆出自素族。宋武本丹徒京口里人，少時伐荻新洲，又嘗負刁逵社錢被執，其寒賤可知也。"[1] 他所謂的素族，與"世（士）族"對舉，指的是庶族。從此說者至今史學界不乏其人。陳寅恪先生很早提出另一看法，主劉裕為"次等士族"，[2] 雖未專門論證，我以為是比較符合歷史真實的，只不過如把"次等士族"改為"低級士族"，或許更準確一些。

《宋書》卷一《武帝紀上》稱：劉裕乃"漢高帝弟楚元王交之後也"，並且列舉了由"交"到晉代的世系和官位。這些世系和官位因為在史書上找不到任何旁證，所以王鳴盛說："皆未必可信。"[3] 很可能是當時史臣如徐爰之流為抬高劉裕身價而編造的。不過編造只限於西晉末渡江以前的情況，至於劉裕曾祖劉混渡江居京口里以

---

* 原載《北京大學學報（哲學社會科學版）》1982 年第 1 期。

1 趙翼《廿二史札記》卷一二"江左世族無功臣"條。

2 陳寅恪：《述東晉王導之功業》，載《金明館叢稿初編》，上海古籍出版社，1980 年。

3 王鳴盛《十七史商榷》卷五四"楚元王二十一世孫"條。

下事，因有其他史料印證，則不能一概抹殺。根據這部分比較可靠的材料，按劉氏家族及其婚姻家族的次序排列一下，就可得到以下官位：

劉氏家族：直系，劉裕曾祖混，官至武原令；祖靖，東安太守；父翹，郡功曹。旁系，劉裕族弟遵考，遵考曾祖淳，為劉混弟，官至正員郎；祖岩，海西令；父涓子，彭城內史。

婚姻家族：母系，劉裕親母孝穆趙皇后，后祖彪，治書侍御史；父裔，平原太守。劉裕繼母孝懿蕭皇后，后祖亮，侍御史；父卓，洮陽令。妻系，劉裕微時妻武敬臧皇后，后祖汪，尚書郎；父儁，郡功曹；兄燾，國學助教，臨沂令。[1]

這些官位大致上可分三類。第一類：地方上的縣令、郡太守（包括王國內史）。第二類：地方上不歸朝廷選任，由郡太守自行辟除的郡功曹。第三類：中央的郎官、御史和助教。

甚麼門第的人出任這些官呢？

在東晉，縣令、郡太守多由士族壟斷。道理很簡單，因為直接統治人民，剝削收入要比京師官吏豐厚得多。《晉書》卷九〇《良吏・鄧攸傳》：攸為吳郡太守，"後稱疾去職。郡常有送迎錢數百萬，攸去郡，不受一錢"。《晉書》卷七八《孔愉傳》：愉為會稽內史，去職，"送資數百萬，悉無所取"。這是兩個極個別不要錢的例子，所以史書特為表出。一般情況是：高級士族都為攫取這筆豐厚收入而極力鑽謀郡縣職位。如東晉第一流士族琅邪王導有六子，除二人早死外，均歷郡職：恬，魏郡太守；洽，吳郡內史；劭，東陽

1　以上參見《宋書》卷一《武帝紀上》、卷五一《營浦侯遵考傳》、卷四一《后妃傳》、卷五五《臧燾傳》。

太守；薈，吳國內史。[1]《晉書》卷九二《李充傳》：充出身高門江夏李氏，"以家貧，苦求外出。（褚）裒將許之為縣，試問之。充曰：'窮猿投林，豈暇擇木。'乃除剡縣令"。李充的意思就是，當縣令雖有失高門身份，但為了撈錢，也就顧不得了。《晉書》卷八二《孫盛傳》：盛出身高門太原孫氏，"以家貧親老，求為小邑，出補瀏陽令"。後為長沙太守，"頗營資貨……贓私狼藉"。然而事發後卻受到包庇，"捨而不罪"。特別值得注意的是《晉書》卷七五《王述傳》：述出身第一流高門太原王氏，"家貧，求試宛陵令，頗受贈遺，而修家具，為州司所檢，有（罪名）一千三百條"。然而宰相王導對此事竟不處理，只派人去勸王述收斂一下。述答曰："足自當止。"意思是，"家貧"問題解決就不再受賄。據說王述後為地方官"清潔絕倫"，"世始歎服之"。[2]這事既說明東晉高門在"家貧"的幌子下貪污受賄是何等明目張膽，而"世始歎服之"一句又反映像王述"足自當止"的情況肯定極少，一般當繼續貪污受賄。《抱朴子・百里篇》指出：西晉縣令選任之弊極重，"或父兄貴重而子弟以聞望見選，或高人屬託而凡品以無能見敍"。赴任後"冒於貨賄，唯富是圖，肆情恣慾，無止無足"。顯然這風氣一直延續到了東晉。

為了把持郡縣職位，東晉高門甚至公開限制選用庶族。《晉書》卷七六《王彪之傳》：彪之出身琅邪王氏，為吏部尚書，宰相司馬昱命以秣陵令曲安遠補句容令，殿中侍御史奚朗補湘東郡太守，彪之堅決反對說："秣陵三品縣耳，殿下昔用安遠，談者紛然。句容近畿，三品佳邑，豈可處卜術之人無才用者邪！湘東雖復遠小，所

1　《晉書》卷六五《王導傳》。

2　《世說新語・品藻》"王修齡問王長史"條注引《中興書》。

用未有朗比，談者謂頗兼卜術得進。殿下若超用寒悴，當令人才可拔。朗等凡器，實未足充此選。”東晉大臣多信卜術，而卜術之人絕大多數出身寒族，[1] 曲安遠、奚朗當不例外。由此可見，郡縣官職雖然不能說絕對排斥寒族，但如非“人才可拔”，就會“談者紛然”，遭到高門抵制。這就無異於表明，一般必由士族充任。當然，這裏說的縣是“三品縣”，指的是按制度應由門地三品的人治理的縣，[2] 而沒有涉及三品以下的縣。在東晉，由於門閥制度的進一步發展，三品雖非高品，[3] 另有二品縣專用來安置門地二品的高級士族，[4] 但從“三品佳邑”的口氣看，三品縣還是很不壞的。另外，秣陵、句容每縣領戶約五千，[5] 在東晉南朝為數也不多。所以，除了三品縣，我們還必須進一步研究三品以下的縣是否也排斥寒族。

《晉書》卷九九《桓玄傳》：“置學官，教授二品子弟數百人。”此處之“二品”，指的是門地二品。[6] 如加上三品以下低級士族的子弟，數量肯定要龐大得多。而當時東晉全部統治區只有郡約二百，縣約一千，[7] 其中二品縣、三品縣、大郡、近郡更少。[8] 此外按制度

---

1 參見《晉書》卷九五《藝術傳》。

2 參見唐長孺《九品中正制度試釋》，載《魏晉南北朝史論叢》，生活・讀書・新知三聯書店，1955 年。

3 《宋書》卷九四《恩幸傳序》：“凡厥衣冠，莫非二品，自此以還，遂成卑庶。”

4 二品縣，見《太平御覽》卷二六九引宋武帝詔。在晉代品第人才沒有一品，實際上二品就是極品，見上引唐文。

5 《宋書》卷三五《州郡志一》“丹陽尹”和《晉書》卷一五《地理志下》“丹楊郡”。

6 據《宋書》卷四〇《百官志》、《通典》卷三七《職官十九》“晉官品”，官位二品的人數很少，子弟到不了數百人，另外桓玄為擴大自己的社會基礎也不可能僅培養官位二品的子弟。

7 《通典》卷一七一《州郡》，宋孝武帝時有郡 238、縣 1179，東晉末劉裕尚未收復青、兗等地前，數量當更少一些。

8 東晉郡無二品、三品之目，而有大郡、小郡、近郡、遠郡之分，參《晉書》卷六七《郗鑒傳附子愔傳》、卷七六《王廙傳附弟彬子彪之傳》、卷七六《王舒傳附子允之傳》、卷六八《賀循傳附楊方傳》。

郡縣一任六年，時間很長，也加劇了分配的緊張。大概主要由於這個緣故吧，到劉宋孝武帝時竟將六年一任改為三年，後來甚至連三年也無法堅持。《南史》卷七七《恩幸・呂文顯傳》說：“晉宋舊制，宰人之官，以六年為限，近世以六年過久，又以三周（年）為期，謂之小滿。而遷換去來，又不依三周之制，送故迎新，吏人疲於道路。”所以在郡縣任期未縮短，數量或許還要少一點的東晉，高級士族肥缺爭不到，退而求其次或更次是必然的趨勢。《南史・王鎮之傳》：鎮之出身琅邪王氏，“以母老求補安成太守。……為子標之求安復令”。安成是遠郡，[1] 領縣七，劉宋統戶 6116，西晉統戶 3000，東晉如折中於二者之間，則統戶約 4558。他為兒子所求的安復令，屬安成郡，按七縣平均數計，統戶 651。再如王述求試並大肆受賄之宛陵縣，雖屬近郡（宣城），民戶卻不多，劉宋統戶 1012，西晉統戶 2136，東晉仍按二者之折中計，則為 1574。又如孫盛所歷長沙太守，劉宋領縣七，戶 5684；所求的瀏陽縣屬此郡，按七縣平均，領戶 812。西晉長沙郡人口較多，領縣十，戶 33000，平均每縣領戶 3300。東晉之折中數為領戶郡 19342，縣 2056。[2] 以上各縣比起秣陵、句容等三品縣來，領戶相差遠甚；甚至安成一郡的領戶也只有 4558，比秣陵、句容每縣領戶 5000 還少。然而即便這樣次的郡、縣，高級士族同樣沒有放鬆鑽營、攫取。

不僅如此，戶口更少的郡、縣，高級士族也不拒絕。如陳郡謝尚曾任歷陽太守，而歷陽郡劉宋時僅領戶 3156，口 19470。潁川庾

1　據《晉書》卷九一《儒林・徐邈傳》，豫章為遠郡，安成更在豫章之西，其為遠郡無疑。

2　以上劉宋數字均見《宋書》之《州郡志》，西晉數字均見《晉書》之《地理志》。以下除另行出注者外，出處同。

翼曾歷西陽太守，而西陽郡劉宋時僅領戶 2983，口 16120。譙國桓石虔曾為南頓太守，而南頓郡劉宋時僅領戶 526，口 2365。《通典》卷七《食貨七》載，宋孝武帝時全境共統戶約 90 萬，口 468 萬；當時共設郡 238，縣 1179，平均一縣領戶約 760，口近 4000；一郡領戶近 4000，口近 20000。據此，上述歷陽、西陽諸郡戶口均低於此平均數，而南頓郡相差更懸殊。當然，這都是劉宋數字，但由於從東晉到南朝初年南方戶口不斷增加，[1] 東晉郡縣戶口一般可能還少一些，因而和此處之分析不會有多大出入。

如果以上看法不錯，則在東晉不但二品縣、三品縣、大郡、近郡，而且不少貧瘠、邊遠、戶口甚少的郡縣也落入高級士族手中。如果再考慮大量低級士族也在鑽營、爭奪，那麼不難推測，縱然三品以下的縣，甚至很次的縣，庶族也很難插足。

劉裕及其婚姻家族屬於哪一種情況呢？

武原令，屬南彭城郡。郡領縣十二，戶 11758，口 68163，則每縣領戶 980，口 5680。

東安太守，領縣三，戶 1285，口 10755。

海西令，屬臨淮郡。郡領縣七，戶 3711，口 22886，則每縣領戶 530，口 3269。

彭城內史，領縣五，戶 8627，口 41231。

平原太守，領縣八，戶 5913，口 29267。

洮陽令，屬零陵郡。郡領縣七，戶 3828，口 64828，則每縣領戶 547，口 9261。

臨沂令，屬南琅邪郡。郡領縣二，戶 2789，口 18697，則每縣

1　參王仲犖《魏晉南北朝史》上冊第五章第二節，上海人民出版社，1979 年。

領戶 1394，口 9348。

以上為劉宋統計，東晉數字一般可能還要少一些。由此可以得出以下結論：第一，這些數字和上述晉宋郡縣平均戶口數比，有的不及（東安太守、海西令、洮陽令），有的超過（武原令、彭城內史、平原太守、臨沂令），而和高級士族“屈就”的郡縣相仿，這就證明，劉裕及其婚姻家族一般不可能是庶族。第二，劉裕及其婚姻家族在三代人中沒有一人治理過像吳郡、會稽那樣的大郡（戶約 50000），甚至沒有人治理過萬戶之郡，所治縣戶數也遠較三品縣秣陵、句容為少，這又證明他們一般決不可能是高級士族。

再看第二類官：郡功曹。

郡功曹“主選舉”，曹魏“皆取著姓士族為之”。[1] 後來有些變化。京師顯貴子弟起家多改由三公、相國、將軍各府掾屬，[2] 但位望稍差的官吏子弟或地方上豪族仍以郡功曹為入仕的重要途徑。見《晉書》卷四二《唐彬傳》、卷四八《段灼傳》、卷八九《忠義・劉沈傳》、卷五〇《庾峻傳》，及《荀岳墓誌》《石尠墓誌》等。[3] 而且出仕本郡是一種特權。《晉書》卷五一《束皙傳》：皙祖父兩代均郡太守，因兄璆得罪三公石鑒，“鑒以為憾，諷州郡公府不得辟，故皙久不得調”。這是以壓制仕州郡作為打擊手段，反過來也就證明仕州郡包括當郡功曹在當時還頗為榮耀。東晉郡功曹的地位似乎又有所下降。著名北方高門如琅邪王氏、太原王氏、陳郡謝氏、陳郡袁氏、潁川庾氏、譙國桓氏、高平郗氏，子弟無一仕郡，這可能和北

1 《新唐書》卷一九九《儒學・柳沖傳》。

2 參《晉書》卷三五《裴秀傳》、卷三九《王沈傳》《荀勖傳》、卷四二《王渾傳》、卷四三《王戎傳》。

3 墓誌見趙萬里《漢魏南北朝墓誌集釋》第三冊，科學出版社，1956 年。

方高門僑居江南，土斷前與地方關係不密切有關，但主要恐怕還是因為郡吏的地位下降而不屑為，所以土斷後北方高門仍不仕郡，而江南高門中顯赫的各支也一直不為郡吏。他們的出路大多數情況是由司徒、丞相、將軍府辟為掾屬，或起家佐著作郎、秘書郎，至少也得充州佐。後來南朝起家州從事的人方被視為"士流"，[1]大概就是由此進一步發展而成的制度。在東晉只有高級士族中位望最次的家族還繼續仕郡。如會稽虞預先後為縣功曹、郡功曹；兄喜，也出任過郡功曹。會稽虞氏作為南土士族，位望本無法與南渡之北方士族相比，而虞喜兄弟一支又是其中更差的。[2]再如吳郡顧辟彊"歷郡功曹"，[3]而他也不屬顧榮、顧眾、顧和等比較顯赫的各支。他如孔嚴、謝沈、虞謇等，情況大抵相同。[4]不過儘管如此，郡功曹一般還得由低級士族充任，寒族仍不敢染指。《宋書》卷九一《孝義・吳逵傳》：逵為吳興人，"太守王韶之擢補功曹史，逵以門寒，固辭不就"。王韶之任吳興太守有兩次，這一次在劉宋景平元年（423），離劉裕代晉才三年，很明顯，吳逵之固辭功曹，反映的是東晉的風氣。當然，所謂"門寒"在東晉情況比較複雜，也有可能指低級士族，甚至個別高級士族，[5]但根據吳逵"家徒壁立，冬無被絝，晝則庸賃，夜則伐木燒磚"的境遇，再以與吳逵同時由王韶之察孝廉的潘綜當過"左民令史"[6]顯然出身寒族作為側證，似乎還應該推定吳逵所謂"門寒"是指自己的寒族身份。所以劉裕及其婚姻家族，僅

---

1 《南史》卷四九《庾杲之傳附叔父蓽傳》。

2 參《晉書》本傳。會稽諸虞只有虞翻一支在東晉地位稍高，見《晉書》卷七六《虞潭傳》。

3 《世說新語・簡傲》"王子敬自會稽經吳"條注引《顧氏譜》。

4 參《晉書》本傳及《世說新語・政事》"何驃騎作會稽"條及注引《棋品》。

5 如渤海刁氏，多歷顯職、且有充郡大中正的，也被稱為"寒門"。見《晉書》卷六九《刁協傳》。

6 《宋書》卷九一《孝義・潘綜傳》。

從充任郡功曹這一點看，一般也不可能是寒族，多半應是低級士族。

至於第三類官職則更明顯地體現了劉裕家族的特點。

尚書郎：這是一個把持在士族手中的官職。《顏氏家訓·涉務篇》："晉朝南渡，優借士族，故江南冠帶有才幹者，擢為令僕已（以）下，尚書郎、中書舍人已（以）上，典掌機要。"只不過因為事務煩劇，第一流高門後來逐漸不大願意充任除吏部郎以外的其他尚書郎了。《晉書》卷七五《王坦之傳》："僕射江虨領選，將擬為尚書郎。坦之聞曰：'自過江來，尚書郎正用第二人，何得以此見擬！'虨遂止"。此事又見《世說新語·方正》第四六條，劉注："此知郎官寒素之品也。"然劉說是不對的。所謂"第二人"，乃指比太原王氏位望稍遜的第二流以下的高級士族，[1]而決不是指"寒素之品"。《晉書》卷七五《王國寶傳》："中興膏腴之族惟作吏部，不為餘曹郎"，也是此意，是將膏腴之族與一般高級士族相比，而不是與"寒素之品"相比。通觀東晉一代，除王導這一支以及極少數高門（如太原王湛一支）未為吏部以外之尚書郎外，其他高門如琅邪王氏中位望微減的王彪之、王准之、王韶之，陳郡袁喬、潁川荀伯子、吳郡顧眾、濟陽蔡謨等，都當過尚書郎。[2]其中王彪之、荀伯子之事更能說明問題。《晉書》卷七六《王彪之傳》："從伯（王）導謂曰：'選官欲以汝為尚書郎，汝幸可作諸王佐邪！'彪之曰：'位之多少既不足計，自當任之於時。至於超遷，是所不願'。遂為郎。"由此雖可看出諸王佐要比尚書郎清貴，但王彪之卻不願"超

1 《梁書》卷三三《劉孝綽傳》：孝綽為秘書丞，梁武帝曰："第一官當用第一人。"孝綽出自彭城劉氏，祖勔曾為宋司空，梁武帝意為第一流清官當用第一流高門，用法與王坦之同。

2 參《晉書》《宋書》各本傳。

遷”，甘心為郎；而彪之不但出身琅邪王氏，父彬官至尚書右僕射，而且本人後來順利地升至吏部尚書、尚書令，與謝安“共掌朝政”，顯然不是甚麼“寒素”。《宋書》卷六〇《荀伯子傳》：“常自矜蔭籍之美，謂弘曰：天下膏粱，唯使君與下官耳。宣明之徒，不足數也。”弘即王弘，是王導曾孫。宣明乃謝晦字，是荀伯子妻弟，雖非陳郡謝安的嫡支，也是高門，當時權勢正盛。荀伯子可能自矜潁川荀氏是漢魏以來的望族，“六世九公”，[1] 而陳郡謝氏大體上從東晉中期方顯赫起來，所以對謝晦等表示輕視。然而就是這個荀伯子，也當過尚書祠部郎。由此再一次證明，尚書郎決非高門不屑充任之官。

正員郎：即正員散騎侍郎，[2] 是和員外、通直散騎侍郎對比而言的。在東晉一般也由士族充任。如王導的兒子王洽、孫子王珉，潁川庾亮的弟弟庾懌，東晉名臣高平郗鑒的孫子郗恢等，[3] 均曾為之。而上述“自矜蔭籍之美”的荀伯子，還曾當過“員外”散騎侍郎。《宋書》卷五八《謝弘微傳》：“晉世名家身有國封者，起家多拜員外散騎侍郎。”可見已經制度化了。此外，琅邪王氏另一支的王韶之還曾當過“通直”散騎侍郎。“員外”“通直”聲望都遜於“正員”。這些就從另一角度證明當正員郎的一般不可能是寒族。當然，這類官後來似乎和散騎常侍一樣，逐漸不為高門所重視，[4] 但那是劉宋以後的事，而且直到南齊，正員郎按制度仍是士族充任的清官，[5] 這也是

---

1 《太平御覽》卷四七〇引《荀氏家傳》。

2 《通典》卷二一《職官三》注。

3 分見《晉書》各本傳。

4 參《南史》卷二五《到彥之傳附孫撝傳》。

5 參《南齊書》卷五一《張欣泰傳》。

不能不加注意的。

治書侍御史和侍御史：情況與尚書郎、正員郎不同，在東晉很不受重視。高級士族除陳郡袁瓌在渡江初當過治書侍御史外，其他從無任此職及侍御史的。相反，據前引《晉書・王彪之傳》，他反對用寒族曲安遠、奚朗當秣陵令、句容令、湘東太守，卻不反對任用其為殿中侍御史。這也從一個側面反映這類官多半用的是寒族。不過，據《宋書》卷四〇《百官志下》，治書侍御史"魏晉以來，則分掌侍御史所掌諸曹，若尚書二丞也"，地位應略高於侍御史。又《梁書》卷五〇《文學・謝幾卿傳》：由尚書郎轉治書侍御史，"舊郎官轉為此職者，世謂之南奔。幾卿頗失志，多陳疾，台事略不復理"。謝幾卿是高門陳郡謝靈運的曾孫。他對此職雖不樂為，亦未堅拒。這雖是稍後之事，但聯繫袁瓌的情況，似乎可以推定，在東晉治書侍御史聲望比侍御史要高一些，或許一般是用低級士族充任的。

助教：《宋書》卷四〇《百官志下》、《通典》卷三七《晉官品》中均無助教，但《通典》卷三八《魏官品》中載助教品第八，估計晉代當相同。《南齊書》卷一六《百官志》：國學"助教準南台御史"，似乎也是高門不為之官。但這大概是劉宋以後的變化，東晉尚非如此。《宋書》卷六〇《范泰傳》，上表稱："昔中朝助教亦用二品。……所貴在於得才，無繫於定品。教學不明，獎厲不著，今有職閑而學優者，可以本官領之。門地二品，宜以朝請領助教，既可甄其名品，斯亦敦學之一隅。其二品才堪，自依舊從事。"范泰上書在劉裕代晉的第二年，反映的當然大體上是東晉的情況。從表文看來，西晉助教用的是二品，東晉已降低要求，但肯定仍是士族，因為范泰主張以奉朝請領助教，而奉朝請在東晉是比較清貴的。

《晉書》卷二四《職官志》:"……後罷奉車、騎二都尉,唯留駙馬都尉奉朝請。諸尚公主者劉惔、桓溫皆為之。"劉惔出身高門沛國劉氏,"為名流所敬重"。桓溫出身高門譙國桓氏,後來執掌整個東晉大權。二人又都娶公主,和皇室結親,所充任的奉朝請位望當然低不了。[1]又《宋書》卷九四《恩幸・阮佃夫傳附朱幼傳》也說:"……有濟辦才能,遂官涉二品,[2]為奉朝請、南高平太守,封安浦縣侯。"也是把門地二品與奉朝請連在一起。當然朱幼為此官在宋明帝時,據《宋書》卷四〇《百官志下》:"永初(劉裕年號)以來,以奉朝請選雜,其尚主者唯拜駙馬都尉。"朱幼出身貧賤而當上了奉朝請,正是"選雜"的一個證明。但這並不妨礙我們認定東晉的奉朝請相當於門地二品之官,相反,恰恰證明就制度言直到朱幼之時尚未變化,雖然從劉宋起已經"選雜"了。如果這一看法不錯,那麼由奉朝請所領之助教,地位也不會相當於南台御史,否則門地二品的士族定會拒絕。從范泰的語氣看,東晉助教大概降到了門地三品或三品以下,與門地二品不相稱,[3]而范泰又認為門地二品的子弟需要當助教以"敦學",於是想出了以奉朝請兼領的辦法來。總之,在東晉,助教一般決不會由寒族充任。

從以上第三類官中尚書郎、正員郎言,我們似乎應該推定劉裕及其婚姻家族決非寒族。然就治書侍御史、侍御史、助教說,又不

1　分見《晉書》各本傳。

2　《南史》卷七七《恩幸傳》作"官涉三品",中華書局標點本《宋書》卷九四《恩幸傳》"校勘記"以縣侯才三品,奉朝請、郡太守均低於三品,因而據《南史》改此"二品"為"三品"。這似是混淆了官位二品和門地二品。《宋書》"二品"當指門地二品,奉朝請正是相應之官,《南史》"三品"或筆誤。至於縣侯雖官品為三,只是爵位,憑功勞即可取得,恐怕是不論門地的。故阮佃夫、壽寂之、王道隆等雖封縣侯,並不提"官涉二品"之事。而朱幼作為寒族,能當上二品清官,所以要記上一筆作為光榮。

3　參唐長孺《九品中正制度試釋》,載《魏晉南北朝史論叢》。

會是高門，恐怕只可能是低級士族。其中侍御史雖然地位更低，多由寒族充任，但這可能正好符合蘭陵蕭氏和劉裕一族當時的狀況。因為蘭陵蕭氏雖然從劉宋起因與帝室通婚，特別經過齊梁兩代作為皇族而上升為高門，但在東晉，社會地位卻還比較低。《新唐書》卷七一下《宰相世系表》追述蕭氏先世，與劉裕家族通婚的這一支最早只能追溯到劉裕繼母的父親蕭卓，[1] 再往上至後漢蕭苞其間九世，皆無名位可傳。另外，《南史》卷一五《劉瑀傳》：瑀宋初為御史中丞，彈蕭惠開曰："非才非望，非勛非德。"蕭惠開祖源之，是劉裕繼母之弟，父蕭思話作為外戚，"早見任待，凡歷州十二，杖節監、都督九焉"，[2] 而惠開仍被譏為"非望"。由此似可推定蕭氏東晉時是比劉氏還差的低級士族，所以有時也得當侍御史，宋初地位上升了，但尚未被公認，劉瑀之譏，其故或即在此。另一面，劉裕一家雖為低級士族，但父劉翹只是個郡功曹，娶繼室蕭皇后時家道大概更加中落。《宋書》卷四一《蕭皇后傳》稱："高祖（裕）微時，貧約過甚，孝皇（翹）之殂，葬禮多闕，高祖遺旨太后百歲後不須祔葬。""祔葬"即合葬，晉代貴族均行此禮制。[3] 劉裕不主張祔葬，大概是怕合葬時顯出過去的寒酸來。後來蕭太后遺令仍葬劉翹興寧陵中，但只允許在同一塋域之內"別為一壙"，而不動舊墳，與劉裕遺旨並不矛盾。這雖是稍後之事，也從一個側面反映了劉氏家族之沒落。所以當劉裕父親之時，面對現實，完全有可能續弦一個比自己門望更差的姑娘。然這並不影響我們認定劉裕出身低級士族，相

1 據《宋書》卷四一《后妃・孝懿蕭皇后傳》，卓父亮，侍御史，《宰相表》失載。

2 《宋書》卷七八《蕭思話傳》。

3 《世説新語・賢媛》"賈充妻李氏"條：充先娶李氏，又娶郭氏，後充與李氏和好，"充卒，李郭女各欲令其母合葬，經年不決。（郭女）賈后廢，李氏乃祔，葬遂定"。

反，正好體現了這一家族當時之特點。

當然，以上三類官（除侍御史外）只能說一般情況下必須由士族充任，並不排斥在某些情況下（如王彪之所謂“人才可拔”）寒族仍可入選，東晉史料中這種例外也並不罕見。但劉裕家族卻不可能是這種例外。因為在其本族和婚姻家族中不是個別人充任這三類官，而是整整三代人都離不開這三類官，這豈能是例外呢？

又，《宋書》卷五五《臧燾傳》、《南齊書》卷五三《傅琰傳》載：劉裕的“外弟”（表弟）北地傅弘仁，“以中表歷顯官，征虜將軍、南譙太守、太常卿”。這個傅弘仁的上代世系以及本人在劉裕執政前之情況均不詳，其所歷顯官當然不足為門第很高之據，但一般說來，北地傅氏乃魏晉士族，如果再聯繫上述劉裕家族的婚宦，似亦可推定傅弘仁出身士族，並作為劉裕門第的一個側證。

認為劉裕出身寒族最主要的根據是他家貧窮，甚至以賣履為業，受人歧視。但僅僅根據貧窮是無法分辨士庶的。因為即便望族、士族，由於某種特殊原因，也可能一個時期內生活艱難。此例在魏晉南北朝決非個別。突出的如曹魏的賈逵，“世為著姓，冬常無褲”。西晉高門潁川庾袞，“諸父並貴盛，惟父獨守貧約。躬親稼穡，以給供養……歲大饑，藜羹不糝……”東晉出身高門沛國劉氏，後娶公主的劉惔，“家貧，織芒屩以為養”。東晉出身高門譙國桓氏，後娶公主並執掌軍政大權的桓溫，父彝死後，“兄弟並少，家貧，母患，須羊以解，無由得之，溫乃以（弟）沖為質”。東晉高門琅邪王韶之，“家貧……嘗三日絕糧”。[1]《顏氏家訓・涉務篇》說：“江南朝士，因晉中興，南渡江，卒為羈旅，至今八九世，未有力

1 分見《三國志・魏書》《晉書》《南史》各本傳。

田，悉資俸祿而食耳。”所說“悉資俸祿而食”雖未必全然，如琅邪王氏、陳郡謝氏在浙東均經營田莊，[1]但由於當時江南生產力（包括勞動力）的限制，和原南方士族大地主已廣佔良田的制約，這種情況確不在少數。而資俸祿而食，一旦因某種原因如早死、降官、丟官等，家庭生活發生困難是完全可能的。上述劉惔、桓溫、王韶之等當即屬此類。劉裕上代一直當縣令、太守，到父翹時下降為郡功曹，因而生活貧困當亦屬此類，而這是不足為劉裕出身寒族的主要根據的。

最後想就高級士族和低級士族的區分略加申述。陳寅恪先生將渡江之北方士族分為上層、次等和下層士族，歸劉裕入次等士族之列。但從東晉的社會制度看，似乎直到東晉末年士族仍只有兩等，即高級和低級，或“高門”與“次門”。《宋書》卷八三《宗越傳》：“本南陽次門”，“安北將軍趙倫之鎮襄陽，襄陽多雜姓，倫之使長史范覬之條次氏族，辨其高卑，覬之點越為役門”。趙倫之鎮襄陽在東晉末年，見《宋書》卷四六本傳。宗越早在他鎮襄陽之前已是“次門”，而次門下一等即“役門”，也就是寒族，所以後來宗越立功後“啟太祖求復次門”。他既不敢覬求高門，又不甘心淪為役門，似說明次門和役門間並無別的階層。據此似東晉士族只有兩等，而以將劉裕門第歸入低級士族較為合適。

1　陳寅恪：《述東晉王導之功業》，載《金明館叢稿初編》。

晉恭帝之死和劉宋初年的政治鬥爭 *

從東晉末年劉裕團結北府兵將領起兵反對桓玄的統治起，到南朝宋文帝元嘉十三年止，統治階級內部經歷了一系列政變和戰爭。[1]我以為，其性質是逐漸興起的低級士族藉日益腐朽無能之高級士族遭孫恩農民起義沉重打擊之機，向他們爭奪全國統治權的鬥爭；而以低級士族基本勝利、在政權中佔據主導地位，原來的高級士族俯首稱臣、和新貴合作而告終。低級士族的代表劉裕，[2]代晉後很快殺死晉恭帝，臨終前選拔出以徐羨之為首之顧命大臣，以及這些大臣從顯赫到覆滅，便是整個鬥爭的兩個重要環節。

一

公元 421 年，即代晉的第二年，劉裕派人殺死了禪位後的晉恭帝。對於此事，古來激烈抨擊的人甚多。如宋王應麟評論："魏之篡漢，晉之篡魏，山陽（漢帝）、陳留（魏帝），猶獲考終，亂賊之

---

* 原載《北京大學學報（哲學社會科學版）》1986 年第 2 期，題目為《晉恭帝之死和劉裕的顧命大臣》。

1 主要為劉裕推翻桓玄楚朝，劉裕消滅劉毅及司馬休之，劉裕代晉殺晉恭帝，徐羨之等人廢殺宋少帝，宋文帝殺徐羨之等三人，以後又殺檀道濟。

2 劉裕出身參看拙作《劉裕門第考》，載《北京大學學報》1982 年第 1 期。

心猶未肆也。宋之篡晉，逾年而弒零陵（晉帝），不知天道報施，還自及也。齊梁以後，皆襲其跡，自劉裕始。”[1] 明王夫之說：“惡莫烈於弒君。篡之相仍，自曹氏而已然，宋因之耳。弒則自宋倡之。”[2] 一直到清代的王鳴盛還在詛咒：“劉裕首行大逆……其惡大矣。”[3] 然而究竟為何魏文、晉武不殺前代之君，而劉裕卻敢於開此先例呢？王應麟“亂賊之心，猶未肆也”的解釋，顯然是唯心主義的。王夫之有另一看法。他說：“宋武之篡也，年已耄，不三載而殂，自顧其子皆庸劣之才，謝晦、傅亮之流抑詭險而無定情，司馬楚之兄弟方挾拓跋氏以臨淮甸，前此者桓玄不忍於安帝，而二劉（裕、毅）、何（無忌）、孟（昶）挾之以興，故欲為子孫計鞏固而彌天下之謀以決出於此。”[4] 這一段話雖然沒有抓住要害，而且還有不準確的地方，如宋文帝不能算“庸劣”，傅亮在宋武帝心目中並不“詭險”等，但力圖通過分析具體客觀條件來探討劉裕“弒君”之原因，比王應麟就高明多了。

為弄清此事，需先探究魏文、晉武為何不殺前代之君？

如所周知，魏文帝代漢時門閥制度尚在形成過程之中，[5] 除汝南袁氏、弘農楊氏、潁川荀氏等少數東漢已興起之顯赫家族外，後來形成的魏晉高門還基本沒有定形。所以曹氏家族雖然被罵為“贅閹遺醜”，[6] 然跟隨曹氏平定北方的將相大臣原來社會地位一般也不高。如魏文帝代漢前後的三公賈詡、華歆、王朗，出身既非望族，

1 王應麟《困學紀聞》卷一三。

2 王夫之《讀通鑒論》卷一五“宋武帝”第二條。

3 王鳴盛《十七史商榷》卷五四“宋武帝勝魏晉”條。

4 王夫之《讀通鑒論》卷一五“宋武帝”第二條。

5 唐長孺：《門閥的形成及其衰落》，載《武漢大學學報》1959 年第 8 期。

6 《三國志》卷六《魏書・袁紹傳》注引《魏氏春秋》。

上代亦無顯官。[1] 其中賈詡"少時人莫知",[2] 華歆早年曾共管寧"園中鋤菜"。[3] 他們賴曹氏父子拔擢而飛黃騰達,自然感恩戴德,對禪代積極支持。另一些大臣如潁川鍾繇、潁川陳群,雖出身著姓,上代為名士,然因漢末戰亂,獻帝播越草莽,受人擺弄,漢室早已名存實亡;再加這時社會上門第觀念還不很深,[4] 繇、群均忠於曹氏,輿論也並不以為非。曹操封魏王,鍾繇任魏相國,陳群為御史中丞。曹丕曾賜繇銘:"厥相惟鍾,實幹心膂";[5] 代漢後又以他為太尉,陳群為尚書僕射、尚書令(實際上的宰相)。二人之受信任可知。《世說新語》注載,魏受禪,文帝問陳群曰:"我應天受命,百辟莫不說喜,形於聲色;而相國(華歆)及公獨有不怡者,何邪?"[6] 似乎二人還留戀漢室。李慈銘據歆、群一貫黨附曹氏之行徑指出這並非事實,"不怡"云云,乃出華氏子孫附會。[7] 其說誠是。然自漢獻帝都許以來,二十多年中,忠於漢室之力量已被翦除殆盡,不僅謀反、公開對抗的董承、孔融、伏完、耿紀等人相繼伏誅,而且立下大功但不支持曹氏代漢的荀彧也未能免死,"百辟"越來越清一色了,所以"莫不說喜"的話,或許還不會假。這些都說明,曹丕代漢所得到的統治階級中的支持比較廣泛。另一方面,到曹丕即位

---

1 見《三國志・魏書》卷一〇《賈詡傳》,以及卷一三《華歆傳》《王朗傳》。

2 《三國志・魏書》卷一〇《賈詡傳》。

3 《世説新語・德行》"管寧華歆共園中鋤菜"條。

4 如《三國志・魏書》卷一〇《荀彧傳》,彧拋棄名門袁紹,投奔曹操;卷一一《張範傳》,範祖、父兩代均漢三公,範與弟承均拒袁術而歸曹操。又弘農楊彪雖拒仕魏朝,但其子楊修很早已成為曹植羽翼,見卷一九《陳思王植傳》。

5 《三國志・魏書》卷一三《鍾繇傳》。

6 《世説新語・方正》"魏文帝受禪"條注引華嶠《譜敍》。

7 參余嘉錫《世説新語箋疏》,中華書局,1983 年,第 281 頁。又《三國志・魏書》卷一《武帝紀》建安二十四年注引《魏略》,陳群早已勸曹操受禪,亦其一證。

前後，軍事大權多掌握在比較有才幹的曹氏子弟和心腹手中。如曹仁為大將軍，都督荊、揚、益三州諸軍事，曹休為鎮南將軍，曹真為鎮西將軍，全位居都督、手握重兵。此外和曹氏關係極親密的夏侯氏，如夏侯楙（曹操女婿）為安西將軍，夏侯尚為征南將軍，也都任都督、居方面。在京都，"都督中軍宿衛禁兵"的則是曹操以來最受"愛待""親近"的死黨許褚。[1]這些又說明，曹丕代漢在軍事上也十分有把握。

在這種條件下，漢獻帝幾乎成了孤家寡人。據萬斯同《歷代史表》，到禪位時，獻帝周圍的三公九卿只設張音一人，政事已全歸魏國諸臣。而張音的使命就是以太常行御史大夫的身份代表獻帝"持節奉璽綬禪位"。[2]正如一年前陳群所說，這時的漢室，"唯有名號，尺土一民，皆非漢有，期運久已盡，曆數久已終，非適今日也"。[3]正因如此，魏受漢禪後政局穩定，未爆發任何叛亂；孫權也"使命稱藩"。[4]劉備雖然對抗，但他藉機自立為帝，並不以復辟獻帝為號召。整個形勢既然如此，曹丕還有甚麼必要殺掉漢帝，而不是極力優待，甚至允許"行漢正朔，以天子之禮郊祭，上書不稱臣……"，[5]使極少數站在漢室一邊的人無話可說呢？

晉武代魏的條件更加優越。當時門閥制度雖已進一步發展，然司馬氏本身就是河內大族，司馬防仕漢至京兆尹，子朗仕漢為名

---

1 以上參《三國志・魏書》卷九《曹仁傳》《曹真傳》《夏侯惇附子楙傳》《夏侯尚傳》，以及卷一八《許褚傳》。

2 《三國志・魏書》卷二《文帝紀》延康元年條。

3 《三國志・魏書》卷一《武帝紀》建安二十四年注引《魏略》。

4 《三國志・吳書》卷四八《吳主權傳》黃初二年條。

5 《三國志・魏書》卷二《文帝紀》黃初元年條。

刺史，懿仕魏至太傅、丞相、相國等，有足夠的聲望以代曹氏。[1]特別自公元 249 年司馬懿發動高平陵政變消滅曹爽，隨後又相繼平定了王淩、毌丘儉、諸葛誕等擁魏勢力的反抗，曹魏君主“威權日去”，十分孤立。正如王經對高貴鄉公所說，“今權在其門，為日久矣。朝廷、四方皆為之致死，不顧逆順之理，非一日也”。因此當高貴鄉公率兵討司馬昭時，無異以卵擊石，被輕易殺掉後還加上種種莫須有罪名，“廢為庶人”。[2]正如後來吳國張悌所說：“司馬懿父子自握其柄，累有大功……民心歸之，亦已久矣。故淮南三叛，而腹心不擾；曹髦之死，四方不動。……本根固矣……奸計立矣。”[3]所謂奸計，便是指司馬氏羽翼已豐，代魏只是時間問題。因而幾年以後當代魏條件更加成熟時，晉武帝堅信自己統治之穩固，受禪後不但不殺魏帝，而且“比之山陽（漢帝），班寵有加焉”（如允許“載天子旌旗……禮樂制度皆如魏舊”等），[4]也就是毫不奇怪的了。

劉裕代晉的情況卻大不相同。

首先是東晉司馬氏宗室還有一定力量。對他們，劉裕在代晉之前雖不斷翦除，如公元 415 年打敗荊州刺史司馬休之等，但由於當時南北對峙，不少宗室逃亡北方，甚至降附北方政權，這就不能不對劉裕構成一定威脅。如司馬休之敗後與司馬文思、道賜等逃亡後秦。姚興任用休之等回過頭來“侵擾襄陽”。後秦滅，休之等又投奔北魏。其中司馬文思直到宋文帝時還在被北魏用來對抗南朝。[5]

1　參《三國志・魏書》卷一五《司馬朗傳》、《晉書》卷一《宣帝紀》。還可參河北磁縣出土的北魏司馬興龍墓誌，見鄭紹宗《北魏司馬興龍墓誌銘跋》，載《文物》1979 年第 9 期。

2　參《三國志》卷四《魏書・三少帝紀》及注引《漢晉春秋》。

3　《三國志》卷四八《吳書・三嗣主・孫皓傳》天紀四年注引《襄陽記》。

4　《三國志》卷四《魏書・三少帝紀》史評、《晉書》卷三《武帝紀》。

5　《魏書》卷三七《司馬休之傳》。

另一宗室司馬楚之因躲避劉裕殺害，“亡於汝潁之間。……規欲報復，收眾聚長社，歸之者常萬餘人。劉裕深憚之，遣刺客沐謙害楚之（未成）”。楚之後亦降北魏，並且同樣被用來威脅劉宋。所以崔浩曾說，宋帝最怕北魏發兵南下，“存立司馬，誅除劉族”。[1] 再如《資治通鑑》卷一一八元熙元年條：“時宗室多逃亡在河南。有司馬文榮者帥乞活千餘戶屯金墉城南。又有司馬道恭自東垣帥三千人屯城西；司馬順明帥五千人屯陵雲台。”所有這些，就不能不使劉裕顧慮，如果一旦這些宗室在北朝支持下打回來，晉恭帝只要活着，馬上會被重新擁戴，復辟晉室，在長期的司馬氏為正統的觀念支配下，自己的宋朝就很被動了。

但劉裕顧慮晉恭帝可能復辟的更重要的原因，恐怕還在於高級士族對他缺乏真誠的擁戴。固然，東晉末年之高級士族已日益無能和軟弱，在現實政治生活中起的作用越來越和他們佔據的要職不相稱，[2] 但他們畢竟文化素質高，並且積累了一定的管理國家的經驗。劉裕很明白，自己手下軍事人才濟濟，但劉毅、諸葛長民變為敵對勢力被消滅，何無忌、孟昶、劉穆之又先後死去，政治人才十分缺乏，不拉攏高級士族，統治就很難鞏固；特別是他們社會基礎深厚，思想影響廣泛，政治上的向背，對新朝的長治久安關係更大。然而由於以下原因，高級士族真心誠意合作者不多：

第一，東晉初年以來，和魏文、晉武之時有所不同，門閥制度進一步發展的結果是，不僅士族、寒門界限森嚴，士族之間鴻溝也

1 參《魏書》卷三七《司馬楚之傳》、卷三五《崔浩傳》。

2 參拙作《試論東晉後期高級士族之沒落及桓玄代晉之性質》一文，載《北京大學學報》1985 年第 3 期。

不淺。高級士族壟斷軍政大權，淩忽低級士族，把他們壓抑在官吏下層，已成為一代之不成文法和風尚。[1] 劉裕本人就有親身經歷。史稱他早年家道中落，“僅識文字，以賣履為業，好樗蒱，為鄉閭所賤”；“名微位薄，輕狡無行，盛流皆不與相知。……裕嘗與刁逵（高門）樗蒱，不時輸直，逵縛之馬枊”。[2] 一直到劉裕消滅桓玄，位居太尉後，由於“素不學”，“朝士有清望者”仍寧願靠攏雖然地位低於劉裕而氣質和他們接近一些的劉毅。[3] 謝混與郗僧施便是最露骨的兩個。謝混是謝安的孫子，郗僧施是郗鑒的曾孫，均出身第一流高門。《建康實錄》卷一〇：劉裕拜太尉，謝混晚到，“衣冠傾縱，有傲慢之容。裕不平。乃謂曰：‘謝僕射（時混為尚書僕射）今日可謂傍若無人。’”雖然謝混巧於言詞，搪塞了過去，但輕視劉裕的態度十分明顯。這和後來他被指控黨附劉毅，“扇動內外，連謀萬里”，[4] 是完全一致的。至於郗僧施，他情願放棄京都的三品要職丹陽尹不當，而外出給鎮守江陵的劉毅當助手——四品的南蠻校尉，[5] 無疑也是一種反對劉裕的姿態。

除開謝、郗，還必須提到謝方明與蔡廓。《南史》卷一九《謝方明傳》：“丹陽尹劉穆之權重當時，朝野輻湊，其不至者唯（謝）混、方明、郗僧施、蔡廓四人而已。穆之甚恨。及混等誅後，方明、廓來往造穆之，穆之大悅。”這絕非偶然。謝方明與謝混是堂兄弟，

---

1 《晉書》卷八四《劉牢之傳》：第一流高門王恭“雖杖牢之為爪牙，但以行陣武將相遇，禮之甚薄，牢之……深懷恥恨”。同卷《楊佺期傳》：佺期少仕軍府，充武將，雖為弘農楊氏之後，“時人以其晚過江，婚宦失類，每排抑之，恒慷慨切齒……”均其例。

2 參《資治通鑒》卷一一一隆安三年、卷一一三元興三年條。

3 見《資治通鑒》卷一一六義熙八年條。

4 《晉書》卷八五《劉毅傳》。

5 《晉書》卷六七《郗僧施傳》。

蔡廓出身濟陽蔡氏，乃著名高門，而且與郗僧施可能是親戚，[1] 彼此之間有千絲萬縷的聯繫。劉穆之為劉裕心腹（見下），由於“權重”，輻輳於其門者固然有種種動機，並不意味真心支持劉裕。[2] 然方明、廓和混、僧施一樣拒絕造訪，卻只能理解為用另一種方式表示不合作。[3] 二人沒有公開投靠劉毅，所以在混等誅後能夠見風使舵，轉變態度，然究其動機，很可能出於害怕被視為混、僧施同夥而遭禍，不得不放下架子，勉強捧場，究竟其中有多少誠意，劉裕心裏是不會不打上問號的。而這正是當時高門一般所採取的態度。《宋書》卷五二《褚叔度傳》：叔度出身高門陽翟褚氏而忠心劉裕，“高祖以其名家，而能竭盡心力，甚嘉之”，下詔封爵食邑。這條材料就從另一角度證明，高門一般是採敷衍態度，不肯“竭盡心力”事奉劉裕的。

第二，如在曹魏之時，在“贅閹遺醜”與名門大族之間還有一個縮小差距、消弭界限的辦法，這就是用高官厚祿收買。如曹氏對鍾繇、陳群等，就是以三公、錄尚書事等為釣餌，使之委誠效忠的。當時門閥制度尚在形成過程中，“憑藉世資，用相陵駕”的風氣還不嚴重，[4] 名門大族如果得不到像曹操這樣的當權者之大力提拔，爬上高位也並非易事。然而東晉的高門卻不同了，他們憑門第即可“平流進取，坐至公卿”。《晉書》卷七三《庾亮傳附弟冰傳》：冰出身高門潁川庾氏，自稱“因循家寵，冠冕當世（得為宰相）”。

---

1 《宋書》卷五七《蔡廓傳》：“妻郗氏。”當時高門相互聯姻，姓郗的高門只有郗鑒這一支。

2 《世說新語・雅量》“謝太傅與王文度共詣郗超”條：桓溫當政，郗超得寵，謝安、王坦之“共詣郗超，日旰未得前，王便欲去。謝曰：‘不能為性命忍俄頃。’”即另一種動機。

3 固然，二人早已被劉裕辟為屬吏，但那是東晉末高門出仕通例，這和主動輻湊是不同的。

4 《宋書》卷九四《恩幸傳・序》。

《晉書》卷八五《劉毅傳》：謝安之孫謝混是“憑藉世資，超蒙殊遇（得為尚書僕射）”。這樣，得到高官厚祿在他們心目中是理所當然的，毋須感激甚麼人。所以，劉裕掌大權以至代晉後，儘管對高級士族花了一番心血，極力拉攏，某種程度上也縮小了彼此差距，但除少數人外，仍換不來他們真心誠意的擁戴。再以陳郡謝氏的代表人物謝混為例，他在義熙六年（410）孟昶自殺，盧循兵逼建康時，繼昶為尚書左僕射，[1] 無疑是劉裕表示對他的信任。後來謝景仁遷吏部尚書，“時從兄混為左僕射，依制不得相臨。高祖（劉裕）啟依……（琅邪王氏）前例，不解職”。[2] 這又是對陳郡謝氏的特殊優待。《宋書》卷六〇《范泰傳》：泰轉度支尚書，“時僕射陳郡謝混後進知名，高祖嘗從容問混：‘泰名輩可以比誰？’對曰：‘王元太一流人也。’徙為太常”。由此可以推測，關於人事任命，劉裕常徵求他的意見。《南史》卷一九《謝晦傳》：晦嘗與謝混同見劉裕，劉裕誇讚曰：“一時頓有兩玉人耳。”然而對這些提拔、優待、信任、誇獎，謝混并不以為意，還是帶着對劉裕的“傲慢之容”倒向劉毅一邊去了。再如袁湛，據《宋書》本傳，出身高門陳郡袁氏，劉裕先後任以吏部尚書、中書令、尚書右僕射、兼太尉等高官要職，可是義熙十二年北伐後秦時，他奉旨與兼司空范泰拜授劉裕九錫，隨軍至洛陽，“泰議受使未畢，不拜晉帝陵，湛獨至五陵致敬，時人美之”。范泰主張不拜晉陵，不能證明忠心劉裕，而袁湛致敬，又恰在授九錫之時，只能表示於晉室未能忘情，對劉裕想通過北伐為代晉造輿論是不利的。

1　謝混升尚書左僕射在何年，《晉書》不載，此據萬斯同《東晉將相大臣年表》。

2　《宋書》卷五二《謝景仁傳》。

大概由於以上分析的緣故吧，劉毅垮台之後，高級士族明白，在軍事、政治上已不宜再公開對抗劉裕了，於是便轉向文化素養方面打擊劉裕。《南史》卷三三《鄭鮮之傳》：劉裕“少事戎旅，不經涉學，及為宰相，頗慕風流，時或談論，人皆依違之不敢難。鮮之難必切至，未嘗寬假。與帝言，要須帝理屈，然後置之。帝有時慚恧變色……”鄭鮮之出身滎陽鄭氏，雖然過江的這一支位望不太高，不能和留在北方的相比，但畢竟還得算高級士族，[1] 他對劉裕附庸風雅毫不容情地揭露，正典型地反映了高級士族對劉裕“不學”之蔑視。只不過一般高門“依違不敢難”，而鄭鮮之雖為劉毅之舅，卻早年“盡心高祖”，有政治資本而已。就鄭鮮之說，或許並非想以此從政治上打擊劉裕，而是出於具有文化素養的高級士族對不學者附庸風雅的一種本能。然而在劉裕心目中，卻不能不把這看作是代表一股勢力對自己正在樹立的代晉威望之打擊。他對人說：“我本無術學，言義尤淺。比時言論，諸賢多見寬容，唯鄭不爾，獨能盡人之意，甚以此感之。”[2] 很明顯，這是認為“諸賢”內心瞧不起自己，鄭鮮之則公開說出了他們的心裏話。“甚以此感之”無疑說得很勉強，而對鄭鮮之十分不滿卻溢於言表。《南史》卷三三《鄭鮮之傳》：劉裕代晉，“時傅亮、謝晦位遇日隆，范泰嘗眾中讓誚鮮之曰：‘卿與傅、謝俱從聖主有功關洛，卿乃居僚首，今日答颯，去人遼遠，何不肖之甚。’鮮之熟視不對”。傅亮、謝晦因處處關心劉裕，維護其威望而得到信任、拔擢（見下），而鄭鮮之的答颯不振，我想，最根本原因就在他面折劉裕。劉裕雖心胸並不十分狹

1 鄭鮮之乃劉毅之舅，劉毅門第不高，鄭氏也只能是高級士族之下層。

2 《宋書》卷六四《鄭鮮之傳》。

窄，但也並非如《宋書》所說的那樣豁達大度，特別是代晉前面對高門，在文化上正自慚形穢，想勉力文飾不學之時，碰到迫使他不得不痛苦地承認“本無術學”這種難堪場面，怎能不把此事與政治上的忠誠、支持聯繫起來，即便未發現其他不軌行為，也要把鄭鮮之歸入不可大用之人的行列呢？

劉裕之所以會對鄭鮮之採取這種態度和認為高級士族擁戴自己出於真心者不多，通過他和劉穆之的關係可以進一步看清。

劉穆之出身東莞劉氏，祖、父兩代情況均不明，但從其叔父（或伯父）劉爽為尚書都官郎，從兄劉仲道投奔劉裕為參軍，本人早年“家本貧賤，贍生多闕”，起家建武府主簿看，大體上應是低級士族。[1]劉裕在推翻桓玄之後，義熙十三年（417）以前，真正信得過、倚為心腹的只有這個劉穆之。道理有二：一條是劉穆之有卓越統治才幹，更重要的一條是他對劉裕忠心耿耿，為鞏固其統治、樹立其威望效盡犬馬之勞，在劉裕心目中和那些虛情假意或冷嘲熱諷的高級士族大不相同。這種不同的看法和態度特別鮮明地表現在劉裕幾次離建康出征之時。義熙十一年（415）劉裕西伐司馬休之，以弟劉道憐“知留任”。道憐忠誠有餘，然“素無才能”，因而“事無大小，一決穆之”。第二年北伐後秦，劉裕以劉穆之為尚書左僕射等職“總攝內外”。及至義熙十三年劉穆之病死，劉裕在長安“聞問驚慟。……本欲頓駕關中，經略趙魏。穆之既卒，京邑任虛，乃馳還彭城（《通鑒》作‘以根本無託，乃決意東還’）”。[2]當時建康百官何止萬數，穆之一死就認為“京邑任虛”或“根本無託”，對他們

1 《宋書》卷八一《劉秀之傳》、卷四二《劉穆之傳》。

2 《宋書》卷四二《劉穆之傳》、《資治通鑒》卷一一七義熙十二年條。

不信任的態度十分鮮明。後來劉裕雖以徐羡之“代管留任”，然“朝廷大事常決穆之者，並悉北諮（劉裕）”。可證到義熙十三年為止，他對徐羡之也還不十分放心，由此也可看到在盤根錯節的高級士族勢力面前，劉裕感到何等的孤立了。王夫之說：“當時在廷之士，無有為裕心腹者，孤恃一機巧汰縱之劉穆之，而又死矣。”[1] 這是有一定道理的。

劉裕這種感到孤立的心理，還有一條材料可以證明。《南史》卷一五《劉穆之傳》：“及帝受禪，每歎憶之，曰：‘穆之不死，當助我理天下。可謂人之云亡，邦國殄瘁。’光祿大夫范泰對曰：‘聖主在上，英彥滿朝，穆之雖功著艱難，未容便關興毀。’帝笑曰：‘卿不聞驥騄乎，貴日致千里耳。’帝後復曰：‘穆之死，人輕易我。’”可見，劉裕對劉穆之評價極高，懷念極深。范泰出身順陽范氏，雖非第一流高門，也是東晉望族。[2] 他的“英彥滿朝”無疑主要指的甲族高門；而劉裕之回答實際上是對他看法的否定，至少意為這些人均非“驥騄”，不能與穆之相提並論。至於“人輕易我”，沒有具體指明何事，很可能還是就文化素養而言。《宋書》卷四二《劉穆之傳》：“高祖舉止施為，穆之皆下節度。”可證劉裕一舉一動原來一定很粗俗，難登大雅之堂，為高門竊笑，所以劉穆之要把着手教。其中一例是“高祖書素拙。穆之曰：‘此雖小事，然宣彼四遠，願公小復留意。’”但劉裕“既不能厝意，又稟分有在，穆之乃曰：‘但縱筆為大字，一字徑尺無嫌。大既足有所包，且其勢亦美。’高祖

1　王夫之《讀通鑒論》卷一四“晉安帝”第二十一條。

2　《世說新語・排調》“范玄平在簡文坐”條注引《范汪別傳》，范泰祖汪“歷吏部尚書、徐兗二州刺史”；又《世說新語・方正》“張玄與王建武先不相識”條注引《王氏譜》，范汪女嫁第一流高門太原王坦之。均其證。

從之，一紙不過六七字便滿”。連批答文件的書法這種小事，劉穆之都想到如何維護劉裕威望，這怎能不使他懷念不已呢？同時通過以上材料，我們可以看到：在門閥制度高度發展，經學、玄學為高門壟斷並藉以驕人的東晉社會裏，劉裕出身“寒微”、“僅識文字”，本來在文化素養上很自卑，一度附庸風雅，又面招折辱；平時舉止粗野，全靠劉穆之節度，方能免遭譏刺。由於北伐南燕、後秦，建立大功，加之手中握有軍權，因而得以代晉，然而出身、“不學”已無法改變，劉穆之死後，舉止無人節度，一定經常招來輕視的目光，“穆之死，人輕易我”，恐怕便是反映這一背景的。當然，這些只是文化素養問題，但如前所述，高門甲族大多數政治上往往也陰陽怪氣、若即若離，劉裕不能不把它和他們內心深處是否不屑於北面事奉自己聯繫起來，而感到心虛、孤立；不能不擔心有朝一日風吹草動，高門甲族會如響斯應，立即把篡立的帽子戴在自己頭上，重新把晉恭帝捧回皇帝寶座。

以上說明，由於東晉末年劉裕面臨的客觀形勢與魏文、晉武之時已大不相同，所以儘管劉裕也苦心經營了十幾年，到代晉時其統治鞏固程度也就遠不能和二人相比。[1] 在此條件下，劉裕為免夜長夢多，代晉後匆匆忙忙害死晉恭帝，也就是可以理解、毫不奇怪的了。當然，王夫之所說劉裕年歲已大，諸子年幼，或許也起了點作用，但決非主要因素。[2] 因為如果整個統治比較鞏固，僅僅怕諸子年幼控制不了局面，那完全可以通過任命一些忠誠、得力的顧命大

1 《宋書》卷六一《劉義真傳》：“高祖始踐祚，義真意色不悅……曰：‘安不忘危，休泰何可恃。’”恐亦多少反映當時輿論。

2 後來蕭道成代宋時諸子均成年有才幹，並握軍權，仍殺死宋順帝，亦一側證。

臣來解決矛盾，而沒有必要代晉不久就冒“弒君”之惡名，貽人以口實。劉裕是個極有心計的人。《宋書》卷四三《傅亮傳》：元熙二年（420）劉裕鎮壽陽，“有受禪意，而難於發言，乃集朝臣（指宋國諸臣）宴飲，從容言曰：‘……今欲奉還爵位，歸老京師。’群臣唯盛稱功德，莫曉此意。日晚坐散，亮還外，乃悟旨，而宮門已閉，亮於是叩扉請見，高祖即開門見之。亮入便曰：‘臣暫宜還都。’高祖達解此意，無復他言，直云：‘須幾人自送？’亮曰：‘須數十人便足。’於是即便奉辭。亮既出，已夜，見長星竟天。亮拊髀曰：‘我常不信天文，今始驗矣！’”這是一段絕妙文字。把劉裕欲代晉而閃爍其詞、以退為進的奸雄本色，以及傅亮善於揣摩、迎合主子意圖的戲劇場面，描繪得淋漓盡致。然而通過這個材料也可看出以下問題：第一，劉裕從404年推翻桓玄起，到這時已掌大權十幾年，而且北伐燕、秦，建立大功，然而連他宋國諸臣，對擁他為帝也還不很主動，需要劉裕親自出馬，暗示意圖。這就再一次說明在東晉的門閥制度下，人們心目中劉裕的門第、聲望和代晉為帝之間的差距是何等之大！這和魏文、晉武禪代前諸心腹積極籌劃張羅，[1]是大不相同的。第二，劉裕十幾年來清除異己，一步步為自己代晉鋪平道路，但卻始終未向周圍的人包括親信透露內心奧秘，[2]這除了證明劉裕胸有城府之外，恐怕主要原因仍在門第低、文化素養差，不到

---

1 《三國志》卷一《魏書・武帝紀》建安二十四年注引《魏略》：“孫權上書稱臣，稱説天命。”陳群等隨即奏請曹操禪代。《晉書》卷三三《石苞傳》：司馬昭死，苞哭曰“基業如此，而以人臣終乎！”，“後每與陳騫諷魏帝以曆數已終，天命有在”。均其證。

2 劉裕雖在這之前曾密使王韶之害死晉安帝，但晉安帝是白癡，“自少及長，口不能言，雖寒暑之變，無以辨也”。害死他而另立恭帝，也可辯解為着眼於晉室統治之鞏固，並非要禪代。見《晉書》卷一〇《安帝紀》、《宋書》卷六〇《王韶之傳》。

代晉條件成熟，絕不留把柄於人。[1] 然而就是這樣一個遇事不露聲色的人，現在迫不及待地要殺晉恭帝，為此不僅甘冒惡名，而且不惜貽人以把柄。如交毒酒給張偉，使鴆零陵王，誰知張偉不幹，拿到毒酒後竟自飲而卒；於是又命褚秀之兄弟設法先殺零陵王新生男，然後害死零陵王。[2] 在這裏，劉裕撕下面具，毫不掩飾地親自出馬佈置"弒君"，這事本身就證明當時形勢給了他何等大的壓力，以至於無暇計較其他後果了。

總之，劉裕之殺晉恭帝絕不能僅用劉裕為人狠毒這一唯心主義觀點去解釋，而必須從當時統治階級內部力量對比中去找答案。

二

劉裕代晉後為鞏固低級士族的鬥爭成果，所完成的另一件大事，便是在死前選拔了幾個顧命大臣。這些大臣是劉裕十幾年中特別是在劉穆之死後，經過考驗和比較，最後確立下來的。其成員是：

1. 徐羨之：出身東海徐氏，雖非寒門，然上代無顯官。據《新唐書》卷七五下《宰相世系表》，徐羨之曾祖徐褚，晉太子洗馬（七品）；祖徐寧，晉吏部郎（六品）；[3] 父祚之，上虞令（六品）。[4] 徐羨

1 魏晉則不然。曹操早已自稱要做"周文王"，見《三國志・魏書》卷一《武帝紀》建安二十四年注引《魏氏春秋》。而在晉武帝前，也早已"司馬昭之心，路人所知"，見同上《三國志・魏書》卷四《三少帝紀》注引《漢晉春秋》。

2 見《資治通鑒》卷一一九永初二年條。

3 《晉書》卷七四《桓彝傳附徐寧傳》作"左將軍、江州刺史"，但據《宋書》卷四三《徐羨之傳》其"江州刺史，未拜卒"。故此處從《宰相世系表》。

4 此從《宋書》卷四三、《南史》卷一五《徐羨之傳》。《宰相世系表》作"秘書監"，疑誤。《南史》稱羨之兄欽之入宋後為秘書監，《宋書》卷七一《徐湛之傳》同，《宰相世系表》則作欽之"宋丞相"，誤。《宰相世系表》可能將欽之的秘書監誤為其父祚之，又將羨之的宰相誤為欽之所任。

之本人投奔劉裕前，官位低微，[1] 按其門第，如無劉裕父子提拔，很難爬上司空、錄尚書事等極品高位。[2] 所以當宰相後仍被琅邪王氏視為“中才寒士”；[3]《宋書》本傳也說他“起自布衣，又無術學”。均證明東海徐氏在東晉末大概只是高級士族中位望最差的家族，和第一流高門關係不深。再加上徐羨之早在劉裕未掌大權、同為桓修部下時即“深相親結”；不但有才幹，而且表現忠誠，所以劉裕北伐，能以他為太尉左司馬，當劉穆之助手，劉穆之死後，又升為吏部尚書、丹陽尹“總知留任”。無疑，除開劉穆之，劉裕最信任的就是他。代晉後，劉裕“思佐命之功”，下詔封爵的第一名也是他。顧命大臣的首席自然也就非他莫屬。

2. 傅亮：出身北地傅氏，據《宋書》本傳，高祖傅咸曾為西晉司隸校尉（三品），官位不低，然至東晉，似乎沒落，[4] 直到父瑗方復得為小郡安成郡太守（五品）；本人“博涉經史，尤善文詞”，然最高也只不過出任桓玄的秘書郎（六品）。所以琅邪王華輕之為“布衣諸生”。[5] 而傅亮的族兄傅隆情況更糟，《宋書》本傳記他“父、祖早亡”，似均未入仕；傅隆“少孤……單貧”，於東晉末投劉裕部下孟昶前，竟年四十未得一官半職。[6] 所有這些都證明北地傅氏這一支決非著名高門。再加上劉裕代晉前很長一段時期“表策文誥，皆亮辭也”；特別是由於劉裕受禪前是他最先領會意圖，銜命回建

1　《宋書》本傳稱原為桓修撫軍中兵參軍，只有七品。

2　據萬斯同《東晉將相大臣年表》，以司空為例，東晉一百多年中充任者除皇族即著名高門。例外者二人：陶侃有特殊功勛，祖約是蘇峻攻入建康後矯詔任命的。徐羨之絕無可能當司空。

3　《南史》卷二三《王華傳》。

4　《晉書》卷四七《傅咸傳》：咸有三子，其中二子東晉初年當鎮東從事中郎、司徒西曹屬，僅七八品官。

5　《南史》卷二三《王華傳》。

6　《宋書》卷五五《傅隆傳》。

康，諷晉帝退位，促成此事的，在劉裕看來，這就使他的命運和新王朝的命運緊緊聯繫在一起，可以放心託以顧命大事。

3. 檀道濟：出身高平檀氏，上代無聞。從其從叔檀憑之起家驃騎行參軍，兄韶"初辟本州從事"看，應是士族，而不是寒門。[1] 然檀氏世代為將，和當時輕視武人的高門沒有關係；且"合門從義"，很早就投靠劉裕；檀道濟又屢立大功，有卓越軍事才能，"而無遠志"。[2] 所以劉裕也把他列入了顧命大臣。

4. 謝晦：情況比較複雜。出身陳郡謝氏，雖非謝安直系，也是第一流高門。他之所以被劉裕看中，主要緣故如下：首先，曾為劉裕太尉府主簿，從征司馬休之，徐逵之（羨之姪）戰死，劉裕怒，將親自出戰，當時從船上仰攻峭岸，十分危險，"諸將諫，不從，（裕）怒愈甚。晦前抱持高祖，高祖曰：'我斬卿！'晦曰：'天下可無晦，不可無公，晦死何有。'"[3] 對劉裕生命安全如此關切，這在第一流高門中是不可多得的。其次，從征後秦回彭城，劉裕開大會，"命紙筆賦詩，晦恐帝有失，起諫帝，即代作曰：先蕩臨淄穢，卻清河洛塵……"[4] 又表現了對劉裕聲譽的愛護，這正是劉裕當時十分計較，而高門常常以此"輕易"他的地方。再次，為劉裕出謀劃策甚多。如征後秦，"入關十策，晦有其九，才略明練，殆難與敵"。[5] 所以這次征伐中劉裕"內外要任悉委之"。然而由於是第一流高門，劉裕和劉穆之對他並不十分放心。劉裕欲用晦為執法的從事中郎，

---

1 《晉書》卷八五《檀憑之傳》、《宋書》卷四五《檀韶傳》。

2 《宋書》卷三《武帝紀下》。

3 《宋書》卷四四《謝晦傳》。

4 《南史》卷一九《謝晦傳》。

5 《南史》卷一五《檀道濟傳》。

“以訪穆之，堅執不與。（晦）終穆之世不遷”。劉裕臨死前雖以他為顧命大臣，但仍對太子交待說：“檀道濟雖有幹略，而無遠志……徐羨之、傅亮當無異圖。謝晦屢從征戰，頗識機變，若有同異，必此人也。”[1]《資治通鑒》此條下胡注：“帝固有疑晦之心矣。”但“頗識機變”何以就可疑呢？恐怕主要還是因為陳郡謝氏是高門中之高門，是蔑視甚至反對劉裕的主要異己力量之一（如謝混等），謝晦和他們有着千絲萬縷的聯繫，是否始終忠於新王朝還不能肯定，所以要太子提防。關於新王朝猜疑謝晦，還有一證。《資治通鑒》卷一一九景平元年條：劉裕死後第二年，徐羨之姪徐佩之與侍中王韶之、程道惠，中書舍人邢安泰、潘盛結為黨友，“時謝晦久病，不堪見客。佩之等疑其詐疾，有異圖，乃稱羨之意以告傅亮，欲令亮作詔誅之。亮曰：‘我等三人同受顧命，豈可自相誅戮。’”堅決反對，事方作罷。此事說明，徐羨之對謝晦也不放心，佩之等不過是其耳目，所以佩之可以稱其意以告傅亮，而傅亮也不懷疑；如果平時徐羨之常表示信任謝晦，傅亮就會斷定佩之的話是捏造。同時，徐佩之等人除王韶之均非著名的高門；[2] 而王韶之雖出自琅邪王氏卻並非顯赫的王導一支，年輕時並未從門閥特權中撈到多少好處，曾窮到“三日絕糧”。所以後來會投靠劉裕，奉命幹毒死晉安帝這一極不光彩的勾當；而且又與琅邪顯赫的一支王弘、王華存在矛盾，“懼為所陷”，深附結徐羨之、傅亮等。[3] 他的命運已與復辟晉王朝

1 《宋書》卷三《武帝紀下》。

2 據《宋書》卷四《少帝紀》，邢安泰、潘盛均中書舍人，出身寒門可能性大；邢安泰還奉徐羨之命，幹過弒少帝的勾當。程道惠在少帝廢後，勸徐羨之立年幼之劉義恭；元嘉二年對徐羨之上表歸政，又表示不同意，進行苦勸，無疑是羨之心腹，見《宋書》卷四三《徐羨之傳》。

3 《南史》卷二四《王韶之傳》。

相互抵觸了。因而徐羨之、佩之等懷疑謝晦，實際上正是劉裕懷疑謝晦的繼續。

這裏有個問題：既然對謝晦不太放心，為甚麼要讓他充當顧命大臣，相反劉裕的兄弟、同族卻一個也沒有呢？我以為這正是劉裕不同凡俗、高人一籌之所在。因為如前所述，到劉裕死前低級士族及劉裕諸弟、同族中有政治才幹或文化素養的如劉穆之、劉道規等已先後死去，剩下的武將均不足以擔當此任，[1] 與其勉強把他們塞進顧命班子、隨後被人輕易搞掉，不如從高級士族下層中挑選精明強幹而又和新王朝利害關係一致的人，委以重任，使之感激涕零、竭誠效力，或許會更好一些。徐羨之、傅亮就是在這一戰略思想指導下被看中的。至於謝晦，雖然可疑，但比起其他第一流高門來又是最靠攏新王朝的；由於他們的社會基礎深厚、政治影響大，顧命大臣中吸收一個這種類型的人，只要不放鬆警惕，恐怕只會緩和他們的消極、對立情緒，而沒有壞處。因為謝晦"頗識機變"，檀道濟或許就是劉裕為防萬一，安排從軍事上對付謝晦的人；這一着棋，後來果然發揮重大作用，但隨着統治階級內部各種力量的重新組合，其性質和劉裕原來估計的卻完全不同了（見下）。

總之，徐、傅、謝、檀是經過劉裕深思熟慮，反復斟酌定下來的。

為了充分了解劉裕的意圖，還可看看他對王弘的態度。

王弘是王導曾孫，祖王洽，中領軍（三品），父王珣，司徒（一品），因為是高門中之高門，很快當上劉裕的太尉左長史，宋國建，

1　參《宋書》卷五一《劉道憐傳》《劉遵考傳》，卷四五《劉懷慎傳》、卷四七《劉懷敬傳》。道憐"素無才能"，懷敬"澀訥無才能"，懷慎"謹慎質直"。遵考一直是武將，且"為政嚴暴，聚斂無節"。

任尚書僕射，掌選事。在劉裕代晉後的封功臣詔中名列第二，僅次於徐羨之。但地位雖高，劉裕並不信任他。和徐、傅、謝一直被劉裕留在身邊當顧問不同，王弘於義熙十四年（418）即被出為江州刺史。[1]永初三年（422）進號衛將軍、開府，品秩第一，比檀道濟、傅亮、謝晦高得多，但劉裕臨死，卻未預顧命。如果說是因為在外地（江州），則檀道濟時為南兗州刺史，也不在建康，可見關鍵不在這裏。王弘之所以不預顧命，恐怕主要因為他一直按高門慣例，"平流進取"，對劉裕缺乏謝晦那樣的忠誠表現；同時大概也因為劉裕不願第一流高門在顧命大臣中佔的比重過大。

把王弘的未預顧命和謝晦雖預顧命仍遭猜疑兩件事聯繫起來，我們再一次看到劉裕對第一流高門的不信任和畏忌。同時通過他這一套中立、拉攏、利用高門的策略，可以想象，在安排顧命大臣人選上，他是多麼絞盡腦汁啊！

歷史證明，劉裕心血沒有白費，以徐羨之為首的顧命大臣沒有辜負劉裕的託付，他們立下的最大功勛便是：在紛亂的政治局勢中，以極大魄力和膽略，廢黜宋少帝，擁立宋文帝，從而使劉宋王朝轉危為安，並建立於鞏固基礎之上。

宋少帝乃劉裕長子。由於劉裕本人是武將，"輕狡無行"，長期忙於戰爭和爭權奪利，根本不懂也無暇顧及諸子之教育；加以老年得子，溺愛多於管教，所以諸子德才，以封建正統觀念來衡量，多不合格。[2]宋少帝更為突出，史稱"多諸愆失"。如"居喪無禮，好

1　劉裕對聲望高而不信任的人，常出為地方官。如劉裕臨死疑謝晦，便誡太子："小卻，可以會稽、江州處之。"即其證，見《宋書》卷三《武帝紀下》。

2　參《南史》卷一《宋本紀上》史論、趙翼《廿二史札記》卷一一"宋世閨門無禮"條。

與左右狎昵，遊戲無度”；[1]“興造千計，費用萬端，帑藏空竭，人力殫盡，刑罰苛虐，幽囚日增”。[2] 少帝的愆失又給了內外反對力量以可乘之機。當時北魏取臨淄，圍東陽，陷虎牢，“河南非復國有”[3]；而江南根本之地會稽郡又有富陽孫氏之叛亂。[4] 如果原來根基穩固，這種局面本來並不算很嚴重，或許不致釀成大變，無奈劉宋建國方數年，底子不厚，威信不著，在這時候，碰上這種君主，便不能不使“朝野岌岌，憂及禍難”。[5] 作為顧命大臣的徐羨之等人，恐怕還得擔心統治集團內部發生分裂，即對劉宋皇室並不心悅誠服之高級士族藉機復辟晉室之問題。《宋書》卷四三《傅亮傳》:“少帝失德，內懷憂懼。”憂懼甚麼呢？當時傅亮與少帝沒有直接衝突，身家性命並未遭受威脅，無由為之擔心，他憂懼的無疑便是和自己的命運已經緊緊拴在一起的劉宋王朝可能顛覆之危險。在這種情況下，為了挽救劉宋王朝，也為了保住個人權位，徐羨之等經過一番策劃，採取斷然措施把少帝廢掉，應該說這不但未辜負劉裕委託，恰好是符合劉裕顧命之基本精神的。所以《南史》卷一論曰：少帝失德，“危亡不期而集，其至顛沛，非不幸也”。

但廢了少帝擁立誰呢？徐羨之等的眼光還是比較遠大的。按次序本該劉裕第二子劉義真繼位。但史稱義真“輕動無德業”，謝晦早就當劉裕之面評論他“德輕於才，非人主也”。[6] 對此劉裕並未提出異議，可見大體是符合實際的。正因此故，劉裕臨死前對義真

---

1 《資治通鑒》卷一二〇元嘉元年條。

2 《宋書》卷四《少帝紀》。

3 《宋書》卷六〇《范泰傳》。

4 《宋書》卷四《少帝紀》、卷五二《褚叔度傳》。

5 《宋書》卷四四《謝晦傳》。

6 《南史》卷一三《劉義真傳》。

也有所安排：一是將他外調為南豫州刺史，以防爭奪帝位；二是對少帝及徐羨之等人交待，義真“若遂不悛，必加放黜”。此語出自少帝尚未被廢黜時徐羨之等奏廢義真疏。原奏說，此語乃劉裕“親敕陛下，面詔臣等。……至言苦厲，猶在紙翰”。[1] 看來不可能是捏造，因為當時少帝猶在位，徐羨之等人決不敢把少帝未聽到的話強加於他。

劉裕死後劉義真有沒有悔改呢？絲毫沒有。更嚴重的是他與謝靈運、顏延之、慧琳等人打得火熱，“云得志之日，以靈運、延之為宰相，慧琳為西豫州都督”。[2] 謝靈運乃謝玄之孫，第一流高門，原受從叔謝混“知愛”，後又給劉毅當衛軍從事中郎（僅次於長史、司馬），應該屬於反對劉裕的勢力集團。劉毅、謝混被殺，他雖未受到懲罰，但從此“朝廷唯以文義處之”，不予重用。謝靈運大為不滿，“自謂才能宜參權要，既不見知，常懷憤憤”。徐羨之、傅亮當權後，由於繼續執行劉裕的策略，謝靈運權位沒有得到改善，於是他便進一步興風作浪，“構扇異同，非毀執政”，終於被出為永嘉太守，不得志……在郡一周，稱病去職”。[3] 對於這樣一個劉宋王朝的異己力量，劉義真說當皇帝後要以他為宰相，徐羨之等怎能容忍？何況還要侵奪他們個人權位？至於顏延之雖無謝靈運那麼多問題，

1 見《宋書》卷六一《劉義真傳》。又《宋書》卷四四《謝晦傳》在上文帝表中説劉義真“悌順不足，武皇臨崩，亦有口詔”。也是強證。

2 《宋書》卷六一《劉義真傳》。慧琳見梁慧皎《高僧傳》卷七、《宋書》卷九七《夷蠻・天竺迦毗黎國傳下》。

3 見《宋書》卷六七《謝靈運傳》。

也出身琅邪顏氏，是高級士族，[1] 因被懷疑煽動義真與徐羨之等作對，出為邊遠的始安郡太守。劉義真要以他為宰相，徐羨之等當然也不能不反感。這裏特別要提出的是：徐羨之等對謝靈運、顏延之的壓制，立即遭到高門的非議。謝靈運稱病辭永嘉太守，"從弟晦、曜、弘微等並與書止之，不聽"。顏延之出為始安郡太守，謝晦謂延之曰："昔荀勖忌阮咸，斥為始平郡，今卿又為始安，可謂二始。"殷景仁也說："所謂俗惡俊異，世疵文雅。"[2] 殷景仁出身陳郡殷氏，是著名高門，他的話明顯是在譏刺徐、傅。值得注意的是謝晦。他和徐、傅同受顧命，本該三位一體，互相支持，然而他關心謝靈運的進退，為顏延之鳴不平。他與謝曜、謝弘微給謝靈運的信，其內容雖已不可詳知，以顏延之事推之，估計少不了要對徐、傅措施加以譏刺。這些說明謝晦第一流高門之烙印是何等之深，雖然他已成為劉裕的顧命大臣，決心為劉宋王朝效忠，但一遇到具體事情，便又會對一些持不同政治態度的高門表示同情，不自覺地站到了徐、傅的對立面。如果再聯繫前面講過的謝晦受到徐羨之等猜疑一事，便可看到徐、傅與謝之間存在着不小的矛盾。

所有這一切，都迫使徐羨之、傅亮下決心，不但廢掉少帝，而且要設法不讓義真繼位。這不僅因為義真本人品德不夠格，而且還因為他如果上台，加上謝晦等人之同情，謝靈運等人便有可能一步步爬上要位，掌握大權，後果將不堪設想。怎麼辦呢？徐羨之、

1　琅邪顏氏興起於魏晉之際；顏延之曾祖含；含曾祖盛，魏徐州刺史，見《元和姓纂》卷四；祖欽給事中；父默汝陰大守。含以"孝友""儒素篤行"知名於世，兩任侍中，遷光祿勳，加右光祿大夫，子孫仕宦不絕，雖非第一流，也是高級士族，見《晉書》卷八八《孝友・顏含傳》、《宋書》卷七三《顏延之傳》。

2　參《宋書》卷六七《謝靈運傳》、卷七三《顏延之傳》。

傅亮大概抓住謝晦雖同情謝、顏，但當年又曾批評義真“非人主也”，害怕義真繼位後會報復的心理，拉他共同決策，在廢少帝前，利用少帝與義真的矛盾，[1] 先廢義真為庶人，後廢少帝，並先後加以殺害。這樣，少帝廢了，義真當立的危險也消除了。大概以此為起點，徐、傅、謝三人的命運也就緊緊地拴在一起。後來宋文帝殺徐、傅，討謝晦，晦上表辯解，對徐、傅推崇備至，一字未涉及彼此過去的矛盾以推卸責任，根本原因恐怕就在這裏。

總之，徐羨之等人在當時形勢下，為了挽救劉宋王朝，廢少帝、廢義真，應該說是無可厚非的。如果聽任少帝胡作非為，或讓義真繼位，劉宋王朝或許早已覆亡，即便晉室不能復辟，也會出現宋末後廢帝、齊末東昏侯的暴政導致蕭道成、蕭衍篡代那樣的局面。謝晦曾就此事辯解說：“廢昏立明，事非為己。”[2] 要說未考慮個人權位，那是瞎說，但重要着眼點是新王朝的長治久安，卻是不錯的。這從新君的選擇上也可得到證明。少帝廢後，徐羨之等最後選中、擁立了劉裕諸子中年齡較大、比較符合君主條件的劉義隆繼位，是為宋文帝。《宋書》卷五《文帝紀》“史臣曰”：“太祖幼年特秀，顧無保傅之嚴，而天授和敏之姿，自稟君人之德。”又傅亮亦讚文帝是“晉文、景以上人”。[3]“天授”云云當然是鬼話，但聯繫後來的“元嘉之治”看，文帝比較有才幹卻可以肯定。當時徐羨之等如果單純從個人權位着想，不是不可以選立劉裕的一個幼子，自掌大權（時劉義恭、義宣均十二歲，義季更小，見《宋書》本傳）。

1　《宋書》卷六一《劉義真傳》：“與少帝不協。”卷四四《謝晦傳》，晦上文帝表曰，義真於少帝時“屢被猜嫌，積怨犯上，自貽非命”。

2　《宋書》卷四四《謝晦傳》。

3　《南史》卷一五《傅亮傳》。

正如謝晦所說，“若臣等志欲專權，不顧國典，便當協翼幼主，孤背天日，豈復虛館七旬，仰望鸞旗者哉”。[1] 應該說，這個辯解是有說服力的。當然，話又說回來，徐羨之等選立宋文帝也有其不得已之處。第一，宋文帝是劉裕第三子，按次序當立，越過他，必得提出充分理由。第二，更重要的是，廢少帝前，為求第一流高門的支持，徐羨之等拉攏了王弘（見下），而王弘之弟王曇首便是宋文帝鎮守江陵的主要輔佐——鎮西長史，如果越過宋文帝不立，也無法向王弘兄弟交待。甚至可以這樣推測，徐羨之等在拉攏王弘，廢少帝、廢義真之時，便已決心擁立宋文帝了。不過，無論動機如何，徐羨之等“廢昏立明”，確未辜負劉裕顧託，劉宋王朝存在了六十年，和他們這一果斷措施是分不開的。

三

然而徐羨之等把有統治才幹的宋文帝推上皇帝寶座，使這一為高門所輕視的劉氏家族轉危為安之後，歷史使命也就完成了。因為以他們（主要是徐、傅）的出身經歷來掌握大權，高門很不服氣。琅邪王華所說徐羨之是“中才寒士”，傅亮是“布衣諸生”，就反映對他倆門第、官歷的輕視。《南史》卷二四《王裕之附孫秀之傳》：秀之祖琅邪王敬弘，“性貞正，徐羨之、傅亮當朝，不與來往”。亦是一證。又《宋書・蔡廓傳》：廓徵為吏部尚書，曰：“選事若悉以見付，不論，不然，不能拜也。”錄尚書事徐羨之說：“黃門郎以

1 少帝廢，傅亮去荊州接宋文帝至建康，由五月乙酉至八月丙申，正好七十天，見《通鑒》卷一二〇元嘉元年條。又當時確有人建議另立幼主，如程道惠主立劉義恭，見《宋書》卷四三《徐羨之傳》。

下，悉以委蔡……自此以上，故宜共參同異。”廓曰：“我不能為徐干木（羨之小字，此處有輕蔑意）署紙尾也。”遂不拜。眾所周知，魏晉以來錄尚書事權極重，“職無不總”。[1] 官吏任免是極重要的一項，豈能由吏部尚書獨攬而不過問？怪不得有人不以蔡廓為然，批評他“固辭銓衡，恥為志屈”，“不知選、錄同體，義無偏斷”。[2] 蔡廓曾與謝混等一起不登劉穆之之門（見上），劉裕對他有戒心，[3] 現在又給劉穆之的後任徐羨之出難題，只從不懂制度上怪他，遠非要害所在。廓“博涉群書，言行以禮。……朝廷儀典……（傅亮）每諮廓然後施行”。[4]“選錄同體”之制他怎會不懂？很明顯，就像當年不登劉穆之之門一樣，蔡廓不過是有意炫耀自己門第高貴，表示對徐羨之的輕蔑和不合作而已。《宋書》卷五八《王惠傳》：惠出身琅邪王氏，蔡廓不肯拜吏部尚書，“乃以惠代焉。惠被召即拜，未嘗接客，人有與書求官者，得輒聚置閣上，及去職，印封如初時。談者以廓之不拜，惠之即拜，雖事異而意同也”。一個正面拒絕，一個消極怠工，其不合作的態度則同。

當然，從劉裕掌權以來，士族高門由於無能與軟弱，雖不甘心，也不得不俯首聽命。如無其他變故，他們也只得聽任徐羨之等把大權繼續執掌下去。然而當中出了少帝“失德”問題。本來他們袖手旁觀。如果因此出身低微的劉氏家族垮台，他們只會高興，在另一新王朝中定不會失去富貴。他們根本無意於用廢黜少帝去挽救

1 《宋書》卷三九《百官志上》。

2 《宋書》卷五七《蔡廓傳》史臣評論引。沈約不同意這一看法。

3 《宋書》卷五二《褚叔度傳》：會稽郡太守缺，“朝議欲用蔡廓。高祖曰：‘彼自是蔡家佳兒，何關人事。’”而用了幫他殺晉恭帝的褚淡之。

4 《宋書》卷五七《蔡廓傳》。

劉宋王朝。這一冒極大風險之事，他們既不願意幹，也沒膽量幹。[1]但當徐羨之等幹了，文帝上台後，他們卻感到趕走徐羨之等人的機會到了。因為徐羨之等不但廢除少帝、義真，而且殺了二人，這種"弒君"行徑是攻擊徐羨之等最冠冕堂皇的口實。他們達到了目的。宋文帝正是在這些高門的蠱惑下終於除掉了徐羨之等人。

徐羨之等既廢黜了少帝、義真，為甚麼還要加以殺害？大概有兩個原因。第一，害怕夜長夢多，有人會復辟少帝或擁立義真。[2]第二，更重要的還是為了討好宋文帝。因為在他們看來，留這二人給文帝登基後親自處理，將使他處於困境：不殺吧，會影響他皇位之穩定；殺吧，以弟殺兄，有干禮教名分。所以不如由自己事先殺掉，除去文帝心病。用謝晦的話就叫"不以賊遺君父"。[3]《南史》卷一五《傅亮傳》：少帝廢，傅亮去江陵迎文帝，"及至都，徐羨之問：'帝可方誰？'亮曰：'晉文、景以上人。'羨之曰：'必能明我赤心。'"這裏"明我赤心"大概含義有二：一是廢少帝、義真之動機在於挽救劉宋王朝；二是殺掉二人乃為了給你新皇帝除去禍害。

當然，徐羨之等在迎立文帝前後為了保住權位也作了另一手準備：

第一，在宋文帝到京前任命謝晦為荊州刺史、都督，"欲令居外為援……精兵舊將，悉以配之"。同時檀道濟仍鎮廣陵，與晦"各

1 《宋書》卷四三《檀道濟傳》："羨之等謀欲廢立，諷道濟入朝，既至，以謀告之。將廢之夜，道濟入領軍府就謝晦宿。晦其夕竦動不得眠，道濟就寢便熟，晦以此服之。"可反映冒風險時高門之恐懼狀況。如非特殊原因，謝晦定不肯參預此事。

2 當時還有人支持他們。如《宋書》卷六一《劉義真傳》：義真剛一廢黜，前吉陽令張約之即上疏反對這一措施。《宋書》卷六〇《范泰傳》，泰在義真死後仍稱他為"賢王"。

3 《宋書》卷四四《謝晦傳》。此耿弇語，見《後漢書》卷一九《耿弇傳》。

有強兵以制持朝廷；羨之、亮於中秉權，可得持久”。[1]

第二，文帝入京後，徐羨之要以宋文帝鎮江陵時之主要心腹武將到彥之為雍州刺史，把他調開，“上不許，徵為中領軍，委以戎政”。[2] 中領軍統率皇帝的警衛部隊。所以這一事件實際上是徐羨之等企圖限制文帝力量，和文帝反限制的一場鬥爭。

第三，文帝即位後，按儒家經典，因劉裕喪事三年未滿，大權仍交宰相徐羨之等掌握，實際上是為了穩住他們。[3] 徐、傅也採取積極態度，元嘉二年，上表歸政，“表三上，帝乃許之”。這是他倆企圖表示自己並無野心，以求文帝寬恕，保住權位性命的一種手段。

然而所有這一切都無濟於事了。第一流高門找到了趕走門第不高的徐羨之、傅亮，重新奪回劉裕平桓玄以來自己所喪失之大權的大好機會，是絕不會放棄的。《宋書》卷六三《王華傳》：華與另一南土高門會稽孔甯子，原為宋文帝鎮江陵時屬官，“並有富貴之願，自羨之等秉權，日夜構之於太祖。甯子嘗東歸，至金昌亭……曰：‘此弒君亭（因徐羨之派人殺少帝於此），不可泊也。’華每閒居諷詠，常誦王粲《登樓賦》曰：‘冀王道之一平，假高衢而騁力。’出入逢羨之等，每切齒憤咤，歎曰：‘當見太平時不？’”反映二人不遺餘力地在造輿論，陷害徐羨之等人。由於此故，卷末史臣曰：“元嘉初，誅滅宰相，蓋王華、孔甯子力也。”但如果深入一分析，就會發現，王、孔二人出力固然不小，然絕非主要人物。真正出謀劃策，起主要作用的是王弘、王曇首兄弟，特別是王弘。

---

1 《宋書》卷四四《謝晦傳》。

2 《南史》卷二五《到彥之傳》。

3 《宋書》卷四三《徐羨之傳》：文帝誅羨之等詔稱早知其罪，“雖欲討亂，慮或難圖，故忍戚含哀，懷恥累載”。

前面講過，劉裕對王弘並不信任，臨危也不以他為顧命大臣，但琅邪王氏各支的潛勢力和影響比較大，當時已在官的有王弘、曇首、華、琨、惠、球、敬弘、准之等，見《南史》各傳。所以徐羨之等欲行廢黜少帝這一大事時，便對王氏作了一個妥協，召弘入京（時弘仍為江州刺史），"以廢立之謀告之"。[1] 加上檀道濟，至少形式上由五人一起發動這次政變。當時王弘似乎並無任何異議，所以外人也以為"五人同功並位"。[2] 這正是東晉以來第一流高門處理非常事變的一個特點。參與廢立當然要冒極大風險，但少帝無能而徐羨之等掌握實權，成功的可能性大，這一份功勞何必推掉。何況如果拒絕或許立即會遭迫害。退一步講，萬一政變失敗，主要風險也在徐羨之等人身上，自己只是附和者，罪責較輕；甚至還可用被脅迫參與為藉口完全推卸責任。正因為王弘打着這一套如意算盤，所以後來當宋文帝的左右王曇首、王華陷害徐羨之等人時，他從其高門的本能出發，立即見風使舵，大概通過弟王曇首不但向文帝洗刷自己，而且可能還揭露了徐羨之等廢立內幕，也許還包括原來五人商定如何對付文帝的策略（如以謝晦鎮江陵，調開到彥之等）。由於史料闕如，以上所說當然只是一個推測，但絕非主觀想象，是有以下蛛絲馬跡為依據的：

第一，《資治通鑒》卷一二〇元嘉二年條：文帝即位，徐羨之進位司徒，王弘進位司空，"弘自以始不預定策，不受司空，表讓彌年，乃許之"。所謂不預定策，表面指不預迎立文帝之策，實際暗示不預殺少帝、義真之謀。王弘大概看到形勢不妙，所以採用這

1 《資治通鑒》卷一二〇元嘉元年條。

2 《資治通鑒》卷一二〇元嘉元年條。

一極其巧妙的推託罪責之法。後來謝晦在上文帝表辯解中攻擊王弘說："弘於永初之始，實荷不世之恩，元嘉之讓，自謂任遇浮淺，進誣先皇委誠之寄，退長嫌隙異同之端。"[1] 所謂元嘉之讓，即指此讓司空一事。"進誣先皇委誠之寄"是一頂大帽子，王弘"自謂任遇浮淺"，其意並不在此。"退長嫌隙異同之端"，倒確是事實。王弘正是在"任遇浮淺"的藉口下，巧妙地把廢殺少帝、義真之責全盤推給徐羨之等人。這是王弘與徐羨之等決裂，進而落井下石的第一步。

第二，《南史》卷一五《檀道濟傳》："素與王弘善，時（弘）被遇方深，道濟彌相結附，每構羨之等，弘亦雅仗之。"據上下文義，時間就在王弘讓司空的這一年。可見不但王弘本人落井下石，而且連檀道濟也被他拉過去提供材料。檀是掌握軍權的，檀被拉走，徐羨之等人的命運便已決定。只不過王、檀勾結很隱秘，外人不知道，所以後來少帝、義真一案公開，徐、傅被殺，一方面王華等人還堅持要殺檀道濟；另一面謝晦在江陵上表，也以為他"不容獨存"。[2] 殊不知檀道濟為保住權位，早已把他們出賣了。

第三，《宋書・王曇首傳》：徐、傅、謝被殺後，"上欲封曇首等……因拊御牀曰：'此坐非卿兄弟，無復今日。'"曇首推辭，事乃罷。所謂"卿兄弟"，當指王弘、王曇首和王華。有三個根據。首先，《宋書・王弘傳》：弘元嘉九年死，文帝獎誅"三逆（徐、傅、謝）"之功，下詔首先增封王弘，其次追封王華、王曇首為開國縣侯。上次沒有生封，這次實行增封、追封，兩件事是呼應的，可見

1　《宋書》卷四四《謝晦傳》。

2　《宋書》卷四四《謝晦傳》。

上次應包括王弘。其次，《王弘傳》又稱，文帝將誅徐羨之等，“弘既非首謀，弟曇首又為上所親委，事將發，密使報弘”。依此文，事先王弘對殺徐羨之等並不知情，更未出謀劃策。然同傳下文又稱“羨之等誅，徵弘為侍中、司徒、揚州刺史、錄尚書，給班劍三十人”。這就很奇怪了。按理，由於曇首之故，又非首謀，王弘頂多不受懲罰，為何反而加官、班劍呢？而且如前所述，王弘元嘉二年自以“不預定策”，堅拒司空之授，那麼這次如果也不預定策，照說對加官、班劍也不應接受，為甚麼卻慨然拜領，毫不推辭呢？證以同傳元嘉九年詔稱殺徐羨之等人時，王弘、華、曇首“抱義懷忠，乃情同至，籌謀廟堂，竭盡智力，經綸夷險，簡自朕心”，王弘肯定不是毫不知情，而是大大出了力，所以論功行賞時才會有當之無愧之氣概。再次，王曇首與王華親屬關係較遠（同曾祖），如無王弘在內，似不得泛稱“卿兄弟”；謝晦上表“王弘兄弟”與王華並舉，即其一證。

第四，《宋書》卷四四《謝晦傳》：晦為廢殺少帝、義真辯解的上文帝三表，是在徐、傅已死，從江陵起兵時先後發出的。當時謝晦對京師殺徐、傅的具體情況並不清楚，但在此三表中擔心檀道濟“不容獨免”，卻肯定這一事件是“王弘兄弟”、王華等“奸回潛遘”，甚至說“奸臣王弘等竊弄威權，興造禍亂”，每表王弘均列在前面。由此可見，檀道濟之背叛他雖不知，而王弘之出賣早已不是秘密，所以一見徐、傅被殺，便毫不遲疑斷定王弘是主謀。

總之，在元嘉初年殺害徐羨之等人的重大事件中，王弘不是不知情，而是大大知情，很可能就是整個陰謀的幕後策劃者，所以事成加官、班劍、增封，超過別人，只不過有的事幹得很隱秘（如拉檀道濟這關鍵的一招等），歷史上沒留下材料，詳情已不得而知。

徐羡之等顧命大臣的被消滅，是一個歷史的悲劇。在一個高級士族日益腐朽無能而基礎又十分深厚的社會裏，由於他們腐朽無能，所以劉裕等人有可能從他們手中奪取大權，並建立起他們不很情願事奉的劉宋王朝；然而又由於他們基礎十分深厚，劉裕從一開始便不得不和他們作某些妥協；當徐羡之等人遇到難題時，為了挽救新王朝，也不得不拉攏他們，減少廢殺少帝、義真的阻力。徐羡之等人本來以為此事王弘參與，不容反悔；宋文帝因此得了好處，坐上皇帝寶座；而宋文帝的主要輔佐王曇首、王華又是王弘之弟或從弟，投鼠忌器，舊賬總不至於再算了。誰知這時的高級士族代表人物，治國經邦無術，爭權奪利的陰謀詭計卻很有一套。王弘翻手為雲，覆手為雨，恰恰利用了王曇首對文帝頗有影響的地位，先來一個"不預定策"，洗刷自己；接着耍了一手釜底抽薪，把徐、傅的軍事支柱檀道濟暗中拉走，並且從檀那裏進一步獲取大量用以陷害徐羡之等人的材料，促使宋文帝下決心。而且很可能起用檀道濟以制謝晦（見下），也是王弘、王曇首的獻策。這真可謂"籌謀廟堂，竭盡智力"。於是徐、傅、謝"三逆"之首級也就不得不獻於闕下，而原來參與廢殺少帝、義真政變的王弘也就成了懲辦這一政變罪魁禍首的第一功臣。從此，"王弘輔政，而王華、王曇首任事居中"。[1]通過種種歷史的機緣，第一流高門又從低級士族劉裕安排的顧命大臣手中，把失去的大權奪回來了。"百足之蟲，死而不僵"這句諺語，它的某些真理性由此再一次得到證實，何況晉末宋初的高級士族根本還沒有死，只不過軀體變得越來越衰弱而已！

但是徐羡之等顧命大臣從某種意義上說，並沒有失敗。因為通

---

1 《宋書》卷六九《劉湛傳》。

過宋初一系列鬥爭，給劉宋王朝帶來覆滅危機的少帝被廢黜，比較有才幹的文帝登上了皇帝寶座；而且在搞掉徐羨之等人的過程中，以王弘為首的高級士族由於本身軟弱無力，不掌握軍權，為了爭取勝利，不得不以忠於劉氏君主，痛恨"弒主"罪行的姿態出現，並大造輿論（如前述王華、孔甯子之所為），進一步推崇文帝，倚靠文帝手中的軍隊（原為到彥之，後又加上檀道濟）來壓倒對方。而所有這一切，不以高級士族意志為轉移地反過來又促進了宋文帝和劉氏家族統治的鞏固。劉宋王朝因此腳跟站穩，東晉復辟或為另一王朝代替的可能性過去了。而這正是劉裕賦予徐羨之等人的使命，也是徐羨之等人力圖完成的使命。不過這個使命不是徑直地、單純地，而是通過曲折複雜的形式最後完成的，這正反映了歷史本身的複雜、多樣，是不容許我們把它簡單化的。從此，高級士族打消了別的念頭，一心一意在這原來被十分輕視的劉氏家族統治下謀求富貴，保住家門。這也就是說，以王弘為首的高級士族從低級士族手中奪回的只是相權、輔政權，而君權則恰恰相反，在這一次次鬥爭中進一步加強了。東晉以來相權壓倒君權，實際高級士族獨攬一切的日子再也回不來了。也正因如此，王弘兄弟好景不長，當宋文帝弟劉義康長大，得到信任，他們便不得不把從徐羨之等人手中奪回的相權拱手讓出，"自是內外眾務，一斷之義康"。[1] 這裏浸透了高門甲族的悲哀，也反映了他們的沒落無能，歷史規律就是這樣無情地開闢自己的道路的。

現在讓我們附帶看一下檀道濟的下場。

《宋書》卷四四《謝晦傳》："及太祖將行誅，王華之徒咸云道濟

1 《宋書》卷六八《彭城王義康傳》。

不可信”，然文帝卻“詔道濟入朝，授之以眾，委之西討”。王華之徒不知檀道濟早已暗中歸順，特別是他有卓越軍事才能，非他不能敵謝晦（很可能是文帝、王弘先爭取了檀道濟，方敢殺徐、傅，討謝晦的），殺了他怎麼能行呢？果然，在西討中，宋文帝的心腹大將到彥之稍戰即敗，檀道濟繼至，由於威望素著，謝晦軍隊一聽說他到來，“人情兇懼，遂不戰自潰”。[1]這件事本身就表明宋文帝、王弘高出王華之徒一籌。如果殺了檀道濟，元嘉歷史也許要向另一方向發展了。

平謝晦之後的十年裏，在南北對峙中檀道濟又屢敗北魏軍隊，為劉宋王朝效盡犬馬之勞。

但劉宋王朝進一步得到鞏固之後，檀道濟的歷史作用也完成了，元嘉十三年（436），連同諸子及心腹一並被處死。其原因除了彭城王義康和劉湛的構陷外，最主要的還是因為“道濟立功前朝，威名甚重，左右腹心，並經百戰，諸子又有才氣”，文帝這時連年寢疾，害怕死後無人控制，檀道濟會行篡奪。至於當年參與廢殺少帝、義真一事，文帝在誅檀道濟詔中雖未明確列入，但卻提到“檀道濟階緣時幸，荷恩在昔……曾不感佩殊遇，思答萬分，乃空懷疑貳，履霜日久。元嘉以來，猜阻滋結……”[2]所謂“空懷疑貳”“猜阻滋結”，恐怕不完全是捕風捉影之詞。劉裕的顧命大臣共四人，三個已處決，檀道濟事先又參與了各項謀劃及行動，儘管後來立功，但無論如何很難不忐忑不安的；即便本人不以為意，妻子、左右腹

1 《宋書》卷四三《檀道濟傳》。

2 《南史》卷一五《檀道濟傳》側重在義康矯詔殺道濟。但如果宋文帝無其意，或其意不堅，即便當時礙於義康之情不予追究，後來義康、劉湛處死，也應給道濟平反。然文帝沒有這樣做，也沒有人提，可證原來殺道濟主要是文帝之意。

心也不能不憂慮，而形成一股“疑貳”之勢力，使宋文帝、劉氏皇族“疑畏之”，[1] 最後導致下決心除掉他。

檀道濟的下場，可以說是徐羨之等三人被殺的餘波。只不過這次殺害，主要已不是出於高級士族的挑撥、陷害，而是進一步鞏固了統治的劉氏皇族自己的意思，是屬於鳥盡弓藏、兔死狗烹的性質。從此再沒有一個異姓大臣、高級士族的權力、威望能威脅劉宋王朝，於是以宋文帝與彭城王義康的矛盾為起點，統治集團間的鬥爭主要轉到君主與皇族、皇族與皇族之間進行了。

最後，還要明確一個問題。儘管經過東晉末年以來的動蕩，低級士族與高級士族的多次較量，低級士族出身的劉氏代替了司馬氏為帝，鞏固了統治，但劉宋王朝的階級本質和東晉王朝比起來，仍基本相同，即都是封建地主階級的政權；並且同樣由士族地主特別是高級士族壟斷統治大權，着重保護高級士族的政治經濟利益。只不過士族地主特別是高級士族的構成上發生了某種程度的變化，即一些原來的寒門變成士族，一些原來的低級士族升為皇族和高級士族。[2] 這些新成員的加入，多多少少延緩了封建士族地主的腐朽過程，給王朝的政策注入了一些活力，這些都有利於南朝社會經濟的發展。

1　《南史》卷一五《檀道濟傳》，文帝病重，召道濟入朝，其妻向氏就憂慮：“今無事相召，禍其至矣。”

2　如到彥之原“擔糞自給”，劉裕鎮壓孫恩時彥之有戰功而不得官。後成為宋文帝心腹大將，到氏升為高級士族。其孫到撝於南齊時竟嘲弄琅邪不顯赫的一支王晏所任之官乃“清華所不為”。梁、陳二代到氏有升吏部尚書、尚書令的。見《南史》卷二五到氏各傳。

陶淵明田園詩產生的歷史、文化背景*

陶淵明的田園詩，自唐宋以來為人們高度讚許和廣泛傳誦，已經一千多年。但對為甚麼恰好在東晉、劉宋之際會出現這種風格的詩，結合歷史、文化背景專門予以論述的，卻似乎不多。我於文學是門外漢，可是為了講授《中國通史》課，不得不涉及這個問題，並搜集資料，略微探索了一下魏晉文學發展的大勢，形成了一點膚淺的看法。敝帚自珍，茲斗膽寫出，以就正於方家，千慮一得，則所是幸。

一

如所周知，兩漢獨崇儒術，注重通經致用。正統文學觀宣揚的也是文學的諷喻教化，"勸善懲惡"，[1] 亦即直接為鞏固封建統治服務的作用，而把講究藝術形式視為"雕蟲篆刻"。[2] 在此風氣中，田園詩的出現絕沒有可能。

漢末、魏晉社會動亂，經學衰落，文學也漸生變化。在曹魏，

---

* 原載《北大史學》第 1 輯，北京大學出版社，1993 年。

1 王充《論衡》卷二十《佚文》。

2 揚雄《法言》卷二《吾子》。

"主愛雕蟲，家棄章句"，[1] 藝術形式開始被重視，曹丕公開提出"詩賦欲麗"。[2] 西晉陸機更進一步強調"詩緣情而綺靡，賦體物而瀏亮"。[3] 這一段時期文學作品的發展大勢，和這種歷史背景和文學觀點是大體相適應的。正如《宋書》卷六七《謝靈運傳論》的評價："至於建安……二祖、陳王，咸蓄盛藻……降及元康，潘、陸特秀……縟旨星稠，繁文綺合……"《文心雕龍》卷六《通變》也說："晉之辭章，瞻望魏采。"經過這些發展，從藝術形式方面看，田園詩以及屬於同一範疇的山水詩的產生，已逐漸具備了條件；但就文學思想言，則直到兩晉之際，這個條件也還沒有成熟。因為在正統文學思想中，文學主旨在於諷喻教化、勸善懲惡，因而必須以人事、社會為描述中心。這個觀念，從漢代以來已經深入人心，牢不可破。所以曹丕儘管提出"詩賦欲麗"，但同時又大聲疾呼："蓋文章（包括詩賦），經國之大業，不朽之盛事"；陸機一面強調"詩緣情而綺靡"，一面又承認"……文之為用……濟文武於將墜，宣風聲於不泯"。[4] 而影響頗大並"為世所重"的專論文體的著作——西晉摯虞的《文章流別論》，仍本漢代正統觀點，宣揚、肯定文學的諷喻教化作用。[5] 再加上西晉王朝為了鞏固統治，標榜"以孝治天下"，[6] 強化

1 《宋書》卷五五《臧燾等傳論》。

2 曹丕《典論・論文》。

3 《文選》卷十七《文賦》。按：靡有麗、美等義，見《經籍纂詁》上聲四紙"靡"下。故綺靡即綺麗。"詩緣情而綺靡"當指詩應抒發感情，注重華麗辭藻。"瀏亮"，李善注"清明之稱也"，意思不易準確把握。但如聯繫《文心雕龍・銓賦》一般將賦視為"寫物圖貌，蔚似雕畫"的看法，陸機此話很可能指賦描繪事物需要形象鮮明突出，像漂亮的雕畫。如這一理解不錯，則"瀏亮"與"綺靡"用語角度雖不同，重視藝術形式則一。

4 《典論・論文》、《文選》卷十七《文賦》。"風聲"，《文選》李善注引偽古文尚書《畢命》"彰善癉惡，樹之風聲"。孔傳："立其善風，揚其善聲"，當與陸機本意相去不遠。

5 《晉書》卷五一《摯虞傳》、嚴可均《全晉文》卷七七。

6 《晉書》卷三三《何曾傳》。

名教之治。因而在這種環境裏，離開勸善懲惡內容，單純或着重描寫田園、山水的作品，決沒有產生之可能。正像圖畫，雖然早在先秦，宗廟、祠堂牆上已“圖畫天地山川”之狀，[1] 但總是與神靈、怪物、明君、賢臣等結合在一塊，兩漢、曹魏、西晉俱不例外，一直到東晉顧愷之方得以寫下《畫雲台山記》，創作出山水畫如“雲台山圖”。[2] 這是因為由先秦至西晉，無論圖畫也好，文學也好，在涉及自然景色的同時，着重描述的對象或着眼點，仍在人事、社會（包括魏晉時期的“緣情”作品）。

總之，到西晉為止，田園詩、山水詩的出現，還有一個條件不具備，這就是缺乏一個足以與儒家正統文學觀相頡頏，能在思想內容上將詩人的注意力，由人事、社會引向田園、山水的重要思想武器。這個條件直到玄學進一步滲入文學領域後的東晉，才逐漸成熟。

二

提到玄學，必然要追溯到老、莊。如所周知，早在戰國時期《老子》已批判了人格神的“天”，提出“自然”“無為”的“道”，作為萬物的本源。由於當時自然科學還跟不上，《老子》學說根據不足，因此到了漢代，董仲舒所宣揚的有意志的“天”和“天人感應”說，依然佔據統治地位。但是魏晉以後有了很大變化。幾百年天文曆法

---

1 王逸《楚辭・天問章句》。

2 詳參傅抱石《中國古代山水畫史的研究》第二、三章，上海人民美術出版社，1960 年。

的成就十分顯著。首先是渾天說這時進一步流行。[1] 曆法、日月食、五星運行的推算，也日益精確。如所測定一回歸年天數（歲實），和今科學測值比，其誤差，東漢四分曆為 0.0078 日，東漢末乾象曆已下降到 0.004 日，劉宋大明曆進一步降為 0.0006 日，即 52 秒鐘。朔望月天數（朔策）的誤差更小，大明曆還不到 1 秒鐘。至於五星會合周期，早於大明曆的元嘉曆就已很精確，其木星、水星的測值甚至與今測一樣。[2] 既然日、月、五星之運行規律可以測出，便必然進一步動搖有意志"天"的地位。《魏書》卷七《高祖紀》太和十二年詔曰："日月薄蝕，陰陽之恒度耳。聖人懼人君之放怠，因之以設誡，故稱日蝕修德，月蝕修刑……"就是說，日月運行自有規律，天人感應是人製造的。這雖是稍後材料，但就日月食說，《史記》已有月食算法之記載，乾象曆開始推步日食，三國景初曆中又增加計算日食的方法，[3] 所以魏孝文帝詔反映的應是魏晉以後至南北朝時期進步人士中的一般看法。這樣，從魏晉起，隨着自然科學之進步，有意志"天"的地位進一步動搖了，而老子自然無為的"道"的權威則逐漸提高。這一重大變化，在與另一重要的社會、政治因素，即東漢末農民起義和軍閥混戰所導致的東漢王朝滅亡和經學地位的低落相結合之後，經過一個時期"名法之治"的過渡，[4] 從曹魏正始年間開始，新學即玄學便逐步形成與流行。

1　參鄭文光等《中國歷史上的宇宙理論》第三章第二節，人民出版社，1975 年。又唐長孺稱：三國孫吳地區依然流行天體之討論，渾天説佔主要地位。見《魏晉南北朝史論叢》，生活・讀書・新知三聯書店，1955 年，第 367 頁。

2　以上四分、乾象、大明諸曆歲實、朔策數字，見陳遵嬀《中國天文學史》第三冊，上海人民出版社，1984 年，第 1408—1410 頁。元嘉曆五星會合周期，見同書第 1447 頁。

3　陳遵嬀：《中國天文學史》第三冊，第 759—760 頁、1445 頁。

4　參唐長孺《魏晉玄學之形成及其發展》，載《魏晉南北朝史論叢》。

玄學是一種新的思想武器。正統玄學在世界觀上堅持“以無為本”“貴無”，與儒家有意志的“天”、天人感應說相對立；[1] 在社會、政治問題上崇尚自然無為，實際上走向否定東漢以來的名教之治，因而遭到魏晉統治集團許多“禮法之士”的反對。因為如果離開名教之治，封建王朝便將立即垮台，這是他們斷斷不允許的。由於此故，在很長一個時期內，儒家思想在哲學上雖受衝擊，實際上仍然在政治、思想文化各個領域佔據統治地位。直到後來興起調和自然與名教的種種主張，如自然與名教相同等，[2] 情況方才進一步發生變化。這種調和主張，一方面承認名教之治與自然無為並不矛盾，這是對“禮法之士”的讓步，也是玄學倡導者雖在思想上追求清高玄遠、超脱現實，而在生活上卻不得不統治剝削人民，無法擺脱現實的必然的理論歸宿；然而另一方面，這種調和也等於肯定提倡自然無為、放浪形骸、不問世事，形式上雖與漢代以來的名教之治抵觸，實際上則毫無扞格。[3] 這樣便使玄學清談、自然無為思想的發展減少阻力，得以進一步深入各個領域，包括文學領域，使密切結合人事與社會、勸善懲惡的正統文學觀受到衝擊，發生動搖。《宋書》卷六七《謝靈運傳論》說：“有晉中興，玄風獨振，為學窮於柱下，博物止乎七篇，馳騁文辭，義殫乎此。”其道理便在這裏。

---

1 不過它本身也是唯心主義，而且混淆了本體論的講法與宇宙發生論的講法，參馮友蘭《中國哲學史新編》第四冊，人民出版社，1984 年，第 32、40、135 頁。

2 參陳寅恪《陶淵明之思想與清談之關係》，載《金明館叢稿初編》，上海古籍出版社，1980 年。

3 《晉書》卷五〇《庾峻傳》：晉武帝時上書以為“朝廷之士，佐主成化”，然而“山林之士”同樣起作用，“節雖離世，而德合於主；行雖詭朝，而功同於政”。又《世説新語・任誕》（余嘉錫《箋疏》本第十一條）：魏末阮籍喪母，飲酒傲誕，裴楷弔之盡禮。人問其故，對曰：“阮方外之人，故不崇禮制；我輩俗中人，故以儀軌自居。”“時人歎為兩得其中。”按阮籍為“居喪無禮”，曾受何曾面責，見《晉書》卷三三《何曾傳》。當時裴楷和“時人”未必有這種自然與名教一致之觀念，但此傳説至少當是兩晉之際和東晉以後存在這一調和思想之反映。

正是在這種潮流中，玄言詩開始流行起來。

據鍾嶸、沈約分析，玄言詩的特點是"理過其辭，淡乎寡味"，"寄言上德，託意玄珠，遒麗之辭，無聞焉爾"。[1] 這就是說，不重辭藻與感情，而直接宣揚老莊哲理。就文學水平說，和建安與西晉時期比較，是一個倒退。試看其代表人物孫綽的詩："野馬閑於羈，澤雉屈於樊。神王自有所，何為人世間。"[2] 完全是《莊子・養生主・馬蹄》篇有關字句的拼湊，既無感情，又乏辭藻，的確是"淡乎寡味"。[3] 可是另一方面，如果不是單純比較文學水平的高低，而是從文學發展角度考慮功過，則對玄言詩還不能一概否定。《南齊書》卷五二《文學傳論》："江左風味，盛道家之言。"《文心雕龍》卷二《明詩》：玄言詩"嗤笑徇務之志，崇盛亡機之談"。這種傾向，在正統文學觀佔據統治地位之時，是不能想象的。它是魏晉形成的玄學這一思想武器在文學領域中與儒家思想鬥爭，並在調和自然與名教觀念影響下，所得到的一個結果。它本身的藝術成就雖不足道，但在它的衝擊下，卻將詩人的注意力從局限於諷喻教化、勸善懲惡的目的上引開了，這便為下一步出現嶄新風格的田園詩、山水詩開闢了道路。當然，這一趨勢從"正始明道，詩雜仙心"之時就已萌芽，[4] 但只有經過永嘉年間"學者以莊老為宗而黜六經"，[5] 以及江左近百年的"玄風獨振"之後，方才真正打開了局面。

試看陶淵明"歸園田居"詩："少無適俗韻，性本愛丘山。誤落

1　分見《詩品・總論》，《宋書》卷六七《謝靈運傳論》。

2　《太平御覽》卷三五九兵部"羈"下。

3　《世説新語・文學》第八十五條注四，余嘉錫評江淹擬孫綽雜述詩（擬作見《文選》卷三一）："通首皆談玄理，無一語不出於蒙莊，雖非綽所自作，譬之唐臨晉帖，可以窺其筆意矣。"

4　《文心雕龍・明詩》。

5　干寶《晉紀・總論》，見《文選》卷四九。

塵網中，一去十三年。……曖曖遠人村，依依墟里煙。……久在樊籠裏，復得返自然。”人們都欣賞“曖曖”諸句為田園詩名句，然如將前引孫綽的玄言詩與之比較，就可看到，二者指導思想幾乎一模一樣。一曰“屈於樊”，一曰“久在樊籠裏”；一曰“何為人世間”，一曰“誤落塵網中”；一曰“神王自有所”，一曰“復得返自然”。這些話均與儒家入世思想大相徑庭，而為明顯的玄談。只不過前者雖擺脫了儒家“詩教”，卻停留在哲理上，淡乎寡味；後者則發展到與“自然”“丘山”相結合，熔煉為傳誦千古的田園詩。然如沒有前者，沒有一批玄言詩人大聲吶喊，糠秕人世與社會，倡導從中解脫，陶淵明怎會吟詠“實迷途其未遠，覺今是而昨非”，並以田園為對象，發揮他傑出的詩人天才呢？

三

不過，由玄言詩發展到田園、山水詩，還有它自己的規律和過渡條件。

第一，玄言詩本主要吟詠哲理，其所以會轉向田園、山水，是因為依據莊子學說，要領會這種哲理，固然離不開嗒焉喪耦，內心冥思，但同時還可通過觀察生活於其中的自然萬物悟取。[1] 由於東晉立國江南，山清水秀，自然條件得天獨厚，士大夫多在此遨遊賞玩，放浪形骸，於是常把山水作為話題，藉以體會哲理。《世說新語・容止》第二四條注引孫綽庾亮碑文：“公雅好所託，常在塵垢

1　如通過庖丁解牛，悟取養生之道，見《莊子・養生主》。至於《齊物論》，更是通過反復論證萬物一齊之理，要求人們觸類旁通，悟取哲理。

之外。雖柔心應世，蠖屈其跡，而方寸湛然，固以玄對山水。”所謂“以玄對山水”，當指面對山水，通過玄思，悟取哲理。同書《言語》第六一條，“簡文入華林園，顧謂左右曰：‘會心處，不必在遠。翳然林水，便自有濠、濮間想也。’”這又是指從園林水光中體會莊子的逍遙觀。[1]《文選》卷十一孫綽《遊天台山賦》：“遊覽既周，體靜心閑；害馬已去，世事都捐；投刃皆虛，目牛無全；凝思幽岩，朗詠長川。……渾萬象以冥觀，兀同體於自然。”更是具體描述遊山既遍，激發玄思，達到物我渾一、同體自然之心境。這樣，在玄言詩與山水詩中間便出現一個過渡階段，即由拼湊莊老字句而為玄言詩，發展成瀏覽山水，悟取哲理，因而有時不免在玄言詩中也涉及山水，附帶描寫山水。[2]到時機成熟時（見下另一過渡條件），“莊老告退”，很自然便演變成山水詩了。另外，東晉時大量中原勞動力南渡，江南經濟發展，一些地區的村落田園，人丁興旺，生意盎然，也開始吸引文人的注意力。著名玄言詩人許詢寫下《農里詩》便說：“亹亹玄思得，濯濯情累除。”[3]由於田園與山水相互依傍，情趣很難截然分開，[4]所以上面的論述，大體也就是田園詩出現的一個文化淵源、條件。

第二，我們知道，山水、田園詩比較講究藝術形式。陶淵明的田園詩雖然有人“歎其質直”，鍾嶸卻評他“風華清靡”。[5]蕭統也讚

1 又如孫綽《蘭亭詩序》稱：暮春修禊於南澗之濱，“高嶺千尋，長湖萬頃……於是和以醇醪，齊以達觀，決然兀矣，焉復覺鵬鷃之二物哉”。見《藝文類聚》卷四。

2 如東晉諸人所詠蘭亭詩，即一例。見逯欽立《全晉詩》卷十三。

3 逯欽立《全晉詩》卷十二。

4 《宋書》卷六七《謝靈運傳》：所寫《山居賦》記“山野、草木、水石、穀稼之事”，即二者往往難分之證。

5 《詩品》卷中。

他“辭采精拔”。[1] 蘇軾更確切地說：陶詩“質而實綺，癯而實腴”。[2] 應該說，這和謝靈運清麗的山水詩有異曲同工之妙。問題是：玄言詩藝術性極差，以至孫綽、許詢這兩位代表人物的詩，在偏重藝術形式的《昭明文選》中竟不登一字，由這種詩演變為山水、田園詩，這個彎子是怎麼拐的呢？為了回答這個問題，不得不首先分析魏晉文學已重藝術形式，為甚麼到東晉又會“遒麗之辭，無聞焉爾”了呢？我以為，很可能這和政治因素，即中正品第、門閥制度密切相關。

原來，晉室南遷，門閥制度進入確立、鼎盛時期。要想不斷取得中正上品，由此提高自己家族的地位，必須具備兩個條件。主要是政治條件，家族中得有人長期壟斷高官要職。[3] 其次是文化條件，其中特別是玄談。《晉書》卷九一《儒林傳序》：江左“崇飾華競，祖述虛玄。擯闕里之典經，習正始之餘論；指禮法為流俗，目縱誕以清高”。當時的價值觀是：和東漢以儒學為入仕的標準不同，誰能玄談，誰就能提高聲譽、成為名士，誰也就取得出仕清官、升遷迅速、奪得高官要職的資格。《世說新語・文學》第五三條：張憑舉孝廉，未為人所重。及至在清談領袖劉惔處“清言”，“言約旨遠……一坐皆驚”，劉惔立即“延之上坐”，後又向宰相司馬昱推薦他說：“下官今日為公得一太常博士（六品）妙選。”張憑由此起家，“累遷吏部郎、御史中丞”。同書《雅量》第二二條：顧和任揚州刺史王導屬吏，吏部尚書周顗於王導門外見之，“（顧）和覓蝨，夷然

1　《全梁文》卷二十《陶淵明集序》。

2　蘇轍《追和陶淵明詩引》中引蘇軾語，載《蘇東坡集》續集卷三。

3　參唐長孺《門閥的形成及其衰落》，載《武漢大學學報》1959 年第 8 期。

不動”。顗指其心曰：“此中何所有。”顧和“搏蝨如故。徐應曰：‘此中最是難測地。’”周顗進門謂王導曰：“卿州吏中有一令、僕（宰相）才。”“導亦以為然”。後來顧和果然受重用，升至宰相。[1] 相反情況是：如不願或不善玄談，便遭譏刺。《晉書》卷七〇《卞壼傳》：卞壼是崇尚禮法的代表人物，反對玄風甚力，雖因忠心耿耿，得君主賞識而官居尚書令，仍“為諸名士所少，而無卓爾優譽”，家族也未至著名高門。

由於以上緣故，東晉王、庾、桓、謝四大家族，沒有一家不歷高官，也沒有一家不崇尚玄談。王、庾西晉時已成名門，自不用說。陳郡謝氏原來門第不很高，至謝安而上升為第一流高門，主要原因固然在於謝安主持部署淝水之戰所立不世之功，但也是因為他善“清言”，有風度，早年獲“重名”，為名流推服，出仕後方得以升遷迅速，而獲此機遇的。[2] 至於譙國桓氏，西晉時默默無聞，至東晉其所以門第逐步上升，同樣也有玄談的因素。桓彝是與庾亮、周顗齊名的“名士”。桓溫從青年起便與清談領袖劉惔交往，不但吟詠虛玄，而且寫玄言詩，[3] 因而得諸名士青眼。這便為他選尚公主、飛黃騰達、北伐西討立功、提高家族地位，打下一個良好基礎。桓溫是一個雄心勃勃，以軍事、政治才幹著稱的人，掌握大權後還有過譏刺玄談的言論。[4] 可是早年為求美譽，竟不得不與劉惔這班名

---

1 此例甚多。如《晉書》卷六九《劉疇傳》：疇“善談名理”，被認為是“司徒公（一品）之美選”。卷七七《殷浩傳》：浩“尤善玄言”而名重一時，直接起家揚州刺史（三品），“參綜朝政”。

2 參《晉書》卷七九《謝安傳》。

3 《詩品》總論稱：“孫綽、許詢、桓、庾諸公”寫玄言詩；卷下晉驃騎王濟等人下又稱玄言詩“真長（劉惔）、仲祖（王濛）、桓、庾諸公猶相襲”。此“桓”，當指桓溫。《世說新語・品藻》第三十六條，孫綽逐個品藻名士，劉惔、王濛之後，就是桓溫，是其證。

4 參《世說新語・排調》第二十四條。

士周旋，後來也一直斷絕不了關係，道理何在？如果再聯繫東晉末“僅識文字”的劉裕，靠軍事、政治才幹當上宰相後，“頗慕風流”，竟也談論起玄學來，[1] 這便只能有一個解釋：玄談與中正品第、個人聲譽、官位、門閥的關係十分密切，以至連桓溫、劉裕這種類型的人，也不得不屈從於這一潮流，儘管和一般士人比，程度或許有所不同。以這樣的觀點來看玄言詩之流行，其原因便不難找到。

以孫綽為例。他文才傑出，冠於群英，可是因為玄談水平不高，[2] 屢遭輕視、淩辱。《世說新語・方正》第四八條：孫綽為庾亮作誄，吹噓二人關係密切，“風流同歸”。庾亮子羲，“慨然送還之，曰：‘先君與君，自不至於此。’”同書《輕詆》第九條：劉惔死後，孫綽言談中表示二人感情深厚。褚裒大怒說，劉惔平生輕視孫綽，“何嘗相比數”。同書第二二條：孫綽為另一清談領袖王濛作誄，稱他二人“交非勢利，心猶澄水，同此玄味”。王濛孫王恭曰：“才士不遜，亡祖何至與此人周旋。”然因玄談關乎個人聲譽、仕進，[3] 所以孫綽繼續自詡“託懷玄勝，遠詠老、莊”。[4] 在這種背景下，他想用乾癟的玄言詩以及充斥老莊字句的賦，來彌補玄談之不足，以獵取聲譽，也就可以理解了。[5] 固然，他早年曾寫《遂初賦》，似乎滿

1　參《宋書》卷六四《鄭鮮之傳》。

2　《世說新語・輕詆》第十七條：謝安妻（劉惔妹）聽到孫綽兄弟“言至款雜（空泛蕪雜）”，評價甚低，曰：“亡兄門，未有如此賓客。”《殷芸小說》卷一第二十五條：王羲之譏諷孫綽為“啖石客”，指伶牙俐齒。因他玄談多強詞奪理。參《世說新語・排調》第五十四條余嘉錫箋疏。

3　如劉惔、王濛作為清談領袖，俱以宰相司馬昱“談客”，“蒙上賓禮”。劉惔官至丹陽尹（三品），王濛官至司徒左長史（五品）。二人如非早死（均未到四十歲死去），肯定將升至更高官位。參《晉書》二人本傳。

4　《世說新語・品藻》第三十六條。

5　玄言詩在東晉評價並不低。《詩品》卷下：“世稱孫、許，彌善恬淡之詞。”特別是與孫綽、許詢同時代，而又握實權的司馬昱，竟讚揚說：“玄度（許詢）五言詩，可謂妙絕時人。”而孫綽則認為，和許詢比，“一吟一詠，許將北面”，即其玄言詩還不如自己。分別見《世說新語・文學》第八十五條，《品藻》第五十四條。

足於隱居生涯，可是那只是魏晉以來士人抬高身價的慣伎，所以時機一成熟，“高尚之志”便被拋在一邊，欣然出仕，“嬰綸世務”了。[1] 至於許詢，情況雖略有不同，一生未出仕，但名利心也極重。[2] 如果不是早死，是否能堅持隱逸，也大可懷疑。[3] 因而他寫玄言詩的意圖，恐怕不見得會與孫綽有多大區別。

總之，玄言詩恰好在東晉前期流行，雖是玄學影響，但歸根到底，仍與階級、門第的利益分不開。如果這一看法不錯，則在門閥制度高度發展，高級士族憑門第而不必憑個人德才包括玄談，就可贏得中正上品並攫取高官之後，[4] 玄風、玄談及玄言詩便漸趨衰歇。《世說新語・任誕》第五三條：出身第一流高門，以清辯過人著稱的太原王恭竟說：“名士不必須奇才，但使常得無事，痛飲酒，熟讀《離騷》，便可稱名士。”連老、莊都不提了。這不但表明東晉末年玄風之沒落，而且還反映高級士族之興趣，已從枯燥、抽象的玄學，轉向辭藻華麗、感情充沛的作品。在此背景下，再加上前面講的第一個條件，由玄言詩發展為山水、田園詩的時機成熟了。於是“（殷）仲文始革孫、許之風，叔源（謝混）大變太元之氣”，[5] 二人作品且為“華綺之冠”。[6] 為甚麼首先由陳郡殷仲文、謝混來打開局面？很可能是因為他們均出身高門，在東晉後期社會中，已沒有早年詩

1　《世説新語・品藻》第六十一條注。

2　《世説新語・言語》第六十九條：許詢就丹陽尹劉惔宿，“牀帷新麗，飲食豐甘”，羨慕説“若保全此處，殊勝（隱居）東山”。遭王羲之譏諷。同書《棲逸》第十三條：詢雖隱居，“每致四方諸侯之遺”。“或謂許曰：‘嘗聞箕山人（上古隱士許由），似不爾耳。’”同書《文學》第三十八條：人將許詢比王修，“許大不平”，追着王修玄談，“苦相折挫”，勝，很得意，受到支道林諷刺。

3　如與許詢同時隱居的謝安，也是屢拒徵命，聲望日高，至四十餘歲出仕後，升遷迅速。這是當時入仕的一種手段。

4　參拙作《試論東晉後期高級士族之沒落及桓玄代晉之性質》，載《北京大學學報》1985 年第 3 期。

5　《宋書》卷六七《謝靈運傳論》。雖然“玄氣”猶未盡除，見《南齊書》卷五二《文學傳論》。

6　《詩品》卷下“晉徵士戴逵”條。

人為邀聲譽，不得不迎合玄風，限制自己文才，放棄遒麗之辭的顧慮了。後來謝靈運其所以能縱筆山水，詩如芙蓉出水，也和這個條件分不開。

這樣，在建安、西晉文學基礎上，經過上百年演變，先是儒家觀點受到玄學之排擠，諷諫、教化不一定再是文學內容的主旋律；後來是莊、老字句也退出詩篇，藝術形式、辭藻重新被推崇，於是雖體現哲理自然無為，而又不落乾癟言詮的山水、田園優秀詩篇，便漸次脫穎而出。

總之，山水、田園詩之所以會在晉、宋之際出現，絕非偶然，而是長期以來文學、哲學、社會、政治等多種因素發展鬥爭、融合的結果。

四

但以上只是客觀可能性，陶淵明其所以能寫出傳誦千古的田園詩，將這一可能性轉化為歷史現實，則還有他自己的獨特條件。

第一，陶淵明生活的環境是當時農業經濟比較發展的江州（約當今江西省）。人們都熟悉，在陶淵明筆下，榆柳桃李，繞屋扶疏，墟煙依依而起，良田、美池、桑竹錯落，“平疇交遠風，良苗亦懷新”。曖曖遠村，悠悠南山。這些美麗畫面，沒有一定的現實生活為依據，是絕對寫不出來的。東晉的江州如何？本來，秦漢之時它叫豫章郡，經濟很落後，直到東漢末還被視為“江南卑薄之域”。[1] 可是經過長期開發，特別是西晉末北方人口大量南渡，人口較大幅

1 《後漢書》卷五三《徐稚傳》。

度增加。除了一般編戶，還有不少兵戶和大量佃客、奴婢、浮浪人等。[1]《南齊書》卷十四《州郡志上》江州條：東晉庾亮領刺史，都督六州，曾說就戶口言"江州實為根本"。《資治通鑒》卷一二八："晉氏南遷，以揚州為京畿，穀帛所資皆出焉；以荊、江為重鎮，甲兵所聚盡在焉……三州戶口，居江南之半。"勞動力增加，北人帶來先進經驗，促進了農業發展。《搜神後記》卷三："廬陵巴丘人文晁者，世以田作為業，年常田數十頃，家漸富。晉太元初，秋收已過，刈穫都畢，明日至田，禾悉復滿，湛然如初。即便更穫，所穫盈倉。於此遂為巨富。"這雖是神話，也反映東晉後期廬陵郡（屬江州，治所當今吉水縣北）農業產量的提高。《太平御覽》卷八二一資產部"田"下引《豫章記》："郡江之西岸，有盤石，下多良田，極膏腴者，一畝二十斛，稻米之精者，如玉映澈於器中。"《豫章記》作者雷次宗，《宋書》有傳。此書成於元嘉六年，[2]則所記必東晉末豫章郡事（時郡已比漢縮小，郡治當今江西南昌，屬江州）。按魏晉度量衡，一斛當今二斗，[3]故一畝產量當今四石，且米色如玉，說明無論質或量都很高。當然，這是極膏腴田，但由此也可推定一般土地產量也會比漢魏增加。東晉前期，"朝廷空罄，百官無祿，惟資江州運漕"，[4]道理也在這裏。

至於陶淵明家鄉即隱居地尋陽郡柴桑縣（今九江西南），農業也比較發展。據洪亮吉《東晉疆域志》卷二，東晉江州州治，除少

1 《晉書》卷八一《劉胤傳》："流人萬計，佈在江州。"卷九五《藝術・幸靈傳》：江州士人多"制服人以為奴婢"。

2 見《四庫全書總目》卷七七地理類存目《豫章古今記》。

3 參吳承洛《中國度量衡史》第二章第四節，商務印書館，1957年。

4 《晉書》卷八一《劉胤傳》。

數時間在豫章郡外，長期在尋陽郡。尋陽郡郡治就在柴桑。由於既是郡治，又是州治和軍府所在地，故柴桑多官僚、軍官居住。陶詩《與殷晉安別》序，稱殷景仁"先作晉安南府長史掾，因居潯陽"，後改官建康（當今南京），"移家東下"，即其強證。[1]這些官僚、軍官當住在城中或附郭村莊裏。他們俸祿的一部分由"公田"供給，歸"吏"耕種；[2]同時由於州治、軍府在一地，士兵十分集中，按東晉制度，需"且田且守"。[3]二者之土地一般都在柴桑附郭一帶。這樣，這一地區村落相間，人煙稠密，隴畝縱橫，生產發展。加上鄰近鄱陽湖和廬山，山水秀麗，陶淵明長期生活、往來於這一帶，耳濡目染，心領神會，優秀的田園詩無疑便是以這一現實生活為依據提煉出來的。如果無此條件，而是依然生活在秦漢人煙稀少、火耕水耨的環境裏，或北方荒瘠的黃土地上，詩的風味便會迥然不同了。

第二，當然，生活在尋陽郡以及其他類似環境的士人頗多，為甚麼別人沒有寫出田園詩，而他寫出了？這就還和陶淵明辭官回鄉隱居二十多年，親自參加一些生產勞動，與農民交流感情這些條件

---

1 此詩所贈者乃殷景仁，係據宋吳仁傑《陶靖節先生年譜》說。但詩題為《與殷晉安別並序》，疑文有誤。1. 江州晉安郡當今福建泉州一帶，不在鄱陽湖畔，則官晉安為何住在柴桑？2. 既稱"殷晉安"，按當時習慣，自指官居晉安郡太守（如《文選》卷二十謝宣遠詩"庾西陽"，即指西陽太守庾登之；謝玄暉詩"范零陵"，即指零陵內史范雲）。可是郡太守五品，太尉參軍七品（參《通典》卷三七《晉官品》、《宋書》卷四十《百官志下》），由前者轉後者，是貶謫，為何序、詩中毫無反映？3. 長史掾是軍府官，不是州郡官；如"南府"之"府"指都督江州諸軍之軍府，則決無排在"晉安"郡下之理，更不可能由遠在千里外的郡太守來軍府兼任小小的長史掾。據上三點，此序"先作晉安南府長史掾"之"晉"，應指晉朝。或許此序是入宋後追寫，故書"晉"以別之。"安南府"，即安南將軍府。江州在建康之西南，歷來多由刺史帶以南為號之將軍都督諸軍，如溫嶠為平南將軍、王允之為南中郎將等。唯殷景仁於義熙七年任劉裕太尉行參軍（見《資治通鑒》卷一一六義熙七年），則為軍府長史掾必在這以前，時將軍為何無忌（由義熙二年至六年，見《晉書》本傳），乃鎮南將軍，不是"安南將軍"，二者必有一誤。至於題作"殷晉安"，當因陶集目錄早佚，後世陶集又非當年之舊（參《陶淵明年譜》，中華書局，1986 年，第 342 頁引清陶澍文），或後人誤解小序而擅定，似不足為據。

2 參唐長孺《三至六世紀江南大土地所有制的發展》，上海人民出版社，1957 年，第 41—46 頁。

3 參《晉書》卷六七《溫嶠傳》、卷七十《應詹傳》。

分不開。當時有才華的士人，或者一生生活在城市中，悉資俸祿而食，自然與田園詩無緣；即使生活或隱居農村的，也多有田莊，農業"皆信僮僕為之，未嘗目觀起一坺土，耘一株苗，不知幾月當下，幾月當收"。[1] 他們可以通過欣賞奇山異水，寫出傑出的山水詩篇；也可以出於對農業生產浮光掠影的瞥視，吟出幾句膚淺的、有關農耕或同情貧民的詩句。[2] 而像《歸園田居》那樣韻味、風度、情感的作品，以及"晨興理荒穢，帶月荷鋤歸"那樣的名句，他們是無論如何也寫不出的。道理很簡單，他們沒有這種生活感受，而陶淵明有。

那麼，為甚麼陶淵明要辭官隱居，以至親自參加一定勞動呢？這又和東晉門閥制度的高度發展緊密關聯。陶淵明的從父陶夔官至九卿（太常）；外祖父孟嘉曾除尚書郎，不拜，歷桓溫征西大將軍府參軍、從事中郎、長史；祖父陶茂，武昌太守。陶淵明本人起家州祭酒，視郡督郵為"鄉里小人"，在"士庶天隔"的社會裏，與著名高門陳郡殷景仁友好，又蒙江州刺史、第一流高門琅邪王弘親自造訪，依東晉風氣都不可能不是士族。[3] 不過這一家族到陶淵明之時，已經不很得意了。1. 他的父親歷史上沒留下名字，即便曾入仕，位子也不會高，所以陶淵明《命子詩》才會籠統說他"寄跡風雲，冥茲慍喜"。2. 從父陶夔史書無傳，所任太常雖是九卿，因自魏晉以來九卿權已漸為尚書所奪，故對家族庇蔭不大。據《歸去來辭序》，

1 《顏氏家訓・涉務》。

2 如逯欽立《全宋詩》卷二謝靈運《白石岩下徑行田詩》，剛説兩句同情災民的話，接着又去"行田登海口盤嶼山"，欣賞"依稀採菱歌"去了。

3 以上參陶淵明《晉故征西大將軍長史孟府君傳》，見《全晉文》卷一一二，《晉書》卷九四、《宋書》卷九三《陶潛傳》。又顏延之《陶徵士誄》，稱其族為"洪族"，見嚴可均《全宋文》卷三八。

他憐淵明貧苦，也只能推薦“用於小邑”，當個彭澤縣令而已。如果再考慮淵明原已歷官軍府參軍，七品，與小縣縣令平級，則陶夔起的作用很有限，是十分明白的。3. 堂弟敬遠年過三十，尚未出仕，鬱鬱死去；淵明本人也至“向立”之年（二十九歲），方“投耒去學仕”，在東晉，也是很晚的了。[1]4. 本人雖“不慕榮利”，終於出仕，據說是因“親老家貧”。但從家有僮僕看，這個“貧”和農民之貧不同，不能理解得太實。他所以出仕，實際上是為了支撐門戶，以免過於衰敗。這是東晉士族的一般風氣。所以他多次辭職，又多次再度出仕。隱居田園之素志與支撐門戶之義務在他心中鬥爭。他後來回憶說：“少而窮苦荼毒，每以家弊，東西遊走……”；“余嘗學仕，纏綿人事，流浪無成，懼負素志，斂策歸來……”[2] 如把這裏的“流浪無成”，與他《榮木》詩中的“四十無聞，斯不足畏”聯繫起來，便可知他出仕決非僅為解決“貧”的問題，而是希望“成”“聞”，即飛黃騰達，光大門戶。[3] 但這個志向是注定達不到的了。他自稱由於“性剛才拙，與物多忤”，而無所成就。其實這是表面現象。《晉書》卷八〇《王羲之傳》：王羲之和陶淵明一樣喜好山水，不樂出仕，“以骨鯁稱”。做官挑三揀四，又多次上書反對當時頗為時髦的北伐；對賦役繁重，“每上疏爭之”；瞧不起上司，終於憤而辭職。這樣的人可算“性剛”“與物多忤”了吧。可是他不但起家清選秘書

1　如《宋書》卷五二《謝景仁傳》：東晉末起家前軍行參軍，歷官輔國參軍，著作佐郎，年三十。桓玄認為這是受了司馬道子父子的壓制，曰：“司馬庶人父子云何不敗，遂令謝景仁三十方作著作佐郎。”意思是三十歲早應升至要職。當然，謝景仁出自陳郡謝氏，雖非謝安直系，陶氏亦無法與之相比，但作為官至九卿的家族，陶氏總不能相差太遠。今陶淵明及其堂弟，三十歲以前尚未出仕或剛剛出仕，自是很晚的。

2　以上引文分別見《與子儼等疏》《祭從弟敬遠文》。

3　元李公煥箋注陶集引趙泉山曰：“靖節當年抱經濟之器……將以振復宗、國為己任，回翔十載，卒屈於戎幕佐吏，用是志不獲騁。”見《陶淵明詩文彙評》，中華書局，1961 年，第 12 頁。

郎，而且朝廷頻召為美官，他推辭不就，還有顯貴寄書敦勸。為甚麼呢？就因為出身高門琅邪王氏。在門閥制度下，朝廷中自有人為他的“骨鯁”緩頰、說情，從而不廢升遷。而陶淵明卻等於無人庇護。再加上性剛、忤世，自然“流浪無成”。他之所以從彭澤令任上辭官歸隱，所謂不能為五斗米折腰，恐係藉口，主要當是越來越看出自己政治上沒有前途，長期思想鬥爭的結果，最後下了決心。晚年他寫了《感士不遇賦》，人們都欣賞其“寧固窮以濟意，不委曲而累己”。其實這是他經過十幾年未能“固窮”而“委曲”入仕，一再求“遇”，終於“無成”後的體會。他自己過去很長一個時期並未能身體力行。

由上考證可見，陶淵明之辭官歸隱，參加勞動，是和門閥制度下他這一家族日趨沒落、政治上無前途分不開的。換言之，如果他門第甚高，青雲直上，便不會辭官歸隱，即便歸隱，如王羲之那樣，可以“行田視地利，頤養閒暇”，[1]不必親自勞動，恐怕寫下的便是如謝靈運似的山水詩，而不是田園詩了。

第三，陶淵明之所以能寫下田園詩，還因為他的哲學思想基本屬於魏晉玄學範疇，而不是正統儒學。他年輕時“好讀書，不求甚解”，便表明與章句儒生大為不同。一生屢仕屢退，從思想上說，如上所論，便是歸隱素志與出仕、支撐門戶思想之間的鬥爭，某種意義上也可以說是莊老思想與儒家思想之間的鬥爭，而以莊老得勝、決心歸隱而告終。正因如此，儘管他詩文中推崇“聖人”，引用

1　《晉書》卷八〇《王羲之傳》。

儒書，[1] 但基本精神乃出自莊老。前引他視入仕為“塵網”“樊籠”“迷途”的詩文，即非正統儒生包括其中之歸隱者所能道。[2] 特別《形影神》詩，陳寅恪先生曾逐段解釋，並聯繫《自祭文》等，證明陶淵明既反對求長生、學神仙的道家言，也不推崇儒家名教說，更與佛教思想無關，他所堅持的乃是“新自然說”即魏晉玄學。陳文分析極細，請參看。[3] 陶淵明的詩其所以會圍繞田園、村居，寫得那麼自然、樸實、渾厚、有感情，道理便在這裏。沒有這樣一種哲學思想為基礎，便不可能全身心地熱愛田園、安心生活、細緻觀察、真情流露，便不可能接受玄言詩的影響、擺脫兩漢以來儒家文學觀束縛，也就寫不出這樣的詩來。

綜上所述，陶淵明田園詩的產生，既有必然性，又有偶然性。從文學等各種因素長期相互激蕩、發展變化，最後為田園詩及山水詩的出現開辟道路來說，這是必然性。然而正好出現在東晉末年，田園詩的水平又如此之高，則具偶然性，是和陶淵明的出身、經歷、生活環境、世界觀，加上自身“博學善屬文”分不開的。[4]

1 如多處引《論語》，以至如清沈德潛據此竟視他為“聖門弟子”；見《陶淵明詩文彙評》，第199頁。

2 如據《後漢書》卷八三《逸民傳》，正統儒生歸隱多出於政治上遭挫折或持不同政見，往往在鄉里誦經、授經，甚至待價而沽，正如范曄所評，只不過“異夫飾智巧以逐浮利者乎！”

3 陳寅恪：《陶淵明思想與清談之關係》，載《金明館叢稿初編》。

4 蕭統《陶淵明傳》，見嚴可均《全梁文》卷二十。

下編

制度與法律

試論魏晉南北朝的門閥制度 *

漢魏以降的"門閥"一語，其形成有一個過程。按"閥"通"伐"，義為功勞。與另一義指資歷的"閱"字，往往連用。有無伐閱，乃任用、提拔官吏之極重要條件。考慮伐閱之風，先秦已萌芽。據徐中舒、唐蘭先生考證，金文中屢見之"蔑曆"，大體就是簡閱、稱美某人功勞、資歷之意。"伐閱一語，就是蔑曆一語的變異"。[1]

本來，伐閱僅與官吏個人相關聯，東漢以後因世家大族興起，一個家族中往往多人出仕，於是出仕者的伐閱便又成為家族榮譽、聲望的標誌。《三國志》卷五三《張紘傳》注引《吳書》載，張紘草成關於孫堅、孫策經歷、功業的文章，孫權讀後曰："君真識孤家門閥閱也。""家門閥閱"的簡化，便是"門閥"。隨着魏晉九品中正制之推行和士族之發展，"門閥"之義有時指"士族""高門"。《宋書》卷四〇《百官志下》稱：殿中將軍等，"晉孝武太元中，改選，以門閥居之"。《周書》卷一六趙貴等傳末："故今之稱門閥者，咸推八柱國家云。"均其證。但更多的還是相當於"門地""門第"的

---

* 原題《門閥制度》，載白壽彝主編，何茲全分冊主編《中國通史》第 5 卷上冊，上海人民出版社，1995 年。

1 唐蘭：《"蔑曆"新詁》，載《文物》1979 年第 5 期；徐中舒：《西周牆盤銘文箋釋》，載《考古學報》1978 年第 2 期。兩位先生具體訓詁略異，大體意思則同。

同義語。如《後漢書》卷七八《宦者列傳》末范曄"論曰：'……刑餘之醜……聲榮無暉於門閥。'"《北齊書》卷一三《趙郡王叡傳》："世宗謂之曰：'我為爾娶鄭述祖女，門閥甚高，汝何所嫌而精神不樂？'"由於兩義可以相互補充，覆蓋面比較寬，所以本文採用了"門閥制度"一語。

中國中古的門閥制度，整個看來，最主要的特徵在於按門第高下選拔與任用官吏，至於士族免傜役、婚姻論門第、"士庶之際，實自天隔"[1]等特徵，都是由前者逐漸派生的。所以門閥制度在相當長的時期內，主要當屬於政治制度的範疇，社會制度的成分是次要的。只有到了隋唐以後，方才逐漸完全轉化為社會制度，並最後退出歷史舞台。

本文僅論述主要屬於政治制度範疇之時期的門閥制度，到南北朝結束為止，而不涉及隋唐以後。

這一制度，大體萌芽於東漢後期，初步形成於曹魏、西晉，確立、鼎盛於東晉及南北朝前期，[2]而衰落於南北朝後期。

一　門閥制度的萌芽

東漢後期是門閥制度的萌芽時期。

東漢的世家大族，是"魏晉士族先行階段的形態"，[3]以弘農楊氏"四世三公"、汝南袁氏"四世五公"為其鼎盛標誌。然而這些家族

1　《宋書》卷四二《王弘傳》。

2　南朝前期指宋、齊，北朝前期指魏太武帝至孝文帝時期。

3　田餘慶：《論東晉門閥政治》，載《北京大學學報》1987年第2期。

貴寵的取得，主要依靠鄉舉里選，通經入仕，建立在個人才德和儒學傳統基礎之上，特別是在興起的前期。

大約到了東漢後期，經過長期的醞釀、演變，門閥制度開始萌芽。仲長統說："天下士有三俗，選士而論族姓、閥閱，一俗。"[1] 這是漢代著作中第一條將選士與"族姓"聯繫在一起的材料。[2] 所謂"族姓"，或作"姓族"，當指世家大族。《後漢書》卷四三《朱穆傳》："侍中……皆用姓族。"章懷注："引用士人有族望者。"同書卷八一《獨行・陸續傳》也稱："世為族姓。祖父閎……建武中為尚書令。"同書卷三一《張堪傳》稱："為郡族姓……讓先父餘財數百萬與兄子。……受業長安……諸儒號曰聖童。"《群書治要》卷四五引《昌言》說得更清楚：王侯子弟"生長於驕溢之處……其行比於禽獸也。……故姓族之門不與王侯婚者，不以其五品（常）不和睦，閨門不潔盛耶"。可見仲長統雖反對選士論族姓，卻仍讚許姓族之門風。這種"姓族"，王侯願與通婚，而它竟加以拒絕。聯繫上引材料，除了世家大族，還能是別的哪種社會力量呢？

《三國志》卷八《公孫瓚傳》注引《英雄記》："瓚統內外，衣冠子弟有材秀者，必抑使困在窮苦之地。或問其故，答曰：'今取衣冠家子弟及善士富貴之，皆自以為職當得之，不謝人善也。'"所謂衣冠，即衣冠之族，亦即世家大族。《後漢書》卷六七《黨錮・尹勳傳》："家世衣冠，伯父睦，為司徒；兄頌，為太尉；宗族多居貴位者。"是為證。衣冠家子弟自以為當得富貴，不謝人恩，這與仲

1　《意林》卷五引《昌言》。

2　至於仲長統所說"閥閱"一語，則出現較早，見《後漢書》卷三《章帝紀》、卷二六《韋彪傳》。不過指的是被選舉者個人的功勞、資歷，這與"族姓"不同。

長統選士而論族姓之說，正好一致。

然而從仲長統把選士論族姓視為“一俗”，將它與“交遊趨富貴之門”等庸俗行為等量齊觀，[1] 又證明這不過是一種社會風氣，遠沒有形成經國家認可的制度，頂多只能算是這種制度之萌芽。前引《英雄記》提到“衣冠子弟”自以為當得富貴，然而又限定必須是“有材秀者”，這與後來純以或主要以門地選士，存在明顯區別，反映東漢後期是一個過渡時期，“衣冠子弟”已有一些特權，但“材秀”仍是重要標準。所以公孫瓚在“衣冠家子弟”下提到另一類型“善士”也自以為當得富貴，同樣給予壓抑。按“善”本吉、美、德行好之義。《後漢書》卷六七《黨錮傳・序》稱黨人多“名士”，又說“皆天下善士”。而黨人正以德、才著稱，見黨錮各傳自明。可見公孫瓚所以在“衣冠家子弟”之下緊接着又舉“善士”，絕非偶然，正是東漢末當得富貴者中，德、才標準仍起重要作用的一個反映。又《英雄記》稱公孫瓚“所寵遇驕恣者，類多庸兒”，稱“庸兒”，也證明主要着眼點不在門第。

更能說明門閥制度在東漢後期尚未形成的材料，是《後漢書》卷六二《陳寔傳》、卷六八《郭太傳》。陳、郭兩人儘管出身貧賤，可是因為“博通墳籍”，或“天下服其德”，不但深受公卿士大夫尊禮，陳寔還多次被推為三公之選，死後“司空荀爽（出身名族潁川荀氏）、太僕令韓融並制緦麻，執子孫禮”。[2] 這在門閥制度形成之後，是不可想象的。《三國志》卷二二《盧毓傳》：毓於曹魏之時兩為吏部尚書，前後歷五六年，“於人及選舉，先舉性行，而後言

1　《意林》卷五引《昌言》。

2　《三國志》卷二二《陳群傳》裴松之注。

才"。反映當時佔統治地位的選舉思想和制度，仍重在德、才，反過來也就更加證明東漢後期選舉論"族姓"，只可能是一種風氣，門閥制度仍處在萌芽階段。

《通典》卷一六《選舉四》記載：沈約認定兩漢官吏之選拔、任用，僅是"以智役愚"，尚未"以貴役賤"；裴子野以為兩漢取士，"學行是先，雖名公子孫，還齊布衣之士"。這正是門閥制度尚未最終形成的一個有力側證。

二　門閥制度的初步形成

曹魏、西晉是門閥制度的初步形成時期。

曹魏創行的九品中正制，對門閥制度的形成，在形式方面影響甚大，本文將在後面專門論述。這裏僅研究一下：當九品中正制與社會經濟發展和階級、階層變化相結合之後，在官吏的選拔、任用上，呈現出一些甚麼特徵。

最明顯、最主要的特徵，便是西晉的"二品繫資"。《晉書》卷四六《李重傳》：重上奏曰："如（癸酉）詔書之旨，以二品繫資或失謙退之士，故開寒素以明尚德之舉。"此"二品繫資"既為詔書承認，自為一種正式制度，而非僅為社會風氣。按李重上奏在惠帝元康年間，"二品繫資"之制當建立於上奏之前，或許就在晉武帝太康末年。

所謂"二品"，乃中正品第，目的是"平次人才之高下"，[1] 與官

1　《太平御覽》卷二六五引《傅子》。

品不同。本文試稱之為“人品”。[1] 其衡量標準，本為德、才。二品是上品，應由德充才盛者取得。可是西晉竟正式增加一個標準——資。換言之，如果資不夠，即使德、才合格，一般也不能取得“人品”二品。這在門閥制度發展史上，是一個里程碑。[2]

所謂資，漢魏之時多稱閥閱。如前所述，閥閱本來僅指個人當官的功勞與資歷。由於資歷中可以包括功勞，多半體現功勞，逐漸便簡稱為資。後來資亦包括父祖的功勞與資歷，於是又有了門資、世資等熟語。由於當官的功勞、資歷與官位高低往往一致，所以“繫資”的最簡便辦法，便是按本人或父祖官爵高低來衡量。《晉書》卷三六《衛瓘傳》：瓘上疏稱九品之制開始“猶有鄉論餘風”（指根據德、才評定），“中間漸染，遂計資定品，使天下觀望，唯以居位為貴”。《晉書》卷四六《李重傳》：司徒左長史荀組說：“寒素者，當謂門寒身素，無世祚之資。原（指霍原）為列侯……不應寒素之目。”可見，此處資即指爵位列侯，與衛瓘“居位”之說吻合。按衛瓘上疏於太康五年（284），“計資定品”大概不久就正式形成制

1　長期以來所慣用的“鄉品”一詞，似不甚恰當。按“鄉品”二字最早見於《世說新語・尤悔》：溫嶠因被認為孝道有闕，“迄於崇貴，鄉品猶不過也”。意思是直到官高位顯，在評定他的品第時，鄉邑總不通過高品。這裏“鄉品”並非一詞，而是鄉邑給予品第之意。其用法與《晉書》卷六四《會稽文孝王道子傳》之“無鄉邑品第”略同。把“鄉”與“品”勉強湊成一詞，與“官品”並舉，其毛病首先是二者角度並不一致：“鄉品”之“鄉”是就由誰給予品第而言，而“官品”之“官”是就何種事物的品第而言。其次，更重要的是“鄉品”一詞含義不很準確。因“鄉品”與“鄉邑品第”並非真由鄉邑評定，而是由中正官評定，經司徒府批准，實際上與“官品”之確定出於一源，全都是封建王朝。而稱“鄉品”則會給人造成是民間評定品第之錯覺。基於以上考慮，本文試將“鄉品”改稱“人品”，指士人德、才之品第，與“官品”角度一致，而不涉及由誰給予品第，據人品，定官品，合乎魏晉指導思想。“人品”一詞也有歷史根據。班固《漢書》卷二〇《古今人表》，品第就是九等。《太平御覽》卷二六五引《孫楚集》：班固人表“蓋記鬼錄次第耳，而陳群依之以品生人”。《後漢書》卷六八《郭太傳》注引謝承《後漢書》，經郭太評題，“人品乃定”。《文選》卷四〇沈約奏彈王源：“源雖人品庸陋，冑實參華。”當時雖重在門品，但仍反映士人德、才品第原稱“人品”。故宋《愧郯錄》卷一〇、《文獻通考》卷六七《職官二一》俱稱“人品”。

2　《太平御覽》卷二一四引《晉陽秋》：“陳群為吏部尚書，制九格登用，皆由於中正。考之簿世，然後授任。”這是人品已由中正評定後，吏部在銓選上考慮簿世，並非定品時繫資。而且“考之簿世”有無詔書規定，亦不可知。

度——“二品繫資”。

總之，大體是先開風氣，後定制度。由於在九品中正制下，中正的品第經司徒府批准後，與吏部銓選上個人仕進升遷的遲速、官位的高下相一致，因而實行“二品繫資”之後必然會導致一種惡性循環。即只有據有較高官位的人及其子弟，可以獲得人品二品；只有人品二品才具有銓選和升遷較高官位的資格；而有了較高官位，又可以繼續獲得人品二品。

前面已講，考慮閥閱即功勞、資歷之風，先秦已萌芽。可是直到東漢末年，從來沒有在制度上規定，必須本人或父祖具有某種閥閱方可取得某些官位。[1] 而至西晉卻不同。由於“二品繫資”乃硬性規定，加上中正官往往趨炎附勢，故意抬高高官顯貴及其子弟的人品等第，於是一種過渡性門閥制度，即按官位高低形成的門第差別，便逐漸產生。在這種制度下，高官顯貴及其子弟往往據有人品上品，壟斷選舉，形成“公門有公，卿門有卿”。[2] 它與漢代四世三公、四世五公的家族相比，存在顯著差別。後者在制度上除有限制的父兄任出身外，[3] 沒有任何特權，子弟的大部分在未出仕前用裴子野的話便是“還齊布衣之士”。而前者卻有“二品繫資”。“公門”“卿門”的子弟，在未出仕前已有很大可能評為人品上品，為以後在仕進上超越雖有德、才，而資不夠的官吏及其子弟，開闢了廣闊的道路。正是在這個意義上，可以認為曹魏、西晉是門閥制度的初步形

1　只有西漢初規定需以列侯為丞相，可這只涉及個別官職。

2　《晉書》卷九二《文苑・王沈傳》。又參《晉書》卷四八《段灼傳》。

3　參胡寶國《魏西晉時代的九品中正制》，載《北京大學學報》1987 年第 1 期。

成時期。[1]

那麼，"二品繫資"的"資"，或者說"唯以居位為貴"的"位"，指多高的官位呢？

一般當指官品五品以上官位。這從下述零碎材料中可以推得：

《晉書》卷六六《劉弘傳》：郭貞人品四品，在晉本任官品八品的尚書令史。[2] 張昌在荊州起事用之為官品六品的尚書郎，自是大力提拔，但他"遁逃不出"。荊州刺史劉弘為鼓勵此忠君行為，"輒以……貞為信陵令（官品六或七品）"，當然也意味不次拔擢。可見適應人品四品的官品，一般當為八品。[3]

《北堂書鈔》卷六八"山簡不拘品位"條下引西晉鎮東大將軍司馬伷表："從事中郎缺，用（人品）第二品。中散大夫河內山簡，清精履正，才識通濟，品儀第三也。"按中散大夫官品第七；司馬伷鎮東大將軍府之從事中郎，官品當第六。[4] 可見，人品三品一般當與官品七品相適應，如用為官品第六的從事中郎，便算超越品位。不過這種關係大概只限於朝廷官吏，至於地方官吏則要寬一些。《晉書》卷七六《王彪之傳》：彪之為吏部尚書。宰相有命用秣陵令曲安遠補句容令，殿中侍御史奚朗補湘東郡，彪之執不從曰："秣

1 曹魏雖無"二品繫資"，但已有九品中正制。由於九品中正制與門閥制度大體同步發展、緊密關聯，"上品無寒門，下品無勢族"風氣在曹魏後期當已流行，劉毅也批評它是"魏氏之弊法"，所以這裏把曹魏、西晉歸為一個階段。

2 見《通典》卷三七《職官一九》"晉官品"。以下凡官品出處均見《通典》。

3 《晉書》卷六六《劉弘傳》記載劉弘還用以"孝篤"著稱、人品為四品的南郡廉吏仇勃"為歸鄉令"。按歸鄉縣屬晉荊州建平郡，見《水經・江水》注"又東過秭歸縣之南"下楊守敬疏。上引郭貞之信陵縣，亦屬此郡。據《晉書》卷一五《地理志下》，建平郡人口稀少，統縣八，戶一萬三千二百，每縣不到一千七百戶，在荊州二十二郡中居下等，則縣令之官品一般恐為七品，而不可能是六品。信陵縣當同。既然官品七品對人品四品來說是拔擢，一般自當與官品八品相應。

4 據《通典》卷三七《職官一九》"晉官品"，公府從事中郎官品第六，與諸大將軍長史、司馬相等，則諸大將軍從事中郎官品自當第七。但司馬伷是皇叔、郡王，身份特殊，故從事中郎或官品第六。

陵令三品縣耳，殿下（指宰相司馬昱）昔用安遠，談者紛然。句容近畿三品佳邑，[1] 豈可處卜術之人無才用者邪！湘東雖復遠小，所用未有朗比，談者謂（彼）頗兼卜術得進。殿下若超用寒悴，當令人才可拔。朗等凡器，實未足充此選。”此材料說明：第一，所謂三品縣、二品佳邑，當指例用人品三品、二品充任縣令的縣。這兩縣縣令官品應俱為第六。[2] 聯繫上引司馬伷表，證明與人品三品相適應的官品，除了七品，還有六品。曲安遠人品當在三品以下，所以用為秣陵令後“談者紛然”，王彪之當然更拒絕將他補句容令。這和郭貞人品四品，因德行可嘉，被超拔為信陵令，在制度上正好相銜接。第二，湘東郡太守官品第五，殿中侍御史官品第六。奚朗人品當為三品，任殿中侍御史合乎制度，所以王彪之不置可否。他對用奚朗為郡太守之所以反對，當因官品第五例以人品二品充任，或以人品三品中“人才可拔”者超補，而奚朗兩個條件都不夠。[3]

由此可見，人品三品、四品例用官品一般都在六品和六品以下，則人品二品以上例用官品一般自當在五品至一品。[4]《晉書》卷六七《溫嶠傳》：東晉初上書反對選拔“使臣”“取卑品之人”，建議其資格“不可減二千石見居二品者”。按二千石為漢官等級，相當

---

1 閻步克先生以為此處“三品”當作“二品”，方與語氣事理相合，見《從任官及鄉品看魏晉秀孝察舉之地位》，載《北京大學學報》1988 年第 2 期。其說是。《元和郡縣圖志》卷二五“句容縣”下曰“晉元帝興於江左，為畿內第二品縣”，是其證。

2 據《通典》，縣令官品或六品，或七品。秣陵、句容屬丹陽郡，東晉以後，人口僅次於吳、會稽、吳興諸郡各縣，遠居全國其他縣之上，縣令自當為官品六品。參《宋書》卷三五《州郡志一》。

3 參唐長孺《九品中正制度試釋》，《魏晉南北朝史論叢》，生活・讀書・新知三聯書店，1955 年。另外，曲安遠、奚朗也有出身寒人、無中正品第的可能。

4 當然，這是就一般情況而言。由於官品五至一品位置少，某些官品六品之清要官，也有例用人品二品的，如上舉公府從事中郎、二品縣縣令即是。此外，人品二品之起家官及早年為官，仍得從官品六品以下開始，只不過他們可以較快地升至官品五品甚至三品以上，而人品三品以下一般最高只能升至官品六品。參宮崎市定《九品官人法的研究》第二編第三章第八節，《宮崎市定全集（6）》，岩波書店，1992 年，第 219 頁。

於魏晉官品四、五品；[1]二品則為人品。此奏說明：第一，所謂"卑品"，自指人品三品以下。第二，前考人品三品例用官品為六、七品，則聯繫此奏，"二千石"即官品四、五品按制度自應以人品二品例用。其所以要提"不可減二千石見居二品者"，當因東晉初"卑品之人"因軍功等升遷"二千石"的不少，溫嶠以為他們不夠資格充使臣，所以要限定"二千石"中"見居二品者"。第三，溫嶠的意圖也有另一可能，即高官顯貴子弟定為人品二品，已起家並歷官七品、六品者，經驗還不夠，不能勝任出使重任，所以建議歷練多年，已升至"二千石"以上者充任。

不管怎樣，人品二品例用官品為四、五品以上當是常制。這樣我們便找到了前述惡性循環的一個環節：只有人品二品才具有銓選五品以上官品的資格。則在有關史料奇缺的條件下，據此推定下一個循環：只有本人或父祖有了五品以上官品（以及相應爵位），方可獲得人品二品，亦即認定"二品繫資"之資，"唯以居位為貴"之位，為五品以上官品，當無大誤。

將官品五品與六品之間，定為人品上品和卑品例用官位的分界線，也和其他制度符合。《晉書》卷二一《禮志下》：西晉元會朝賀，二千石與千石（官品六品）以下禮制截然不同。"王公二千石"可"上殿"向皇帝敬酒，而"千石、六百石（官品七品）停本位"。朝朔望時"二千石以上上殿稱萬歲"，千石以下只能在殿下祝賀。《晉書》卷二五《輿服志》：皇帝出巡，"三公、九卿、中二千石、二千石、河南尹（中二千石）、謁者僕射（二千石）……皆大車立乘，駕駟"，

1 《隋書》卷二六《百官志上》：梁武帝於官品九品的文書上注曰："一品秩為萬石，第二、第三為中二千石，第四、第五為二千石。"

與千石以下制度不同。

《南齊書》卷九《禮志上》：曹思文上表稱，西晉太學生三千人，“多猥雜”，“惠帝時欲辯其涇渭，故元康三年（293）始立國子學，官品第五以上（子弟）得入國學……太學之與國學，斯是晉世殊其士庶，異其貴賤耳”。

《通典》卷五三《禮一三》：東晉後期，國子學廢已久，孝武帝時尚書謝石請恢復舊制。帝納其言，“選公卿二千石子弟生（入學）。……而品課無章，君子恥與其列。國子祭酒殷茂上言：‘臣聞舊制，國學生皆取冠族華胄，比列皇儲，而中混雜蘭艾，遂令人情恥之……’”“公卿二千石子弟生”當即殷茂所說“冠族華胄”，應該都是門地二品。由於東晉後期官分清濁，門閥制度已經確立（見下第三部分），而淝水戰後，估計門地非二品，因軍功升遷四、五品以上濁官或不分清濁之地方官者不少，[1] 而國學一時未加區分，只要二千石以上子弟便予以吸收，這恐怕就是所謂“品課無章”“混雜蘭艾”。由此證明，直到東晉後期，官品五、六品之間這條制度上的分界線，依然未變；而且在一些“冠族華胄”中，更加重視二千石中人品或門地二品與卑品之別。這是溫嶠建議精神的進一步發展。關於這個問題，我們還可舉出一證。《晉書》卷九九《桓玄傳》：玄篡位前，“置學官，教授（門地）二品子弟數百人”。和孝武帝時相比，學官當即國子學官，“二品子弟”大多數當即“公卿二千石子弟生”。不同的只是桓玄出身第一流高門譙國桓氏，門閥烙印極深，不讓學官教授二千石以上濁官等子弟，企圖以此籠絡門地二品，

1 地方官不分清濁及其原因，參宮崎市定《九品官人法的研究》第二編第二章第七節，第 115—116 頁，及第 463 頁注 11。

“冠族華冑”，求得大力支持。

總之，通過以上考證，我們確信，“二品繫資”之“資”，是指五品以上官品（以及相應爵位）。而前述由於人品、官品之間的惡性循環所導致的西晉過渡性門閥制度，亦即按官位高低形成的門閥差別，正是以官品五品以上和六品以下出現明顯界限，為其主要特徵。《晉書》卷四五《劉毅傳》：“上品無寒門，下品無勢族。”其“寒門”“勢族”的界限便是如此，並非如門閥制度已經確立的東晉以後，是以血緣關係，實質上也就是以血統高貴與否為區分。雖然出身低微，只要升遷至官品五品以上，便成勢族；反之，儘管出身東漢以來世家大族，如家族成員官品長期徘徊在六品以下，仍是寒門。[1] 簡言之，這一階段的門閥制度，其大體趨向是官品決定人品和門第高下，在不發生意外的情況下（如族滅、本人不壽而子弟又早夭等），又導致官品進一步提高。這和東晉南北朝大體趨向是門品決定官品，再導致門閥檔次的進一步提高，有着顯著區別。

這種門閥制度，我們之所以稱其為過渡性的，主要有以下三點理由：

1. 這一階段德、才仍為評定人品極重要標準。劉毅激烈批評九品中正制，核心便是反對中正評定人品“隨世興衰，不顧才實，衰則削下，興則扶上”。[2] 他一再強調“才實”“才德”，實際上也就是否定了“資”。衛瓘公開反對“計資定品”，主張恢復鄉舉里選，更是重視才德之證。劉毅、衛瓘都是大臣，兩人不但公開上奏，而且武帝覽奏後至少表面上“優詔答之”，“善之”，這些表明，作為定

1　參胡寶國《魏西晉時代的九品中正制》。

2　《晉書》卷四五《劉毅傳》。

品標準，德、才雖然逐漸被忽視，但在制度上仍佔主要地位。對於“計資定品”的出現，衛瓘在奏文中用了“中間漸染”四字，也證明只是一種風氣、傾向，儘管已經十分嚴重。

如果以為劉毅、衛瓘上疏時間稍早，“二品繫資”之制或許尚未建立，那麼我們可以再看一下“二品繫資”已行之後的材料。如前引《晉書》卷四六《李重傳》，司徒左長史荀組在反對評定霍原人品為二品時，除指出他身為列侯，談不上門寒身素外，還批評他“先為人間流通之事，晚乃務學……草野之譽未洽，德禮無聞”。而尚書吏部郎李重為他辯解，只陳述、宣揚他的德行，而不及是否有世祚之資。這絕非偶然，正好表明霍原能否進入人品二品，關鍵在德才。荀組明白，如果霍原“德禮”有聞，則加上世祚之資，豈不更應評為二品，儘管可以不名“寒素”。李重也明白，只要在“德禮”之論證上站得住腳，不管霍原有無世祚之資，都有希望升入二品。最後李重之議得到批准。這正是有了“二品繫資”之制後，德、才仍為定品極重要標準之證。也就是說，這時官品五品以上之“勢族”，其子弟要定為人品二品，雖在“資”上比官品六品以下“寒門”子弟佔有優勢，但決定因素仍在德、才。如果德、才不夠，至少在制度上是不能進入二品的（中正迎合“勢族”是另一回事）。相反，“寒門”子弟，德、才夠了，仍可以通過“寒素”之目進入二品，雖然此目比較狹窄。

附帶一說，從《李重傳》可知，晉惠帝曾專門下詔舉寒素。又《晉書》卷九四《隱逸・范喬傳》：“元康中，詔求廉讓沖退履道寒素者，不計資，以參選敍。尚書郎王琨乃薦喬……時張華領司徒，天下所舉凡十七人，於喬特發優論。”這與上述惠帝詔舉寒素似乎是一回事。從尚書郎王琨薦，司徒張華於喬特發優論，[1] 聯繫燕國中正劉沈舉霍原，司徒府不從後，沈又抗詣中書，中書復下司徒府，出現荀組與李重辯論一事，證明“寒素”一目極受重視，執行得很認真。東晉以後便不見這種情況了。

和德、才仍受重視緊密相關的現象，便是裴子野所說的，在魏晉，“草澤高士，猶廁清塗”。[2] 如出身“兵家子”，少為縣小吏、亭子的劉卞，因有才幹，最後升為并州刺史、太子左衛率（官品五品）。祖父曾為“蒼頭”的熊遠，靠自己的才幹、“忠公”，東晉初升至官品三品大臣侍中、太常卿。“出自寒素”的陳頵，主張“隨才授任”，反對“藉華宗之族”取官，仍歷官品三品、四品的尚書、州刺史諸官。至於“早孤貧，為縣吏”，被輕為“小人”的陶侃，由於吏才、德行，西晉末已升為人品二、三品方得出任的郡中正，東晉初因軍功卓著又封長沙郡公，位大司馬（均官品一品），更是一個突出例子。[3] 當然，出身寒微因軍功而歷高位的，南朝一直不斷；可是由“小人”升郡中正的，除門閥制度衰落的北朝後期（見後），一般情況下卻幾乎見不到。《晉書》卷六〇《李含傳》：“門寒微”，遭豪族排擠，曾仕不入流的“門亭長”，但因州刺史“素聞其賢”，經過推薦、提拔，終於人品得定二品，並領始平國中正。由此可見，陶侃的殊遇絕非個別，這正是兩晉之際，亦即由門閥制度初步形成期向確立期過渡時，德、才標準尚未完全被忽視的反映。

2. 這一階段的戶籍，基本上還沒有離開官位的士庶區別。這從

---

1 據《晉書》卷三六《張華傳》，華從未位司徒，具體人或有誤。

2 《通典》卷一六《選舉四》引裴子野語。

3 上四人分見《晉書》本傳。又參《晉書》卷六八《賀循傳附楊方傳》。

免徭役之制便可見到。

如所周知，門閥制度確立和鼎盛時期，士族除了銓選上享有特權，還在徭役上享有特權——復除。然而在西晉，《晉書》卷二六《食貨志》載太康法令卻是這樣規定的：

> 其官品第一至於第九，各以貴賤佔田。……而又各以品之高卑蔭其親屬，多者及九族，少者三世。宗室、國賓、先賢之後及士人子孫亦如之。而又得蔭人以為衣食客及佃客，品第六已上得衣食客三人，第七、第八品二人，第九品……一人。其應有佃客者，官品第一、第二者，佃客無過五十户……第八品、第九品一户。

關於佔田，這裏不論。而從蔭親屬、蔭客規定中，可以清楚看到，享受特權最多的，是現任官吏。他們兩者兼而有之，而“宗室、國賓、先賢之後及士人子孫”，則僅有蔭親屬之權。這裏的“士人子孫”雖非指現任官吏，但從其與“宗室、國賓、先賢之後”並列，數量應該較少，和東晉南北朝一郡一縣就有較多的“士人”“士族”情況不同。[1] 或許主要指的是魏晉時期聲望特別高的士人，本人及子孫均未出仕，西晉為了表示對儒學、德行之尊重，所以給予某些照顧。如《晉書》卷九四《隱逸・范粲傳》：粲本人是“時望”，西晉時不仕，武帝予以優待，使“以二千石祿養病”。子喬聲望也極高，“凡一舉孝廉，八薦公府，再舉清白異行，又舉寒素，一無所就”。這樣的士人，西晉肯定不會讓其子孫服徭役，所適用的恐怕就是上

1　參《南齊書》卷四六《顧憲之傳》、卷三三《王僧虔傳》。

引太康法令規定。又《晉書》卷八八《孝友・王裒傳》：裒父王儀為司馬昭司馬，因直言被斬。裒"行己以禮"，"博學多能"，但一生不仕晉朝，"三徵七辟皆不就"。所教授之門人應服傜役，"告裒，求屬（縣）令"。裒曰："卿學不足以庇身，吾德薄不足以蔭卿，屬之何益！"從"德薄不足以蔭卿"句，聯繫王裒隨後送門人至縣服役，縣令"以為詣己，整衣出迎之"，並免除了該門人傜役等情況看，王裒恐怕也屬太康法令中"士人"範圍，所以縣令對他很禮貌，但他只能蔭親屬、子孫，而沒有資格蔭客包括門生。縣令放免其門生，乃屬特殊優待，並非法令規定。像范粲、范喬、王裒這樣的士人，全國肯定不多。他們之所以能蔭親屬，與"先賢之後"取得這一特權一樣，道德意義恐重於政治意義，這和東晉以後大量士族復除，主要是王朝藉此求取這一社會力量的支持，是有所不同的。近人論證士族身份有無法律界定時，有引此太康法令中"士人"依法可蔭親屬，以為"士人"即士族，似是不確的。

如果這種理解不錯，則由此可以推斷，在魏晉，基本上還沒有離開官位、依靠高官顯貴父祖之血緣關係而享有免役特權的士族。除宗室、國賓、先賢之後、"士人子孫"等特殊情況外，按制度，有官則可蔭親屬以至蔭客，哪怕出身寒微，僅八、九品的官吏；如果失官或死去，子孫由於種種原因沒有出仕，則不但不能蔭客，連蔭親屬之權也失去，哪怕原來是五品以上甚至三品以上"勢族"，也不例外。一句話，在魏晉，離開官位基本上不存在士庶差別。《禮記・王制》：公、卿、大夫、士，都是"官"，其下則為"庶人"，禮制差距極大。魏晉政治、社會制度基本上未脫離這一範疇。士庶之別，乃以官品九品上下為標準，極不穩定。原為庶人，如果出仕官品九品以上，戶籍就應注為"士"，享受一些特權。《三國志》卷二一《王粲傳附吳質傳》注引《魏略》:“始質為單家，少遊遨貴戚間，蓋不與鄉里相沉浮。故雖已出官，本國猶不與之士名。”可見本來“出官”就應得到“士名”，亦即戶籍上注為“士”。吳質因眼中只有京師貴戚，不把“鄉里”勢力當一回事，所以遭到壓抑。另一種情況是，原為官品九品以上“官”，已有“士名”，但如果失官，按制度戶籍上則又恢復成編戶齊民，作庶人對待，喪失一切特權。士庶區別的這種不穩定性，便是門閥制度處在過渡階段，只能算初步形成時期的又一特點。

3. 由於德、才仍為評定人品極重要標準，庶人仕進之路還不算很窄，所以在社會風氣上士庶界限並不很嚴。如東晉南北朝士庶之間幾乎不可能的通婚問題，這時卻仍存在可能。《世說新語・賢媛》第一二條：司徒王渾子王濟，為駙馬、侍中，見一兵家子“有俊才”，“欲以妹妻之”。母鍾琰，出身名門（祖鍾繇，曹魏三公），也說:“誠是才者，其地可遺。”及至見面後評價說:“此才足以拔萃，然地寒，不有長年，不得申其才用。觀其形骨，必不壽，不可與婚。”這表明，地寒如兵家子（低於庶人），只要有才，雖會遭到一些壓抑，但在較長時期內仍可“申其才用”。上述兵家子，如果形骨有壽徵，則門閥高到三公之家，也將與之通婚。這同樣屬於門閥制度處於過渡階段或初步形成時期之特點。

三　門閥制度的確立與鼎盛

東晉及南北朝前期是門閥制度的確立與鼎盛時期。

魏晉時期按官位高低形成的門閥制度，東晉以後逐漸轉化成按血統高貴與否區別的門閥制度，出現了“膏腴之族”“華族”“高門”“次門”“役門”等長時期內一般不因官位有無、高低而發生變動的社會等級。北魏孝文帝也進一步接受這種門閥制度，廣泛推行。

確立時期門閥制度的特點

確立時期門閥制度的特點有三：

第一，人品的評定由西晉“二品繫資”，猶重德、才，進一步演化成完全以血緣關係區別的門閥高下為標準，德、才已不在考慮之列。即所謂“凡厥衣冠（冠族華冑），莫非二品；自此以還，遂成卑庶”。[1] 因而後來便出現了“門地二品”之用語。[2] 官職的清濁，升遷之遲速，是否達到五品以上清官高位，全都與門閥或門地是二品還是卑庶相適應。《晉書》卷七五《王述傳》：述出身第一流高門太原王氏，“人或謂之癡，司徒王導以門地辟為中兵屬（官品七品清官）”。王導是東晉開國元勛，他不依德、才，而依門第辟人，自開一代風氣。《南史》卷一九《謝方明傳》：方明出身第一流高門陳郡謝氏，東晉末劉穆之評他與另一著名高門濟陽蔡廓曰：“謝方明可謂名家駒，及蔡廓，直置並台鼎人，無論復有才用。”就是說單憑門閥，兩人今後就有資格當三公（官品一品），何況還有才幹。總之，這個時期一般不再是官品決定人品和門第高下，而是門品決定官品。至南北朝，高級士族特權更加制度化。南朝前期有“甲族（高級士族）以二十登仕，後門（低級士族）以過立試吏”之格，見《梁書》卷一《武帝紀上》。第一流高門依慣例可以“平流進取，坐至公卿”。北朝前期魏孝文帝“制定姓族”，全盤接受並推行魏晉以來門

1　《宋書》卷九四《恩幸傳・序》。

2　《宋書》卷六〇《范泰傳》。又《晉書》卷九九《桓玄傳》：“二品子弟”，亦門地二品。

閥制度，任用官吏，“專崇門品”，形成“以貴承貴，以賤襲賤”。[1]

第二，戶籍上的士庶界限，一般說不再是以九品官品之有無，而是由血緣關係區別的門閥高低來劃分。《宋書》卷八三《宗越傳》：“本為南陽次門（即低級士族，不服徭役）。”東晉末地方長官趙倫之發覺戶籍混亂，乃命長史范覬之加以整頓。范“條次氏族，辨其高卑”，宗越被改定為“役門”，需服徭役。後來宗越以軍功升為“揚武將軍（官品四品），領台隊”，“啟太祖（宋文帝）求復次門”，許之。可見，“次門”“役門”是按“氏族”血統“高卑”決定的；而且一般並不因家族中是否有人出仕及官位高低而變化。否則，如果仍像西晉那樣，依官位區分士庶，則宗越已有四品揚武將軍軍號，自可依軍功升遷，蔭親屬、蔭客，何必請求皇帝批准改回“次門”，按特殊情況處理呢？請求皇帝特批本身，就表明按制度“役門”無法改變。這也就是說，自東晉以後，按制度庶人憑才幹雖能取得官位，卻無法升為士人，家族在戶籍上仍為“役門”。

第三，在社會風氣上，士庶界限森嚴，即所謂“士庶之際，實自天隔”。士族如與比庶人地位還低的工商雜戶通婚，劉宋時曾規定“皆補將吏”，[2] 即降為比“役門”還賤的兵戶、吏家；北魏則規定“犯者加罪”，並“著之律令，永為定準”。[3] 士族如與庶人通婚，雖打擊沒有這麼重，也會成為門閥之玷。南齊士族王源與寒族滿氏聯姻，竟遭到御史中丞沈約彈劾，請求免王源“所居官，禁錮終身”。[4]《魏書》卷三三《公孫表傳》：表孫邃、叡乃堂兄弟，只因叡母出自

1 《魏書》卷六〇《韓顯宗傳》。

2 《資治通鑒》卷一二九大明五年及胡注。

3 見《魏書》卷五《高宗紀》和平四年（463）詔、《魏書》卷七上《高祖紀》太和二年（478）詔。

4 《文選》卷四〇沈休文《奏彈王源》。

高門渤海封氏，本人又為第一流高門清河崔氏之婿，而邃母出自雁門李氏，"地望縣(懸)隔"，二人聲望便大不相同。以至善人倫的祖季真"每云：'士大夫當須好婚親，二公孫同堂兄弟耳，吉凶會集，便有士庶之異。'"所謂"當須好婚親"，更重要的倒不在吉凶會集時人們禮遇高低，而在它涉及仕進升遷的遲速、官品的上下。《魏書》卷六〇《韓顯宗傳》稱："朝廷每選舉人士，則校其一婚一宦，以為升降。""宦"指官之清濁，"婚"就是看是否有"好婚親"。這和《晉書》卷八四《楊佺期傳》"時人以其晚過江，婚宦失類，每排抑之"的記載，時間雖相差約一百年，精神可說完全一樣。此外，《南史》卷二三《王球傳》：球出身第一流高門琅邪王氏，任吏部尚書，"時中書舍人徐爰有寵於上(宋文帝)，上嘗命球……與之相知。球辭曰：'士庶區別，國之章也，臣不敢奉詔。'上改容謝焉"。又說明士庶之際，私下絕不交往。

以上特點，也可以說是門閥制度確立、鼎盛的標誌。

下面再就幾個有關重要問題，做些說明、考證或推測。

高門、次門形成的原因

按血緣關係區別的門閥，其高門、次門的形成、固定，大概和長時期內一定的人品、官品在一個家族中反復出現有極大關係。

根據現有材料，我們看得比較清楚的高門甲族的形成與固定，便是極大程度地決定於幾代人反復取得人品二品和官品一至五品這一因素。

上文已講，"二品繫資"之資，一般指的是五品以上官品，按制度德、才仍為當時定品極重要的標準。雖有資，如無德、才，一般仍無法評為人品二品以上，從而也就無法最後升至官品五至一品。當然，劉毅、段灼所說的中正官對"勢族"的逢迎、照顧，正在逐漸瓦解這種制度，但如果皇權伸張，這種瓦解過程必然較慢，或者說門閥制度不可能很快確立，因為從整個封建王朝統治着想，迅速拋棄德、才標準是十分不利的。可是東晉以後出現了一個特殊環境，加速了上述制度的瓦解過程。即由於種種機緣，東晉王朝君弱臣強，以北方一批"勢族"為主，聯合江南一批大族，把持了統治大權。如果說西晉"二品繫資"儘管對"勢族"做了很大讓步，着重考慮的仍是整個王朝利益，所以定品不放棄德、才標準的話，那麼東晉制度很大程度上考慮的便是各"勢族"利益，王朝利益必要時得服從這些"勢族"利益。於是定品注意德、才，拔擢寒素，自然也就越來越不合潮流。相反，在君權不張的情況下，"勢族"子弟定品，要比劉毅上書之時受到更多的照顧。估計東晉初期"下品無勢族"現象一定更加突出，從而使"勢族"子弟除早卒者外，升遷至官品五品以上的或然率更高。

試看以下幾個"勢族"所達到最高官位的材料（均見《晉書》各傳。[1] 每個"勢族"只舉顯赫的一兩支。1、2、3……各代表一代人，但不一定是父子關係）：

太原王氏：

1. 王昶：曹魏司空，一品（指官品，下同）。2. 王渾：西晉司徒，一品。3. 王濟：西晉太僕，三品。4. 王述：東晉尚書令，三品。5. 王坦之：東晉中書令，三品。6. 王愉：東晉尚書僕射，三品。

1　參王伊同《五朝門第》下冊《高門世系婚姻表》，金陵大學中國文化研究所，1943 年。

琅邪王氏：

1. 王祥：西晉太保，一品。2. 王裁：西晉撫軍長史，五品。3. 王導：東晉丞相，一品。4. 王洽：東晉中書令，三品。5. 王珣：東晉衛將軍、都督，二品。6. 王弘：劉宋太保，一品。

潁川庾氏：

1. 庾峻：西晉侍中，三品。2. 庾琛：東晉會稽太守，五品。3. 庾亮：東晉司空，一品。4. 庾龢：東晉中領軍，三品。5. 庾恒：東晉尚書僕射，三品。

譙國桓氏：

1. 桓顥：西晉郎中，六品。2. 桓彝：東晉散騎常侍，三品。3. 桓溫：東晉大司馬，一品。4. 桓玄：東晉太尉，一品。

陳郡謝氏：

1. 謝衡：西晉國子祭酒，三品。2. 謝裒：東晉吏部尚書，三品。3. 謝安：東晉太保，一品。4. 謝玄：東晉前將軍、都督，二品。5. 謝混：東晉尚書僕射，三品。6. 謝弘微：宋侍中，三品。

泰山羊氏：

1. 羊忱：晉徐州刺史，四品。2. 羊權：東晉黃門郎，五品。3. 羊不疑：東晉桂陽太守，五品。4. 羊欣：宋中散大夫，四品。

通過以上材料，可以看出：

第一，這些家族除個別人外，全都取得五品以上官品。這種官品和人品二品的結合，在這些家族中不斷重複，不知不覺提高了整個家族的社會地位和聲望。於是同時逐漸出現一個顯著變化：取得高官要職，不再僅看作是個人德才傑出和資歷深、功勞大的結果，而首先是家族血統高貴、稟賦異常的外在表現。上引劉穆之評謝方明為"名家駒"，與蔡廓"直置並台鼎人"，便是反映這種觀念之一例。與這種觀念上的變化緊密相聯繫，大概也是同步形成的，則是制度上的人品演化為門品。"門地二品"出現了。自負"門地高華""膏腴之族"[1] 的風氣流行了。就這樣，高檔次官品與人品的結合和反復取得，導致了高門甲族的形成與固定。

第二，同是五品以上官品，由於也有高下之分，這些家族又區別為第一流高門和一般高門。如泰山羊氏，四代人的官位都徘徊在四、五品之間，所以只是一般高門。據《世說新語・方正》第二五條，泰山羊氏與名族琅邪諸葛氏為"世婚"。《世說新語・文學》第六二條，羊氏子還與琅邪王氏聯姻。這些都是羊氏為高門之證。可是羊欣得罪司馬元顯，元顯竟以他為"本用寒人"的後軍將軍府舍人以示侮辱，這又表明羊氏並非第一流高門，否則司馬元顯絕不敢

1　分見《建康實錄》卷一〇隆安二年（398）九月、《晉書》卷七五《王國寶傳》。

如此毫無顧忌。上舉除羊氏以外的五大家族則不同。他們多數達到官品三品以上，而且每個家族都有人取得官品一品，或主持國政，或立下輝煌功勛。太原王渾在西晉有平吳之功。琅邪王導為東晉開國元勛。潁川庾亮及弟庾冰（中書監，三品；車騎將軍，二品），先後與王導、何充分主國政。譙國桓溫不但很長時間（十九年）掌握"內外大權"，官居一、二品，而且西滅成漢，北伐中原。陳郡謝安、謝玄淝水之戰，以少勝多，阻遏了北方胡族之南下，立下不世功績。這些便大大提高了這些家族的聲望，標誌了其血統之高貴，使之成為第一流高門。

第三，同是第一流高門，由於達到三品以上特別一品官品時間有早晚，門閥形成時間也就不同。太原王氏、琅邪王氏、潁川庾氏，都是在西晉或東晉初期便有人升至官品一品，並建立功勛、主持國政的家族，所以確立第一流高門地位也早。而譙國桓溫建立功勛、取得官品一品稍晚，陳郡謝安更晚，因而家族開始遭到一些輕視。如太原王述不願與桓氏聯姻；謝氏被譏為"新出門戶"。[1]可是終究因為桓氏、謝氏官高功著，其第一流高門地位，誰也無法否認，太原王氏最後仍不得不與桓氏通婚。陳郡謝氏進入南朝，更是後勁十足，與琅邪王氏一起，發展成兩支並秀的甲族之甲族。相反，潁川庾氏、太原王氏、譙國桓氏因在東晉稍晚和末年的激烈政治、軍事鬥爭中幾乎族滅，後人在南朝官位較低，很少取得三品官品，無一升至一品，所以儘管仍是高門，已從第一流寶座上跌了下來。

總之，在東晉君弱臣強的特殊環境裏，以上幾個"勢族"，由

1　分見《晉書》卷七五《王述傳》、《世說新語・簡傲》第九條。

於種種機緣，幾代人中反復取得人品二品和五品以上官品，於是逐漸形成、固定為高門甲族。其中較多取得三品以上，特別是一品官品的"勢族"，又形成、固定為第一流高門。這樣，由於個人官位顯赫而形成的"勢族"，通過家族幾代人中的官位顯赫，便起了質的變化，而發展成以家族血統高貴為標誌的高門甲族、膏腴之族了。

《新唐書》卷一九九《柳沖傳》：柳芳記北魏孝文帝定姓族云"郡姓者，以中國士人差第閥閱為之。制：凡三世有三公者曰膏粱，有令、僕者曰華腴，尚書、領、護而上者為甲姓，九卿若方伯者為乙姓，散騎常侍、太中大夫者為丙姓，吏部正員郎為丁姓，凡得入者謂之四姓"。雖然其中"四姓"之說，可能有些問題；[1] 是否主要以北魏官爵為標準重定門閥高下，也值得懷疑（見後）；但祖上如無魏晉官爵，便依三代人在北魏反復取得官位上下，確定門第高低，這恐不會是孝文帝創造，應該承襲有自，可作為前述東晉高門甲族形成、固定原因的一個側證。

以上是高門。

次門大概是由劉毅所說的"寒門"中經常評為人品三品至九品，反復充任一般最高達官品六品的家族固定而成。可舉彭城劉氏家族為例。據《宋書》紀、傳，劉裕父系、母系、妻系三代官位可查者十三人。[2] 除一人於制度尚疏的東晉初位至五品清官散騎侍郎，

1　據《資治通鑑》卷一四〇建武三年（496）"魏主雅重門族"條及胡注，"四姓"指盧、崔、鄭、王，而不是甲、乙、丙、丁。依柳芳說，"四姓"位在膏粱、華腴之下，亦與該條所載太和十九年詔（又見《魏書》卷一一三《官氏志》）推崇"四姓"而不及其他的精神不合。

2　因為劉裕父系可考者人數太少，所以把母系、妻系也一並統計。好在當時婚姻論門第，官位高下應接近。參拙作《劉裕門第考》，載《北京大學學報》1982 年第 1 期。

三人位至清濁不分、官品五品的郡太守外，其餘多數（七人）均位在官品六、七品之間（如尚書郎、治書侍御史、縣令等）；還有兩人則是東晉後期高門所不屑為的郡功曹。試將這些官位和上述泰山羊氏相比，雖然兩者有的是交錯的，如都有郡太守，可是就整體看，則有明顯區別。泰山羊氏這支可考者十八人，[1] 一人早卒，其餘十七人，官品五品以上者十二人。十二人中五人為刺史、太守，七人為清望美官（如黃門郎、中書郎），包括三品、四品各一人。剩下五人，也全為六、七品清望官（尚書郎二人，車騎掾、衛軍功曹、州別駕各一人）。對比之下，劉裕家族包括婚姻家族，主體官位在官品六、七品，且雜有低微官職。而泰山羊氏這支主體官位在官品五品，且除不計清濁之刺史、太守外，均清望官。所以一個當為次門，一個則是高門，界限是清楚的。

劉裕家族在次門中品第又是比較高的。據《宋書》卷一《武帝紀上》："初為冠軍（將軍）孫無終司馬。"冠軍將軍為位次很後的三品軍號，其司馬官品大約在七、八品之間。如所周知，劉氏家族到劉裕時已破落得很厲害，"盛流皆不與相知"。可是起家仍為司馬，這只能用門品在次門中還較高來解釋。類似情況還有劉牢之、劉毅、劉邁、何無忌、檀憑之等人。如劉牢之雖"世以將顯"，但第一流高門王恭曾當眾拜他為兄，自亦次門。他的起家是謝玄建武將軍參軍。建武將軍雖為四品軍號，但謝玄還"監江北諸軍事"，獨當一面，所以劉牢之的參軍，當與劉裕的司馬官品相仿。[2] 估計他們的門品（原為人品）當在三品。

---

1 參王伊同《五朝門第》下冊《高門世系婚姻表》。

2 參《晉書》卷八四《劉牢之傳》、《世說新語・文學》"桓玄下都"條注引《續晉陽秋》。

次門中品第比較低的大概由經常評為人品四品以下，反復充任一般是官品八、九品的家族固定而成。它們就是後來常見的"寒微士人"或"人士之末"。[1] 宗越可能本來就是類似門第，所以比較容易降為"役門"。東晉末、劉宋初的鮑照，雖起家宋臨川王（劉義慶）王國侍郎（官品八品），可是如考慮他"家世貧賤"，因劉義慶"愛其才"，給予優待，實際上與"人士之末"的巢尚之因得君主賞識而"補東海國侍郎"情況略同，應該也是"人士之末"，原來起家官恐只能是官品九品，而與劉牢之、劉裕有別。[2] 出身這種門第，一般情況下如要充任供士人銓選的官位，恐終身只能徘徊在八、九品官品之間。[3] 可是鮑照因為有才幹，所以除歷清濁不分的官品達六、七品的海虞令、秣陵令、永嘉令外，還升至一般供士人銓選的太學博士（七品）和前軍刑獄參軍（七品），超越了門第應得官品。不過也正因原來門品太低，官位也就到此為止，五十多歲死去，迄未再升進。

至於役門，本魏晉以來之庶人，亦稱寒人，當由無人品、無任何官位，或即便入仕，也只能反復充任不入流寒官的家族固定而成。因為史書中這方面記載極少，所以只能做此推測。

以上由於一定人品、官品在一個家族中反復出現而形成、固定的門第，最後都要經過一定手續，由王朝認可。東晉以後多次進行

1　分見《隋書》卷二六《百官志上》、《宋書》卷九四《恩幸傳》。

2　參《鮑參軍集》虞炎序；巢尚之情況見《宋書》卷九四《恩幸傳》。

3　其所以認定"人士之末"官位徘徊在八、九品之間，是因據《隋書》卷二六《百官志上》所記梁、陳"寒微士人"充任的流外七班，正好是東晉、宋、齊的官品八、九品，考證見後。又以理推測，士人出仕，這類門第所任官吏數量最多。可是因他們門品低，官位又不高，很難有甚麼事跡，故史書極少為之列傳。偶爾有記載，也只是其中極個別因特殊機遇而超越了門第應得官品的人物。巢尚之、鮑照即其例。我們絕不能據此便忽視"人士之末"按制度絕大多數當徘徊在八、九品官位間的事實。

土斷和整頓戶籍，主要目的是為了固定和增加剝削對象，則在這同時認可或調整高門、次門、役門等，是十分必要，完全有可能的。前引《宋書》卷八三《宗越傳》，東晉末趙倫之鎮襄陽，使長史范覬之整頓戶籍，改定宗越為役門，其事雖然不是全國性的，卻足可說明，門第之形成、固定，須經封建政權認可，後者有權整頓、調整。《南齊書》卷三三《王僧虔傳》：僧虔為會稽太守，"聽民何係先等一百十家為舊門"。被劾，"委州檢削"，"坐免官"。所謂舊門，乃士族之泛指。雖然這條材料時間稍晚，但東晉南朝制度一脈相承，南齊"舊門"之固定須要地方長官批准，其制應沿襲自東晉。

以上還表明，兩晉門閥制度之確立，有一個按官位高低區分的"勢族"、"寒門"、庶人等，向按血緣關係區分的高門、次門、役門等發展的過程。前者與後者雖不能截然分開，但也不能等量齊觀。

《晉書》卷一〇五《石勒載記下》："勒清定五品，以張賓領選。復續定九品。署張班為左執法郎，孟卓為右執法郎，典定士族，副選舉之任。"這個"士族"指的是過渡階段的"勢族"加"寒門"呢，還是確立階段的高門加次門呢？是前者而不是後者，絕不能把它理解為按血緣關係區分的士族。

首先，石勒所清定的"五品""九品"，指的是人品，而不是門品。《晉書》卷一〇六《石季龍載記上》所載石虎詔書，對我們理解石勒這一措施大有幫助。該詔書稱："魏始建九品之制，三年一清定之，雖未盡弘美，亦縉紳之清律，人倫之明鏡。從爾以來，遵用無改。先帝（石勒）創臨天下，黃紙再定，至於選舉，銓為首格。自不清定，三載於茲，主者其更銓論，務揚清激（遏）濁，使九流咸允也。"這就表明，石勒、石虎只不過照搬了曹魏之制，並無發展。“揚清激濁”中之“清濁”，也只是指的人倫上的清濁，[1] 意謂要嚴格按德、才定品。這和後趙統治狀況也相適應。當時西晉原“勢族”、世家大族之留中原者，多不願與石趙合作。為穩定統治，石趙固然不放鬆對他們的爭取，下令“不得侮易衣冠華族”，[2] 即其一例；但更重要的則是把希望寄託在願意為自己效勞的一般士人甚至庶人上。清定五品、續定九品的對象應該就是這些社會力量。主持選舉和清定人才的張賓，當即屬西晉的“寒門”，[3] 亦其證明。因而石勒所“典定”的“士族”，應該就相當於西晉人品九品、官品九品以上的官族。目的是通過定為“士族”，給予蔭親屬、蔭客特權，進一步籠絡他們，使之死心塌地忠於自己。也就是說，石勒所典定的士族身份，失官也就失去，應大體與西晉一樣，而和門閥制度確立時期的士族不同。這是因為石勒之時還不具備形成後者的條件。

從以下幾條材料，也可看出石勒以及隨後很長一個時期的士族，是按官位高低區分的：

《晉書》卷一〇五《石勒載記下》：“徙朝臣掾屬已上士族者三百戶於襄國崇仁里，置公族大夫以領之。”按“公族大夫”見於《左傳》。成公十八年載：晉荀家等為公族大夫，“使訓卿之子弟共儉孝弟”。石勒似採此制。故第一句話當理解為朝臣凡掾屬以上之家族，稱士族，統被遷徙，由公族大夫領之。此按官位定士族之

1 《晉書》卷四五《劉毅傳》：毅指責中正定品“所下不彰其罪，所上不列其善，廢褒貶之義，任愛憎之斷，清濁同流，以植其私”。石氏之清濁即此處之清濁，並非官分清濁之清濁。《論衡・累害》“清濁殊操”，《論衡・命祿》“操行清濁”，劉毅、石氏清濁之含義與此略同。

2 《晉書》卷一〇五《石勒載記下》。

3 據《晉書》卷一〇五《石勒載記下》，張賓，趙郡人，並非望族。敦煌發現的唐代姓望資料，趙郡無張氏即一側證。參見《敦煌吐魯番文獻研究論集（第二輯）》（北京大學出版社，1983 年）王仲犖、唐耕耦兩文所舉“氏族譜”。張賓父張瑤，官止中山太守。西晉重內輕外，祖上無顯宦，僅一代官止太守，也不可能是“勢族”。

一證。

《晉書》卷一一三《苻堅載記上》：苻堅建太學，"公卿已下子孫並遣受業"。"行禮於辟雍（太學），祀先師孔子，其太子及公侯卿大夫士之元子，皆束脩釋奠焉。"這"公卿以下子孫""公侯卿大夫士之元子"，以前引石勒措施例之，恐即"士族"。可見直到苻堅之時，太學入學資格仍和西晉以官位高低為標準之制同，[1] 而與東晉末桓玄置學官教授門地二品子弟之制異，則在石勒之時豈能形成按血緣關係區分的士族。

我們知道，五胡十六國時期中原王朝更迭頻繁，與東晉不同，加上胡漢隔閡的存在，所以門閥制度確立的時間也比較晚一些。《晉書》卷一二四《慕容寶載記》："定士族舊籍。"時在公元 396 年，或許這才是北方門閥制度確立的一個反映。既稱"定"，就不是沿用，而是新定。又稱"士族舊籍"，恐怕指的是後燕以前舊的戶籍上的士族。在這以前，如石勒等全都按出仕本朝的官位高低，將九品以上定為士族，而一般不承認被推倒王朝戶籍上之士族，除非他們歸附了本朝。從慕容寶開始，對舊籍上士族不再一概否定，即便未出仕新朝，根據情況，不少人仍可予以承認。"定士族舊籍"的內容或許就是如此。另外，從永嘉末年以來，留在北方的某些世家大族，如范陽盧氏、河東裴氏等，每個胡族王朝上台，全都有人出仕，而且位居公卿，經過幾代，家族聲望大大提高，成為不管出仕與否，胡族王朝全得考慮依靠或拉攏的力量。這些情況，大概就是慕容寶之所以要"定士族舊籍"的一個客觀動因。當然，南方東晉

1　西晉官品五品以上入國子學，六品以下入太學；前秦只有太學，卿大夫、士以上元子入學。兩者具體規定雖不同，但按官位入學之精神是相同的。

門閥制度的確立，對之也有很大影響。

役門之出仕及出仕後免徭役問題

在門閥制度確立之後，高門、次門、役門等已經固定，一般並不因家族中是否有人出仕以及官位高低而發生變化。這種制度十分有利於高門甲族，而不利於次門、役門等。許多特權，特別是出仕中升遷迅速，輕易取得美官、高官等特權，被高門甲族壟斷，長期把持，次門特別役門等，很難染指。不過，為了維護整個王朝的統治，高門甲族又不能把甚麼事務都包下來，特別是他們鄙薄的武事、吏事，必須依靠次門、役門以至兵戶、吏家去承擔。為了鼓勵他們的積極性，在長期實踐中形成以下制度：

第一，雖為役門等，但如果仕至官品九品以上，在職期間，本人和家族沿用西晉太康舊制，仍可免徭役（官品九品以下大概不能蔭族）。只不過去職之後仍須按"役門"等門第服徭役。和高門、次門無論在職、去職均享有免役權相比，這種優待是很有限的，可是畢竟對役門等為王朝服務的積極性，是一個不小的刺激。

第二，推行西晉已經萌芽的官分清濁之制，使之逐漸確立。[1]這一制度一方面可以刺激役門等貢獻個人才能為王朝效力的積極性。因為根據這種制度，高門所不願為、不屑為的武官和吏事煩雜的文官，雖不是清官，但品級並不低，有的高到三品以上，在統治人民、指揮戰爭上，權力很大。另外還有不分清濁的地方官（縣令、

1 周一良《南齊書丘靈鞠傳試釋兼論南朝文武官位及清濁》一文有詳論，載《魏晉南北朝史論集》，中華書局，1963年。

太守、刺史），取得一定官職的役門等，也可升任。[1] 另一方面又不影響高門甲族的優越地位。因為役門等不得為清官，清官必須由士族銓選。清官不但社會聲望遠高於官品高的濁官、武官，而且升遷迅速，易於飛黃騰達。特別是朝廷大權掌握在高級士族手中。他們雖鄙薄武事，但還是通過文武兼任或文武迭任的方式，緊緊抓住軍事長官（如各地都督）的位子。這些就使役門等官位雖高，也只能從屬於高級士族，為他們服務。《晉書》卷六六《陶侃傳》：庾亮抵抗蘇峻失利，"亮司馬殷融詣侃謝曰：'將軍（指庾亮，時以護軍將軍為征討都督）為此，非融等所裁。'將軍王章至，曰：'章自為之，將軍不知也。'侃曰：'昔殷融為君子，王章為小人；今王章為君子，殷融為小人。'"殷融出身陳郡殷氏，是名族；所任將軍府司馬，也是士族常出仕的幕僚性質之武官。王章事《晉書》僅此一見，不知詳情，推定出身將門。陶侃的意思是，殷融本來出身名門，故是君子，王章出身將門，故是小人。但現在殷融作為幕僚，打仗失敗後，歸過於府主，而王章卻風格甚高，肯替庾亮承擔責任，故從思想品質言，兩人倒換了位置。按王章敢於替庾亮承擔全部責任，陶侃也沒有斥他不夠資格，可見其將軍官品不低，權力不小，但他從門第言，仍是小人，和殷融存在士庶之別。《晉書》卷六三《郭默傳》："少微賤，以壯勇事太守裴整，為督將。"以後雖逐漸升至官品頗高的後將軍（三品）領屯騎校尉（四品），但仍被官品與他相

1　關於地方官不分清濁的原因，宮崎市定以為是西晉行甲午制，"凡選舉皆先治百姓，然後授用"（《晉書》卷四三《王戎傳》），世族、寒門均得先經宰縣，故無法分清濁。其實西晉官分清濁僅處萌芽時期，地方官恐怕還不存在是否分清濁的問題。而到東晉，並未繼續推行甲午制。地方官之所以不分清濁，很可能是因為統治地方，事務極煩雜，邊境還有戰爭，原則上無法排斥讓有才幹的役門、將門充任；但地方上有豐厚剝削收入，高門也有不少力爭當外官的，因而清濁之分也就無法適用於地方官。

等，然出身大族的平南將軍劉胤視為小人。這種制度和風氣，正是又拉攏“小人”，又保證“君子”優越地位的手段。

第三，如果役門等因功勳能夠升至官品九品以上，甚至五品以上職位，子弟又能小心謹慎，將以上官位接連保持二三代，還可以改換門庭，成為高門或次門。如彭城到彥之曾以擔糞自給，顯屬役門。但自因軍功封侯，升至護軍將軍（四品），第二代位至州刺史（四品），第三代位至五兵尚書（官品三品），到氏便升為高門。[1]這種制度與風氣，對役門等為王朝服務的積極性，是個更大的刺激。當然，由於高門甲族的壓抑與排斥，以及當時役門等家族本身文化素質的限制，取得高官要職並維持二三代的，幾如鳳毛麟角；但將六至九品官位保持二三代，升為次門的，雖然不多，卻也不能算很稀罕，特別是在南朝。

以上為役門等出仕的制度。

至於次門，本為士族，無論出仕與否，均免徭役，自比役門等優越。但在高級士族掌握統治大權的東晉，同樣受到壓抑，仕途升遷困難，因此對待他們也有個如何調動其積極性的問題。估計上述關於役門等出仕的制度，有的固然與次門無關（如出仕九品官以上免徭役），有的則大體也適用於他們。如次門雖有取得清官資格，但所得官位除清度低外，品級也不可能高，因為高級清官多為高門把持。因此次門也往往把出仕武職或清濁不分的地方長官，作為晉升的終南捷徑。而且應該說，在東晉，通過這一途徑取得高官的，次門因為條件稍優，數量要多於役門。同樣，次門二三代中保持五

1 《南史》卷二五《到彥之傳》：彥之孫到撝竟譏琅邪王晏官職“清華所不為”。姪到溉位吏部尚書。到氏門閥自已成高門。

品以上高官升為高門的，可能性也大於役門等，南朝前期材料稍多，見後。

以下着重討論一下役門等出仕後的免徭役問題。

如上所述，役門如仕至官品九品以上，去職後不能免徭役，但在職期間，依太康制度，是可以蔭三族的。然而自劉宋元嘉年間起，發生了對役門不利的變化。

《宋書》卷九五《索虜傳》：

> （元嘉二十七年）軍旅大起，王公妃主及朝士牧守，各獻金帛等物，以助國用。……又以兵力不足，尚書左僕射何尚之參議發南兗州三五民丁；父祖伯叔兄弟仕州居職從事，及仕北徐、兗為皇弟皇子從事，庶姓主簿，諸皇弟皇子府參軍督護、國三令以上相府舍者，不在發例，其餘悉倩暫行徵。

唐長孺先生認為："雖然這裏沒有說凡充任上舉官職的才是士族，但既承認其免除兵役權利，實際等於宣佈這些官職是最起碼的士族標識。"又指出"寒人"如仕至這些官職，"也當認作准予蔭三族的起碼士族"。[1]

此說可酌，這似是把役門、寒人仕至這些官職免役，與是否士族這樣兩個不同的問題混淆了。誠然，士族中層次低的，往往充任這些官職，甚至高門也有起家或歷官州從事的，然而仕至這些官職

1　參唐長孺《士人蔭族特權和士族隊伍的擴大》，載《魏晉南北朝史論拾遺》，中華書局，1983 年，第 71 頁及 72 頁注一。雖然唐先生在做出上述論斷前曾說"規定最起碼的士族起家官是在元嘉二十七年"。似乎要討論起家官，可是因為何尚之議一個字也沒有涉及起家問題，所以在具體分析中實際上主張仕至這些官職就是"起碼士族"。

的，卻不限於士族，也可以是役門、寒人。如《宋書》卷八三《武念傳》：念乃"三五門"，即仕至宋孝武帝當皇子時，軍號撫軍將軍，任雍州等州都督的"參軍督護"。唐先生自己也舉了好幾個寒人仕至參軍督護、國三令的例子。可是這些人怎麼能因此便"認作准予蔭三族的起碼士族"呢？試看下例：

《南史》卷三六《江斅傳》：宋末齊初，寒人紀僧真得君主寵幸，自小吏仕至中書舍人（官品七品，士庶雜選）、尚書主客郎（六品清官）、太尉中兵參軍（官品七品），官位都高過皇弟皇子府參軍督護、國三令。可是他仍非士族。他對齊武帝說："臣小人，出自本縣武吏，邀逢聖時，階榮至此。……即時無復所須，唯就陛下乞作士大夫（意即將門第改為士族）。"帝曰："由江斅、謝瀹，我不得措此意，可自詣之。"結果紀僧真碰了一鼻子灰，歎曰："士大夫故非天子所命。"

考永明年間，江斅任司徒左長史，謝瀹為吏部尚書。當時紀僧真必仍為役門或吏家，武帝是要他找江斅等將出身或門第改為士族，[1] 而江斅予以拒絕。《江斅傳》又稱："時人重斅風格，不為權幸降意。"這既說明當時權幸改變門第的不在少數，一般司徒左長史、中正無此"風格"，所以江斅為人所重。另一方面又說明如不經一定手續，即使在君主示意下仕至清官，甚至更高的三品以上文職大臣（如南齊王敬則、陳顯達，均位三公），也非士族。

再舉一例：

1 這當中定有一套制度和手續，因史料闕如，試推測如下：凡士族均有門品，歸司徒左長史掌管，吏部尚書則據品銓選。而役門等仕至官品九品以上，大概仍無門品，與司徒左長史不發生關係，直接由吏部尚書根據另一套制度銓選。要改士族，不但要司徒左長史准予定門品，而且也要吏部尚書將其銓選由役門等改為士族銓選系統，這就是為何要找江斅、謝瀹兩人之原因。

《文選》卷四〇《奏彈王源》一文反映南齊士族王源因與寒人滿氏聯姻，遭到御史中丞沈約彈劾，此事前已提及。而據沈約文，滿璋之官“王國侍郎”。如是皇弟皇子王國，則侍郎官位高過“國三令”；如王國等級較低（如嗣王），侍郎官位也大體與皇弟皇子“國三令”相等。如果仕至這一官職就被認作“起碼士族”，便不會發生彈劾問題。實際情況是：沈約雖提到了這一官職，卻不把它當一回事，仍從血緣上揭發：“竊尋璋之姓族，士庶莫辨……王滿連姻，實駭物聽。”這又證明仕至這些官職的寒人仍是役門、庶人，不是士族。

那麼何尚之的建議如何理解呢？

便是要求進一步改變西晉太康制度，壓縮官吏蔭族特權。情況大概是這樣的：在這之前，即使役門，凡官至九品以上，在職期間均可蔭族，這是沿襲太康舊制。可是自東晉門閥制度確立以後，高門、次門不管出仕與否均可免役；再加上戰爭頻繁，役門等立功升至官品九品以上者日多，這樣，可供王朝役使的對象便在減少。到元嘉二十七年，軍旅大起，“兵力不足”，怎麼辦呢？對士族不敢碰，便在役門頭上做文章。依何尚之議，僅只徵發“三五民丁”，即“三五戶”亦即役門之民丁，但實行一個新制度，即將三五戶中本來出仕至九品以上官位所享有的蔭族權予以壓縮，改定為大體官品七、八品的州從事、皇弟皇子“國三令”等方能享有。為了緩和這些被剝奪蔭族權之寒官的不滿，規定“悉倩暫行徵”，意即只此一次，下不為例，而且限於兵役。可是因為整個說來，徭役、兵役等需大於供，這個口子一開，便收不住了，不但後來徵行照此辦理，而且也適用於其他徭役、雜役。太康制度便改變了。這是門閥制度確立，高門甲族掌握大權（何尚之即高門），壓制役門、寒人的又一表現。據《宋書》卷五四《羊玄保傳附羊希傳》記載：希為尚書左丞，在離元嘉二十七年不久的大明初建議改變舊制，允許官吏佔山護澤，官品第一、第二聽佔山三頃，依次遞減，七、八品聽佔一頃五十畝，而九品卻與"百姓"同，僅聽佔一頃。這種壓制絕大多數由役門、寒人充任的九品官吏特權的作法，與何尚之議的精神正好遙相呼應（泰山羊氏亦高門），可作為前述對元嘉二十七年改制新看法的一個旁證。

附帶一說，史學界有認為出身州從事是起碼的士族標誌，我覺得這個論斷尚可斟酌。按《隋書》卷二六《百官志上》，蕭梁天監官制改革後，門地二品者官分十八班，門地不登二品者為"寒微士人"，又有流外七班安置他們。這流外七班，大體相當於晉宋八、九品官位（考證見後）。我們知道，"寒微士人"也是士族，數量較多。《南齊書》卷四六《陸慧曉傳》：山陰一縣課戶二萬中資產超過三千者，佔一半以上乃至三分之二。可"凡有資者，多是士人復除"。從這句話雖無法斷定其絕對數字，但絕不止三百、五百戶是可以肯定的。其中大多數當為層次比較低的"寒微士人"。這些士人，據天監官制，需經歷了流外七班，方能登流內一班。州從事屬於哪一班呢？如按南兗州班次最低的文學從事和皇弟皇子北徐、北兗州班次最低的文學從事言，分別是流外六班和五班，略相當於劉宋官品八品。如按揚州、南徐州西曹祭酒從事、議曹從事言，則是流內一班，略相當於劉宋官品七品。把起碼士族之標識定為出身州從事，則出身梁流外四班至一班，或劉宋官品九品的"寒微士人"，豈不被排斥於士族之外，成了役門了嗎？這不可能，也不符歷史事實。為了進一步證實這個問題，還需對唐先生據以論斷的兩條材料加以考證。一條即《宋書》卷九五《索虜傳》何尚之參議，上面已經指出它一個字也沒有涉及起家官，其中免役資格與是否士族不是一回事。另一條材料為《南史》卷四九《庾華傳》，原文如下："後為荊州別駕……初，梁州人益州刺史鄧元起功勛甚著，名地卑瑣，願名掛士流。時始興忠武王憺為州將，元起位已高，而解巾不先州官，則不為鄉里所悉，元起乞上籍出身州從事，憺命華用之，華不從……遂止。"

這段記載具體史實有誤，見《廿二史考異》卷三七，但不影響我們討論的問題。唐先生把"名掛士流"理解得太實，以為鄧元起只想要個"起碼士族"身份，以便"取得士族蔭族特權，首先是免役特權"。可是原文明明說"解巾不先州官，則不為鄉里所悉"，首先是為了社會聲望。如果這一動機是事實，則在大量寒人通過非法手段"改注籍狀，詐入仕流（'起碼士族'）"[1]的南齊，僅僅改為"起碼士族"是否能滿足他的願望呢？考南齊永元末鄧元起已歷官槐里令、弘農太守、武寧太守（官品五品），地位雖不高，也不算低。[2]所以所謂"願名掛士流"，恐怕不只是想取得一個"起碼士族"或"寒微士人"身份，而是一句謙詞，實際上是想取得較高門品和地望，讓"鄉里"羡慕。試看鄧元起終於爭取到的皇弟皇子荊州議曹從事，據《隋書》卷二六《百官志上》載，在梁流內一班，略當宋齊官品七品，大體是層次較高之低級士族或一般高門的起家官。《宋書》卷七六《王玄謨傳》：玄謨出身太原王氏不發達的一支，上代多郡太守，玄謨起家徐州從事史。《南史》卷三五《顧琛傳》：琛出身吳郡顧氏，曾祖和，晉司空，祖、父並七品清官，琛"起家州從事"。《南

1　《南齊書》卷三四《虞玩之傳》。

2　《梁書》卷一〇《鄧元起傳》。

史》卷三一《張岱傳》：岱出身吳郡張氏，祖敞度支尚書，父裕都官尚書，均官三品，岱起家州從事。由此可見，州從事是一種起點稍高的起家官，恐不是"起碼士族"或"寒微士人"的標誌。

士族隊伍的變化和梁武帝改制

在東晉社會漸次形成、固定的高門、門地二品，直到東晉末年數量仍是不多的。如前面已引，東晉末，桓玄為了籠絡人心，"置學官，教授二品子弟數百人"，據《通典》卷三七《職官一九》，晉代內外文武官 6836 人（官品九品以上），其中內 894 人，外 5942 人。我們無法知道桓玄的"二品子弟"是否包括外官中門地二品，姑且全按內官計，如一官有子弟二人，則全部內官共得子弟 1788 人，[1]"數百人"只能是其中一部分。如果數百人中再扣除雖門地二品，然未出仕戶之子弟，則不難看出九品以上內官中大部分必由門地三品以下官吏組成。然而正是這少數門地二品，特別是其中第一流高門掌握統治實權，形成東晉"門閥政治——皇權政治的變態"。[2]可是到東晉末年，隨着高級士族，特別其中第一流高級士族的腐朽，門閥政治無法維持下去了。大體從東晉末至南朝前期士族隊伍發生如下變化：

第一，隨着宋、齊兩代皇權政治的恢復，原為低級士族的皇族，淩駕於高級士族之上，成為享有種種特權的特殊高級士族，只

1 《通典》記載的當是西晉官數，但東晉大概減少不多，因《通典》同卷記劉宋內官 823，外官 5349，東晉當相仿，故此處不再區別。

2 田餘慶《論東晉門閥政治》，載《北京大學學報》1987 年第 2 期。

是文化素養、儒學傳統一時還跟不上，特別是在劉宋。[1] 這一狀況在政治上形成兩個特點：一是皇帝重視吏事，往往信用氣質比較接近、長於吏事的寒人、役門為近臣（如中書通事舍人），甚至倚為顧問，造成“寒人掌機要”之局面。另一特點是皇族本身也長於吏事，他們與皇權存在矛盾甚至尖銳矛盾，但在一定條件下，又往往成為皇帝信用的另一對象，而且官位遠高過寒人近臣。以劉宋六十年統治言，皇族任尚書令或錄尚書事之時即佔三十六年。揚州刺史掌握京都地區軍政大權，前後十七人，皇族即佔十二人。[2]

第二，在宋、齊，原東晉第一流高門太原王氏、潁川庾氏、譙國桓氏都沒落了。王、謝兩族雖仍顯赫，但真正得君主信任，執掌實權的，卻極少，並各有其特殊原因。如齊代的王儉，前後任尚書僕射、尚書令共十年，除了本人才幹外，主要是以死心塌地投靠蕭齊，為宋、齊禪代竭盡智力的代价換來的。這種情況，在第一流高門中極為罕見。由於此故，陳郡謝氏在宋、齊兩代無一人任尚書令、僕射。其他琅邪王氏即便入選，也多為形式。如王球即一著例：為僕射，裝病，“朝直至少”，以至錄尚書事江夏王義恭要“以法糾之”，因宋文帝稱他為“時望所歸”，“遂見優容”。[3]

第三，低級士族和高級士族中聲望稍低的家族，相繼配合皇族執掌大權。如上述劉宋的尚書令或錄尚書事，皇族充任以外的二十四年中，徐羡之、傅亮、柳元景、袁粲任職一共佔去十六年。

---

1 《宋書》卷四一《明恭王皇后傳》：王皇后出身琅邪王氏。明帝在宮內“裸婦人觀之，以為歡笑”。王皇后“以扇障面”曰：“為樂之事，其方自多。豈有姑姊妹集聚，而裸婦人形體，以此為樂。外舍（指娘家琅邪王氏）之為歡適，實與此不同。”明帝大怒。而皇后兄王景文聞之則讚后“剛正”。此即兩種門閥差別的一個表現。

2 見萬斯同《宋將相大臣年表》，《二十五史補編》第三冊。

3 《南史》卷二三《王球傳》。

徐羡之、傅亮被琅邪王氏輕為“中才寒士”“布衣諸生”，實屬於一般高門。袁粲雖出自著名高門陳郡袁氏，但袁粲這一支卻“飢寒不足”，走向衰敗，父袁濯早卒未仕，母“躬事績紡，以供朝夕”。袁粲於宋孝武帝世飛黃騰達，升至吏部尚書。因淩辱“寒士”，孝武帝大怒，揭其底曰：“袁濯兒不逢朕，員外郎（即員外散騎侍郎，官品五品）未可得也，而敢以寒士遇物！”[1] 這話一方面表明袁粲門第並不顯赫，另一面也反映或許孝武帝正是有意識重用這一類門第的人，以壓制第一流高門的。後來宋明帝臨終賜“門族強盛”的尚書左僕射琅邪王景文死，相反卻以尚書令袁粲為主要顧命大臣，可能也與這種指導思想有關。柳元景上代最高位不過清濁不分的郡太守，本人以武功顯，原來當是低級士族。[2] 仕於東晉南朝的這一支河東柳氏，似自元景以後方升高門。

劉宋六十年，尚書僕射中原次門更多。如孟顗、劉延孫、劉遵考、劉秀之、顏師伯、劉勔、柳世隆均是。其中顏師伯就是一個頗有軍事、政治才幹，深得宋孝武帝寵幸，而又被袁粲輕視的“寒士”。劉延孫與皇室本非同族，但因有軍事政治才幹，宋孝武帝與弟竟陵王劉誕發生矛盾時，竟破例“與之合族”，以便用他為“非宗室、近戚不得居之”的南徐州刺史，以防劉誕（時誕為都督南兗州等六州諸軍事，南兗州刺史，鎮廣陵。南徐州刺史所居京口與廣陵正好隔江相對）。從劉延孫兩任尚書僕射，官至侍中、車騎將軍，並兩領徐州大中正推測，他這時肯定已由次門升為高門了。像顏師

1　見《南史》卷二六《袁粲傳》。

2　《新唐書》卷七三上《宰相世系表》稱柳氏西晉有吏部尚書柳軌、侍中柳景猷，恐不可靠。《晉書》無柳景猷其人，柳軌只是尚書郎，見《晉書》卷四〇《賈充傳》。據萬斯同《晉將相大臣年表》，西晉吏部尚書也無柳軌。所以柳元景姪柳慶遠，《梁書》本傳稱他“世為將家”。

伯、劉延孫這類原低級士族，數量多於一般高門；而且和東晉之時比，儒學修養、文化素質正在日益提高，已越來越成為鞏固封建王朝統治的重要力量。

第四，不少役門、寒人靠吏幹、軍功升至較高官位，經過鑽營，依合法手續，將戶籍改為士族。如上述宗越請宋文帝特批，鄧元起請隨王蕭子隆照顧均是。此外，還有更多役門、寒人通過賄賂等非法手段，改注戶籍。據沈約說，不過"用一萬許錢"賄賂，便可使"昨日卑微，今日仕伍"。因為人數相當多，竟造成"宋齊二代，士庶不分，雜役減缺，職由於此"。[1] 不過，以上兩類役門、寒人轉成的士族，一般說社會聲望還較低，絕大多數乃是寒微士人，政治上作為、影響不大。

總之，在皇權政治得到恢復的宋、齊兩代，士族隊伍發生的變化是：原東晉一流高級士族聲望雖然更高，實權卻進一步喪失。原為低級士族的皇族彭城劉氏、蘭陵蕭氏，轉為特殊高級士族；聲望較低、腐朽性較少的原某些高級士族（如陳郡袁氏袁粲這一支，河南褚氏褚湛之、褚淵這一支等），上升為著名高門；數量稍多，有軍事政治才幹的原低級士族，有的已上升為高門，有的極力想升為高門。以上三類士族，一般說，以皇族為主，相互配合，乃是支持皇權、鞏固王朝統治的主要力量。此外，不少役門、寒人轉為寒微士人，少數且通過吏事、軍功顯示了自己的力量，取得九品以上甚至更高官位。不過總的來說，在南朝前期，這一類人政治影響還不大。

對於以上士族隊伍的變化，封建王朝怎麼適應呢？除了宋、齊

1　見《通典》卷三《食貨三》。

兩代對非法混入士族隊伍的役門不斷採取整頓戶籍辦法加以清理外，最突出的一項措施，便是梁武帝天監初總結宋、齊兩代經驗教訓，面對現實，實行了官制改革，特別是天監七年（508），更進一步將魏晉以來的官品九品改為十八班。據《隋書》卷二六《百官志上》，整個改革具體內容主要有二：

第一，魏晉以來官品九品與人品九品相適應，而改革後的官品十八班，只有人品二品，在當時即門地二品方可銓選。“其不登二品者”，即門地三品以下，只能銓選流外七班。

第二，改革後的官品十八班，並不是原來官品九品一分為二，而是大體把原來官品七品以上官位打亂，重新排列組合而成。原官品八、九品官位，則多半降為流外七班。

關於後一問題，需加考證。

宮崎市定氏曾斷定：十八班是宋、齊官品六品以上重新組合而成，七品以下則入流外七班和蘊位、勛位。[1] 此說可酌。

事實是，這一分界線大體上說不在六、七品之間，而在七、八品之間。亦即十八班大體是由宋、齊官品七品以上重新組合而成。《宋書》卷四〇《百官志下》載官品七品凡十類官，絕大多數進入梁制十八班，便是明證：

1. 諸卿尹丞

梁太常丞在五班；宗正、太府、衛尉、司農、少府、廷尉等丞在四班；光祿丞、太僕、大匠丞在三班；鴻臚丞在二班；太舟丞在一班。

1 宮崎市定《九品官人法的研究》，第 265 頁。

2. **太子傅、詹事、左右二衛率諸官之丞**

梁太子太傅、少傅丞在五班；太子詹事丞在四班。太子左右二衛率丞，梁制失載；但"太子二率殿中將軍"，梁在一班。而據與梁十八班相適應的陳官制九品，有"太子左右二衛率殿中將軍及丞"在第九品[1]，可見太子二率殿中將軍與太子二率丞品級相等，前者梁在一班，則後者自亦當在一班。

3. **諸軍長史、司馬六百石者**

梁制失載。但據陳制諸軍長史、司馬六百石者，有的在八品，有的在七品，可證梁制必在流內。

4. **諸府參軍**

梁諸府等級高下不一。最高者為皇弟皇子府，以下遞為嗣王府、庶姓公府、皇弟皇子之庶子府、蕃王府，最低為庶姓持節府。其參軍除庶姓持節府在流外七班外，其餘都在流內，高的如皇弟皇子府正參軍還在四班。

5. **戎蠻府長史、司馬**

梁制只載諸戎蠻府中品位最低的"雜號護軍"如鎮蠻護軍、安遠護軍的司馬在流外七班，[2] 然據陳制，諸戎蠻府長史、司馬六百石者，俱在八品，可證梁制這類官一般亦應在流內。

6. **公府掾屬**

梁制在六班。

---

1 中華書局標點本《隋書》第三冊第 746 頁此處作"太子左右二衛率、殿中將軍及丞"，其中"、"誤，應刪。因"殿中將軍及丞"乃太子二衛率屬下之殿中將軍及丞，加上頓號，只會造成混亂。

2 "雜號護軍"，見《宋書》卷四〇《百官志下》。

7. 太子洗馬、舍人、食官令

梁制太子洗馬在六班，太子舍人在三班，太子食官令不載。但《宋書》卷四〇《百官志下》稱：太子食官令“職如太官令”，而梁太官令在一班，食官令當相若。

8. 諸縣（署）令六百石者[1]

梁制太官、太樂、太市、太史、太醫、太祝等諸署令在一班。縣令不載。然陳制縣令六百石者在九品，可推知梁當在流內。

9. 謁者

梁、陳制均不載。可採迂回辦法推算。據《宋志》謁者僕射在五品，謁者在七品，相差兩品。梁制謁者僕射在六班，如按相差四班至五班計，謁者亦當在流內。

10. 殿中監

梁制但有殿中外監，在寒人充任的三品蘊位，殿中內監在寒人充任的三品勛位。《唐六典》卷一一也稱由“位不登（流外）七班者”充任。《通典》卷二六《職官八》則稱：梁陳殿中監“資品極下”。可見這一官職由晉宋官品七品跌到梁陳的蘊位、勛位，屬於特殊變動，不能反映官制改革的一般情況。

由上可見，宋制官品七品的十分之九均轉入梁改革後官制的流內一班以上。

再考察《宋志》的官品八品。

1 “署”字今本《宋書》卷四〇《百官志下》無。按《百官志下》官品表第六品中有“諸縣署令千石者”，六百石、千石相對，可知六百石上當脫一“署”字。又《通典》卷三七《職官一九》晉官品表第六品下有“諸縣置令秩千石者”，第七品下有“諸縣置令六百石者”，和宋志所載比較，知“置”均“署”之訛。晉有“諸縣置（署）令六百石者”，則宋當亦有之。

1. 內台正令史

梁在三品蘊位。

2. 郡丞

梁制不載。陳制萬戶郡丞和不滿萬戶郡丞分別在七、八品，可推定梁制亦當在流內。

3. 諸縣、署長

梁制不載。據《續漢書》志二八《百官志五》，縣長秩四百石或三百石，署長四百石。陳制五千戶以下六百石縣令在九品，則不滿六百石之縣長自在九品以下，亦即梁當在一班以下。諸署長位次於諸署令，諸署令梁在一班，則署長亦當在一班以下。

4. 雜號宣威將軍以下

據《通典》卷三七《職官一九》，門品二品銓選的軍號二十四班，與宋、齊軍號的對應關係是：二十四班相當宋齊驃騎、車騎等。二十三班相當四征等。……十六班相當征虜，十五班相當冠軍，十四班相當輔國，十三班相當寧朔。十二班以下未言相當宋齊何軍號。但依十六至十三班的對應比例，據《宋志》雜號宣威將軍以前尚有建威至淩江共軍號十八，則到宣威將軍以下，其相當的軍號自應由"不登二品"者銓選，亦即其官相當於流外。

由此可見，宋制官品八品基本上轉為梁改革後官制的流外官。

至於宋制官品六品，十四類官，雖然幾乎全轉為梁改革後官制的流內官，但一般班次均高於和宋制官品七品對應的流內官，最高的達到十一班（皇弟皇子師），九班、八班也頗多。而後者最高才只有六班（公府掾屬、太子洗馬）。

綜觀宋制官品六、七、八品和梁改革後官制之對應關係，可以肯定，梁制十八班不是宋制六品以上，而是七品以上官品的重新組合。

這樣改革，有着歷史根據。

自漢以來，官秩二千石（相當於官品四、五品）與千石（相當於官品六品）之間固然有着一條重要界線，而官秩六百石（相當於官品七品）與四百石（相當於官品八品）之間，也存在一條重要界線。《漢書》卷八《宣帝紀》：黃龍元年（前 49）詔"吏六百石，位大夫，有罪先請，秩祿上通，足以效其賢材，自今以來，毋得舉"。表明六百石是大夫等級，享有先請特權。甚麼叫"秩祿上通"？《禮記・儒行》"上通而不困"。鄭注："上通，謂仕道達於君也。"據此可知"秩祿上通"便是其官職是直接效力君主，政績可上達於君主之意。按漢代公府與州郡辟除掾屬，秩祿最高四百石（公府東、西曹掾），見《續漢書》志二四《百官志一》。這些掾屬有事只與辟主相通，相互有君臣關係，相當於先秦的"陪臣"，由"士"充任，而不能上通於君主。漢宣帝不許舉六百石官吏，就是為了給這些掾屬之察舉開闢道路，[1] 反過來也就證明二者之間存在一條重要界線：六百石以上是大夫，四百石以下是士，多數是"陪臣"。

這條界線也體現於晉宋禮制中。《晉書》卷二一《禮志下》：西晉元會朝賀，二千石以上與千石以下固然有着截然不同的禮制，已見前考；另外六百石即官品七品以上與四百石即官品八品以下禮制的不同同樣突出，這就是除服務人員（如一些郎官等）外，凡元會正式成員，亦即在殿前設有位次者，均六百石以上官吏，而無四百

1 當然，這並不意味四百石以下全不能上通，如少數四百石、三百石之縣長、郎中等，亦可上通，宣帝詔只是大體劃一界線。《後漢書》卷一上《光武帝紀》：建武三年將"先請"範圍擴大到秩祿三百石，但只限於"墨綬長、相"，即直接效力君主可"上通"的官吏，精神同。

石以下官吏位次。這恐怕仍是漢代大夫上通之制的延續。[1]

通過以上改制，梁武帝將十八班界線劃在宋、齊官品七品以上，規定由門品二品之人充選，實際上就是將原來一般情況下最高能升至官品六、七品，即層次較高的低級士族（門品約三品），吸收到門品二品即高級士族行列中了。[2]這是因為在宋、齊兩代低級士族的儒學修養、文化素質、統治經驗日益提高，越來越表現出他們在鞏固封建王朝統治中的才幹和作用，因此梁武帝為了自己朝廷的利益，採取承認現實的政策，在繼續拉攏琅邪王氏、陳郡謝氏等第一流高門，也不忽視重用某些有才幹、有作為的一般高門的同時，不得不進行改制，大幅度地拉攏、討好這一社會力量。具體變化大概是：凡原來上代往往充任宋、齊六、七品官位，本人官位又在改制後的十八班以內，便由低級士族升為門地二品，成高級士族，從而為合乎制度地取得五品以上特別三品以上官品，準備了資格、條件。梁武帝在位期間最信用的一批參與機密的大臣，除周捨為一般高門外，其他原來多為這類低級士族。如徐勉，被梁武帝目為"寒士"；朱異，自稱"寒士"；范雲"起家（宋武陵王贊）郢州西曹書佐，轉法曹行參軍"，俱見《南史》本傳。如起家法曹行參軍，還有可能是一般高門，起家州西曹書佐（即西曹或西曹從事，亦即漢代

---

1 《晉書》卷二五《輿服志》規定車制，也只有六百石以上官吏制度。又《晉書》卷二〇、卷二一《禮志》中、下篇兩見以官品六品以上為界線，但都只涉及局部問題（一為晉成帝杜皇后死，選六品子弟為輓郎；一為晉孝武帝於太學行釋奠禮畢，會六品以上官吏），和漢代以來一般的大夫上通之制並不矛盾。

2 《南史》卷五九《王僧孺傳》：梁武帝詔僧孺"改定百家譜"。僧孺曾"通范陽張等九族"以代"雁門解等九姓"，或即反映官制改革內容的一部分。當然，梁武帝的改革也可解釋為進一步擴大高級士族特權，將官品六、七品的銓選也從低級士族手中奪走，完全轉歸高級士族。可是這和東晉以來士族的整個發展趨勢（高級士族沒落，低級士族逐漸取而代之）不合，是不可能的。觀梁武帝全部政策自明。如他即位前就上書反對"甲族以二十登仕，後門以過立試吏"，為"後門"即低級士族鳴不平，即一例。

功曹書佐，見《宋書》卷四〇《百官志下》，梁在改制後的一班），原來只能是低級士族。梁代這些人都升至五品以上高位，如范雲，尚書右僕射，三品；徐勉，尚書僕射，十五班，右光祿大夫，十六班；朱異，中領軍，十四班。而且門閥也改變了。《南史》卷五六《張纘傳》：纘出身范陽張氏，"本寒門（低級士族）"，弟張綰曾被人目為"寒士"。[1] 可是因父張弘策助梁武帝奪天下有功，三子包括纘均起家秘書郎（乃著名高門起家官），纘、綰均位吏部尚書、尚書僕射。門閥未升二品，是不可能得此任命的。《資治通鑒》卷一六一梁武帝太清二年：梁武末年，欲利用侯景，景"徵求無已，朝廷未嘗拒絕。景請娶於王、謝，上曰：'王、謝門高非偶，可於朱、張以下訪之。'景恚曰：'會將吳兒女配奴！'"侯景生氣的是未能與第一流高門王、謝聯姻，並不意味朱、張門閥低；相反，從梁武對侯景徵求一直給予滿足推測，朱、張肯定門閥也比較高，只不過稍遜王、謝而已。"朱、張"，胡三省注："謂朱異、張綰之族也。"這不但再次印證范陽張氏門閥升得相當高，而且也表明朱異自稱"寒士"，是就過去的門閥而言，或就與原高門交往中仍被目為寒士而言（此即朱異所謂"諸貴皆恃枯骨見輕"[2]），其實在戶籍記注上，在吏部銓選文書上，他已和范陽張氏一樣，升為相當高的門閥了。[3]

總之，梁武帝改制，乃是東晉末至宋、齊間士族隊伍變化在官制上的反映。它表明，宋、齊門閥制度雖仍處鼎盛時期，高級士族仍佔據高官要職，享有種種特權，但已極大程度上要受皇權支配和

1 《周書》卷四二《劉璠傳》。

2 《南史》卷六二本傳。

3 周一良《論梁武帝及其時代》，載《魏晉南北朝史論集續編》，北京大學出版社，1991 年，有關問題考證、分析極詳。

限制，特別是隨着社會經濟、文化的發展，各個層次的士族升降、興衰已大不相同。梁武帝官制改革，便是宋、齊這些變化的一個總結。

附帶一說，前言宋、齊多以“寒人掌機要”，為甚麼梁武帝改革着重照顧、優待的卻是原來的“寒士”呢？

原因有二：

第一，由於社會經濟、文化發展程度的限制，從東晉末至宋、齊，只有原來的低級士族儒學修養、文化素質、統治經驗顯出長足的進步，逐漸頂替原來的高級士族，充當支撐封建大廈頂樑柱的角色。與低級士族有所不同，役門、寒人雖得到皇帝出於種種動機的信用而“勢傾天下”，但多半僅長於吏事和武職，儒學修養、文化素質尚未跟上，還缺乏從封建統治的整體、長遠利益着眼、考慮和處理政務之水平，因而一旦得寵，雖能帶來短期效益，往往因貪污納賄、胡作非為，最後反而導致王朝或君主的覆敗。沈約在《宋書》卷九四《恩幸傳序》中便說：“民忘宋德，雖非一塗，寶祚夙傾，實由於此（指信用恩幸）。”這就是說，從整個社會發展趨勢言，役門、寒人的德、才雖有進步，但與士族特別高級士族平起平坐的條件尚未成熟。所以新起的梁武帝君臣不可能重視他們。

第二，宋、齊兩代，特別宋代的君主和皇族雖然原為低級士族，可都是以長於吏事、武職和權術，乘前朝末年種種矛盾尖銳、統治昏亂之機，奪取政權的。本身氣質則與寒人比較接近。所以為了鞏固統治，君主一方面固然不得不拉攏、拔擢某些有才幹而又願意為自己效忠的高級士族和文化素質、儒學修養好的低級士族，治理國家；另一方面出於種種特殊目的（如解決與皇族、大臣之間矛盾等），需找親信密謀、商議時，氣質相近而又極力諂附、迎合自己的寒人，便入選了。梁武帝的氣質則不同。儘管過江的蘭陵蕭氏各支本低級士族，多以武功顯，但經過一百多年的發展，儒學修養、文化素質已有了很大提高，梁武帝蕭衍之學術與文才更為突出，所以他雖仍重吏事，但在他面前，寒人多半任奔走之勞，參與內省政事謀議的均范雲、徐勉、周捨、朱異一類兼長吏事的士大夫。君臣在一起有時還討論經學、禮學、文學、佛學等，甚至吟詩作文，僅長於吏事的寒人很難與他氣味相投。《南史》卷六二《朱異傳》：異本小官，梁武帝召見，"使說《孝經》、《周易》義，甚悅之。謂左右曰：'朱異實異。'"隨後朱異便逐步飛黃騰達。這種情況，宋、齊幸臣無一其例。《隋書》卷二六《百官志上》：天監九年梁武帝下詔將過去由寒人充任的尚書五都令史，"革用士流"，委派的五個人並登門地二品，"才地兼美"。這雖然不涉及參與機密問題，也從一個方面反映了梁武帝對僅長於吏事之寒人的態度。

北魏孝文帝定姓族的標準

關於五胡十六國時期"典定士族"和"定士族舊籍"問題，前面已經簡略分析。

對於後燕慕容寶所定士族，北魏孝文帝改革前大概是承認的。《魏書》卷四八《高允傳》：允上書建議於郡國立學，"學生取郡中清望……先盡高門，次及中第"，"顯祖（獻文帝）從之"。北魏建國至顯祖時從未清定士族，所云"高門""中第"，自依五胡十六國以來，特別是慕容寶之制。

隨着漢化的推行，北魏孝文帝定姓族，一方面對鮮卑貴族固然不得不以當代三世官爵為標準；另一方面對漢人重定士族高下，則似乎是以魏晉官爵為主要標準，至少定第一流高門是如此。

《資治通鑒》卷一四〇齊明帝建武三年：

> 魏主雅重門族，以范陽盧敏、清河崔宗伯、滎陽鄭羲、太原王瓊四姓，衣冠所推，咸納其女以充後宮。隴西李沖以才識見任，當朝貴重，所結姻婭，莫非清望，帝亦以其女為夫人。詔黃門郎、司徒左長史宋弁定諸州士族，多所升降。……其穆、陸、賀、劉、樓、于、嵇、尉（代人）八姓，自太祖以降，勛著當世，位盡王公，灼然可知者，且下司州、吏部，勿充猥官，一同四姓。

看來宋弁定諸州士族，最高等級無疑就是這"四姓"。然而值得注意的是：這"四姓"入魏後到孝文改革前的官爵全都不很高。[1]

范陽盧氏：盧玄，寧朔將軍（四品上，此據孝文帝所頒第一職令，下同）。子盧度世，平東將軍（從二品上）、青州刺史。孫盧淵，儀曹尚書（二品中）。淵弟敏，議郎（當即中書議郎，五品中）。

清河崔氏：崔玄伯、崔浩一支入魏雖官至八公、三公，十分顯赫，但因國史案已遭族滅。其餘早入魏各支無一達此高位，如崔逞在北一支到孝文帝初，且滅絕。此外崔亮、崔光都是晚入魏的"平齊民"，上代仕南朝，到定姓族時二人官位均不算很高（亮，中書侍郎，四品上；光，散騎常侍，二品下），更無三世官爵可言。至於崔宗伯，是崔逞留在南朝第二子崔諲的後代，入魏頗晚，似未入仕。子崔休，至定姓族時才位尚書郎（從五品中）。

滎陽鄭氏：鄭羲曾祖仕後燕；祖，史無傳；父，不仕。本人於

1　以下官爵，除另注明者外，均見《魏書》《北史》各本傳。

定姓族時已卒，位中書令（二品中）。當時子鄭懿不過位司徒左長史（四品上）。

太原王氏：王瓊祖慧龍，晚入魏，最高位龍驤將軍（三品上）、滎陽太守。瓊父寶興，襲軍號為龍驤將軍。瓊本人定姓族時為前軍將軍（從三品上）、并州大中正。

以上無一人達官品一品。如果就封爵言，這"四姓"最高不過為"侯"，無一達"公"者（鄭羲乃"假南陽公"，不得世襲，與正式爵位不同）。孝文帝改革前封爵甚濫，[1]爵位並不足貴，故孝文第一職令亦不載其品級。

這"四姓"如從當代官爵言，都不如趙郡李氏和隴西李氏。

趙郡李氏：李順，都督四州諸軍事（二品上）、太常（從一品下），爵高平公。從父弟李孝伯，位尚書（二品中），爵宣城公。順子敷，中書監（從一品中）。敷姪憲，定姓族時位建威將軍（四品中）、趙郡內史。[2]

隴西李氏：李寶本西涼宗室，歸順北魏後位鎮南將軍（從一品下）、并州刺史，爵敦煌公。長子承，位龍驤將軍（三品上）、滎陽太守。承弟沖，定姓族時位鎮南將軍（從一品下），爵隴西公。

這"四姓"當代官爵甚至也不如門閥比兩李氏還低的士族。如渤海刁氏，刁雍入魏位征南將軍（從一品中）、特進（一品下），爵東安公。頓丘李氏，李峻因係外戚，先後封公、封王，位太宰（一品上）。弟誕，封陳留公，官鎮西大將軍（從一品上）。誕弟嶷，封彭城公。定姓族時，誕子崇已位安東將軍（二品下），嶷子平，已位

1 參《文獻通考》卷二七三《封建考十四》按語。

2 此據《李憲墓誌銘》，見《漢魏南北朝墓誌集釋》第六冊，科學出版社，1956 年。

太子中庶子（三品中）。

可是孝文帝定姓族時“四姓”的門閥卻最高。重視與漢族高門聯姻的孝文帝，如上所引《資治通鑒》記載，對“四姓”，是因他們為“衣冠所推”即門閥高而“咸納其女”；對隴西李沖則首先因他“以才識見任”，方“亦以其女為夫人”。至於對趙郡李氏之女，則根本沒有放在眼裏。後來孝文帝為六個弟弟聘高門之女，同樣不及趙郡李氏。當然，這並不意味趙郡李氏門閥很低。前引《資治通鑒》下文又說：“時趙郡諸李，人物尤多，各盛家風，故世之言高華者，以五姓為首。”可見趙郡李氏比隴西李氏雖略低，但仍屬“高華”，共同構成“五姓”中之一姓。

那麼究竟根據甚麼標準定門閥高下的呢？

主要當依據魏晉官爵。

范陽盧氏：盧毓，曹魏三公；盧欽，西晉尚書僕射。

清河崔氏：崔林，曹魏三公；崔隨，西晉尚書僕射。

滎陽鄭氏：鄭渾，曹魏列卿（將作大匠）；鄭袤，西晉三公（未就）。

太原王氏：王昶，曹魏三公；王渾，西晉三公。

而隴西李氏、趙郡李氏魏晉間卻無確鑿的、值得稱道的官爵可言。[1]

“四姓”與二李門閥高低主要決定於魏晉官爵之有無，是十分清楚的。

當然，如果上代魏晉無聞，但五胡十六國時官爵顯赫，後者在

1 隴西李氏西晉當為寒門，見唐長孺《論北魏孝文帝定姓族》，載《魏晉南北朝史論拾遺》。趙郡李氏，多稱東漢名士李膺之後，即便此說可靠，因其後人魏晉間默默無聞，不是“勢族”，對北魏定姓族也不起多少作用。

一定範圍內也是孝文帝定姓族的重要依據。如隴西李寶、李沖，本西涼皇室，社會聲望自然極高。趙郡李順，祖李頣，高陽太守，武安公；[1] 父李係，後燕散騎侍郎（官品五品）；從父李勰，史書雖未載其官爵，但既稱"有聲趙、魏間"，以至魏道武帝平中原，聞其已死，甚悼惜，竟贈將軍、太守之位，自亦五胡十六國名族；勰子李靈能與范陽盧玄等一起被魏太武帝徵至京師，由平民直接拜中書博士（即原國子博士，從五品上），當亦依據十六國舊籍。所以，我們估計隴西、趙郡二李定為高門，當決定於十六國舊籍，上升為第一流"高華"，則依靠入魏後顯赫之官爵。而和二李情況不同，如前述頓丘李峻等，雖入魏後官爵之顯赫少有倫比，但因上代魏晉、五胡十六國俱無聞（僅知李峻父位劉宋清濁不分的濟陰太守），估計當出身役門、寒人，所以定姓族時門閥遠比不上"四姓""二李"，雖然也是高門。

再舉一例。

《北史》卷二六《宋隱傳》：隱出身廣平宋氏，曾祖、祖、父"世仕慕容氏，位並通顯"。由隱從弟宣、從子愔起，子弟先後仕魏，官位最高不過員外散騎常侍（從三品上）。愔孫宋弁，孝文帝用為黃門郎（三品中），兼司徒左長史，"時大選內外群官，並定四海士族，弁專參銓量之任，事多稱旨"。弁也"自許膏腴"。可是有一次孝文帝"以郭祚晉魏名門"，謂弁曰："卿固當推郭祚之門。"弁不肯。帝曰："卿自漢魏以來，既無高官，又無俊秀，何得不推？"按郭祚出身太原郭氏，[2] 乃漢大司農郭全、曹魏車騎將軍（二品）郭淮

1　《新唐書》卷七二上《宰相世系表》。

2　以下參《魏書》本傳、《三國志》卷二六《魏書・郭淮傳》及注、《晉書》卷四五《郭奕傳》。

弟郭亮之後。淮姪奕，西晉尚書，“有重名，當世朝臣皆出其下”。五胡十六國時郭氏似未出仕。入魏，郭祚祖逸最高位徐州刺史；祚父洪之，坐崔浩姻親誅。祚定姓族時位散騎常侍（二品下）。以上材料表明廣平宋氏入魏並非顯宦，與太原郭氏大略相同，可是因為按舊籍宋氏於十六國時“位並通顯”，是高門，故宋弁得負責定姓族之事，孝文帝臨終還以宋弁為六名輔政大臣之一。而郭氏儘管五胡十六國默默無聞，但因是“晉魏名門”，所以孝文帝要宋弁推郭祚門閥在前。這與孝文帝推崇“四姓”之精神完全一致。

考慮十六國舊籍，特別是重視魏晉官爵、門閥之風，早已在北魏社會流行。《魏書》卷三五《崔浩傳》：崔浩與崔賾、崔模雖同出清河崔氏，但“浩恃其家世魏晉公卿，常侮模、賾”。《魏書》卷三八《王慧龍傳》：慧龍自稱出身魏晉太原王氏，王氏世齇鼻（酒糟鼻），“慧龍鼻大”。司徒崔浩曰“真貴種矣”，推崇其高貴血統，並妻之以女，“數向諸公稱其美”。隨着漢化發展，類似崔浩思想在社會上進一步擴散，到孝文帝定姓族時，把魏晉官爵放在主要地位，便毫不奇怪了。

關於重視魏晉官爵之風，還表現於許多人往往假託兩漢魏晉顯宦之後代。《魏書》卷七九《成淹傳》：“自言晉侍中粲之六世孫。”同卷《張熠傳》：“自云……漢侍中（張）衡是其十世祖。”同書卷八五《溫子昇傳》：“自云……晉大將軍嶠之後也。”類似情況還可見劉道斌、孫惠蔚、陳奇、竇瑗、王顯、趙黑、抱嶷各傳。甚至前述“四姓”之一的王慧龍，也是“自云”出身太原王氏，只因崔浩讚許，方才得到王朝承認。這種風氣既推動了定姓族對魏晉官爵之重視，也是定姓族重視魏晉官爵之制在社會上之反映。

由上也可以證明，唐代柳芳關於北魏孝文帝重定郡姓高下，係以北魏三世官爵為主要標準之說，並不完全符合當時實際。

四　門閥制度的衰落

南北朝後期是門閥制度的衰落時期。

隨着社會經濟、文化的發展，自南北朝後期起，門閥制度走向衰落。最主要的標誌便是：士族在官吏選拔與任用上所享有的特權逐漸削弱，寒人或庶人比重在各級政權之品官中進一步增加。其結果首先是官吏銓選上的士庶界限難以堅持，長期存在的清濁之分逐漸淡化以至消失。隨後，門品失去了意義，至隋，九品中正制亦被廢除。最後，在唐代，由原來士族演變而成的郡望、氏族，特別是一些舊有的高門，社會地位雖高，選官特權和免役特權則已喪失，剩下的婚姻上的高自標置，與人際關係上對非舊有高門、士族的歧視，因為已失去經濟和政治基礎，成為無本之木，延續至唐末，終於在社會上基本消失。門閥制度也就完全退出歷史舞台。

下面對以上觀點略加申述。

南朝後期

在南朝後期，如前所述，梁武帝在位期間信用一批原來的低級士族進入秘書咨詢機構，以至宰相機構。梁武帝的主要着眼點在於這批低級士族儒學修養、文化素質和統治經驗已經或正在超過原來的高級士族，必須越來越多地依靠他們鞏固統治。因此，他雖然沒有像宋、齊君主那樣信用寒人掌機要，但其政策精神從一開始可以說就在鼓勵寒微士人和寒人提高儒學修養、文化素質，並把達到標準的吸收入各級政權。試看下例。

《隋書》卷二六《百官志上》：天監四年，梁武帝置五經博士各一人，開館招生，“舊國子學生，限以貴賤，帝欲招來後進，五館生皆引寒門俊才，不限人數”。《梁書》卷二《武帝紀中》天監八年詔：凡五館生，“其有能通一經，始末無倦者，策實之後，選可量加敍錄。雖復牛監羊肆，寒品後門，並隨才試吏，勿有遺隔”。

這裏有兩層意思。

第一，五館生皆引“寒門俊才”，主要當指招納寒微士人子弟。按西晉國子學生只收官品五品以上子弟。至南齊，已經下降到官品六、七品的子弟。據《南齊書》卷九《禮志上》，齊高帝時規定入國子學的資格，自“王公已下”，最低包括太子舍人、領軍與護軍諸府的司馬和諮議參軍等官（均七品）子弟。如今梁武帝將這一“限以貴賤”的條件再降低，則“寒門俊才”自一般當屬門地不登二品，即門地三品以下的寒微士人子弟。不過從“牛監羊肆，寒品後門”句推測，似乎寒人子弟也可入學。按“寒品後門”，自指寒微士人子弟，[1]與“寒門俊才”含義相近。而“牛監羊肆”則不同。它與“寒品後門”並舉，疑是當時熟語。《周禮・夏官小子》“掌祭祀羞羊肆、羊肴、肉豆”。對此“羊肆”，前鄭、後鄭訓詁有異，我們可以不管，總之與陳奉羊牲進行祭祀有關。梁武帝之“羊肆”當指掌管這類事物之官吏。又《唐六典》卷一七、《通典》卷二五《職官七》均記魏晉以下太僕屬官有掌管馬牛羊畜牧之事者，叫“牧師令”“牧監”。疑“牛監”與之類似。這一類“牛監”“羊肆”，南朝多用寒人。如掌陳奉牛羊等犧牲之事的廩犧令，齊梁用三品勛位，見《唐六典》卷

1 《梁書》卷一《武帝紀上》齊代“甲族以二十登仕，後門以過立試吏”。“後門”雖比不上甲族，但畢竟三十歲起便可出仕，與庶人服徭役不同。又“寒品”，也是在中正官那裏有“品”，“寒”當指門地三品以下，而庶人、寒人、役門是沒有中正之“品”的。

一四。又如掌管皇帝車、馬，地位應略高於“牛監”“羊肆”的乘黃令，梁亦用三品勛位，見《唐六典》卷一七。由此可見，說“牛監羊肆”指一些由寒人充任的官吏（這裏包括指他們的子弟），是很有可能的。

第二，重視並提倡儒術。這與梁武帝本人的儒學修養、文化素質有關，也是時代使然。[1]《梁書》卷二《武帝紀中》天監四年詔“今九流常選，年未三十，不通一經，不得解褐。若有才同甘（羅）、顏（淵），勿限年次”。此詔指的雖是由士人銓選的流內官，一般不涉及寒人，但強調官吏必須通經，將通經與“才”等同看待的精神，同樣適用寒人。所以前引關於五館生之詔也稱：能通一經，便可由吏部量加敘錄；並且不論出身寒人或寒微士人，全都“隨才試吏”。後句的“才”，與前句的通經，也是一致的。我們知道，在這以前，從東晉以來庶人、寒人只能靠吏幹、武功謀取仕進。由於中正無品，察舉無望，[2] 通經讀史對他們是無用的。因而少數寒人雖升高位，與士族比，不但制度上官分清濁，更重要的是，氣質也有很大不同。而梁武帝的開五館，卻為寒人仕進開闢了一條新途徑，鼓勵和推動他們鑽研經學，提高文化素質，從而客觀上為後來從氣質上泯滅士族與寒人界限，為門閥制度的瓦解創造了條件。

在梁武帝新政策的影響下，私人講學傳經之風也逐漸發展。據《南史》卷七一《儒林傳》，梁陳兩代計有伏挺、孫詳等十餘人，均

1　東晉以後，玄風獨振，其末流是一些士族、高門放鬆儒家經典即古代統治經驗之學習，使封建政務遭到不小損失。有鑒於此，南朝劉宋、蕭齊先後興國子學，儘管時置時廢，但崇尚經學之影響卻在擴大。梁武帝正是順應潮流，在此基礎上進一步重視儒術的。

2　門閥制度鼎盛時期，被察舉者一般得是士族，寒人是沒有資格的。見唐長孺《南北朝後期科舉制度的萌芽》，載《魏晉南北朝史論叢續編》，生活・讀書・新知三聯書店，1959 年。

為普及文化做出了貢獻。寒人憑經學、史學、文章入仕為流內官者逐漸增多。《南史》卷七一《儒林・沈峻傳》:"家世農夫，至峻好學。……遂博通五經，尤長三禮。"由兼國子助教(流內二班)升兼五經博士(流內六班)為其一例。[1] 這樣，梁、陳之時寒人既繼續憑藉吏幹、武功仕進，甚至升為高官顯貴，與高門平起平坐，陳霸先以寒人奪取帝位，更開了南朝從未有過的先例(宋、齊、梁開國諸帝均出身低級士族);同時，又開始通過經史學術躋身九流，逐漸向士族轉化。[2] 此外，還有一個新情況也必須看到。這就是由於自東晉以來官分清濁，清官聲望越來越高，因而逐漸形成易代之際往往用清官，而不能再像東晉、劉宋那樣用濁官獎勵寒人的吏幹和武功。如齊末梁初，就有不少"吏姓寒人"選為清官，甚至得到了黃門郎、散騎侍郎這樣長期為高門壟斷的極清之職，見《梁書》卷四九《文學・鍾嶸傳》。梁末陳初，也是"員外常侍，路上比肩;諮議參軍，市中無數",兩者也都是清美之官，見《陳書》卷二六《徐陵傳》。

所有這一切，不以人們意志為轉移，必然導致士庶界限走向模糊。《陳書》卷三〇《章華傳》:"家世農夫","素無伐閱",可是至章華因為"好學",竟衝破了士庶天隔的界限，"與士君子遊處，頗覽經史，善屬文",仕為流內官。《陳書》卷三五《周迪傳》、卷一三《周敷傳》:周迪"少居山谷，有膂力，能挽強弩，以弋獵為事",自

1 又參《南史》卷七一《儒林・孔子袪傳》、卷七二《文學・吳均傳、周興嗣傳》。

2 在梁、陳，通過經史學術而取得流內官之寒人，疑繼續充任一兩代，即可轉化為士族，如"家世農夫"的沈峻，因通經致位流內官後，子沈文阿習父業亦位五經博士，遂成士族。時有王元規者，自恃士族，不願與"郡土豪"聯姻，認為不能"輒昏非類(寒人)",可是卻"少從吳興沈文阿受業(指私館)",是沈文阿已是士族之證，參《南史》卷七一《儒林傳》。

是寒人。可是因為“勇冠眾軍”，梁末動亂竟被“郡中豪族”推為領袖。當時同郡周敷也是豪族，“迪素無簿閥，恐失眾心，倚敷族望，[1]深求交結。敷未能自固，事迪甚恭”。此事一方面反映門閥制度仍有一定影響，另一面從諸豪族推迪為主，周敷事迪甚恭，而迪原來官位並不高，也可看出，寒人只要有才幹，淩駕士族或與士族平起平坐的可能性，比東晉、宋、齊已進一步增加（假如周迪原已官居方面，權勢甚重，而被豪族、士族推為主，情況就不足為奇）。

《隋書》卷二六《百官志上》稱“陳依梁制……其官唯論清濁，從濁官得微清，則勝於轉”。[2] 其實這是南朝共有的現象。由於不少寒人通過各種管道湧入士族行列，許多低級士族轉化為高級士族，門地二品的隊伍也不斷擴大，因而官分清濁以保障高門甲族優越地位之制，其實際作用已大大減小了。

除了寒人地位的變化外，梁、陳高級士族的狀況也發生極大變化。

東晉與南朝前期，高級士族子弟不管才幹如何，都可憑門閥直接起家，所以往往不參與需要考試的察舉與國學，特別是第一流高門。以琅邪王氏為例，東晉與南朝前期，沒有一名子弟入國學；舉秀才者亦為聲望稍遜各支。宋、齊最顯赫的王弘、王曇首兩支，除王融祖王僧達犯罪而死，父道琰因而流放，本人方應秀才之舉外，其他無不直接起家。而至南朝後期，仍以琅邪王氏為例，其起家於梁、陳，《梁書》《陳書》《南史》有傳者共十六人，即琮、訓、琳、銓、錫、僉、規、褒、承、沖、通、勱、質、固、瑒、瑜。其中國

1　《資治通鑒》卷一六六作“族望高顯”。

2　《通典》卷一四《選舉二》“轉”作“遷”。

子生八人（琮、訓、錫、僉、承、通、勱、質），舉秀才四人（規、褒、琳、固），直接起家三人（銓、沖、瑒），起家不明者一人（瑜）。舉秀才者中，王規、王褒正是齊代最顯赫之宰相王儉之嫡孫和嫡曾孫，相繼襲爵南昌縣侯，且為外戚（王規妹為梁皇后）。另兩人王琳、王固雖非王弘、王曇首兩支，但琳父王份已仕梁位尚書左僕射而上升為新的顯赫一支，王琳又尚梁公主，歷清官，有子九人，諸史書有傳者七人：或直接起家，即王銓；或為國子生，即錫、僉、通、勱、質；或舉秀才，即固。

為甚麼會發生這麼大的變化呢？

其直接原因，除上述梁武帝重視經術，甚至下詔強調"九流常選（其中自然包括高門子弟），不通一經者不得出仕"，以及規定學校學生策試得第，出仕可不受年齡限制，[1] 促使或吸引高門適應這一形勢外，還與統治集團對文學（包括學術）的態度有關。

由於齊、梁之際很長一段時間南北沒有發生大規模戰爭，社會秩序比較穩定，文學得到進一步發展，並博得君主、貴族、官僚的欣賞與重視。《梁書》卷三三《劉孝綽傳》：孝綽出身劉宋時方興起的高門彭城劉勔一支，因善文，得梁武帝欣賞，除極清之官秘書丞。梁武帝曰："第一官當用第一人。"《梁書》卷四九《文學・庾於陵傳》：於陵出身潁川庾氏，時為一般高門，"博學有才思"。"舊事，東宮官屬通為清選，洗馬掌文翰，尤其清者。近世用人，皆取甲族有才望，時於陵與周捨（一般高門）並擢充職，高祖曰：'官以人而清，豈限以甲族。'時論以為美。"《梁書》卷三〇《徐摛傳》：

1　《隋書》卷二六《百官志上》："陳依梁制，年未滿三十者，不得入仕。唯經學生策試得第……得仕。"《梁書》卷四一《王承傳》、《陳書》卷二一《蕭乾傳》，均於梁代以國子生策試得第，十五歲即出仕，不受年齡限制。

摛出身一般高門東海徐氏，任太子宮官，為文創立“宮體”，“高祖聞之怒，召摛加讓，及見，應對明敏，辭義可觀，高祖意釋。因問五經大義，次問歷代史及百家雜說，末論釋教。摛商較縱橫，應答如響，高祖甚加歎異……寵遇日隆。領軍朱異不說……曰：‘徐叟出入兩宮，漸來逼我（指將取代其權位）。’”這些表明，文學已發展成為飛黃騰達的一個途徑。而要向當政者，特別是君主，炫耀自己的文學才能，作為一個尚未出仕的青年來說，正常、穩妥的管道便是“舉秀才”，因為秀才需應策試，從現存《文選》卷三六所載齊、梁三組策秀才文看，沒有文學才能，是無法對策奪標的。也正因此故，在齊、梁，已經出仕者，往往還願意舉秀才，以博得當政者賞識。如《梁書》卷三三《張率傳》：率出身吳郡張氏，齊末已起家人們欣羨的清官著作佐郎，不久又舉秀才。再如《梁書》卷三〇《顧協傳》：協出身吳郡顧氏，梁初已起家揚州議曹從事史，兼太學博士，又舉秀才，“尚書令沈約覽其策而歎曰：‘江左以來，未有此作。’”所有這些變化，便不能不給琅邪王氏極大影響。

此外，必須看到，還有一個因素，大概也促成了高級士族的上述變化。這就是梁武帝一代范雲、周捨、徐勉、朱異諸人飛黃騰達的示範作用。如前所考，范雲、徐勉、朱異出身低級士族，周捨也不過是一般高門，可是他們竟先後位宰相或握實權約數十年。其原因，曉習吏事雖是一個方面，但更重要的是他們全都博通經史，文才出眾。[1] 陳代姚察把徐勉、朱異致位卿相僅歸因於“明經術”，固然不全面，不過如果說是因為他們具有一種結合經術、其他各種

1　當時“文學”一詞，兼指文章與學術。所以《梁書》卷四九《文學傳・序》稱：“今綴到沆等文兼學者……為‘文學傳’云。”《徐摛傳》稱梁武帝用人要求“文、學俱長，兼有行者”。均為文、學並舉。

學術、文才以及吏事在一起，適合當時統治需要的文化素質，或許不會有大誤。前引徐摛既懂五經大義、歷代史，又懂百家雜說、釋教，也長於吏事，[1] 因而"寵遇日隆"，便是梁武帝重視這種人才的一證。這樣一些典型的存在，不以任何人意志為轉移，必然把過去往往滿足於"清言""玄談"的高門，包括第一流高門，引向對經術、文章、學術，甚至吏事方面的重視。《梁書》卷三七《何敬容傳》：敬容出身著名高門廬江何氏，在徐勉的推薦下，繼任宰相，"聰明識治，勤於簿領，詰朝理事，日旰不休"。這招到譏諷。據說"自晉宋以來，宰相皆文義自逸，敬容獨勤庶務，為世所嗤鄙"。不過另一方面此事也說明，在時代潮流包括徐勉等人示範作用的推動和影響下，像廬江何氏這樣的高門也去精心鑽研過去所最鄙視的吏事，則琅邪王氏入國子學，應秀才之舉，轉向高尚得多的經術、文學，自然順理成章，毫不奇怪。

當然，由於積習使然，上述變化多半還打有門閥制度的烙印。如入國學者，皆門地二品士族，寒門俊才只能入五館；高門皆輕視孝廉，僅應秀才之舉；同樣是明經對策，國子生與五館生的出仕，便有清濁、高低之別等。可是對高級士族純憑門閥直接起家出仕的特權，畢竟是極大的衝擊。

這樣，一方面門地二品士族的數量不斷增加，而仕進特權卻逐步減少，迫使高門不得不提高自己的文化素質，擴大知識領域，注意鍛煉統治本領，不少人需入國學，應察舉，開始憑個人學識，通過考試出仕。另一方面，寒人子弟於吏事、武功之外，漸趨經學文史之途，氣質發生變化，不少人還通過考試出仕，甚至躋身士族。

1　徐摛後為新安太守，有治績，是亦長於吏事之證。見《梁書》本傳。

南朝後期的這些特點，使得東晉以來士庶之間，特別是高門與寒人之間，在銓選制度上"實自天隔"的差距明顯縮小。這正是門閥制度衰落的最重要標誌。

北朝後期

北朝後期門閥制度的衰落，比南朝後期來得厲害，這是北朝後期門閥制度的特點決定的。

這些特點主要有四：

第一，這一門閥制度，是魏孝文帝借鑒東晉和南朝前期長期採用的門閥制度，在北方五胡十六國和北朝前期不很完備的門閥制度基礎上，用詔令形式在全國範圍推行的。根據以往各王朝之經驗教訓，這一制度除有鞏固北魏統治的作用外，同時還蘊藏着嚴重的弊端。所以門閥制度剛剛推行，大臣李沖、李彪、韓顯宗等即予以批評、諫諍，其用語之精煉、準確，論據說服力之強，可以說在東晉南朝從未見過。正因如此，魏孝文帝在堅持推行門閥制度的同時，也不得不鬆口說："（寒人）必有高明卓然、出類拔萃者，朕亦不拘此制"，"若有其人，可起家為三公"，"苟有才能，何必拘族也"。[1] 不管孝文帝的主觀意圖如何，在門閥制度剛剛推行，阻力還不小之時，便開了一個可以"不拘此制"的口子，又是出自孝文帝之口，這實際上已埋下了後來這一制度堅持不好和比較早地走向衰落的種子。孝文帝死後，宣武帝即位，大量重用寒人，甚至以"出自夷土，時望輕之"的高肇為宰相、三公，原因當然是多方面的，但孝文帝所開口子，恐怕也是他的重要依據。宣武帝、孝明帝以後，政

1 見《資治通鑒》卷一四〇齊明帝建武三年。又《魏書》卷六二《李彪傳》。

治混亂，戰爭頻仍，寒人興起更多，這個口子自然越開越大。

第二，這一門閥制度適用的對象，不但有漢族，而且有鮮卑族。其中漢族高門從未擁有東晉高門那種與皇權平起平坐的權力；也不像南朝高門，雖已喪失了左右皇權的優越地位，畢竟仍是皇權政治除皇族以外的另一主要依靠對象和統治基礎。在北朝，皇權政治的主要依靠對象和統治基礎是包括皇族在內的全體鮮卑貴族。由於他們進入封建社會時間不久，沒有門閥傳統，門第觀念不強，雖經孝文帝大力宣導，一般說真正重視的仍是當朝的官位和權勢，而不是"塚中枯骨"。《魏書》卷九三《恩幸・茹皓傳》：皓本縣吏，得宣武帝寵幸，權勢顯赫，"為弟聘安豐王延明妹，延明恥非舊流，不許"。太傅、北海王詳"勸強之云：'欲覓官職，如何不與茹皓婚姻也'"，"延明乃從焉"。《魏書》卷九三《恩幸・侯剛傳》："本出寒微"，以善烹飪，孝明帝時位居侍中，"進爵為公"。"剛寵任既隆，江陽王繼、尚書長孫稚皆以女妻其子。司空、任城王澄以其起由膳宰，頗竊侮之……然公坐對集，敬遇不虧。"皇族和第一流鮮卑貴族尚且如此，社會風氣可知。《周書》卷七《宣帝紀》宣政元年（578）八月九條詔制，其中用人部分，除才學要求外，只說"偽齊七品已上，已敕收用，八品以下，爰及流外，若欲入仕，皆聽預選，降二等授官"。一個字未及門第。這和南朝梁武帝即位之初下詔搜括"邦國舊族"入朝作官，顯然不同。《文館詞林》卷六九一載隋初文帝敕舉薦山東三十四州（原齊地）人才，說："如有仕齊七品已上官，及州郡縣鄉望，（仕至）縣功曹已上，不問在任下代，材幹優長，堪時事者，仰精選舉之。縱未經仕官，材望灼然，雖鄉望不高，人材卓異，悉在舉限。"雖然提到了門望，但着重強調的是"材幹"，而且官位仍先於門望。

我們知道，南朝寒人雖位居三公，仍對高門企羨、敬重，而高門往往不因寒人握有權勢，據有高位，而改變對之輕視的態度，[1]這在北朝便幾乎看不到。與此相關聯的一個問題是：東晉南朝需要繼續兩三代維持住一定的官位，方可更換門庭，由寒人升士族，或由次門升高門；而在北朝後期，儘管魏孝文帝典定姓族時，有三世官位的要求，可實際上寒人只要一代取得高官要職，一般就被視為盛門，即便漢族第一流高門也不拒絕與之聯姻。如隴西李氏曾與佞幸、寒人，然位至錄尚書事的穆提婆家聯姻；范陽盧氏曾嫁女與出身西域商胡、位至錄尚書事的和士開弟和士休；清河崔㥄也嫁孫女與出身寒人，但官爵達二、三品的陳元康之子。[2]《北齊書》卷四〇《白建傳》：建因善吏事，由小吏升至侍中、中書令（俱正三品），"諸子幼稚，俱為州郡主簿，新君（指州郡長官）選補，必先召辟，男婚女嫁，皆得勝流"。按州郡主簿在北朝是士族、高門充任之官；[3]婚嫁中的"勝流"雖不見得是一流高門，門閥較高總可以肯定。這表明，即便出身低微，只要有了官位權勢，子弟便可像高門一樣地"婚宦"。《魏書》卷六二《李彪傳》："家世寒微"，後任高官，為子李志向吏部尚書郭祚"求官"，"祚仍以舊第處之。彪以位經常伯（散騎常侍），又兼尚書，謂祚應以貴遊拔之，深用忿怨……時論以此譏祚"。後任城王澄用李志為列曹行參軍，"時稱美之"。由此可見，

1 前者參見《南齊書》卷二六《王敬則傳》《陳顯達傳》。後者參《南史》卷二三《王球傳》、卷三二《張敷傳》。甚至寒士位居顯貴，仍被高門"恃枯骨見輕"，見《南史》卷六二《朱異傳》。

2 分見《北齊書》卷二九《李璵傳》、卷四〇《馮子琮傳》、卷二三《崔㥄傳》。

3 參《魏書》卷四七《盧玄傳附盧道侃傳》、《魏書》卷三六《李順傳附李顯進傳》、《北齊書》卷八九《崔暹傳》、《隋書》卷四七《韋世康傳》。又《魏書》卷八五《文苑・袁躍傳附袁聿修傳》：聿修出身陳郡袁氏，父翻，位都官尚書，加撫軍將軍（從二品），乃朝廷顯貴。聿修"九歲，州辟主簿"，與此處白建諸子"幼稚"而為州郡主簿，正相呼應。

其一，早在魏孝文帝改革之初，就存在按“舊第”（原來出身）或“貴遊”（當前官位）銓選的不同制度。從“時論以此譏祚”句，知後者佔有優勢。北齊白建的子弟像高門一樣“婚宦”，沿襲的正是按“貴遊”待遇之制。其二，任城王澄用李志為高門起家官列曹行參軍，[1] 即是當時“以貴遊拔之”制度佔優勢之一證，也再次表明鮮卑貴族重視的是當朝官位、權勢。

北朝後期這一門閥制度，可以說大體相當於曹魏、西晉初步形成的門閥制度與東晉以後確立了的門閥制度的混合體。一方面從北魏孝文帝以後，評定了按血緣關係區別的漢族士族和鮮卑姓族；另一面依鮮卑習氣，真正重視的仍是當前官位、權勢 —— 略相當於西晉劉毅所說的“勢族”。如前所述，西晉“勢族”一般說是東晉以後高級士族的前身，逐漸發展成為後者。而北朝後期是許多出身低微的“勢族”，與按血緣關係區分的士族、姓族並存。前者實際上起着瓦解門閥制度的作用。因為這些“勢族”，不論胡漢，多半靠吏幹、武功起家，儒學傳統和文化素質一般很差；特別是魏孝明帝以後又處在不斷動亂之中，“勢族”更迭頻繁，很難發展成新的穩定的士族。相反，他們的存在卻排擠、壓制了舊有的高門，尤其是漢族高門的仕進。南朝高門“平流進取，坐至公卿”，北朝很少見到，原因就在於此。如自魏宣武帝即位（500）至北周滅亡（581），八十年中，位宰相（錄尚書事、尚書令、僕射）者，漢族第一流高門（盧、王、鄭、兩崔、兩趙），只有清河崔亮於北魏時任尚書僕射一年，

1　據《魏書》卷三六《李順傳附李曄傳》、卷三九《李寶傳附李德顯傳、李暧傳》、卷四七《盧玄傳附盧義悰傳》、卷五六《鄭羲傳附鄭士淵傳》，諸人作為第一流高門，起家官均公府行參軍，與李志起家官任城王澄（始藩王）的列曹行參軍，俱為官品從七品上，地位、聲望相等，見《魏書》卷一一三《官氏志》。

博陵崔暹與崔昂於北齊時分別任尚書僕射兩年和三個月。[1]而且這三人仕進、升遷靠的都是個人才幹，並不是門閥特權。這和南朝後期王、謝兩族至少形式上仍多為宰相，也很不同。

由於在"宦"上門閥與官位難以一致，所以在"婚"上也就無法不做某些通融。《魏書》卷五六《鄭羲傳》:"自靈太后預政，淫風稍行，及元叉擅權，公為奸穢。自此素族名家，遂多亂雜，法官不加糾治，婚宦無貶於世，有識咸以歎息矣。"

總之，北朝後期不斷更迭的"貴遊"，往往淩駕於穩定的"舊第"之上，從而導致在"婚宦"上，與魏孝文帝改革時的指導思想和制度，存在相當距離。這既是門閥制度沒有得到南朝那樣高度發展之證明，也是門閥制度建立後，迅速走向衰落的徵兆。

當然，必須說明，以上是就朝廷官吏和地方長官而言，他們多由鮮卑族和較早投靠北魏的一部分漢族後代充任。至於州郡佐吏情況則有所不同。由於從五胡十六國以來，各國統治者便依靠漢族士族控制地方，北魏王朝建立後對他們依然極力拉攏，[2]所以北朝後期如就州郡長官辟除的佐吏（如州主簿、郡功曹等）而言，門閥影響還是很大的。試看諸第一流漢族高門位望稍差的各支，和二流以下漢族高門，應州郡辟除者頗多，以及現有北朝後期州郡佐吏的材料，多為士族子弟，便可知道。[3]《周書》卷二三《蘇綽傳》:"自昔以

1 見萬斯同《魏將相大臣年表》《北齊將相大臣年表》《周公卿年表》，《二十五史補編》第四冊。當然，漢族第一流高門任宰相、高官者少，還有其他原因，如皇族的排擠等，這裏不論。

2 如獻文帝時於郡國立學，"先盡高門，次及中第"，見《魏書》卷四八《高允傳》；孝文帝時，州郡舉秀才、孝廉，"但檢其門望"，見《魏書》卷六〇《韓麒麟傳附子顯宗傳》。

3 參嚴耕望《魏晉南北朝地方行政制度》下編第四章"州府僚佐"，（台北）"中研院"歷史語言研究所專刊，1990 年。又《新唐書》卷一九九《柳沖傳》：北朝"州主簿、郡功曹，非四姓（高門）不在選"。

來，州郡大吏，但取門資，多不擇賢良。”反映的就是這一狀況。不過因為它們在整個統治機構和制度中，不佔重要地位，所以並不影響前述論斷。

第三，北朝後期在政權中佔主導地位的鮮卑貴族，在重視官位、權勢的同時，還十分重視軍功、吏幹。東晉南朝重文輕武，重學識輕吏事之風，在北朝一直缺乏社會基礎，無法廣泛流行。

《魏書》卷八八《良吏·明亮傳》：亮出身平原郡一般士族，由員外常侍（五品上）越過從四品，升勇武將軍（四品上），不願。進曰：常侍是“第三清”，而勇武“其號至濁”，“且文武又殊，請更改授”。魏宣武帝答曰：“今依勞行賞，不論清濁。……九流之內，人咸君子，雖文武號殊，佐治一也。卿何得獨欲乖眾，妄相清濁。”不許。明亮又說，南方未平，君主應不惜官爵，鼓勵效死。宣武帝笑曰：卿欲為朕平南方，“非勇武莫可”，今辭“勇武”，是“自相矛盾”。終未改授。

此事一方面說明，自孝文帝重定士族後，重文輕武、計較官位清濁之風，已在一部分漢人士族中傳播，明亮就是一例；另一面通過宣武帝的回答，又可清楚看到，在鮮卑習氣的支配下，加上平定南方之需要，君主的指導思想實際上仍非常重視軍功。“文武號殊，佐治一也”的話，便是強證。影響所及，官分清濁之制實際上也有兩種：

一種以官品九品上下為界線。九品以上都算清官。如《魏書》卷四一《源懷傳》便將包括“守宰”（郡守、縣令）在內九品以上官統稱清流，而與“勛品以下”官對舉。“勛品”亦作“流外勛品”，見《隋書》卷二七《百官志中》。“勛品以下”大概就是《魏書》卷五九《劉昶傳》載魏孝文帝所提到的與“士人”之官對舉的“小人之官”。《北史》卷一八《元順傳》：順為吏部尚書。宰相元雍欲用三公曹令史朱暉為廷尉平，元順反對曰：“高祖……創定九流，官方清濁……而朱暉小人，身為省吏（時令史一般均流外官），何合為廷尉清官？”此證“小人”按制度只合為流外官。《魏書》卷一九中《任城王澄傳》稱“門下錄事”為“三清九流之官”。按門下錄事，官品從八品上，位次與尚書都令史相侔，見《魏書》卷一一三《官氏志》。這更是九品以上官，不論官品高下，職掌煩雜與否，均清流官之證。上引宣武帝語“九流之內，人咸君子……卿何得獨欲乖眾，妄相清濁”，批評明亮“妄相清濁”，實乃強詞奪理。因孝文定制，官品九品以上確分清濁，這就是我們看到的官制上另一種清濁，而為明亮所援引，故絕非妄分。再如《魏書》卷八四《儒林傳序》魏孝明帝將立國學，“詔以三品已上及五品清官之子以充生選”。也證五品以下官當有清濁之分。不過宣武帝語的確反映了大量鮮卑貴族的看法，並不同意重文輕武的制度，強調“九流之內，人咸君子”，無所謂清濁。如果定要分清濁，也是按官位，以九品上下為界線。

以上兩種清濁。如就孝文帝定制言，由於模仿南朝，官分清濁本主要當指後者，即官品九品以上所分清濁。在南朝這樣規定的原因是：充任九品以上官者，不但有高門，有次門，而且有官品雖入流，而門第尚未改變的寒人，要藉官分清濁來區別士庶，以至區別士族中門閥之高下。而在北朝後期，由於社會特點（鮮卑族重當前官位、權勢，寒人一成“貴遊”，就可淩駕於非“貴遊”的舊族之上等），這一制度遭到抵制，真正流行的主要是前者，即以官品九品上下為界線所分清濁。後者在制度上雖存在，也在一定程度上實行，但遠不能與南朝相比。

關於重文輕武和九品以上官分清濁之制遭到抵制，試舉一例：

《資治通鑒》卷一四九天監十八年載：北魏孝明帝時，舊族清河張彝之第二子仲瑀上封事，“求銓削選格，排抑武人，不使豫清品”，招致鮮卑羽林、虎賁近千人，衝至張家詬罵、捶辱，彝及長子均死。對此，當權的胡太后不敢深究，相反，作了妥協，“因令武官得依資入選”。據上下文義，所謂“依資入選”，即根據軍功入清官之選。

這條材料表明：其一，在此之前，孝文帝所行門閥制度，並未認真排抑武人，武人仍預清品，所以張仲瑀才會上封事，並引起極大震動。其二，孝文帝其所以沒有認真排抑武人，宣武帝其所以宣揚“文武號殊，佐治一也”，主要原因就在於鮮卑武人實力強大。如果說在北鎮地區還可勉強推行新制的話，[1] 在內地，尤其是京師，便不可能不有所顧忌，而不敢完全照搬南朝模式。張彝父子想進一步推行新制，落此可悲下場，是毫不奇怪的。其三，據《資治通鑒》，張彝死後不久，因“依資入選”的人太多，吏部尚書崔亮被迫實行停年格。舊制“依資入選”雖不排抑武人，但還得考慮待選者的“賢愚”，而按新格，則專憑“年勞”用人。因而一個寒人、武人只要因軍功進入九流，以後便可熬年頭，按部就班升遷，進入清官、高官行列。[2] 當時戰爭較多，因軍功甚至“竊冒軍功”取得官位者甚多。[3] 這些，便給寒人大量轉為士族開了方便之門。

由於君主、鮮卑貴族全都重視軍功，社會風氣也就不能不相應受到極大的影響：

1　參《北齊書》卷二三《魏蘭根傳》。但最後仍爆發六鎮起義。

2　參《魏書》卷七七《辛雄傳》。又《北齊書》卷二三《魏蘭根傳》提到，與北鎮府戶身份日益卑賤不同，其在內地的“本宗舊類，各各榮顯”，當即指這一類人。

3　參《魏書》卷七六《盧同傳》。

《魏書》卷八二《李琰之傳》：琰之出身隴西李氏，從父李沖乃孝文帝時宰相。琰之"經史百家無所不覽"，"雖以儒素自業，而每語人言'吾家世將種'，自云猶有關西風氣"。《北史》卷三〇《盧同傳附盧勇傳》：勇出身范陽盧氏，叔父盧同曰："白頭（盧勇從兄景裕）必以文通，季禮（盧勇字）當以武達。興吾門者，二子也。"《隋書》卷七四《酷吏・崔弘度傳》：弘度出身博陵崔氏，"祖楷，魏司空"。弘度專習武事，曾自四五丈高樓上"欻然擲下，至地無損傷"。仕周，屢以"戰勛"升遷。《隋書》卷五一《長孫晟傳》："時周室尚武，貴遊子弟咸以相矜。"

可見，不但社會尚武，甚至第一流漢族高門也不輕視"武達"，不諱"將種"，和南朝有很大的不同。這種風氣，也是適合寒人仕進、升遷，淡化士庶界限的。

除了軍功，吏幹在北朝也一直受重視。魏孝文帝改革時本來似乎想引導人們把吏幹與儒術、文才、學識結合起來。所重用或重視的人，漢族中多屬這一類型。如王肅、宋弁、郭祚、李彪、崔光、邢巒、崔休、甄琛等均是。其中如李彪，"家寒微"，只因"學博墳籍……兼優吏職"，便被孝文帝不斷提拔，升任清官散騎常侍（從三品），兼度支尚書（三品），以至"等望清華"。[1] 這種做法，和隨後南朝梁武帝信用范雲、徐勉、周捨、朱異等，指導思想頗為相近。

但是，因為北朝社會鮮卑貴族政治上佔優勢，他們雖然受漢風熏陶，子弟漸趨文史經術之途，畢竟一時和漢族相比，還存在很大差距。[2] 所以孝文帝把吏幹與儒術、文才、學識結合起來的官吏

1　《北史》卷四〇《李彪傳》。

2　參《魏書》卷八一《山偉傳》。

選拔標準，後來實際上很少貫徹和實行。當權者真正重視的，除了軍功，就是吏幹。《魏書》卷七七《羊深傳》：深魏末上疏稱，孝文、宣武重視儒術，“自茲以降，世極道消……進必吏能，升非學藝。是使刀筆小用，計日而期榮；專經大才，甘心於陋巷”。同書卷八五《文苑・邢昕傳》：“自孝昌之後，天下多務，世人競以吏工取達，文學大衰。”兩文都把銓選重視吏幹，忽略儒術、文學，歸諸魏孝明帝以後。這不符合事實。其實，這種風氣宣武帝之時就很厲害。“本無學識，動違禮度”的高肇，只因有吏幹，“世咸謂之為能”，便被拔為宰相（尚書僕射、令），前後任職達十年之久。[1] 另一任職較久的宰相（尚書左僕射）源懷，也毫無學術。[2] 宣武帝十分信任的（對這種信任，梁武帝也為之歎服），處在與南朝鬥爭最前線的揚州刺史、都督李崇，其長處除了“深有將略”，便是“斷獄精審”。[3] 至於不少毫無儒術、文學的恩幸，受重用，升高官，“參機要”，“關與政事”，幾乎也多在宣武帝之時。[4] 這正是推動“進必吏能，升非學藝”風氣的強大因素。總之，前述魏孝文帝在官吏選拔標準方面的努力，總的來看，收效並不大。其根本原因，與其說是宣武帝沒有很好繼續、堅持，倒不如說這是當時北魏社會特點決定的。因為從魏初以來，選官標準中儒術、文才、學識便處於很次要地位。孝文帝進一步漢化，大力宣導，如果隨後得到一個長期穩定的環境，

1　參《魏書》卷八三《外戚・高肇傳》。

2　參《魏書》卷四一《源懷傳》。

3　參《魏書》卷六六《李崇傳》。

4　參《魏書》卷九三《恩幸傳》。

鮮卑貴族在這些方面逐漸趕上漢族，或許孝文帝的目標可以實現。[1] 無奈北朝後期動蕩、戰亂多，穩定、和平少，於是孝文帝的努力成果漸被擱置一邊，基本上恢復了魏初以來除了軍功，主要重視吏幹的傳統，"進必吏能，升非學藝"，便是很自然的。所以不是羊深所說，似乎魏孝明帝以後改變了孝文、宣武的用人標準，而是魏孝文帝時一度有所改變的、魏初以來的用人標準，宣武、孝明以後又逐漸恢復了。北齊、北周情況略同，如北齊寒人趙彥琛"始從文吏，終致台輔"，[2] 其間還當過多年宰相，為其著例。另一寒人唐邕"以幹濟見知"。北齊文宣帝曾"親執邕手，引至太后前，坐於丞相斛律金之上（時邕位僅給事中），啟太后云'唐邕強幹，一人當千'"。或切責侍臣云："觀卿等舉措，不中與唐邕作奴。"[3] 這與南朝齊武帝誇獎善吏事之寒人劉係宗語氣十分類似。[4] 可是劉係宗最高官位僅寧朔將軍、宣城太守，均非清官；而唐邕最後卻當上了宰相（尚書右僕射、令、錄尚書事）。這清楚地表明了吏幹在南北朝不同的地位。

重吏幹，就像重軍功一樣，也是有利於寒人仕進、升遷，從而淡化士庶界限的。

關於寒人因軍功、吏幹而轉化為士族，最突出的事例莫過於北朝後期寒人大量充任州郡中正。如恆州有王峻，齊州有趙彥琛，并

1 《北齊書》卷三六《邢邵傳》："自孝明之後，文雅大盛，邵……每一文初出，京師為之紙貴。"這符合孝文帝改革後正常發展規律。可是六鎮起義後，此風即衰，即《魏書》卷八五《文苑・邢昕傳》所稱"孝昌之後，天下多務……文學大衰"。

2 《北史》卷五五傳論。

3 《北齊書》《北史》本傳。

4 參《南史》卷七七《恩幸・劉係宗傳》。

州有唐邕，雲州有張遵業，夏州有赫連子悅，冀州有高岳，[1] 雍州有王仲興，燕州有寇猛，肆州有茹皓，荊州有趙邕，[2] 濟州有張軌，華州有冀俊，西安州有宇文盛。[3] 甚至於卑賤之宦官，也可充任州大中正，如平季、楊範、成軌、封津均是，見《魏書》卷九四《閹官傳》。其中如平季不但是幽州大中正，而且攝燕、安、平、營四州中正。

如所周知，州郡中正必須以士族，特別是高門充任。孝文帝時曾"高擬其人，妙盡茲選。皆須名位重於鄉國，才德允於具瞻，然後可以品裁州郡，綜核人物"，可是從宣武帝起，制度便已破壞，到孝明帝時，如清河王懌所批評，中正已是"所置多非其人"。無疑是指許多寒人混進去了。這和前述北魏社會重官位、權勢，重軍功、吏幹，孝文帝一度強調門閥、儒術、文學，宣武帝以後逐漸又基本恢復舊狀，也是一致的。針對這種現象，清河王懌上表請重中正之選，可是積習已久，雖然"詔依表施行，而終不能用"。[4]

州郡中正尚且士庶不分，其他官吏可知。《隋書》卷五六《盧愷傳》稱"自周氏以降，選無清濁"。這是大勢所趨，毫不奇怪。

第四，北朝後期，由於門閥制度不夠發展，通過考試用人、取士，範圍也比南朝要寬。其主要原因有二：其一，鮮卑貴族尚武，而騎射之類的高低，最好的辦法便是通過比賽、考試決定。對此，鮮卑貴族十分習慣，[5] 將它推行於用人、取士上，是很自然的。其

1 見《北齊書》各本傳。

2 見《魏書》卷七六《盧同傳》。

3 見《周書》各本傳。

4 見《通典》卷一六《選舉四》。

5 參《魏書》卷一五《元禎傳》、卷一六《元渾傳》；《北齊書》卷四一《元景安傳》。

二，北朝後期，由於種種原因，包括軍功、吏幹，應該得官者多，而且越來越多，可是官位有限。[1]崔亮所立停年格，只能解決一部分人，即已經出仕，數年後期滿停官，等待另行任命時，官位少，待任命者多的矛盾；至於大量尚未取得出仕資格者爭取出仕，以及已經取得出仕資格，任命時爭取美官、要官等一系列問題，則無法解決。於是，在上述鮮卑貴族習慣比賽、考試風氣的影響下，加上漢魏以來察舉本行考試之法的作用，這一制度逐漸向多樣化演變，便成為不可避免之趨勢。

首先是學校和察舉中的射策、對策制繼續推行，由於種種原因，已由士族壟斷逐漸轉為容納寒人。通過此途，寒人仕進的越來越多。

其次，有時有的官職可由白衣不經學校或察舉，直接通過考試取得。如《魏書》卷八五《文苑・溫子昇傳》：孝明帝時，御史中尉元匡，"博召辭人，以充御史。同時射策者八百餘人，子昇與盧仲宣、孫搴等二十四人為高第。……遂補御史"。按溫子昇時為廣陽王淵家"賤客"，本"在馬坊教諸奴子書"，自無官職。據《北齊書》卷二四《孫搴傳》：搴第一任官是御史中官位最低的檢校御史，當即此次與溫子昇同時射策所得，則射策前亦為白衣。《北史》卷三〇《盧仲宣傳》雖不言其考御史事，亦未言釋褐何官，但據其稱仲宣兄弟入仕前"俱以文章顯"，這與元匡"博召辭人"之說正相吻合，似亦可推定射策前原為白衣。這種由白衣直接射策取得某種官職之制，無疑是北朝後期銓選上一個重要發展，對寒人仕進也是有利的。溫子昇"家世寒素"，只能在王府充"賤客"，"教諸奴子書"，

1　《魏書》卷六六《崔亮傳》稱，早在孝明帝時已是"令十人共一官，猶無官可授"。

卻通過此制一躍當上御史，進入清流官行列，便是明證。

再次，某些美官、要官可由已有官職的人考試取得。《魏書》卷八一《宇文忠之傳》："忠之好榮利，自為中書郎六七年矣，遇尚書省選右丞，預選者皆射策，忠之入試焉。既獲丞職，大為忻滿，志氣囂然。"[1] 這一制度同樣對寒人有利。因為它雖不能使無官職的寒人仕進，卻可使已經仕進的寒人，由於種種原因宦途受阻時，藉此取得較好官職。《北史》卷八三《文苑・樊遜傳》：北齊天保八年，"減東西二省官，更定選，員不過三百，參者二三千人。楊愔言於眾曰：'後生清俊，莫過盧思道；文章成就，莫過樊孝謙（即樊遜）；几案斷割，莫過崔成之。'遂以思道長兼員外郎，三人並員外將軍"。從楊愔評語推測，似乎既有筆試，又有口試。"文章成就，莫過樊孝謙"，自指筆試；[2]"後生清俊，莫過盧思道"，似為口試觀察"身、言"的結果。據《北齊書》卷三四《楊愔傳》："典選二十餘年……取士多以言貌，時致謗言。"楊愔把盧思道用為員外將軍（從八品），長兼員外郎（從七品），高出另外兩個人，正和他用人"多以言貌"之說相吻合。至於"几案斷割，莫過崔成之"，恐亦為口試。後來唐代吏部試中"身、言、書、判"四條標準，這時已有了三條（除"書"）的萌芽。不過唐代的"判"比較重視文采，是筆試，而此處稱"几案斷割"，似側重吏幹，口試的可能性大。楊愔所下評語，又叫對士人"題目"。《北齊書》卷三八《辛術傳》：術位吏部尚書，"天保末，文宣（帝）嘗令術選百員官，參選者二三千人，術

1　閻步克博士學位論文《察舉制之變遷》第五部第四章對當時考試任官之制，有詳細考證。今為閻步克《察舉制度變遷史稿》一書第十三章。

2　《北齊書》卷四五《文苑・樊遜傳》此事正記為"所司策問，遜為當時第一"。

題目士子，人無謗讟”。此處雖未提到考試，但其經過與前一次十分相像，相隔時間也很近，參選者與入選者之比例更加懸殊，所作“題目”，恐怕也是通過了考試的。辛術用人，史稱重視“才器”，“管庫（指寒人）必擢，門閥不遺”，則天保末這次“題目”，自亦守此精神，其中包括拔擢一些有才幹的小官（類似“管庫”），所以才會“人無謗讟”。在這一方面，前面提到的樊遜，更為好例。他出身寒人，“門族寒陋”，但因為“學富才高”，曾多次被州舉為秀才，證明當時察舉確已容納寒人。可是大概由於其他環節還存在着門第歧視，所以儘管對策高第，取得出仕資格，仍然長期得不到吏部銓敘實官，只能憑此資格輾轉官府中承擔一些臨時雜務。幸虧有了東西二省官的更選，使他擺脫了困境，被用為流內官 —— 員外將軍。官位雖不高，但這種考試制度，同樣有利於寒人仕進，卻是可以肯定的。

最後，歷來察舉均需先經州、郡長官推薦，而至北朝後期卻出現了自願報考的萌芽，見《北齊書》卷四四《儒林・馬敬德傳》。這對有才學的寒人的仕進，無疑十分有利。

總之，北朝後期考試制的發展與多樣化，是內在原因促成的。因為主要是憑個人才學競爭，便於武功、吏幹之外，又為寒人開闢了一條仕進、升遷之路。士庶界限之淡化，門閥制之早衰，都和這一特點分不開。

隨着北方社會經濟的發展，北朝後期私人開學館、教授生徒之風，遠盛於南朝。“橫（黌）經受業之侶，遍於鄉邑；負笈從宦之徒，不遠千里。”[1] 其中如經師張吾貴“每一講唱，門徒千數”；大儒徐遵

1 《北史》卷八一《儒林傳序》。

明“每精廬暫辟，杖策不遠千里，束脩受業，編錄將逾萬人”。[1] 這些盛況，南朝私學是看不到的，這為一些寒人學習儒術，在考試中奪標、出仕，準備了條件。

以上是北朝後期門閥制度的四個特點。正是這些特點的存在，決定了北朝後期門閥制度的不振，或者說早衰。

五　門閥制度出現和持續存在的原因

為甚麼在三國兩晉南北朝這段歷史時期會出現門閥制度，並前後存續了數百年？

中國古代的門閥制度，整個看來，最主要特徵在於按門第高下選拔與任用官吏。在相當長的時期內，主要當屬於政治制度的範疇。根據這一理解，再進一步探討其出現和持續存在的原因和規律。

（一）大土地所有制、封建大家族與宗族以及儒學三者相結合之統一體，其形成與發展，是門閥制度出現和持續存在的前提。

如所周知，自從春秋戰國時期農村公社逐漸瓦解，奴隸制宗族、氏族大量沒落以後，到西漢初為止，社會上湧現出來的是無數個體小農以及伴隨土地兼併相繼形成的一些中小地主。至於大土地所有者，雖然有，數量還很少，且因多與六國貴族、官僚、豪傑身份相結合，往往與封建王朝發生矛盾、衝突，在秦及西漢前期不斷

1　參《魏書》卷八四《儒林・劉獻之傳、徐遵明傳》。

受到壓制、打擊，[1]不能穩定地延續下去。另一面，封建王朝的主要支柱是功臣、貴族、官僚。為了換取他們的全力支援，除了經濟方面的優遇，西漢王朝在政治方面也賦予其不少特權，如其子弟可以"父兄任"出仕，公卿以"武力功臣"為之，形成"以列侯為丞相"的慣例等。[2]可是由於歷史條件和文化素質的限制，這些功臣、貴族、官僚家族在政治上同樣不能穩定地延續下去。子孫或者驕奢淫逸，"多陷法禁"，丟掉官爵；或者統治才幹很差，在職"備員而已"。[3]

所以，從漢武帝開始，為了鞏固統治，被迫適應上述社會條件，在全國範圍內，主要按德、才標準，從"布衣"，包括富裕農民和中小地主出身的士人中，選拔人才，實行經由"鄉舉里選"的察舉制度。從此，整個兩漢，公卿大臣、郡國守相，基本由此出身。在這段歷史時期裏，不是某些顯赫家族、天生貴胄把持朝政，而是力圖把大權交給有德、才的賢士掌管，用沈約的話，這種局面便叫做"以智役愚"。

可是後來逐漸出現了新的社會、經濟、文化條件，導致了這一局面的破壞。

第一，隨着土地兼併的進行，封建大土地所有制不以人們意志為轉移地發展起來。這些大土地兼併者，有在野的"強宗豪右"，也有原為一般"布衣"，依察舉制仕進，又飛黃騰達而成的朝廷顯貴。封建王朝曾十分注意限制大土地所有制的發展，甚至還任用酷吏，給一些不法豪強地主以嚴重打擊。可是由於封建經濟規律的作

---

1 不算秦朝，僅僅高祖至宣帝一百多年中強制遷徙豪強即達七次；景、武之際用酷吏打擊豪強，更為厲害。參田餘慶《秦漢魏晉封建依附關係發展的歷程》，載《中國史研究》1983 年第 3 期。

2 分見《漢書》卷八八《儒林傳》序、卷五八《公孫弘傳》。

3 分見《漢書》卷一六《高惠高后文功臣表序》、《史記》卷九六《張丞相傳附申屠嘉傳》。

用，一部分豪強地主消滅了，更多的大土地所有者繼續湧現。他們的總體力量不但未被削弱，反而日益增大。在其壓力下（如東漢初"度田"事件中"郡國大姓"等的叛亂），封建王朝被迫改變過去的態度與政策，向大土地所有者一步步妥協退讓，經濟上聽任其自由發展，政治上漸予拉攏。

第二，隨着大土地所有制的發展，封建大家族、宗族也同步發展起來。一些大地主家族將大量土地出租給喪失土地的農民耕種，收取地租。這些農民，除外來的"賓客"外，更多的是本地的"宗族"成員。經濟上的剝削，在當時條件下必然導致人身奴役和控制，形成封建依附關係。很自然，大土地所有者逐漸演變成鄉里、宗族的領袖。在其影響、控制下，鄉里特別是宗族的凝聚力大大加強了。依靠這一力量，大地主家族平時可以左右地方治安，戰亂時又可以聚集成千上萬戶宗族、賓客擁眾自保，甚至組成一支有戰鬥力的武裝。就每一個大地主家族、宗族言，和封建王朝相比，其力量自然是不足道的。但當這種力量在全社會中比重日益增加之後，就總體言，就構成上述足以迫使封建王朝不敢再輕易限制、打擊，不得不對其改變態度與政策的強大力量了。

為了防止大土地所有制分散，實力削弱，無法長期有效地影響、控制宗族與鄉里，再加上儒家思想的反作用（見下），封建大家族漸次發展起來，改變了秦以來諸子成年即與父母別籍異財，另立小家庭的制度，[1] 從此一直延續兩千年。

第三，除了社會、經濟方面的原因外，促成封建王朝改變對豪強勢力或豪強大族（即大土地所有制與封建大家族、宗族之結合體）

1　參拙作《略論晉律之儒家化》，載《中國史研究》1985 年第 2 期。

的態度與政策，還有文化方面的原因，這就是儒學的廣泛傳播。

如所周知，漢代儒學宣揚的主要內容，一方面，對於整個社會來說，便是倡導孝道，“親親”，力圖通過大家族成員間的親愛、和睦與感化力量，通過維護父家長的權威和影響，來穩定各個家族、宗族、地區的秩序，進而要求人們由父及君，“憂國如家”，實現“忠孝之道”，以鞏固整個封建王朝的統治。[1]《漢書》卷八《宣帝紀》詔曰：“導民以孝，則天下順。”當即這一指導思想的高度概括。由於儒家積累下了大量經典著作，經過漢代學者糅合法家、道家、陰陽五行家等思想進行注釋，其所包含的內容，不但體現上述政治、社會觀點和原則，而且凝結成為當時說來是豐富的理家、治國的具體經驗。這些著作和內容，成為漢代提高文化素質、培養合格統治人才，特別是高級統治人才的最好教材。其他任何一種學派，都無法與之比擬。

這種儒學正好適合西漢中、後期發展起來的封建大家族的需要。對於這些大家族的父家長來說，以儒學教育後代，既可加強家族成員之間的凝聚力，又可以使子弟提高文化素質，應州郡辟除和察舉出仕，保證家族、宗族在本地以至全國的聲望長期延續不衰。由於此故，早在西漢便出現“遺子黃金滿籯，不如一經”的諺語。[2]東漢以後，封建大家族世代奉習儒學的越來越多，甚至原來的律學世家，也轉而“兼通經書”。[3]這樣，在豪強勢力中便逐漸形成了一些由大土地所有制、封建大家族與宗族以及儒學三者相結合的統

1 “憂國如家”，見《漢書》卷八四《翟方進傳》；“忠孝之道”，見《漢書》卷七六《張敞傳》。

2 見《漢書》卷七三《韋賢傳》。

3 《後漢書》卷四六《郭躬傳》《陳寵傳》。

一體。隨着這些統一體中辟除、察舉出仕人數的增加，特別是其中一部分還升為朝廷顯貴，形成政治上的累世公卿，社會上的世家大族，它們與封建王朝的利害關係日益接近，自然也就越來越靠近和支持封建王朝。這和西漢初年往往與六國貴族、官僚、豪傑身份相結合的強宗豪右，常與王朝衝突、對抗的政治態度，迥然不同。

另一方面，自西漢初年起，吸取秦朝因嚴刑峻罰而覆滅的教訓，儒家還宣揚德化思想，特別是強調統治集團內部應注意團結、和睦的思想。封建王朝逐漸認識了這一思想對鞏固統治極端重要，並以之指導行動。當豪強勢力施加壓力之時（如"度田"中之叛亂），封建王朝其所以往往妥協退讓，固然有着力量對比方面的原因，同時恐怕德化思想也在起着指導作用。[1] 而當豪強勢力積極出仕，主動靠近、支持之時，封建王朝對它們自然更加注意拉攏、團結，除了經濟上的照顧外，便是將它們大量吸收進入各級政權，轉化為官吏甚至朝廷顯貴，使它們與王朝的利益緊緊地連在一起。

就這樣，作為西漢初年異己力量的豪強勢力，逐漸變成了封建王朝的社會、階級基礎與統治支柱。二者由矛盾、對立、鬥爭，終於走向了統一、結合、相互依存。自此直至明清，雙方形式儘管有着發展，這一基本關係，卻始終沒有根本的變化。而在二者的結合過程中，儒學的傳播，從文化方面、從思想意識上層建築方面，是起了重大促進作用的。

以上論述了漢代在新的社會、經濟、文化條件下，大土地所有制、封建大家族與宗族以及儒學三結合統一體的形成與發展。後來"以智役愚"局面逐漸遭到破壞，正和這種三結合統一體的存在分

---

1 《後漢書》卷一《光武帝紀》提出以"柔道"治天下，即其證。

不開。

道理並不複雜。當三結合統一體發展，特別是其中累世公卿的世家大族力量壯大，甚至“勢傾天下”[1]之後，為了爭取他們的全力支持，封建王朝對這些家族子弟的出仕、升遷，往往不能很好地堅持長期以來實行的德、才標準。[2]察舉、銓選上不時發生憑藉權勢走後門，“競相薦謁”等現象，[3]封建王朝由於自身危機重重，為了求得統治集團內部的團結與相安無事，對之也只得採默許、放任態度。這樣，日積月累，人才的選拔、任用，自然發生對普通“布衣”不利，而對豪強勢力、世家大族有利的變化。後者實際上得到某些法外照顧，仕宦不絕的可能性增加了。“四世三公”“四世五公”相繼出現。“以智役愚”局面開始破壞。“選士而論族姓、閥閱”之風，就是在這種背景下發展起來的。很明顯，這一系列連鎖反應，追根溯源，全都關係到前述力量對比的變化，關係到三結合統一體的出現與發展。

不過，直到東漢末年為止，如本文第一部分所論，用人考慮“族姓”只是一種社會風氣，遠未形成國家認可的制度。一些朝廷顯貴家族之所以能仕宦不絕，累世公卿，固然與越來越多的法外照顧分不開，但就大多數情況言，主要依靠的仍是儒學傳統、文化素質、統治本領，亦即封建德、才。另一方面，一些普通“布衣”，只要有德、才，進入各級政權仍有不少機會。

這也就是說，東漢末年雖然出現了“選士論族姓”這一門閥制

1　《三國志》卷六《袁紹傳》。

2　東漢一代，特別是桓、靈、獻帝三朝，三公《後漢書》有傳者，大多數出身公卿二千石官吏家族。參永田英正《從後漢三公看起家與出身》，載《東洋史研究》第 24 卷第 3 號。

3　參《後漢書》卷五六《種暠傳》、卷三〇下《郎顗傳》。

度的萌芽，但是離門閥制度的形成還存在相當一段距離。三結合統一體，特別是累世公卿的世家大族的存在，已經導致了門閥制度的萌芽，並就其不可抗拒的總趨勢言，必將繼續導致門閥制度的形成。事實也證明，魏晉以後門閥制度其所以形成，離開豪強勢力的強大，特別是當時的三結合統一體的制約，是不可想象的。而且門閥制度下的高級士族，正是由東漢興起或魏晉興起的累世公卿、世家大族所轉化。不過在東漢末年，這一制度畢竟尚處在雛形之中。如果沒有東漢末年的戰亂，如果統一王朝繼續存在下去，門閥制度由雛形到形成的過程將會是很緩慢的。作為一個龐大的統一王朝，有着大量個體小農散居，提供兵役、徭役、賦稅，使它能保持相對強大的力量；同時又有着相當數量有德、才，出身普通"布衣"的士人，不斷被選入各級政權，作為新鮮血液，為朝廷出謀劃策或掌管行政事務。因而對當時的豪強勢力、世家大族，雖然已在經濟上給予照顧，在用人上有所偏向，但是絕不會很快把它們視為主要社會、階級基礎，將照顧、偏向發展為賦予特權，從法令上固定下來，建立門閥制度的。

只有東漢末年以後，出現了新局面，產生了新問題，方才加速了門閥制度的形成過程。

（二）戰亂、統一帝國瓦解與分裂、新王朝力求三結合統一體特別是世家大族大力支持，是門閥制度加速形成的決定因素。

東漢末年爆發黃巾農民大起義。軍閥混戰的結果導致社會大動亂和統一帝國解體。隨後形成三國鼎立。幾十年後，經過短暫統一，各類矛盾又匯為永嘉之亂，再開南北長期對峙的局面。

在這個過程中，出現了兩個顯著變化及其連鎖反應，迫使封建王朝為了鞏固統治，不得不加速推行門閥制度。

第一，在東漢滅亡以後幾百年中所建立起來之鼎立、對峙的各王朝，不僅聲望遠遜於統治達四百年之久的漢王朝，而且統治地盤縮小，統治基礎與實力也無法與之相比。東漢桓帝時王朝編戶人口達五千六百多萬；而進入三國，編戶最多的曹魏才四百四十多萬，西晉統一時也只有一千六百多萬；南北一分裂，各自的人口又復減少。[1] 勞動力控制大大減少，意味着實力極大削弱；再加上鼎立對峙，戰爭頻仍，消耗至巨，因而各王朝統治的穩固程度，也無法與東漢相比。

可是另一方面，在這個過程中，前述三結合統一體，特別是世家大族的實力，一般卻比過去加強。原因是：在戰爭不斷，兵役、徭役沉重等條件下，個體小農很難維持生產，不得不大量投附這些勢力，充當佃客、部曲，以求庇護。十六國末南燕尚書韓諄曾上疏曰："百姓因秦晉之弊，迭相蔭冒，或百室合戶，或千丁共籍，依託城社，不懼熏燒，公避課役，擅為奸宄。"[2] 此證豪強勢力，特別是一些高官顯貴家族隱佔大量勞動力，自魏晉以來很普遍。他們的力量本已不可忽視，得到大量投附佃客、部曲之後，便進一步擴大，對基礎、實力削弱的新王朝來說，地位和重要性顯著提高，後者對前者的依靠程度，也遠超過東漢。

以統治區比較狹小，豪強大族數目不多，容易看出上述規律的孫吳政權為例，其對"僮僕成軍……田池佈千里"的江南豪強大

1 參梁方仲《中國歷代戶口、田地、田賦統計》，上海人民出版社，1980 年。

2 《晉書》卷一二七《慕容德載記》。

族，[1] 尤其是對實力最強的吳郡顧、陸、朱、張四姓的依靠和優遇，是驚人的。顧雍為丞相，一幹就是十九年；雍母由吳郡至建業，孫權作為君主"臨賀之，親拜其母於庭"，此均秦漢以來所未見。朱治任孫吳最富足的吳郡太守，前後竟達二十二年，死而後已，可以說實際上讓他操縱了經濟命脈。而且"治每進見，（孫）權常親迎，執版交拜"。陸遜為荊州牧，鎮守長江上游軍事要地，孫權許其獨自與蜀國辦交涉，"並刻（孫）權印，以置遜所"；遜後升丞相，領荊州牧如故，萃內外大權於一身。[2] 值得注意的是，對充任高官顯貴的豪強大族代表人物，制度上還有特殊優待。首先是免除他們田客的賦役，即"復客"制度。其次是高級將領死後，子弟可以襲爵為官，繼續統率其軍隊，即世襲領兵制度。[3] 這兩項特殊優待，作為王朝認可的制度，亦為秦漢以來所未見。以上這些全反映了新形勢下，基礎、實力較弱之朝廷，對相對強大之豪強勢力、世家大族之特殊讓步與籠絡。如果西晉不統一，聽任孫吳獨立發展，不受干擾，遲早孫吳式的門閥制度是會確立的。

通過孫吳之例，我們也就容易理解為甚麼西晉要規定"二品繫資"，東晉要允許"凡厥衣冠，莫非二品"，要建立和發展門閥制度，其實全是為了籠絡高官顯貴家族，以此換得他們對自己不很穩固統治的全力支持。

第二，東漢滅亡，特別是永嘉亂後，文化學術中心由漢代京師的太學以及各地的郡國學，逐漸轉移於三結合統一體，"太學博士

1 《抱朴子・吳失》。"僮僕"，實際上多指佃客，見唐長孺《孫吳建國及漢末江南的宗部與山越》，載《魏晉南北朝史論叢》。

2 以上三人分見《三國志》本傳及裴注。

3 這兩項制度參唐長孺《孫吳建國及漢末江南的宗部與山越》，載《魏晉南北朝史論叢》。

之傳授，變為家人父子之世業”。[1] 情況是這樣的：連綿戰亂，官府書籍大量焚毀、損失，再加上玄學清談的巨大影響，無論南北，公私學校全都淪廢，或形同虛設。由此產生的一個連鎖反應便是：在很長一段時期內，庶人、寒人甚至某些低級士族，要想找到書籍和經師，提高文化素質，學習統治經驗都十分困難。同時，編戶減少，戰爭不斷對兵役、徭役等的需要又極大增加（一部分編戶且被強迫充當軍戶、吏家等），庶人、寒人也很難再有條件讀書、出仕。這樣，他們就無法像漢代普通“布衣”那樣進入士人行列，更談不上躋身廟堂，為君主籌謀劃策了。前述東晉南北朝之庶人、寒人只能靠吏幹、武功出身，根本原因就在於此。

在此條件下，一般說只有三結合統一體、世家大族保存和傳習文化學術。一則，從漢代至魏晉南北朝，世家大族一般都重視儒學，注意搜集、保存經籍史書，有一部分還發展成儒學世家、“儒宗”。及至學校淪廢，庶人、寒人又無法讀書，文化學術、古代統治經驗，只在這些家族中保存和傳習下去，便是很自然的。再則，在戰亂或賦役沉重的條件下，也只有世家大族得以保存書籍，傳習文化學術。因為他們往往擁有塢壁等防禦工事，一般可以擁眾自保，使書籍、文化免遭摧殘。而等戰亂過去，他們又往往是新朝官吏和權貴，家族享有免役等特權，從而不影響將文化學術和古代統治經驗穩定地傳習下去。這就迫使各新王朝不得不主要從這些三結合統一體、世家大族中選拔統治人才，特別是高級統治人才。

必須指出，各王朝之所以要從三結合統一體、世家大族中選拔、補充統治人才，除文化素質、統治本領外，還有一個重要考

1　陳寅恪：《隋唐制度淵源略論稿・禮儀》，上海古籍出版社，1982 年。

慮，這就是認為在儒學的熏陶下，這些家族子弟一般具有較高的封建道德品質，而這正是封建統治人才必備的條件。《魏書》卷六〇《韓麒麟傳附子顯宗傳》：魏孝文帝實行門閥制度，李沖反對說："陛下今日何為專崇門品，不有拔才之詔？"孝文帝回答："苟有殊人之伎，不患不知。然君子之門，假使無當世之用者，要自德行純篤，朕是以用之。"本文第三部分已說，南朝宋、齊諸寒人出身之佞幸，雖有吏幹，但由於缺乏儒學修養，掌權後貪污納賄，胡作非為，結果反而導致了王朝或君主的覆敗。魏孝文帝模仿南朝推行門閥制度，在這次對話中重視"德行純篤"，把它作為其所以要從"君子之門"選拔人才的一個理由，恐怕同時也是有鑒於佞幸給王朝帶來危害之教訓而提出的。

總之，在漢代三結合統一體形成與發展，"選士論族姓"之風開始流行的基礎上，魏晉以後各王朝其所以要加速建立，並持續實行門閥制度，一是因為連綿戰亂，鼎立對峙局面改變了王朝與諸三結合統一體的力量對比，迫使王朝不得不進一步依靠他們，特別是銓選上賦予其更大特權，以求其全力支持自己不很穩固的統治。二是因為當時一般也只有這些三結合統一體，尤其是累世公卿的世家大族中擁有統治人才和高級統治人才，不在銓選上賦予更大特權，新王朝便不能將他們儘快地、大量地吸收入各級政權，以鞏固統治。一句話，必須從這些統一體中選拔人才，一般也只可能從這些統一體中選拔人才。於是便形成了沈約所說的"以貴役賤"的局面。

（三）九品中正制對門閥制度的形成，在形式方面的影響。

上面論述的是門閥制度實行的前提，以及加速形成的原因，但究竟採用甚麼形式來賦予這些三結合統一體以特權，從中選拔統治人才呢？歷史上有世官世祿制，有父兄任制，而魏晉南北朝卻主要採用了和以前制度有所不同的、獨特的門閥制度。它是九品中正制在一定條件下逐漸推移促成的。

如所周知，曹魏實行九品中正制，由朝廷官兼任各級中正，將人才依古制分為九等，原來意圖只是為了便於銓選，並將用人權掌握於朝廷手中，防止、抵制當時世家大族的“浮華”結黨之風。這可能與曹魏“三祖”受先秦法家思想影響較大有關。隨着社會經濟恢復，三結合統一體特別是其中世家大族日益強大，而封建王朝力量卻相對削弱，出於種種具體動機，封建王朝不得不對前者加意拉攏、依靠之後，九品中正制便逐漸變質了。如西晉司馬氏為篡代曹魏和鞏固新王朝統治，對諸世家大族態度十分遷就。《晉書》卷九〇《良吏・胡威傳》：威為尚書，“嘗諫時政之寬，帝曰：‘尚書郎以下，吾無所假借。’威曰：‘臣之所陳，豈在丞郎令史，正謂如臣等輩，始可以肅化明法耳。’”皇帝毫不諱言自己只準備對官品六品（尚書郎）以下官吏犯法給予懲罰，六品以上就要“假借”，這在中國歷史上是第一次見到。他不但這麼說，也是這麼做的。《資治通鑒》卷七九泰始三年（267）載：司隸李憙劾大臣、宗室山濤、司馬睦、武陔以及縣令劉友侵佔官稻田。對這種直接損害王朝經濟利益的行為，晉武帝只處死了官位最低的縣令劉友（官品六品），對山濤等（官品三品以上）則下詔“皆勿有所問”。怪不得司馬光就此事評說：這是“避貴施賤”，“可謂政乎”。既然皇帝都對高官顯貴如此遷就，則各級中正在評定他們及其子弟的人品時怎麼可能公正呢？很自然，結果便是劉毅所說的，“隨世興衰，不顧才實，衰則削下，興則扶上”，“上品無寒門，下品無勢族”，“職名中正，實為奸府”。九品中正制並不公正了。

前面已經涉及，九品中正制的特點有二：其一，九品之"品"，作為人品，不是社會道德觀念，而是中正官評定，經司徒府批准，即封建王朝承認、備案的，具有權威性。其二，這樣定下來的人品，不僅是一種榮譽，更重要的是，它還與吏部銓選、與官職緊密聯繫在一起。人品上品則官品起點高，且升遷快，容易爬上高位；反之，則往往沉滯於卑官賤職。

由於具有這兩個特點，所以九品中正制在逐漸變質後，特別是稍後再與西晉王朝公開優待高官顯貴的"二品繫資"相結合，便導致以下結果：

第一，發展成一種惡性循環：家族中有人官居高品，子弟便容易獲得人品上品，取得較快升遷官品高品之資格；等這批子弟達到官品高品後，下一批子弟又容易獲得人品上品。反之，官居下品者，子弟往往得到人品卑品，便形成向官品下品之循環。這便是過渡性的、按官位高低區分的門閥制度。

第二，東晉建立後，"勢族"和王朝比，相對說，力量更強大，因而評人品上品、升官品高品的可能性也就更大。於是又引起以下連鎖反應：本來，九品中正制下一個士人被評為上品或下品，是個人德、才問題，與家族血緣無關。"二品繫資"後，與家族發生了關係，也只涉及"資"即官位，仍與血緣不相干。可是等到"凡厥衣冠，莫非二品"以後，由於是由中正官與司徒府代表封建王朝確定的，具有權威性，相應地這些"勢族"子弟又往往最後達到官品高品，成為高官顯貴，這樣，時間久了，其人品、官品之取得，就不僅被看成個人德、才，而首先被視為出於整個家族血統高貴了。相反，"寒門"子弟屢被評為人品下品，充任下級官吏，時間久了，便被視為整個家族血統卑賤的結果。經過以上演變，終於人品轉為門品，個人德、才轉為家族血統。一般說，過去是官品決定人品，此後是門品決定官品。這就是按血緣關係區分的門閥制度。至於庶人、寒人，因為本無人品，其中極少數人的官品是靠士族輕視的吏幹、武功取得，失官後仍需服徭役，血統之卑賤自然又在低級士族之下，因而也就被壓在門閥社會的更下一層，"士庶天隔"便是它的真實寫照。

十分清楚，無論以上哪一階段門閥制度的形成，最初全都始於中正評定人品。中正評定和吏部銓選依據人品、門品，構成門閥制度不可或缺的部分與特點。可以說，門閥制度在形式方面是淵源於九品中正制的。

必須指出，無論以上哪一階段門閥制度，均與世官世祿制、父兄任制有所不同。後者由貴族地位或官位直接決定子弟出仕，而前者形式上需經過一個中間階段，即考慮人品或門品。按規定，人品主要標準為德、才，考慮它便意味"勢族"子弟仍需德、才，方能取得出仕優勢。這顯然帶有很大欺騙性。至於門品，雖按血緣關係區分，但它從人品發展而成，所以也意味着與德、才標準緊密相關。門品二品，即意味其家族由血緣決定的門風，在德、才上具有優勢，因而理應出仕起點高，並迅速升至大位。任昉讚琅邪王氏"六世名德，海內冠冕"；琅邪王筠自稱家族"七葉之中，名德重光，爵位相繼"；[1] 前引魏孝文帝以為"君子之門""德行純篤"，全都把門閥血緣與"名德（名指著名，名德即重德、大德）""德行"連在一起。這和世官世祿、父兄任相比，具有較大欺騙性。

總之，魏晉南北朝的門閥制度，在形式方面，離開九品中正制

1　分見《文選》卷四六《王文憲集序》、《南史》卷二二《王筠傳》。

便不可想象。

以上即門閥制度在魏晉南北朝出現並持續存在的三個原因。

等到南北朝後期，社會經濟、文化發展，大土地所有制、封建大家族與宗族以及儒學三結合統一體在實力和文化素質、統治經驗上，不再佔有壓倒優勢；相反，由於種種原因，包括農民起義之打擊，高級士族日益沒落，而庶人、寒人地主則在新形勢下經濟實力加強，文化素質提高，特別在北朝，軍功、吏幹出身的官吏從來就佔據重要地位，往往便是朝廷顯貴。在這諸種因素結合下，“以貴役賤”的局面已無法維持下去，至隋唐，封建王朝為了更廣泛地選拔人才，求取各種社會力量支持，以鞏固統治，便把九品中正制廢除，使門閥制度與政治制度脫離關係，變成了純粹的社會制度。

素族、庶族解 *

《南齊書》卷二《高帝紀下》，遺詔曰：“吾本布衣素族，念不到此。”趙翼據此說：“齊高既稱素族，則非高門可知也。”[1] 似乎以齊高為低級士族。然就趙翼全文看，“素族”與“世族”對舉，指的是“寒人”。對此，周一良先生很早以前就用豐富史料作了駁正，[2] 明確指出南北朝素族一語並非指寒人，“皆與宗室相對而言”，“凡非帝室而是清流者，皆可曰素族”。這個駁正，至今不可移易。但“素族”為何作此解，周先生未及細談，本文想就這一小問題作點補充。

日本學者岡崎文夫也是很早就否定趙翼之素族即寒人說的，[3] 但他解素族為高門之謙稱，卻不能令人贊同。因為這種解釋除劉宋少數場合外，宋末、蕭齊以後絕大多情況下說不通。突出的如《南齊書》卷二二《豫章王嶷傳》：沈約答樂藹書曰：“謝安石，素族之台輔。”沈約在南齊敘述東晉人的出身，與謙稱當然不相干。另一日本學者宮川尚志主“素”為“素舊”之素，素族指舊族。[4] 這一解釋同樣不大恰當。因為素字固然可與故舊互訓，也確有認素族為舊族

* 原載《北京大學學報（哲學社會科學版）》1984 年第 3 期。

1 《廿二史札記》卷十二“江左世族無功臣”條。

2 周一良：《魏晉南北朝史論集》，中華書局，1963 年，第 76 頁。

3 岡崎文夫：《南朝貴族制的一個側面》，載《高瀨博士還曆紀念“支那”學論叢》，弘文堂，1928 年，第 175 頁。

4 宮川尚志：《魏晉南朝的寒門寒人》，載《東亞人文學報》第三卷第二號，第 184 頁注 32。

之例，[1] 但多數情況下素族與宗室對舉，範圍較窄，而舊族要廣泛得多。如《南齊書》卷三三《王僧虔傳》：僧虔為會稽太守，"聽民何係先等一百十家為舊門。……坐免官"，全郡舊門（族）之數無疑遠在一百十家之上。素族決不可能有這麼多。此處之舊門（族），大致相當於泛稱之"士族"，既包括高門，也指低級士族，與具有特殊含義的素族是不同的。

為了論證此問題，讓我先引一段有關文章。[2] 該文在涉及南北朝庶族（寒人）受士族壓抑，即便僥倖升遷高位仍遭歧視這一現象時舉了一例："《宋書》記蔡興宗居高位，握重權，而王義恭[3] 詆其'起自庶族'。興宗亦言'吾庶門平進，[4] 與主上甚疏，未容有患。"此處有兩個疑問：第一，濟陽考城蔡氏是東晉南朝高門，蔡興宗高祖蔡謨為東晉司徒；父蔡廓起家著作佐郎，宋吏部尚書；興宗本人先為吏部郎，後為吏部尚書。[5] 眾所周知，東晉南朝之司徒位居極品，而起家著作佐郎，升吏部郎和吏部尚書，又是高門的特權，既然如此，為甚麼會被義恭詆為庶族（寒人）呢？第二，東晉南朝的高門"平流進取，坐至公卿"，[6]"平流進取"亦即"平進"之意。[7] 如果蔡興宗是寒人，則官至吏部尚書等職應是不次拔擢，何以自稱"平進"呢？

1　《南史》卷二三《王琨傳》："使王華訪素門，嫁其二女。華為琨娶大女，以小女適潁川庾敬度。亦是舊族。"前之"素門"即後之"舊族。"

2　王元化：《劉勰身世及士庶區別問題》，載《中華文史論叢》1979 年第 1 期，第 192 頁。

3　當作江夏王義恭或劉義恭。

4　按《宋書》《南史》本傳和《資治通鑒》卷一三〇泰始元年條俱作"素門平進"。

5　參《元和姓纂》卷八及《宋書》卷五七《蔡廓傳》《蔡興宗傳》。

6　《南齊書》卷二三"史臣曰"。

7　"平進"，見《晉書》卷七三《庾亮傳》、《梁書》卷七《后妃・太宗王皇后傳附父騫傳》。

要回答這兩個疑問，必須對蔡興宗傳之"庶族"一詞作正確理解。原來此處之"庶族"並非與士族對舉之"庶族（即與寒門意近之庶族）"，而是與宗室對舉之庶族，指的是異姓大臣或高門。請看原文：蔡興宗被出為吳郡太守，固辭；改任新安王子鸞撫軍司馬、南東海太守，又不拜，而苦求遠調益州。於是江夏王義恭大怒，上表曰："伏尋揚州刺史子尚，吳興太守休若，並國之茂戚，魯、衛攸在，猶牧守東山，竭誠撫莅；而辭擇適情，起自庶族，逮佐北藩，尤無欣荷。"此處文有脫誤。"而辭擇適情"兩句，李慈銘以為"當作'而興宗起自庶族，辭擇適情'，兩句互倒，又脫興宗二字耳"，[1] 甚是。子尚即孝武帝子豫章王子尚，休若即文帝子巴陵王休若。吳興郡屬揚州，揚州與荊州分稱陝東、陝西；[2] 所以"牧守東山"大概是指子尚、休若官於揚州。[3] 新安王子鸞當時為撫軍將軍，都督南徐州諸軍事，治京口。[4] 京口在建康北，東晉以來素稱北府。所謂"逮佐北藩"，當指改任子鸞撫軍司馬一事。所以義恭這段話的大意是：宗室子尚、休若尚且竭誠鎮撫揚州地區，並未請求出官邊地，而非宗室即"庶族"蔡興宗卻不服從調動，苦求益州，拒絕當吳郡太守及撫軍司馬。很清楚，義恭所謂庶族，指的是異姓大臣或高門，並無貶義。這種用法，南朝頗為流行。如《南齊書》卷二二《豫章王嶷傳》：嶷薨，竟陵王子良上書建議贈寵說，"且庶族近代桓溫、庾

---

1 《宋書》卷五七《蔡興宗傳》中華書局標點本校勘記〔一二〕引《宋書札記》。

2 《南齊書》卷一五《州郡志下》；李慈銘《越縵堂讀書記》，中華書局，1963 年，第 234 頁。

3 "牧"指子尚為州刺史，"守"指休若為郡太守。"東山"疑本作"東陝"。16 世紀閉口韻消失（見王力：《漢語音韻》，中華書局，1980 年，第四章"韻書"下"中原音韻"條），山（《廣韻》山韻）、陝（《廣韻》琰韻）二字除聲調一平一上外，已無大區別，或有人不明"東陝"之義，誤改為"東山"。

4 以上參《宋書》卷八〇《豫章王子尚傳》《始平王子鸞傳》，卷七二《巴陵王休若傳》，又《宋書》卷三五《州郡志一》"南徐州刺史"條。

亮之類，亦降殊命”。桓溫、庾亮均東晉名臣，出身第一流高門，“庶族”在這裏顯然也不是指寒人。庶族有的作“庶姓”，含義完全相同。《宋書》卷八五《王景文傳》：明帝用景文為揚州刺史，不就，宋明帝手詔譬之曰：“庶姓作揚州，徐干木（羨之）、王休元（弘）、殷鐵（景仁）並處之不辭。卿清令才望，何愧休元……卿若有辭，更不知誰應處之。”劉宋一代揚州刺史多用宗室，王景文之前五十年中前後為之者共十三人，非宗室僅此三人。[1] 其中王弘出身琅邪王氏，殷景仁出身陳郡殷氏，徐羨之出身東海徐氏，都是士族；而王景文本人也出自琅邪王氏，是第一流高門。此處之“庶姓”更無絲毫貶義。《南齊書》卷二三《褚淵傳》：淵卒，“先是庶姓三公轜車未有定格。王儉議官品第一，皆加幢絡，自淵始也”。褚淵出身河南陽翟褚氏，為著名高門。這裏“庶姓三公”是與“宗室三公”對舉的，和寒人也毫無干係。到梁、陳兩代，據《隋書》卷二六《百官志上》，宗室諸王與庶姓大臣對舉之例，更不勝枚舉。北朝情況同。[2]

庶族、庶姓的這種涵義還可以上溯至兩晉。《晉書》卷三六《張華傳》：賈后殺汝南王亮和衛瓘後，“以華庶族，儒雅有籌略，進無逼上之嫌，退為眾望所依，欲倚以朝綱，訪以政事”。這“庶族”兩字，聯繫到張華“少孤貧，自牧羊”，常被視為他非士族出身的有力證據。當然，張華究竟出身為何，以及“少孤貧，自牧羊”應怎樣

1　據萬斯同《宋將相大臣年表》。

2　《魏書》卷一〇八之三《禮志三》：拓跋丕奏遷神主於太廟，説：“神部尚書王諶，既是庶姓，不宜參豫。”又尚振明《孟縣出土北魏司馬悦墓誌》（載《文物》，1981 年第 12 期）：“先是庶姓猶王，封琅邪王”，是與後來僅宗室封王對比而言的。《魏書》卷三三《賈彝傳附子秀傳》：丞相乙渾，“妻庶姓而求公主之號”。秀對曰：“公主之稱，王姬之號，尊寵之極，非庶族所宜。”前之庶姓即後之庶族，與公主對舉。

理解，可以討論，但此處之“庶族”決非指與寒人意近之庶族，卻可以肯定。因為否則就無法解釋“進無逼上之嫌”這句話。要是重用寒人無逼上之嫌，那就等於說重用士族、豪族有逼上之嫌了。然而在西晉，“宗室殷盛”，[1] 從武帝以來，士族、豪族迭受重用，[2] 一直沒有發生“逼上”問題，何以到賈后時，諸王已進一步掌握方面重權，[3] 竟會發生危機了呢？這是講不通的。所以《張華傳》之“庶族”正確解釋應是指異姓大臣。《通鑒》卷八二元康元年條引此，庶族作“庶姓”。胡注：“據杜預《左傳》注，庶姓，非同姓。”所謂“杜預注”，指的是《左傳》隱公十一年事，原注是：“庶姓，非周之同姓。”胡注是正確的。當時惠帝是白癡，異姓大臣掌實權的不多，遠不足與宗室抗衡，只有宗室諸王才有逼上之嫌，如再讓他們主持朝政，惠帝的皇位就更岌岌可危了。這就是為何賈后要重用張華的歷史背景。張華是以異姓大臣的身份比宗室諸王保險，又因“儒雅有籌略”，勝其他異姓一籌，因而被賈后看中的，而決不是由於出身低微。庶族、庶姓這種用法在東晉也屢見不鮮。[4]

總之，兩晉南北朝史料所見庶族、庶姓，和這一時期經常出現的士“庶”之“庶”，即庶人、寒人、小人，完全不是一回事。如果這樣來理解《蔡興宗傳》，前面的兩個疑問也就迎刃而解了。首先，所謂蔡興宗“起自庶族”，原來只不過說他並非宗室，這與濟陽考城蔡氏的門第很高，就不矛盾了。其次，出身高門而遷吏部郎、吏部尚書等職，是南朝慣例，沒甚麼特殊，所以蔡興宗要自稱“平

---

1 《晉書》卷五九《汝南王亮傳》。

2 參萬斯同《晉將相大臣年表》。

3 見《晉書》卷三《武帝紀》太康十年、太熙元年對諸王的任命。

4 東晉江逌《扇賦》：“育庶族於雲夢，散宗儔於具區。”（《藝文類聚》卷六九）《晉書》卷七三《庾亮傳》、《通典》六七“皇后敬父母”條引何充與庾翼書，均以“庶姓”“異姓”為非宗室大臣。

進”了。

齊高帝自稱的“素族”，其涵義正與此“庶族”“庶姓”相同。“素族”當如此解釋之例在南朝宋末、蕭齊以後極多，如：

《南齊書》卷二二《豫章文獻王嶷附子子操傳》：“王侯出身官無定，准素姓三公長子一人為員外郎。”“素姓三公”與“王侯”對舉，而與上引《褚淵傳》云“庶姓三公”為同一概念。

《南齊書》卷四二《王晏傳》：王儉卒，禮官欲謚為“文獻”，王晏反對說：此謚“……宋以來不加素族”。而《通鑒》卷一三六永明七年條載此語“素族”作“異姓”。“異姓”“異族”即“庶姓”“庶族”，說見下。

《宋書》卷七九《桂陽王休範傳》：“及太宗晏駕，主幼時艱，素族當權，近習秉政。”後休範起兵叛亂，致書當權大臣袁粲等，借曹魏為司馬氏篡奪事影射說：“魏革漢典……遂使諸王絕朝聘之禮，是以根疏葉枯，政移異族。今宗室衰微，自昔未有……”後之“異族”即前之“素族”。

《陳書》卷一七《袁敬傳附兄子樞傳》：樞議曰：“漢氏初興，列侯尚主，自斯以後，降嬪素族。……《齊職儀》曰：凡尚公主必拜駙馬都尉。魏晉以來，因為瞻準。蓋以王姬之重，庶姓之輕，若不加其等級，寧可合巹而酳？”“素族”與“庶姓”在同一文中交錯使用，其義則一。[1]

由此可見，在這些地方，素族與素姓，庶族與庶姓，異族與異姓三者涵義相同。也就是說，素族、素姓主要當依庶族、庶姓解為

1　袁樞把列侯歸於素族之外，是一種回溯歷史時的特殊用法，素族指無封爵之異姓大臣，實際上南朝無此區分。

非宗室大臣。

這裏還有兩個問題需要明確。

第一，為甚麼南朝以前一直使用庶族、庶姓或異族、異姓這些詞作非宗室大臣解，其根據何在？原來這來源於儒家經典。《周禮・秋官・司儀》:“詔王儀，南鄉見諸侯，土揖庶姓，時揖異姓，天揖同姓。”[1] 鄭注:“庶姓，無親者也。……異姓，昏姻也。”孫詒讓《正義》:“《爾雅・釋詁》云:‘庶，眾也。’庶姓猶言眾姓，謂異姓之無親者，對下‘時揖異姓’為異姓之有親者也。”可見，庶姓、異姓都指非同姓諸侯，只不過與王室一無婚姻關係，一有婚姻關係而已。所以有時也很難嚴格區分。如《儀禮・覲禮篇》:諸侯朝覲，“同姓西面北上，異姓東面北上”，“同姓大國則曰伯父，其異姓則曰伯舅。同姓小邦則曰叔父，其異姓小邦則曰叔舅”。都沒有提庶姓，已包括於異姓之中。故《詩經・小雅・伐木篇》孔疏:“異姓，王舅之親；庶姓，與王無親者。天子於諸侯非同姓皆曰舅，不由有親無親，則舅文又以兼庶姓矣。”由於此故，有時庶姓與異姓也就混用。如《左傳》隱公十一年:“滕侯、薛侯來朝爭長。薛侯曰:‘我先封。’滕侯曰:‘我周之卜正也。薛，庶姓也，我不可以後之。’(隱)公使羽父請於薛侯曰:‘……周之宗盟，異姓為後，寡人若朝於薛，不敢與諸任齒。’”前稱庶姓，後稱異姓，說明至少春秋之時已混用了。而西周之“姓”，慢慢又發展成許多“族”(氏族)。《左傳》隱公八年:“天子建德，因生以賜姓，胙之土而命之氏。諸侯以

1　《周禮・司儀》孫詒讓《正義》引江永曰:“古人之揖，如今人之拱手而推之，高則為天揖，平則為時揖，低則為土揖也。”

字為氏，因以為族。”姓與氏，或姓與族，後來又“合而為一”，[1]所以到魏晉南北朝庶姓、異姓也可稱“庶族”“異族”，而同指非宗室大臣。

第二，既然過去一直使用經典有徵之庶姓、庶族等詞，為甚麼這一段時期又會出現在許多場合和它們涵義完全相同的新詞“素姓”“素族”呢？我想大概有兩個原因：

首先，和這一時期“素”字被廣泛使用於褒詞中緊密不可分。素字早在儒家經典中作質樸無文解，就具褒義。《禮記・郊特牲》曰：“乘素車，貴其質也。”又曰：“酒醴之美，玄酒（即水）明水之尚，貴五味之本也。……大羹不和，貴其質也。大圭不琢，美其質也。……（祭天時）素車之乘，尊其樸也。”鄭注把此段經文概括為“尚質貴本”四個字。這個精神直到魏晉南北朝依然未變。如何晏之《景福殿賦》：“絕流遁之繁禮，反民情於太素。”不管何晏本人品德如何，至少說明當時正統觀念把“太素”看得重於“繁禮”。《南齊書》卷九《禮志上》：“至敬無文，以素為貴”，也是此意。另一面，魏晉以後玄學流行，從老莊思想的角度，也強調樸素。《老子》第十九章：“見素抱樸，少私寡慾。”《莊子・天道篇》：“夫虛靜恬淡，寂漠無為者，萬物之本也。……以此處上，帝王天子之德也。以此處下，玄聖素王之道也。”郭象注：“此皆無為之至也。有其道為天下所歸而無其爵者，所謂素王自貴也。”[2]同書又說：“無

1　《通志・氏族略序》。

2　素王，還見於《史記》卷三《殷本紀》、賈誼《過秦論》、《漢書》卷五六《董仲舒傳》、《淮南子・主術訓》等。《殷本紀》索隱：“素王者，太素上皇，其道質素，故稱素王。”此當其正解。孔穎達據《廣雅・釋詁》，疏《春秋序》曰：“素，空也，言無位而空王之也”，其義應是後出的。（與孔、司馬二人先後無關。）《莊子》雖言上下之別，然玄聖與素王並列，玄聖即素王，玄、素皆美詞，而非“空”義。

為也而尊，樸素而天下莫能與之爭美。”成玄英疏：“夫淳樸素質、無為虛靜者，實萬物之根本也，故所尊貴，孰能與之爭美。”這些地方之“素王”“樸素”之內涵，和儒家經典雖然不同，但“素”字乃美義則無差別。正是在這種學術思想影響下，“素”字作為樸素、清白之義大量構成褒詞，南朝尤為突出。如儒素、風素、墳素、貞素、真素、退素、閒素、雅素、廉素、純素、德素等。[1] 甚至即便在南北朝個別的、有些貶義的“寒素”一詞，原義也是好的。[2] 正因如此，大約從西晉開始，對大臣常用“素”字褒讚。如“素質”、[3]“素望”，[4] 甚至與君主相對，稱“素者”。[5] 南朝更突出。《南史》卷二六《袁湛傳附袁昂傳》：昂出身陳郡袁氏，梁武帝敕曰：“袁昂道素之門，世有忠節。”卷二三《王惠傳附從弟球傳》：球出身琅邪王氏，歷宋吏部尚書、僕射等要職，常稱病不朝直，江夏王義恭欲糾彈。何尚之說：“球有素尚，加又多疾，公應以淡退求之，未可以文案責也。”義恭對宋文帝說：“王球誠有素譽，頗以物外自許。端任（指僕射）要切，或非所長。”文帝回答：“誠知如此，要是時望所歸。昔周伯仁（東晉周顗）終日飲酒而居此任，蓋所以崇素德也。”王球“遂見優容”。這裏“素尚”“素譽”“素德”迭用，而與“淡退”“頗以物外自許”“終日飲酒”聯繫在一起，實含有質樸、恬淡、自然無為、不

---

1 儒素，見《晉書・謝鯤傳》。風素以下依次見《南史》卷二六《袁湛傳附袁昂傳》、卷二七《孔靖傳附孔奐傳》、卷二九《蔡廓傳附蔡撙傳》、卷二七《孔琳之傳附孔覬傳》、卷三六《沈演之傳附沈顗傳》、卷二九《蔡廓傳》、卷三九《劉勔傳》、卷三六《羊玄保傳》、卷二六《袁湛傳附袁敬傳》、卷三三《鄭鮮之傳》。

2 《南史》卷一一《袁湛傳附袁昂傳》：對顏師伯，“以寒素陵之”，有貶義。然據《晉書・李重傳》：“開寒素以明尚德之舉”，含褒義。

3 《初學記》卷一一晉孫綽之《賀司空循像贊》：“素質玉潔。”

4 《初學記》卷一一晉熊遠稱太尉荀組：“朝之素望。”

5 《宋書》卷一八《禮志五》：晉武帝詔曰：“羊車雖無制，猶非素者所服。”

計名利等褒義，而融儒家、道家觀念為一。加之王球出身第一流高門，官位又極高，因而也就被稱為"素族"。[1] 大概就是由於上述因果、沿革關係，從劉宋末年開始便出現了新詞"素族""素姓"，而與長期以來作非宗室大臣原解的"庶族""庶姓"混用了。

其次，素族、素姓與庶族、庶姓等混用，可能還和聲韻相近有關。據《通志・七音略》(《韻鏡》同)，"庶(恕)"屬審母三等，"素(訴)"屬心母一等。魏晉南北朝時期有的可以相通。《文選》卷二八陸機《門有車馬客行》:"親友多零落，舊齒皆凋喪。……慷慨惟平生，俯仰獨悲傷。""凋喪"一詞魏晉時期多作"凋傷"。[2] 傷，審母三等；喪，心母一等。陸詩因末句有"傷"字，故將前"凋傷"改"凋喪"，此二母可通之證。如果把聲韻放寬一些，則正齒音審母字與心母字相通例就更多。如素與數(審二)、[3] 數與算(心一)、[4] 死(心四)與尸(審三)[5] 等。另外，今天普通話中 xi 音字的一部分來源於古代心母(如須、洗、先、消)，也可作為側證。另一面從韻部看，據《廣韻》，庶、素同為去聲，庶在九御，素在十一暮，同在遇攝。王力先生將御韻擬音為 ĭo，暮韻擬音為 u。[6] o、u 同屬圓

---

1 王儉語，見《南史》卷一一《后妃上・武穆裴皇后傳》、《南齊書》卷一〇《禮志下》。

2 《三國志》卷一《魏書・武帝紀》建安二十三年注引《魏書》:"天降疫癘，民有凋傷。"《文帝紀》黃初七年注引《魏書》:"疫癘大起，時人凋傷。"

3 《文選》卷四二阮元瑜《為曹公作書與孫權》:"常思除棄小事，更申前好……以明雅素中誠之效。"《三國志》卷一二《魏書・崔琰傳》: 琰書諫曹丕，丕報曰:"昨奉嘉命，惠示雅數。"雅素即雅數，指內心真情。素、數互通。

4 《史記》卷四八《陳涉世家》:"楚兵數千人為聚者，不可勝數。"《後漢書》卷一六《鄧禹傳附子訓傳》:"前後沒溺死者，不可勝算。"《三國志》卷三九《蜀書・董允傳附陳祗傳》:"多技藝，挾數術，費禕甚異之。"卷四二《李譔傳》:"博好技藝、算術。"均數、算互通。《儀禮・鄉飲酒禮》:"無算爵。"鄭注:"算，數也。"無算即無數。

5 《呂氏春秋・期賢》:"扶傷輿死。"高注:"死與尸同。"《漢書》卷七〇《陳湯傳》:"至康居，求谷吉等死。"顏注:"死，尸也。"

6 據王力先生擬音，審三為 xi、心母為 s，見《漢語史稿(上冊)》第二章第十節，中華書局，1983 年。由須、洗等字來源古心母，可推測古審三與心母同樣有可能相通。

脣後元音，i、u 同屬高元音，也十分接近。正因如此，南朝宋、齊兩代魚（語御）、虞（麌遇）、模（姥暮）三韻，詩人在詩賦中是通用的，[1] 也就是說，庶、素押韻。這樣，庶、素聲母接近，韻部同用，再考慮到前面所講“素”字一般構成褒詞這一因素，逐漸用“素族”“素姓”代替庶族、庶姓，或相互混用，[2] 也就是可以理解的了。當然，這樣說並不意味在南北朝庶、素已轉為同音字，而只是說在一定條件下，素族、庶族這兩個特定詞，可以相互通用。

必須指出，庶族、庶姓本來僅用來指非宗室大臣，並不論門第。但東晉以後由於門閥制度高度發展，非宗室大臣絕大多數出身高門，[3] 久而久之，庶族、庶姓特別是含有褒義的素族、素姓也就被用來同時指高級士族，幾乎等於高門的同義語。如《南史》卷二二《王曇首傳附曾孫騫傳》：騫出身琅邪王氏，南齊時“嘗從容謂諸子曰：‘吾家本素族，自可依流平進，不須苟求也。’”《魏書》卷五六《鄭義傳》：“及元叉擅權，公為奸穢，自此素族名家，遂多亂雜。法官不加糾治，婚宦無貶於世，有識咸以歎息矣。”[4] 這些地方的“素族”，用“高門”或“甲族”代替，意思完全不變。《南史》卷三〇《何尚之傳附何點傳》：點出身廬江何氏，“不以門戶自矜。……家本素族，親姻多貴仕”。而《梁書》本傳“家本素族”作“家本甲族”，此二者為同義語之證。《史通・書志篇》：“隋有天下，文軌大同，江

---

1 王力《南北朝詩人用韻考》，載氏著《龍蟲並雕齋文集》第一冊，中華書局，1980 年，第 1—68 頁。

2 如前引《南齊書》卷二二《豫章文獻王嶷傳附子子操傳》“素姓三公”，卷二三《褚淵傳》作“庶姓三公”為其著例。

3 葉適《習學記言序目》卷三〇：“東晉權歸王謝庾桓四族。”

4 又如《梁書》卷四九《文學上・鍾嶸傳》：“素族士人。”卷五二《止足・陶季直傳》：“邊職上佐，素士罕為之者。”

外、山東，人物殷湊。其間高門素族，非復一家……”可見直到唐代這種用法依然存在。

最後，讓我們回過頭再來看齊高帝遺詔。由於“布衣”二字也有歧義，這裏也需附帶解釋一下。《南齊書》卷二七《劉懷珍傳》：宋末，齊高帝為中書舍人，懷珍為直閣，交情甚厚。後齊高帝輔政，曰：“我布衣時，懷珍便推懷投款，況在今日，寧當有異？”又《南齊書》卷二五《張敬兒傳》：宋末，齊高帝錄尚書事，沈攸之致書稱彼此“大明（宋孝武帝年號）之中，謬奉聖主，忝同侍衛，情存契闊，義著斷金”。齊高帝在覆信中則稱這一段交情為“布衣之交”。考《南齊書》卷一《高帝紀上》及《宋書》卷七四《沈攸之傳》，大明、景和之世，沈攸之官員外散騎侍郎、太子旅賁中郎、直閣；齊高帝官員外散騎侍郎、直閣、中書舍人。合觀之，就可看出齊高帝習慣所稱之“布衣”指的是下級官吏，而與輔政及官錄尚書事對舉。[1]

素族及布衣之義既明，遺詔全句的意思便是：“本來我只是一個普通官吏，飛黃騰達後也不過是異姓大臣，並非皇族宗室，原無為帝之意。”

這裏要說明的是：說“布衣”無為帝之念很好理解，為甚麼素族高門也可以成為“念不到此”的根據呢？原來劉宋一代，特別到後期，人們包括皇帝自己的心目中，具有爭奪帝位資格的主要是皇族宗室。所以為了維護自己或子孫之帝位，皇帝猜忌、防範、屠殺的主要對象也是皇族宗室。如宋孝武帝共二十八子，夭殤十，前廢帝殺二，明帝即位殺六，只剩下松滋侯子房等十人。司徒休仁又言

1　這僅是“布衣”涵義之一，他如指平民等，此外不備述。

於明帝曰：留下宗室，“將來非社稷計，宜並為之所”。[1] 於是松滋侯子房等全部被賜死，“世祖二十八子於此盡矣”。據趙翼統計，“宋武九子，四十餘孫，六七十曾孫，死於非命者十之七八，且無一有後於世者”。又說：“皆諸帝自為屠戮，非假手於他族也。”[2] 在宋代爭奪和維護帝位的激烈鬥爭中，素族不能說絲毫不遭猜忌，但絕非主要目標。前引蔡興宗於宋前廢帝兇暴之時說：“吾素門平進，與主上甚疏，未容有患。”意即我不是宗室，按部就班地升遷，沒甚麼礙眼之處，是不會被懷疑有野心、有可能當皇帝，而遭殺害的。同樣，在宋明帝末年大肆屠殺宗室之時，齊高帝為南兗州刺史，徵還京都，部下勸勿就徵，怕遭殺害。齊高帝說：“諸卿暗於見事。主上自誅諸弟，為太子稚弱，作萬歲後計，何關他族？”[3] 兩條材料都說明皇帝對“素族”猜忌不大，[4] 正反映宋代宗室強盛，“素族”對皇位不抱希望。齊高帝的“念不到此”，便是這一情況之反映。然而正因受猜忌小，素族中有雄才大略的卻可以因緣時會，在宗室被大量屠殺，力量削弱的條件下，奪取帝位。《南齊書》卷三五《長沙王晃傳》：齊高帝臨終還“誡世祖曰：‘宋氏若不骨肉相圖，他族豈得乘其衰弊，汝深戒之。’”把這話和遺詔“念不到此”後面兩句“因藉時來，遂隆大業”聯繫起來看，素族乃指非宗室的“他族”大臣，就更清楚了。[5]

1　《宋書》卷八〇《永嘉王子仁傳》。《資治通鑒》卷一三一泰始二年條作“宜早為之所”，更明確。

2　趙翼《廿二史札記》卷一一“宋子孫屠戮之慘”條。

3　《南齊書》卷一《高帝紀上》。

4　有時猜忌均有特殊原因。如宋明帝諸子幼小，臨死前，諸弟已幾乎殺光，只有桂陽王休範“人才本劣，不見疑”。這時才對王皇后之兄（琅琊王氏）景文猜忌，怕自己死後，“皇后臨朝，則景文自然成宰相，門族強盛，藉元舅之重，歲暮不為純臣”，因而賜死。但這種情況並不多見。參《宋書》卷八五《王景文傳》。

5　交稿後讀到唐長孺先生對“素族”之考釋（見《魏晉南北朝史論拾遺》“讀史釋詞”條，中華書局，1983 年），發現某些看法和唐文有相同之處，但考慮到基本觀點、論述範圍、角度並不一致，似還有存在價值，故一仍其舊，附識於此。

都督中外諸軍事及其性質、作用 *

從曹魏開始正式建立的都督制度，對魏晉南北朝政治、軍事影響極大，其中“都督中外諸軍事”又有它的特殊性。然因史料語焉不詳，長期以來甚至“中外”的範圍都沒有定論。最近讀史，對這一制度略有體會，茲連同關於其性質、作用的我見，一並寫出，以就教於方家。

一

都督中外諸軍事這一制度，最早、最有權威的記載，見於《宋書》卷三九《百官志上》。它說：魏文帝黃初三年（222）“上軍大將軍曹真都督中外諸軍事，假黃鉞，則總統外內諸軍矣。……高貴公正元二年（255）晉文帝（司馬昭）都督中外諸軍，尋加大都督。……晉江左以來，都督中外尤重，唯王導居之，宋氏人臣則無也”。

這裏一共提到了三個都督中外，[1] 依上下文意，其“中外”一般理解為中央和地方。就是說，都督中外乃是總管中央和地方上一切軍隊的官銜。

---

* 原載《紀念陳寅恪先生誕辰百年學術論文集》，北京大學出版社，1989 年。

1 為省篇幅，往下都督中外諸軍事，一般省稱都督中外。

這一看法，如果單就晉文帝而言，似乎可以成立：

《三國志》卷二八《魏書・諸葛誕傳》：誕舉兵反，"大將軍司馬文王督中外諸軍二十六萬眾，臨淮討之。大將軍屯丘頭。使基（指鎮南將軍、都督揚、豫諸軍事王基）及安東將軍陳騫等四面合圍……又使監軍石苞、兗州刺史州泰等，[1] 簡銳卒為游軍，備外寇"。

同書卷二七《魏書・王基傳》："大將軍司馬文王進屯丘頭，分部圍守，各有所統。基督城東城南二十六軍。"[2]

依這些文字，司馬昭所統二十六萬"中外諸軍"，是可理解為既包括京師帶來的中央軍，也包括王基、陳騫、石苞、州泰、胡質等原在地方上的軍隊，涵義似乎還清楚。然而如果一聯繫有關司馬師的材料，又讓人糊塗了：

同書卷二八《魏書・毌丘儉傳》：儉舉兵反，"大將軍（司馬師）統中外軍討之。別使諸葛誕督豫州諸軍從安風津擬壽春，征東將軍胡遵督青、徐諸軍出於譙、宋之間，絕其歸路。大將軍屯汝陽，使監軍王基督前鋒諸軍據南頓以待之"。

《晉書》卷二《景帝紀》："帝統中軍步騎十餘萬以征之，倍道兼行，召三方兵，大會於陳、許之郊。"

前者的"中外軍"即後者的"中軍"，[3] 而和"三方兵"對舉，《三國志》卷二八《魏書・毌丘儉傳》還用了"別使"二字明加區別。依這些文字，"中外軍"僅指京師中央軍，並不包括原在地方上的軍隊，和前引對司馬昭的敍述顯然不同。

---

1 《資治通鑒》卷七七甘露二年：州泰下還有徐州刺史胡質。

2 此事還可參見《晉書》卷三三《石苞傳》、卷三五《陳騫傳》、卷二《文帝紀》。

3 二者混用之例又見《晉書》卷四八《段灼傳》。

我們知道，毌丘儉之舉兵與諸葛誕之舉兵雖為兩次事件，但相隔僅兩年（儉，255 年；誕，257 年），都督中外的制度未聞有任何變化，而陳壽的用語卻如此不謹嚴，使我們單憑這些材料無法判斷真相，因此便不得不跳出這個圈子，並換一個角度來探討。

先來研究一下早於司馬昭的曹真。

我們有充分理由認為：如果曹真都督中外確是總管中央和地方上一切軍隊，則其資歷、地位、威望一般說也應略勝其他統軍大將一籌。事實是不是這樣的呢？否。

首先，曹真升都督中外之時，曹仁還沒有死。據《三國志》卷九《魏書・曹仁傳》，他是曹操從弟，比曹真高一輩；屢立戰功，遵守法令，頗有威望，官位也高過曹真。曹真升都督中外之前原任都督雍、涼州諸軍事，軍號為鎮西將軍，二品；而曹仁已是都督荊、揚、益州諸軍事，軍號為大將軍，一品。[1] 當時曹真並無大功，曹仁亦無大過，為甚麼要讓官位本高的曹仁在軍事上聽命於晚一輩的曹真呢？

其次，除曹仁外，地位、威望略高於曹真的還有曹休。據《三國志》卷九《魏書・曹休傳》，他與曹真同輩，黃初三年前已是都督揚州諸軍事，軍號征東將軍；征東與鎮西雖同為二品，但征東班次在前，升曹真都督曹休，也同樣不好理解。[2]

更重要的是：說曹真都督中外包括地方上軍隊，還有一個明顯矛盾。即在曹真升都督中外後幾個月，魏文帝發兵討伐孫權，在這

1 官品見《通典》卷三六《職官十八》。

2 《金石萃編》卷二三《上尊號碑》上，曹真名次排在曹休前，不知何故。但據《三國志》卷三《魏書・明帝紀》，即位之初遷曹休為大司馬，位在大將軍曹真前，可見即使“上尊號碑”無誤，也大體可斷定兩人不相上下，因而也沒必要在軍事上讓曹真支配曹休。

次戰爭中，曹真不但沒能都督中央和地方上一切軍隊，而且也不是主力，只不過被派去和征南大將軍夏侯尚一起，攻打長江上游的南郡，相當於一支起牽制作用的偏師。而曹休卻擔任主攻，率二十餘軍指向吳都建業。不僅如此，曹真與夏侯尚也只是平行關係，誰也無權都督誰。[1] 如果肯定都督中外總管中央和地方上一切軍隊，這些現象便難以解釋。

最後，黃初三年前後，正是魏文帝厲行君主專制的巔峰時期。一方面政治上"三公無事，又希與朝政"；[2] 另一方面軍事上數次南征或南巡，都親自出馬，大權獨攬，直接部署指揮。在這種情況下，怎麼會忽然要設立一個總管中央和地方上一切軍隊的都督中外呢？這也是很難說通的。

基於以上原因，可以推定，曹真之都督中外，決不可能擁有總管中央和地方上一切軍隊的權力，應該只有權都督京師中央軍。

再來考察一下晚於司馬昭的王導。

據《晉書》卷六五《王導傳》，王導任都督中外有兩次，而無論哪次，都同樣不可能總管中央和地方上一切軍隊。

一次在東晉元帝建武元年（317），[3] 王導遷驃騎將軍（二品）、都督中外、領中書監、錄尚書事、揚州刺史。之所以說他總管不了地方上軍隊，證據有二：

首先，當時王導從兄王敦拜大將軍（一品，位在驃騎上），都督江、揚等六州諸軍事。儘管二人關係親密，晉元帝也決不會讓資

1　參《三國志》卷九《魏書・曹休傳》《魏書・曹真傳》《魏書・夏侯尚傳》，又《三國志》卷四七《吳書・吳主傳》黃武元年（222）。

2　《三國志》卷二四《魏書・高柔傳》。

3　以下事見《晉書》卷六《元帝紀》、卷六五《王導傳》、卷九八《王敦傳》。

歷、官位居前，特別是重兵在握的王敦受王導都督。

其次，任命發表後，王導“以敦統六州，固辭中外都督”。此話可以兩解。一是都督中外確總管一切軍隊，王導認為讓自己都督王敦，很不合適，所以推辭；另一解是對王敦並無都督關係，但因二人俱琅邪王氏，且為從兄弟，敦已統六州，自己不能再都督中外，以免招來猜忌。我認為，後一解正確。有一強證。即王敦在王導得到上述任命前後給晉元帝上一疏，針對劉隗等人欲加強皇權、削弱琅邪王氏的傾向，發泄牢騷，並假惺惺地說，今讓王導擔任許多要職，“並統六軍（指都督中外）”，容易招致“譏謗”，建議免去他都督中外等職。這段話透露出都督中外所統率的是“六軍”。所謂六軍，來源於《周禮・夏官敍官》，指王室或中央的軍隊，在晉代便是領軍、護軍、左衛、右衛、驍騎、游擊等六個將軍統率的軍隊。[1] 它們常與地方上軍隊對舉：

《晉書》卷六七《溫嶠傳》：都督荊、江等六州諸軍事王敦，“舉兵內向，六軍敗績”。這是與荊州等州軍隊對舉。

同書卷七一《高崧傳》：都督荊、司等八州諸軍事桓溫率軍北伐，軍次武昌，威脅京師。高崧建議朝廷下令桓溫退兵，“如其不爾，便六軍整駕，逆順於茲判矣”。這又是與荊州等州軍隊對舉。

同書卷七〇《卞壼傳》：蘇峻（歷陽內史）、祖約（豫州刺史）稱兵攻入京師，“放火燒宮寺，六軍敗績”。這是與豫州等軍隊對舉。

由此可見，僅從王敦疏中“六軍”用語，也可看出都督中外並不能總管地方上軍隊。

何況還有一個側證：

1　見《宋書》卷四〇《百官志下》。有時“六軍”還泛指包括“四軍”“五校”等在內的全部京師軍隊。

據《晉書》卷九八《王敦傳》，他的前述疏文送到建康後，王導"封以還敦，敦復遣奏之"。王導時為錄尚書事，所以可以將疏文扣留下來不上奏，還給王敦，實際就是要他休上這類發牢騷的文書。很顯然，這是因為內容不涉及兩人利害關係，如果王敦是因不滿王導都督中外可總管荊州軍隊，侵犯了他的權力，而奏請免除王導這一頭銜，則王導能毫不避嫌，把文書扣留下來，並且還坦然地退給王敦嗎？可以肯定，是不可能的。

王導拜都督中外另一次在晉成帝咸康四年（338）。[1] 這次他也沒有可能總管一切軍隊。因為有一有力反證，這就是庾亮時任都督江、荊等六州諸軍事。據《晉書》卷六五《王導傳》、卷七三《庾亮傳》，二人不和，庾亮"雖居外鎮，而執朝廷之權，既據上流，擁強兵，趣向者多歸之"。傳說他要"舉兵內向"，廢黜王導。為此王導"內不能平，常遇西風塵起，舉扇自蔽，徐曰：'元規（庾亮字）塵污人。'"兩人關係如此緊張，晉成帝怎麼會讓王導去都督包括庾亮在內的一切軍隊？而且即使成帝任命，以做事"憒憒"自詡，善於息事寧人的王導，眼看要加劇矛盾，又豈能毫不推辭呢？[2]

此外，東晉初"中外諸軍"不包括地方上的軍隊還有以下證明：

《晉書》卷七〇《應詹傳》：詹上書將地方上的都督、州郡長官與"三台九府，中外諸軍"對舉，中外諸軍明顯是指京師中央軍。

同書卷九〇《鄧攸傳》：王敦舉兵內向攻入建康後，要護軍將軍將"中外兵數每月言之於敦"。這"中外兵數"也就是京師中央軍

1　據《晉書》卷六五《王導傳》，王導咸康元年（335）還曾被任命都督中外，可是卷七《成帝紀》及《資治通鑒》卷九五成帝咸康元年這次任命均作"都督征討諸軍事"。當時後趙石虎臨江，建康震懼，而有此任命，似作"征討"是，茲從之。

2　參《世説新語・政事》"丞相末年略不復省事"條。

的兵數。如果是指全國一切軍隊，一來地方上每月上報兵數，在當時條件下恐無此可能；二來也無此必要。因為王敦控制建康後，未得到士族高門支持，一時不敢篡位，只得回武昌遙控，他最怕的是京師招募軍隊，所以要每月了解情況，至於地方上，凡重要的州，他均已安排了兄弟子姪為都督、刺史，[1] 是沒有必要採取這種措施的。

同書卷六七《溫嶠傳》：嶠上書建議"諸外州郡將兵者及都督府非臨敵之軍，且田且守。……今四軍五校有兵者，及護軍所統外軍，可分遣二軍出，並屯要處。緣江上下，皆有良田，開荒須一年之後即易"。四軍五校，乃六軍以外的京師中央軍，見《宋書》卷四〇《百官志下》，現在加上護軍將軍所統"外軍"，與"外州郡將兵者及都督府"對舉。這條材料雖不能直接表明前者即"中外軍"的一部分，但至少可證"外軍"與外州郡、都督兵不是一回事，因而都督中外不應包括地方上軍隊。[2]

綜上所述，《宋書》卷四〇《百官志下》提到的三個都督中外，既然早於司馬昭的曹真和晚於司馬昭的王導，在他們的時代都不存在總管中央和地方上一切軍隊的制度，而史料又未記載司馬昭之時有甚麼重大變化，則據此便可推定他的都督中外，也不應包括地方上的軍隊。

以此論點為依據，回過頭來再考察前引《三國志》諸材料，便應認定，卷二八《魏書・毌丘儉傳》將"中外軍"與"三方兵"對舉的記載比較準確；而同卷《諸葛誕傳》的文字很不嚴謹，實際上該

1　見《資治通鑒》卷九二元帝永昌元年、明帝太寧元年。

2　再如《晉書》卷二一《禮志下》"成帝咸和（326—334）中，詔內外諸軍戲兵於南郊之場"，亦"外軍"非地方上軍隊之強證。

傳的二十六萬中外諸軍也應理解為京師中央軍，而與王基等地方上的都督、州郡兵相區別。

關於這一問題，還可補充一些證據如下：

1.《晉書》卷二《文帝紀》：諸葛誕起兵後，司馬昭上表請魏帝親征，說"今諸軍可五十萬，以眾擊寡，蔑不克矣"。如果《三國志》卷二八《魏書・諸葛誕傳》載司馬昭所統中外諸軍二十六萬是全部出討軍隊，則與此五十萬之數不合。若將二十六萬理解為中央軍，再加上王基、陳騫、石苞、州泰、胡質等地方上軍隊，則大體符合五十萬之數。[1]

2. 據《三國志》卷二八《魏書・諸葛誕傳》，誕起兵時"斂淮南及淮北郡縣屯田口十餘萬官兵，揚州新附勝兵者四五萬人"，一共近二十萬人，全部集中於壽春，"閉城自守"，如司馬昭總共只出動二十六萬人，扣去石苞、州泰、胡質等打援的游軍，和留駐丘頭保衛魏帝的軍隊，是無法把諸葛誕圍死的。若是五十萬人，才能"以眾擊寡"，大體敷用。

3. 據《三國志》卷二七《魏書・王基傳》：當時司馬昭對自己統率的軍隊可以直接下命令指揮，如"文王敕軍吏入鎮南（指鎮南將軍王基）部界，一不得有所遣"等，然而至少形式上卻不能直接指揮地方上的軍隊，而要通過魏帝的"詔"。這些軍隊有所請示也得通過給魏帝上疏來體現。如王基以為在"深溝高壘"包圍壽春後，

---

1 陳騫、石苞、州泰、胡質等人的軍隊數字，史均不載。王基史雖稱他督城東、城南二十六軍，可是不能肯定全部是他原來都督的軍隊，因為也有可能司馬昭臨時撥一部分軍隊給他指揮，所以無法計算。不過據《三國志》卷二八《魏書・毌丘儉傳》《諸葛誕傳》，他二人作為揚州都督，全統有五六萬至十多萬人，則王基作為揚、豫二州都督不會相差很遠，假定統七八萬人；石苞是監青州諸軍次之，陳騫作為將軍，州泰、胡質作為州刺史又次之，加在一起，說一共有二十多萬人，似乎是可能的。

軍隊便不可再移動，以免對方鑽空子突圍，“上疏曰”云云，“書奏，報聽”。《資治通鑒》卷七七高貴鄉公甘露二年（257）此句下胡注：“報基聽行其策，時帝在軍，故諸軍節度皆稟詔指，而裁其可否者實司馬昭也。”[1] 這也表明，至少制度上王基等地方上的軍隊，並不歸都督中外司馬昭指揮。

總之，《宋書・百官志》所載都督中外，不能把它的權力誇大，其實它只能總管京師的一切中央軍，而並不涉及地方。

二

都督中外在制度上既不管地方上軍隊，則“中外”二字何所指？

《資治通鑒》卷七六高貴鄉公正元二年（255），司馬師“率中外諸軍”討毌丘儉句下胡注：“中，謂中軍；外，謂城（指洛陽城）外諸營兵。”此說為後來一些學者接受，並用以解釋整個曹魏、西晉的都督中外之“中外”。[2]

然而此說實可疑。

首先，洛陽城外軍隊是司馬懿父子於公元 249 年高平陵政變後，為了擴大自己在京師的勢力而逐漸發展起來的，曹魏初年洛陽城外並沒有駐紮甚麼重軍，直到高平陵政變時城外軍隊也弱得很。

1　如魏帝不在軍，司馬昭雖可指揮地方上的軍隊，大概靠的是“承詔”，而不是都督中外的身份。證據是：在這之前司馬師征毌丘儉，魏帝雖未在軍，但他指揮王基仍通過“詔”，即“承詔”；王基也把這種指示叫“君令”，見《三國志》卷二七《魏書・王基傳》。“承詔”一語，見《三國志》卷二八《魏書・王淩傳》。

2　如越智重明《領軍將軍與護軍將軍》一文即持此見解，載《東洋學報》第 44 卷第 1 號，1961 年。

《三國志》卷九《魏書・曹爽傳》及注：司馬懿發動政變最主要措施便是乘曹爽兄弟暫時離開洛陽城之機，控制城內一切軍隊，"將兵屯洛水浮橋"，防止曹爽等攻城。司馬懿老謀深算，當時皇帝在曹爽手中，仍有極大號召力，如果城外駐有重兵，他是決不會僅僅控制城內軍隊便貿然發動政變的。事實也是如此。曹爽被拒於城外後，只能發屯田兵數千人自衛。屯田兵和城內兵特別宿衛禁軍比，戰鬥力弱，所以曹爽才會"迫窘不知所為"。固然，桓範曾勸曹爽調發城外中領軍別營和洛陽典農所屬其他屯田兵，但既稱"別營"，便非主力；而且從曹爽"默然不從"，後來又決心向司馬懿投降推測，這些軍隊的力量肯定比原來的屯田兵也強不了多少。[1] 既然曹魏初年二三十年中洛陽城外一直未設重兵，則黃初三年創立"都督中外諸軍事"之時，其"外"指城外諸軍的可能性便很小了。

其次，這一時期與"中外"涵義完全相同，使用較廣泛的"內外"一詞（以及相應的動詞"入""出"），就地域說，主要有五種用法：

1. 國內外：

如《三國志》卷一六《魏書・杜恕傳》"今者外有伺隙之寇，內有貧曠之民"。同書卷一五《魏書・司馬朗傳》"外備四夷，內威不軌"。同書卷一四《魏書・蔣濟傳》"外勤征役，內務宮室"。

2. 京師與州郡：

《三國志》卷二《魏書・文帝紀》黃初六年（225）注引詔"今內有公卿以鎮京師，外設牧伯以監四方"。同書卷一四《劉放傳》注"曹休外內之望"。同書卷一四《魏書・蔣濟傳》"往者大臣秉事，

1　以上事又見《資治通鑒》卷七五邵陵厲公嘉平元年。

外內扇動”。

3. 洛陽城內外：

《三國志》卷九《魏書・曹爽傳》注“爽兄弟先是數俱出（城）遊。桓範謂曰：‘總萬機，典禁兵，不宜並出，若有閉城門，誰復內入者？’”同書卷二五《魏書・辛毗傳》注“司馬宣王將誅爽，因爽出，閉城門”，辛敞曰：“天子在（城）外，太傅閉城門，人云將不利國家……”[1]

4. 宮城內外：

《三國志》卷一四《魏書・程曉傳》“今外有公卿將校總統諸署，內有侍中尚書綜理萬機”。同書卷二八《魏書・鍾會傳》：會遷司隸校尉，監察宮城外京師地區，稱“外司”。它與監察宮城內違法行為的御史中丞，合稱“內外有司”。[2]《晉書》卷四七《傅咸傳》“宮內禁防，外司（指司隸校尉）不得而行，故專施中丞。……內外眾官謂之百僚……中丞、司隸俱糾皇太子以下，則共對司內外矣，不為中丞專司內百僚，司隸專司外百僚。自有中丞、司隸以來，更互奏內外眾官……”

5. 禁中內外：

禁中即皇帝居處、理事和其他某些咨詢、秘書、生活侍奉機構（在曹魏如侍中機構、中書省、秘閣等）所在地。它與同在宮城之中，然在禁中以外的尚書台、御史台等，也有內外之別。如《三國志》卷一三《魏書・王肅傳》注引《魏略・薛夏傳》：夏為秘書丞，

1　《三國志》卷二一《魏書・傅嘏傳》注引《傅子》“河南尹內掌帝都，外統京畿”，勉強可屬此類，是極特殊情況。

2　《晉書》卷三三《石崇傳》。

明帝太和（227—232）中"嘗以公事移蘭台。蘭台自以台也，而秘書署耳，謂夏為不得移也，推使當有坐者。夏報之曰：'蘭台為外台，秘書為內閣，台、閣，一也，何不相移之有？'蘭台屈，無以折"。按蘭台即御史台，自漢以來設於宮城之中，[1] 此稱"外台"，並非已移於宮城之外，而是和設於禁中的秘閣對比而言。[2] 又《三國志》卷一四《魏書・劉曄傳》注引《傅子》：魏明帝將伐蜀，"朝臣內外皆曰不可。曄入與帝議，因曰可伐，出與朝臣言，因曰不可伐"。劉曄是侍中，可以出入禁中明帝居處、理事之地，所以"入"即指入禁中與明帝單獨商議，"出與朝臣言"，當指在朝堂中與群臣集議，其實都在宮城中。

以上共有五種"內外"。其中京師與州郡、宮城內外、禁中內外屬一類，往往同時與官制聯繫。內官可以指侍中、中書等禁中所設機構之官，或在宮城中理事之官，也可以指整個京師之官；外官可以指在禁中以外理事之官，[3] 或宮城以外的外朝官，也可指地方官。國內外、洛陽城內外為另一類，一般說是純粹地域差別，和官制沒有瓜葛。直到曹魏末、西晉初方才出現"統城外諸軍"的官吏。既然如此，曹魏初年之都督中外，以城內外劃分界限的可能性就更小。

那麼，"都督中外"之"中外"究竟何所指呢？

1　參拙文《關於漢代御史中丞的"出外"、"留中"問題》，載《中國歷史大辭典通訊》1983 年第 4 期。

2　《太平御覽》卷二三三《職官三一》引魏王肅《論秘書表》，稱秘書"職近日月"，即接近皇帝之意。《資治通鑒》卷一三〇明帝泰始元年（465）胡注："秘書省……在禁中。"《梁書》卷一一《呂僧珍傳》稱其"直秘書省"，"性甚恭慎，當直中，盛暑不敢解衣"。

3　稍後例如《南史》卷六二《朱異傳》："自徐勉、周捨卒後，外朝則何敬容，內省則異。"時何敬容為尚書令，在宮城內、禁中外的朝堂理事，故稱"外朝"；朱異為侍中兼中書舍人，門下省、中書省俱在禁中，故稱"內省"。《資治通鑒》卷一五八武帝大同五年（539）胡注不準確。

我以為指宮城內外的可能性最大。

第一，早在漢代，保衛京師的中央軍即以宮城內外劃分界限。[1] 南軍保衛宮城，由衛尉統率。《漢書》卷一九上《百官公卿表》衛尉下師古注引《漢舊儀》："衛尉寺在宮內"；胡廣云"主宮闕之門內"。北軍則保衛宮城外京師地區，由中尉（執金吾）統率。[2]《北堂書鈔》卷五四引韋昭《辨釋名》曰："執金吾本中尉，掌徼循宮外，司執奸邪。"《續漢書》志二七《百官志四》執金吾下劉注引胡廣曰："衛尉巡行宮中，則金吾徼於外，相為表裏，以擒奸討猾。"全都宮內（中）、宮外對舉。

第二，西晉京師軍隊主要也是以宮城內外劃分界限。

《晉書》卷五九《趙王倫傳》：倫篡晉惠帝位，齊王冏等舉兵反對，投附倫的義陽王威勸倫的心腹、中書監孫秀，"至尚書省與八坐議征戰之備，秀從之。……內外諸軍悉欲劫殺秀，威懼，自崇禮闥走還下舍"。我們知道，西晉時尚書省尚設於宮城之中，崇禮闥乃尚書省門，[3] 所以從上下文意看，這裏的"內外諸軍"，指的只能是宮內外軍隊，他們打算乘孫秀至尚書省議事之機，將他殺死，而義陽王威一看形勢不妙，便偷偷溜走了。[4]

《晉書》卷四〇《楊駿傳》：駿為輔政大臣，居宮城外。賈后在宮中調兵討伐駿，駿"聞（宮城）內有變，召眾官議之"。主簿朱振建議"宜燒雲龍門以示威，索造事者首，開萬春門，引東宮及外營

1 參《文獻通考》卷一五〇《兵考二》。

2 中尉之"中"，應是"中都官"之"中"，而非宮中之中。中尉以保衛中都即京師而得名。《漢書》卷一九上《百官公卿表》司隸校尉下師古注："中都官，京師諸官府也。"

3 周一良：《魏晉南北朝史札記》，中華書局，1985 年，第 160 頁。

4 尚書下舍也在宮城內，是尚書入宮值宿、下班後休憩之地，離禁中較遠。

兵，公自擁翼皇太子，入宮取奸人”。駿不從。“尋而殿中兵出，圍駿府。”這裏的雲龍門、萬春門均宮城門，雲龍門是南門，萬春門是東門。[1] 所以“外營兵”之“外”，應是和宮內相對而言，指調宮城外軍隊來消滅宮內變亂。又太子所居東宮，在宮城外東方。和東宮對比，宮城有時也叫“西宮”。[2] 打開宮城東邊的萬春門，引進東宮軍隊，方位完全吻合。在西晉，東宮軍隊數量不小。同書卷三六《張華傳》，劉卞說：“東宮俊乂如林，四率（指保衛東宮的太子左、右、前、後率）精兵萬人。”而從上面引文看，它們也應屬宮外軍隊的一支。另外，同書卷三一《武悼楊皇后傳》：楊后乃楊駿女，惠帝立，尊為皇太后，賈后發動政變討駿，時“內外隔塞，后（太后）題帛為書，射之城外，曰救太傅（指楊駿）者有賞”。這個“城外”，有的學者將它理解為洛陽都城之外，以證明都督中外之“外”是城外軍隊。可是在兵荒馬亂，宮內外隔絕的情況下，[3] 楊太后如何能夠越過宮城，將帛書射出洛陽都城呢？相反，如果將“城外”解為宮城之外，不但楊太后完全可以辦到，而且也和朱振的引東宮及外營兵之主張相吻合。即楊太后看到宮城內軍隊已為賈后操縱，即將出討，便把希望寄於宮城外軍隊，而不惜冒險射出帛書。

《晉書》卷五九《楚王瑋傳》：瑋拜北軍中候，與汝南王亮、衛瓘不和，賈后使惠帝為手詔授瑋，稱“王宜宣詔，令淮南、長沙、

1 《資治通鑒》卷八二惠帝元康元年胡注。

2 《太平御覽》卷一四八：晉武帝命荀勖往東宮觀太子，“還，盛稱太子德更進茂，不同西宮之時也”，即不同幼年居宮城中之時。《晉書》卷四五《和嶠傳》：“太子朝西宮，嶠從入”，即從入宮城。同書卷五三《愍懷太子傳》：太子年稍長，“出就東宮”，即出宮城。同書卷五九《趙王倫傳》：倫欲篡位，使人“詐為宣帝神語，命倫早入西宮”，即早入宮城為帝；同卷《齊王冏傳》：“大築第館……使大匠營制，與西宮等”，即與宮城建築規格相等。

3 《晉書》卷三一《楊皇后傳》之“內外隔塞”，即賈后發動政變時之“中外戒嚴”造成，見同書卷四〇《楊駿傳》，其“內外”“中外”均指宮內外。

成都王屯宮諸門，廢二公（指亮、瓘）”。瑋“遂勒本軍，復矯詔召三十六軍，手令告諸軍曰：‘……吾今受詔都督中外諸軍，諸在直衛者皆嚴加警備，其在外營，便相率領，徑詣行府（當指楚王瑋臨時指揮所），助順討逆……’”同書卷三六《張華傳》：楚王瑋殺亮、瓘，“內外兵擾，朝廷大恐，計無所出”。張華建議：“今可遣騶虞幡使外軍解嚴。”“上從之，瑋兵果敗”。從這兩條材料可以看出：

1.《張華傳》“內外兵擾”之“內外”，和上引楊太后看到“內外隔塞”之“內外”，無疑是一個意思，指宮城內外。當時楚王瑋在宮外調動大量軍隊，攻殺汝南王亮、衛瓘等，宮內外人心惶惶是不奇怪的。正因如此，張華建議“使外軍解嚴”之“外軍”，也不可能單指城外軍隊，而應泛指宮城外軍隊（《楚王瑋傳》此事作“遣殿中將軍持騶虞幡使外軍解嚴”，“中”“外”相對，更清楚）。

2.《楚王瑋傳》之“遂勒本軍”，《資治通鑒》卷八二惠帝元康元年（291）胡注：“本軍，瑋所掌北軍也。”[1] 按上下文意，此“北軍”這時當在宮城外。另外，楚王瑋矯詔召三十六軍，將“直衛者”與“外營”對舉。這外營也應和上述《楊駿傳》之“外營兵”一樣，指的是這時宮城外軍隊。楚王瑋命令的意思是：凡三十六軍已在宮城中直衛者，要繼續警備；其他未直衛留在宮城外的，均需到“行府”集合，一起去討伐汝南王亮等。有沒有可能這裏的“外營”指城外軍隊呢？可能性不大。因為這次政變是賈后於夜間派人授手詔

1 此北軍，可能僅指北軍中候營，也可能兼包括五校各營。因上引惠帝手詔，命瑋“令”淮南等三王屯宮門，而三王除淮南王不詳這時居何官外，長沙王是步兵校尉、成都王是越騎校尉，均屬北軍。據《續漢書》志二七《百官志四》北軍中候“掌監五營”。這大概就是惠帝手詔要讓楚王瑋下令給三王的原因。

給楚王瑋，開始發動，至天明而結束，[1] 哪裏有工夫遠到洛陽城外去調兵？而且攻打汝南王亮、衛瓘府也沒必要那麼興師動眾。何況洛陽都城門天黑即關閉，[2] 半夜出城調兵，大量軍隊進進出出，史料上豈能無一字反映？所以我認為楚王瑋矯詔自封都督中外，只不過怕"本軍"力量不夠，要讓宮城內外主要是宮城外一切軍隊，都聽他指揮，來討伐汝南王亮等，以期必勝而已，並不涉及城外軍隊。

3. 說《楚王瑋傳》之"外營"不可能是城外諸軍，還因為自西晉代魏後都督中外的權力似乎有所縮小。在這之前，司馬師、昭擔任此職時雖然"中外"界限已是宮城（見後），但提到"外軍"應該也包括城外諸軍，因為它也屬廣義的宮城外範圍，何況司馬氏不斷增加洛陽城外諸軍的目的，就在於把它掌握於手中，[3] 以增加控制曹魏政局的力量。但到晉武帝即位後，由於整個形勢發生根本變化，就把城外諸軍從都督中外的外軍中分了出來。《晉書》卷三《武帝紀》：武帝即位前，"初置四護軍，以統城外諸軍"。這是一次改革。[4] 但這次改革可能並未涉及上面的統率關係。晉武帝即位後，又進一步改革。一方面雖按舊制加叔祖父司馬孚"都督中外諸軍事"，另一方面又任命另一心腹、曾出賣高貴鄉公投靠司馬氏的王沈為驃騎將軍，"統城外諸軍事"。王沈死後，又以另一心腹太尉荀顗"都督城外牙門諸軍事"。從這些任命中似乎可以這樣推定，自此以後都

1　參《資治通鑒》卷八二惠帝元康元年。

2　此制東漢已然。如《後漢書》卷二九《郅惲傳》：惲為洛陽上東門候，漢光武出獵，"車駕夜還，惲拒關不開"，此夜間城門關閉之證。

3　城外諸軍由司馬氏心腹賈充統率即其證，見《晉書》卷四〇《賈充傳》。

4　"四護軍"，錢儀吉《補晉兵志》疑為"中護軍"之誤，何茲全先生已駁之，見何茲全《讀史集》（上海人民出版社，1982 年，第 257 頁）。魏末城外諸軍一直由中護軍賈充統率，現在分由四護軍統率，是在為下一步改革作準備。

督中外就不包括城外諸軍，只總管洛陽城內宮城內外的軍隊了。因為城外諸軍既已分別由四護軍統率，其上又有了王沈或荀顗都督，就不可能再來一個都督中外在上面疊牀架屋。同時，司馬孚官太宰，荀顗官太尉，王沈拜驃騎將軍（死贈司空，反映資歷甚深），地位雖略有高低之別，但俱極尊貴，恐怕不可能在任命司馬孚之後，又讓王沈、荀顗去受他統轄。如果上述分析不錯，則楚王瑋的都督中外就更談不上與城外諸軍有甚麼關係了。

以上一些零碎考證表明，基本沿魏制的西晉，其都督中外的界限，主要也在宮城內外，儘管已有某些變化。

第三，再看介於漢、晉之間的曹魏，雖然找不到明顯以宮城內外作為界限，劃分"中外"軍隊的材料，但京師軍中保衛宮城的軍隊具有特殊地位，極受重視，則是可以肯定的。《三國志》卷一八《魏書・許褚傳》：褚盡忠曹氏，魏文帝即位，"遷武衛將軍，都督中軍宿衛禁兵"。"中"在這裏應該就是宮中之"中"。《晉書》卷一《宣帝紀》：齊王芳時與曹爽不和，曹爽"毀中壘、中堅營，以兵屬其弟中領軍羲"。後來這被指控為"破壞諸營，盡據禁兵……有無君之心"。[1] 而司馬懿在發動高平陵政變前六年，就安排大兒子司馬師任中護軍，也掌管一部分宿衛禁兵；[2] 發動政變時一面讓司馬師"將兵屯司馬門（宮城門）"，"鎮靜內外"，[3] 即控制宮城內外，另一面又派人乘曹爽兄弟不在之機，攝領中領軍等營。這又表明，雙方都在爭奪宿衛禁兵；誰控制了它，誰就可以控制大局。正因此故，在

1　《三國志》卷九《魏書・曹爽傳》。

2　中領軍、中護軍俱掌禁兵，見《讀史集》，第 263 頁，司馬師於正始四年（243）任中護軍，見萬斯同《魏將相大臣年表》。

3　《晉書》卷一《宣帝紀》、卷二《景帝紀》。

廢掉齊王芳，平定毌丘儉反抗之後，為了進一步穩固統治，司馬昭便委任死黨賈充為中護軍，而不設中領軍，主要的宿衛禁兵全歸他統率。這就是魏帝曹髦不甘心當傀儡，憤而討伐司馬昭，剛出宮城之雲龍門，便被賈充率軍輕易殺害，而洛陽無人響應的根本原因。[1]而到晉武帝代魏前夕，又以親信羊祜為中領軍，"悉統宿衛，入直殿中，執兵之要，事兼內外"。武帝即位，羊祜以功進號中軍將軍，加散騎常侍，"祜以大事既定，辭不復入"。[2]這裏的"內外"，和上引司馬師"鎮靜內外"之"內外"同，指的是宮城內外。所謂大事，便是晉武帝禪代。"入"，即入宮城任職。這條材料再次表明讓親信統率宿衛禁兵、控制宮城內外，對穩定洛陽政局、保證順利禪代無比重要。

曹魏情況既然如此，再聯繫漢、晉制度，應該推定，曹魏"都督中外"之"中外"界限，同樣不可能不在宮城內外。

由此可見，說魏晉之"都督中外"，其"中外"界限是洛陽城內外，根據是不足的，我主界限在宮城內外，似最近事實。即"中"指保衛宮城的禁兵，"外"指保衛宮城以外，整個洛陽都城的中央軍。魏末晉初，城外諸軍擴展，只是"外"軍的擴展，至於"中外"界限仍在宮城內外這個標準，則並未改變。[3]

1 參《晉書》卷四〇《賈充傳》、《三國志》卷四《魏書・高貴鄉公紀》及注。

2 參《晉書》卷三四《羊祜傳》、《北堂書鈔》卷六四"領軍將軍"條引王隱《晉書》。

3 孫吳無都督中外，參洪飴孫《三國職官表》。《三國志》卷四〇《蜀書・李嚴傳》任"中都護"，"統內外軍事"，當亦是以宮城為內外界限。同書卷四四《姜維傳》以衛將軍"加督中外軍事"，其"中外軍"，因無其他材料，無法肯定何所指。

三

現在來探討一下“都督中外”在魏晉時期所起的歷史作用。

《三國志》卷一四《魏書・劉放傳》注引《孫資別傳》:“(明)帝詔資曰:‘吾年稍長，又歷觀書傳，中皆歎息，無所不念。圖萬年後計，莫過使親人廣據職勢，兵任又(尤)重。今射聲校尉缺，久欲得親人，誰可用者？’”孫資在對答中提到魏文帝也重視此事:“始召曹真還時，親詔臣以重慮。及至晏駕，陛下即阼，猶有曹休外內之望，賴遭日月，御勒不傾，使各守分職，纖介不間。以此推之，親臣貴戚，雖當據勢握兵，宜使輕重素定。若諸侯典兵，力均衡平，寵齊愛等，則不相為服……今五營所領見兵，常不過數百，選授校尉，如其輩類，為有疇匹。至於重大之任，能有所維綱者，宜以聖恩簡擇，如(陳)平、(周)勃、金(日磾)、霍(光)、劉章等一二人，漸殊其威重，使相鎮固，於事為善。”對此，“帝曰‘然’”，並命孫資推薦這樣的大臣。

以上這段對話，明帝本強調要用“親人”，而孫資則極力向異姓大臣上面引導，是否別有背景，或許在替司馬懿暗中張目，已不得而知。儘管如此，從中仍可看出以下問題:

第一，曹魏文、明二帝“圖萬年後計”，十分重視“兵任”，力圖把它交給同姓親人掌握。[1]

第二，他們經常考慮的兵任，除地方、邊境外，極重要的方面

1　歷來批評曹魏王朝對骨肉、宗室刻薄，有些籠統。其實刻薄只限於對曹操直系子孫，至於旁支如曹仁、曹休、曹真等則不在此列。

便是京師宮城內外的保衛，甚至連五校之一的射聲校尉，[1] 這種當時不過統率幾百人的宿衛軍官人選，也要親自酌定。

第三，更重要的是，通過孫資之口，還反映和概括了文帝關於兵任的安排和指導思想，這些指導思想有的曾向孫資交待（即所謂"親詔臣以重慮"），有的是孫資從他的安排和實踐中自行理解的（即所謂"以此推之"云云），而又都得到了明帝的承認。這些指導思想便是：僅安排親人為武官，若武官地位不相上下，"不相為服"，仍是不行的。必須要"能有所維綱者"，即能統率京師一切軍隊的長官，並在找到合適人選後，"宜使輕重素定"，即早確定其統率諸軍的地位，培養其威望，然後遇到變故，方能指揮若定，有效地捍衛皇室。正是在這種思想指導下，文帝於黃初三年將曹真從外地召回，[2] 讓他充任"維綱"京師諸軍的都督中外。其後，文帝多次出巡、討伐，曹真除特別需要也從征外，一般均坐鎮洛陽。[3] 文帝臨死，又命他為首席顧命大臣，受遺詔，輔嗣主，這就從另一角度證明了對都督中外之重視。

第四，明帝即位不久，為了對付諸葛亮的北伐，不得不把曹真調到西方，[4] 代替"性無武略，而好治生"的關中都督夏侯楙，[5] 改任關

1　五校乃京師中央軍，亦典宿衛，見《讀史集》，第 254 頁。

2　據《三國志》卷九《魏書・曹真傳》，孫資所說文帝召曹真回都時間，只有黃初三年任都督中外這一次最合適。另外，曹真殘碑："將和同生，使少長有序"，楊樹達先生以為此證明曹真在文帝、曹植鬥爭中站在文帝一邊（《積微居小學金石論叢》，中華書局，1983 年，第 306 頁），極是。這當是以曹真為首任都督中外之原因。

3　據《三國志》，只有黃初三年底大舉伐吳，曹真也出征南郡，文帝其他外出活動，曹真均不與，當坐鎮洛陽。

4　也可能是明帝與曹真發生矛盾而有意調出的。這從《三國志》卷一四《魏書・蔣濟傳》上書稱"往者大臣秉事，外內扇動，陛下卓然自覽萬機"，似可作此推定。但曹真死，明帝詔誇他"內不恃親戚之寵"（見《三國志》卷九《魏書・曹真傳》）云云，又與上述推定矛盾。姑以存疑。

5　《三國志》卷九《魏書・夏侯惇傳》注引《魏略》。

右都督，從而使都督中外這個位子空了出來。可是這並不意味明帝不重視它，很可能是一時找不到合適人選。當時曹休、曹真處於抵禦孫吳、蜀漢的最前線，"雖云異姓，其猶骨肉"的夏侯尚已死，[1]其他夠條件擔任都督中外的"親人"還有誰呢？上引他與孫資的對話，雖然時間稍晚，也多少反映明帝又想"使親人廣據職勢"，掌握"兵任"，而又不知用誰的彷徨心情。從《三國志》卷三《魏書・明帝紀》、卷一四《魏書・劉放傳》、卷二〇《魏書・燕王宇傳》及裴注來看，大概明帝晚年經過再三斟酌，本決心以燕王宇為主要輔政大臣，總統一切，包括都督中外諸軍，這有以下蛛絲馬跡可尋：

1. 自魏文帝即位以來，大司馬、大將軍這兩個最高武職，一直以曹姓子弟（曹仁、曹休、曹真）充任。明帝太和四年（230）破格提拔司馬懿為大將軍，然至青龍三年（235）又突然將他降為太尉，大概就是為了空出來，準備必要時任命"親人"的。

2. 景初二年（238）十二月明帝病危，立即拜燕王宇為大將軍，"屬以後事"，並"使與領軍將軍夏侯獻、武衛將軍曹爽（曹真之子）、屯騎校尉曹肇（曹休之子）、驍騎將軍秦朗等對輔政"。這五人，曹氏子弟佔了三個，夏侯氏與曹氏關係特別親近，[2]秦朗又是明帝特別喜愛的"佞幸"，[3]所以在明帝心目中這無異於一個親人顧命班子。從他病一重即毫不猶豫地作此安排，事前連劉放、孫資這樣的親信都未徵求過意見看，他是深思熟慮，早已決定了的。正因如此，當劉放在他病危之際裝糊塗說："陛下氣微，若有不諱，將以

1　《三國志》卷九《魏書・夏侯尚傳》注引《魏書》。

2　《三國志》卷九《魏書・諸夏侯曹傳》傳末評曰："夏侯、曹氏世為婚姻"，全是"親舊肺腑"。

3　《三國志》卷三《魏書・明帝紀》青龍元年注引《魏略・佞幸》。

天下付誰？”他驚詫地回答：“卿不聞用燕王耶？”[1] 另一面，經燕王宇劃策，明帝又下詔命司馬懿迅速回關中，不必來洛陽（懿本鎮關中，當時征公孫淵去遼東）。合觀之，又可看出司馬懿並不在明帝原來考慮的輔政大臣名單中。如果再聯繫所定輔政大臣五人都是武官，明帝“使親人廣據職勢”，特別掌握“兵任”的指導思想，便體現得十分清楚。在這五個武官中，燕王宇無疑本應以大將軍身份“都督中外諸軍事”。其所以沒有正式任命，或許因為這一軍權就像錄尚書事這一行政權力一樣，不言而喻屬於主要輔政大臣，可以留給新皇帝去降恩。後來輔政大臣改委曹爽、司馬懿，他們的“都督中外諸軍事”也是在齊王芳即位後得到的，[2] 便是證明。

第五，由於明帝病危之時，劉放、孫資說了燕王宇等人壞話，明帝神智已昏瞶，[3] 臨時改變了決定，但仍可看出他平日要用親人掌兵任的思想在起作用。表現為：深知明帝的劉放、孫資雖唆使他撤換了燕王宇，然卻不敢單獨推薦異姓大臣司馬懿，而不得不把掌握禁兵、才幹較差的曹爽舉為首席輔政大臣，作為掩護。[4] 就是說，他們不敢把曹氏子弟全都搞掉和放在次要地位，以防信任親人的明帝起疑，弄巧成拙，儘管病危的明帝這時或許已失去了這一辨別能力。而在這之後，齊王芳一即位立即下詔以曹爽、司馬懿都督

---

1 《三國志》卷三《魏書・明帝紀》景初二年注引《漢晉春秋》。

2 《曹爽傳》作明帝臨終任命，然《明帝紀》不載。此從《晉書》卷一《宣帝紀》。如果司馬懿之都督中外是明帝臨終所拜，西晉官方原始材料決不會搞錯。故《資治通鑒》卷七四明帝景初三年亦從此説。

3 明帝神智昏瞶，已失去主見，受劉放等任意擺弄，見《三國志》卷三《魏書・明帝紀》注引《漢晉春秋》，以及同書卷一四《魏書・劉放傳》。

4 從兩人催促明帝以手詔急忙召回司馬懿，便可看出他們真正屬意的是司馬懿，如果真心擁護曹爽或主要擁護曹爽，便決不會提此建議，至少不必這麼急於召回司馬懿。見《三國志》卷三《魏書・明帝紀》景初二年注。

中外，正好證明非常時期都督中外在捍衛皇室上極端重要，輔政大臣必須擁有這一頭銜，這同樣體現了文帝創立此制的指導思想。當然，都督中外安排兩人，很可能不符合文、明二帝本意，[1] 但它是當時種種矛盾的調和產物。主要即司馬懿是慣於征戰的老將，而且剛剛消滅遼東公孫淵，威望甚高；而曹爽不但輩分低、資歷淺，而且一直當京官，從來沒有打過仗；再加上當時兩人關係尚算和睦，[2] 很可能開始曹爽還想依靠司馬懿以鞏固自己的地位，[3] 於是兩個都督中外便出現了。如果兩人始終和睦相處，或即便反目，曹爽好自為之，由於他是宗室，輔政地位又在司馬懿之前，有不少優越條件，是仍然可以安定魏室，不負明帝所託的。可悲的是，隨着時間推移，他日益忘乎所以，驕奢無度，失去人心，終於被司馬懿打翻，不但本人三族誅滅，而且在某種意義上也可以說斷送了曹魏天下！而曹爽失敗的關鍵之一正在他沒有理解文帝創建都督中外制度的意圖，沒有牢牢掌握它的權力。固然，他也不是毫未注意，如前所引，“破壞諸營，盡據禁兵”，便多少反映了這一意圖。問題在於，上面兩句話乃司馬懿對他的指控，有極大誇張成分，事實上他並未真正“盡據禁兵”；更重要的是，即使在這一方面，司馬懿也比他高明得多：

1. 前面已說，司馬懿很早就將司馬師安插為中護軍。既然曹爽都督中外可以將弟弟曹羲安插為中領軍，則司馬懿也是都督中外，

1　創立都督中外，本為集中兵權，防止“不相為服”，故文帝只用曹真一人。明帝原用燕王宇為主要輔政大臣，估計心目中也是以他一人為都督中外。用兩人，和上引《孫資別傳》矛盾。

2　《三國志》卷九《魏書・曹爽傳》盧弼集解引王懋竑語，他認為二人反目始於正始五年。

3　明帝本用燕王宇，曹爽取代帶偶然性，威望、資歷均不夠，故需司馬懿支持。《三國志》卷九《魏書・曹爽傳》開始“不敢專行”，根本原因當在此。

要用兒子司馬師為中護軍，曹爽便無法拒絕。於是司馬師除主要牢牢掌握一部分禁兵外，還"陰養死士三千，散在人間"。到高平陵政變那天，便以此控制了宮城內外包括皇太后（司馬昭"帥眾衛二宮"，作用同）。[1] 這是司馬懿得以打着"皇太后令"招牌，與曹爽手中皇帝抗衡，為所欲為的前提。

2. 司馬懿發動政變後，如前所述，乘曹爽兄弟不在之機，派人攝領中領軍等營，加上自己所統，幾乎控制了全部中外諸軍。這是曹爽不敢接受桓範關於奉齊王芳幸許昌，徵四方兵，進行對抗的根本原因。而司馬懿之所以能做到這一點，固然和假借皇太后令有關，但更重要的恐怕還在於他本是輔政大臣，都督中外，所以從調兵遣將，"部勒兵馬，先據武庫"，完成對宮城內外控制，並委派人篡取曹爽兄弟原統率的禁兵，一直到率軍出屯洛水浮橋，準備抗擊城外曹爽的反撲，很少遇到阻力。據《三國志》卷九《魏書・曹爽傳》，司馬懿在給齊王芳奏文中說："臣輒敕主者及黃門令：'罷爽、羲，訓吏兵，以侯就第，不得逗留，以稽車駕；敢有稽留，便以軍法從事。'臣輒力疾將兵屯洛水浮橋，伺察非常。"這裏他強調親自"將兵"，要對稽留車駕者，"以軍法從事"；而且屢言"輒"，《資治通鑒》卷七五邵陵厲公嘉平元年（249）胡注："輒，專也。懿雖挾太后以臨爽，而其奏自言輒者至再，以天子在爽所也。"這些全都表明他是以輔政大臣、都督中外的身份上奏和發動這次政變的。如果沒有這個身份，政變肯定不會這麼順利。《三國志》卷四《魏書・齊王芳紀》：芳即位後不久，詔將司馬懿由太尉升太傅，但"持節統兵、都督（中外）諸軍事如故"。盧弼集解：既然都督中外

1　《晉書》卷二《景帝紀》《文帝紀》。

如故，“兵權在握，一旦有事，屯兵洛水浮橋，即可為所欲為，爽豈懿之敵乎！”這是抓到了高平陵政變其所以能發動、取勝的實質的。當然，司馬懿利用都督中外消滅曹氏勢力，是和魏文帝創制意圖背道而馳的，但就牢牢控制中外諸軍從而控制了京師政局這一點說，他確實了解了魏文帝創制之精髓！

以上五點，無論從文、明二帝的指導思想看，或者從後來的實踐證明，都督中外都是控制京師政局極其重要的軍事長官。由於曹魏王朝高度中央集權，控制中央和京師，基本上等於控制了地方，因而我們有理由這樣估計，都督中外對於穩定全國局勢，也起着十分重要的作用。正因如此，魏文帝多次出巡、征討，有時在外時間甚至超過一年，而京師政局非常穩定，原因就是有都督中外曹真在坐鎮。也正因如此，司馬懿之後，司馬師、昭無不把持都督中外這一職務，並相應地不斷擴展京師軍隊。王淩、毌丘儉、諸葛誕等淮南地區三次舉兵反抗司馬氏，其所以迅速失敗，都督中外這一制度的存在，司馬氏通過它控制魏帝和京師局勢，挾強大的中央集權威勢和京師軍隊進行鎮壓，是一個不可忽視的原因。也正因如此，到西晉時儘管都督中外權力已經削弱（見上），外戚楊駿輔政，為穩定政局，仍要自封自司馬孚以後長期未任命的都督中外，並“多樹親黨，皆領禁兵”。[1] 楚王瑋發動政變消滅汝南王亮，矯詔召三十六軍，也要自稱“受詔都督中外諸軍”；趙王倫篡位前，為控制京師，也要矯詔自封都督中外。這一制度對魏晉政局影響非同小可，於茲可見。

1 《晉書》卷四〇《楊駿傳》。

四

然而大體上也就從西晉開始，都督中外又逐漸產生向虛銜、榮譽頭銜轉化之趨勢。原因就在於：在專制主義中央集權制度下，在京師設一個總管宮城內外全部軍隊的長官，事實證明，對皇權來說，潛在的危險性是很大的。當然，如果人選特別忠實可靠，皇帝年齡大、威望高，能駕馭他，都督中外對鞏固皇室確實極管用，這就是魏文帝創立這個制度的原因所在。可是在鈎心鬥角、爭權奪利的封建統治集團中，這樣的人很難找；特別是當老皇帝故去，新皇帝即位是個小孩子的時候，要使他仍一如既往，忠貞不渝，就更加難上加難。從曹魏的全部歷史看，五名都督中外，除曹真外，他如曹爽，司馬懿、師、昭，沒有一個是"純臣"，沒有一個不是利用這一職位作威作福，玩天子於股掌的。而且曹真也因為碰到的是"政自己出"的文、明二帝，[1]若皇帝是個小孩子，由他輔政，他會怎麼變化，也難預料。魏文、明二帝大權獨攬，令行禁止，根本想不到看來十分忠誠的"親人"、大臣掌握大權後，一旦條件改變，便會換成完全不同的另一副面孔。也就是說，他們只看到都督中外之利，而沒看到弊，所以堅持這個制度。晉武帝則不同，他不但親眼看見在一定條件下都督中外對皇室的威脅，而且不是別人，正是他的祖父、伯父、父親兩代憑藉這一職位，耍盡兩面派手法，給西晉代魏打下了基礎。現在他當皇帝了，怎麼能毫不顧慮別人當了都督中外會故伎重演，請君入甕，來對付自己的子孫呢？當然，如果他的兒子十分能幹，能控制大局，晉武帝恐怕也不見得不會積極推行

1　《三國志》卷三《魏書・明帝紀》景初三年注引孫盛曰。

這一制度，作為保衛京師、宮城的主要支柱。然而事實是他的太子司馬衷是白癡，皇孫司馬遹年齡又小（武帝死時他才十三歲），不具備巧妙駕馭人才的條件。大概就和這種考慮有關，晉武帝在位二十六年中，只在泰始元年（265）任命司馬孚為都督中外，八年後孚死，即不再設。而司馬孚就任時已八十五歲，如前所考，城外諸軍又不歸他統轄，都督中外的作用和曹魏相比，顯然削弱了。晉惠帝以後，從楊駿開始，凡都督中外，不是自封，便是矯詔而得，不能代表正常情況下以西晉皇帝為首的統治階級意志。賈后懂得這裏面的利害關係，所以設計殺掉楊駿之後，她雖不得不暫時以汝南王亮和衛瓘輔政，卻沒有都督中外之任命，而由她借白癡惠帝之名，暗中操縱中外諸軍，最後通過掌部分宿衛禁兵的北軍中候楚王瑋殺掉亮、瓘，再以矯詔罪殺掉瑋，從而把中央軍權、政權全奪到自己手中。

大約從趙王倫篡位失敗開始，都督中外性質進一步發生變化。原因是京師中外諸軍在趙王倫諸將統率下與齊王冏、成都王穎等地方上之都督軍隊交戰中，受到較大損失，京師洛陽已由齊王冏的軍隊進駐，[1] 中外諸軍退居次要地位。因而便發生了這種事情：控制洛陽的齊王冏並不都督中外諸軍，反而由幾百里外鎮守鄴城（今河北臨漳西南）的成都王穎都督中外諸軍。這是為甚麼呢？原來這是一筆政治交易：由齊王冏為大司馬，在京師執政；成都王穎則任大將軍，都督中外。大將軍固然班位次於大司馬，然而貼之以曹魏以來權力極重因而聲望也極高的都督中外，成都王穎也就覺得差可相

1 《晉書》卷五九《齊王冏傳》：冏打敗趙王倫，"率眾入洛……甲士數十萬……震於京師"。縱有誇張，至少説明當時其力量超過中外諸軍。

抵了。而從齊王冏說，京師和皇帝主要歸自己軍隊控制，讓對方遠在鄴城都督中外，其權力實際上無從行使，造成不了甚麼威脅，相反，卻能換來地位崇高的大司馬和對自己在京師執政的承認，又何樂而不為！而這樣一來，便開了歷史上都督中外基本上等於虛銜、榮譽銜的先例。在這之後，洛陽戰亂頻仍，中外軍漸次蕩盡。所以河間王顒大將張方可以逼惠帝從洛陽西幸長安，京師禁兵無力阻攔；東海王越也可以盡罷懷帝身旁的宿衛官兵，而以自己東海王國的官兵數百人代之。[1] 及洛陽陷沒，愍帝逃至長安即位，除了靠原關中一帶的地方上軍隊支撐局面外，已無所謂中外諸軍。可是建興三年（315），忽然又以遠在江南建康的琅邪王"為丞相、大都督，督中外諸軍"，[2] 這個都督中外，和丞相一樣，起的只是籠絡作用，其虛銜、榮譽銜的性質更加明顯。

東晉建立，京師建康的中外諸軍力量一直很弱，[3] 所以都督中外雖然仍可總管一部分軍隊，但其實際意義遠不如作為虛銜、榮譽銜所起的政治作用來得大。按東晉一代都督中外共五人，可以說其情況無一例外：

王導：第一次任命在建武元年。如前所述，王敦並不把它視為重用，仍然上書抱怨王導"頃見疏外"，[4] 建議免去他都督中外等職，以免徒招"譏謗"。可見都督中外不但談不上總管地方上的軍隊，而且在京師實權也不大，主要意義當在榮譽，其任命只不過是晉元帝對王導實際疏外、削權之後，表面裝出的一種重用姿態而已。第

1 《晉書》卷五九《河間王顒傳》、卷五九《東海王越傳》。

2 《資治通鑑》卷八九愍帝建興三年。

3 參《讀史集》，第 292—293 頁。

4 《晉書》卷九八《王敦傳》。

二次任命在咸康四年。如前所述，時庾亮作為江、荊等六州都督，出鎮武昌，遙執朝廷之政，據說還要“舉兵內向”，而王導無可如何，竟作了讓出宰相位子的準備。這又證明他這次加都督中外，雖不見得有上次任命那樣複雜的背景，恐怕也不過是晉成帝對他所表示的寵遇，實際權力同樣是不大的。

王敦：任江、荊等州都督，舉兵反，永昌元年（322）打進京師建康，自封丞相、都督中外等職。他當都督中外，雖然每月要護軍將軍上報中外兵數（見前），似乎不完全是挂名，可是從他僅注意安排兄弟子姪為重要地區都督、州刺史，以培植勢力，控制京師，對中外諸軍將領則聽憑朝廷選用，未加干預來看，他並未真把中外諸軍放在眼裏。自封都督中外，主要意圖仍在提高聲望。

桓溫：本為荊州等八州都督，力量超過京師，朝廷憚之。興寧元年（363）朝廷加溫大司馬、都督中外，主要目的在以榮譽頭銜加以羈縻，並不真願意他入京供職，同時也知道他決不肯放鬆對根據地荊州等的控制而入京。桓溫也明白這一意圖，八年中未曾到過建康，[1] 僅擔了一個空名。

司馬道子：為晉孝武帝同母弟，太元十年（385）加都督中外，也是一種寵遇，就實力說，同樣很有限。所以後來地方上的都督、刺史（如王恭等）舉兵內向，他或不敢抵抗，只能屈辱謝罪；或靠收買對方部將取得暫時勝利。最後想出發東土諸郡免奴為客者充兵役的辦法，又激起孫恩起義。他長期都督中外之意義，主要不在於

1　這種微妙關係，可再舉一事為證：桓溫都督中外後不久，又加錄尚書事，“召溫入參朝政”。溫上疏辭，“詔不許，復徵溫”。及溫遵旨至赭圻（今安徽銅陵市東北，離建康已不遠），“詔又使尚書車灌止之，溫遂城赭圻，固讓內錄……”這說的雖是錄尚書事，實際與加都督中外指導思想同，即只給他榮譽，而怕他入京。見《晉書》卷九八《桓溫傳》。

控制兵力，是比較清楚的。

更能說明問題的，是東晉最後一個都督中外劉裕的史事。

晉安帝時，劉裕為鎮軍將軍，都督揚、徐等九州諸軍事，因平桓玄功，進他為車騎將軍、都督中外諸軍事，可是他竟堅決辭掉。原因何在？就因為都督中外只是虛銜，並無多少實權，而他當時所最迫切需要的正是實權。正因如此，當安帝改加他都督荊、司等七州（加上原九州共十六州）諸軍事，他就毫不推辭，欣然接受。因為他深知當時地方上軍隊有實力，都督得越多，實權越大。不僅如此，有實權的官他還搶着當。如揚州刺史王謐死後，朝議本準備用他後來的政敵謝混，他的心腹劉穆之勸諫說："揚州根本所繫，不可假人……今若復以他授，便應受制於人，一失權柄，無由可得。"[1] 劉裕依計，硬把揚州刺史奪到手中。這個官掌管京師建康周圍一州的財政、民政，也有一些軍隊。在建康沒有駐紮其他重軍的條件下，控制了揚州，也就基本上等於控制了朝廷。所以對這個位子，劉裕毫不客氣。由此可以推定，上次他辭掉都督中外，很可能是因為它榮譽雖高，卻無實權，過早取得，樹大招風，容易給政敵以口實，有害無益。

也正因此故，當劉裕統一了南燕，鎮壓了盧循、徐道覆起義，消滅了政敵劉毅、司馬休之，在統治集團中地位進一步穩固之後，為了藉以提高聲望，給篡晉造輿論，便於義熙十二年（416）自加"中外大都督"（即"都督中外諸軍事"，[2] 都督上再加"大"，表示地位

1　《宋書》卷四二《劉穆之傳》。

2　《晉書》卷六四《會稽王道子傳》：道子加"都督中外諸軍事"，後辭職，稱"乞解中外都督"。是二者即一官之證。

更高一等）。當年司馬睿曾在加"丞相、大都督、督中外諸軍"（見前）之後數年即位為晉元帝，劉裕大概有鑒於此，也在加中外大都督後兩年又自為"相國"，又兩年而篡晉，從而把都督中外變得和"非復人臣之位"的相國一樣，[1] 成為篡位的階梯，這正是它虛銜、榮譽銜的性質，在一定條件下發展的必然結果。

東晉一代都督中外的上述演變，至南朝而到達頂峰。

南朝齊、梁、陳三代開國皇帝，在篡位前無不以劉裕為榜樣，經歷自加都督中外這一過程。同時同一王朝中同姓貴族篡代，也全都照此辦理。[2] 相反，南朝四代在正常情況下卻沒有一個貴族、大臣加此頭銜，[3] 這是都督中外作為篡位階梯，成了慣例，存在忌諱的必然結果。雖然南朝京師建康宮城內外和東晉不同，駐紮着若干支強大的軍隊，但全都分別統於皇帝手中。這就是說，在正常制度下，從曹魏開始創立的，起着保衛宮城、京師，穩定政局作用的都督中外，已被勾掉了；而到了篡位前夕出現的都督中外，已經完全成了虛銜、榮譽銜。這些篡位者並不是要靠都督中外來控制政局，而是在早已控制了政局，萬事俱備之後，加都督中外等以提高聲望，縮短與皇帝寶座的差距。這也是一種作用，但卻是與原來完全不同的另一種作用。侯景打入建康，自封"宇宙大將軍，都督六合（天地東南西北）諸軍事"，[4] 便是以荒謬的程度將都督中外這一性質

1 《宋書》卷三九《百官志上》。

2 《南齊書》卷六《明帝紀》、《陳書》卷五《宣帝紀》。

3 除了篡位需要，只有齊末和帝在江陵建西台，起兵討伐東昏侯時，以蕭穎胄為都督中外（此據《梁書》卷一一《庾域傳》，《南齊書》卷三八《蕭穎胄傳》但作"都督行留諸軍事"），是個例外。可是這也處於非常情況之下，而且實權也握在蕭穎胄手中，等於自封，如他不隨即病死，歷史如何發展，也不可知。

4 《梁書》卷五六《侯景傳》。

和作用異常清楚地呈現了。

五

在北方，從五胡十六國到北朝，因為模仿漢制的結果，都督中外的性質和作用，同樣經歷了握有實權和向虛銜、榮譽銜的轉化過程。

以湯球《十六國春秋輯補》一書中所見都督中外（包括監中外、督中外）為主，漏載者二人，以萬斯同、繆荃孫的《十六國將相大臣年表》《百官表》補之，共得 38 人：

前趙 4：劉粲、劉驥、劉曜、劉嶽。

後趙 7：石弘、石邃、石斌、張豺、張離（"監"）、石遵、石閔。

前秦 8：苻雄、苻法、王猛、苻睿、苻暉、苻融、王永、苻纂。

後燕 5：慕容德、慕容熙、慕容農、馮跋、慕容永（自加，稱藩於後燕）。

後秦 1：姚紹。

南燕 2：慕容鍾、慕容鎮。

前涼 4：張祚（"督"）、張瓘、宋混、張天錫。

後涼 3：呂光、呂弘、呂超。

西秦 2：乞伏熾磐、乞伏慕末。

北涼 1：沮渠茂虔。

南涼 1：禿髮傉檀。

第一類屬於君權強大時的正常情況，由君主主動任命，都督中外手中握有實權。如劉聰即帝位，任命子劉粲；石勒行皇帝事，任命子石弘；苻健即天王位，任命弟苻雄；苻堅滅前燕，任命功臣王猛；[1] 禿髮利鹿孤稱王，任命弟禿髮傉檀等。其中如王猛，又是尚書令，“軍國內外，萬機之務，事無巨細，莫不歸之”。禿髮傉檀，又是錄尚書事，利鹿孤“垂拱而已，軍中大事，皆以委之”。[2] 這些都督中外，大體起的是鞏固皇權的作用，和當年魏文帝創制的精神吻合。

第二類屬於君權不張，但都督中外尚是實職的情況。如石遵奪取後趙君位時依靠石閔（即冉閔）兵力而成功，不得已以他為都督中外，錄尚書事，“輔政”。“閔既為都督，總內外兵權，乃懷撫殿中將士……樹己之恩”，終於殺掉石遵，經過激烈內部鬥爭，奪得君位。再如前涼王張玄靖立，年幼，宗室張瓘自為都督中外，為將軍宋混所敗。玄靖乃以混為都督中外，“輔政”。宋混兄弟因此“擅權”，“玄靖虛坐而已”。後宋混等被殺，玄靖叔父張天錫在內部鬥爭中勝利，乃以天錫為都督中外，“輔政”。天錫“專掌朝政”，害玄靖自立。[3] 這些都督中外，雖起了和第一類情況相反的、控制或篡奪君權的作用，類似當年的司馬氏，但他們都是在地位尚未十分鞏固之時，爭取以都督中外身份輔政，進一步奪取大權，這就證明這一頭銜仍是實職，基本上還不是虛銜。

和以上兩類情況不同，第三類情況是都督中外逐漸向虛銜、榮譽銜轉化。這早在前趙已經出現。當時前趙建都平陽（今山西臨汾西南），劉聰死，劉粲立，司徒靳準掌權，因鎮守長安之劉曜功高兵強，乃遙拜相國、都督中外。由於不來平陽主事，兩個頭銜都只

1　少數族君主主動任命漢人為都督中外，十六國只此一例外。當因王猛在強大的氐族貴族勢力中，除了忠於苻堅，別無他路。

2　以上分別見《十六國春秋輯補》卷三八《前秦錄》、卷九〇《南涼錄》。

3　以上分別見《十六國春秋輯補》卷一九《後趙錄》、卷七二《前涼錄》。

意味榮譽，並無實際意義。再如淝水戰後，前秦分裂，都督玉門以西諸軍事呂光，聽說苻堅被害，為之致哀，自稱秦"中外大都督，督隴右、河西諸軍事"。[1] 這裏中外大都督便是一種榮譽，想以此提高自己的聲望，實際都督的只是隴右、河西諸軍事。

都督中外明顯地變成虛銜、榮譽銜，是在北魏。它和北魏的特殊社會、歷史條件，和漢化分不開。

如所周知，北魏拓跋鮮卑在諸入塞少數族中本來最落後，因為脫離氏族社會不久，舊的鮮卑貴族勢力一直很強大。[2] 道武帝即位，漸行漢化，為了鞏固新的君主專制制度，也因為接受了五胡十六國篡奪頻仍的經驗教訓，對貴族大臣猜忌逐漸加深：

《魏書》卷三三《公孫表傳》：表仕魏為博士，"初，太祖以慕容垂諸子分據權要，權柄推（《資治通鑒》卷一一一安帝隆安四年 [400] 作"下"）移，遂至亡滅；且國俗敦樸，嗜慾寡少，不可啟其機心，而導其巧利，深非之。表承指上韓非書二十卷，太祖稱善"。這裏反映道武帝，一是反對權柄下移，二是推行君主專制。他讚許韓非書，恐怕主要就因為它宣揚君主"獨斷"，不允許與臣下"共權以為治"。[3]

《魏書》卷二八《和跋傳》：跋"世領部落"，後遷"外朝大人"，立功累累。但因"好修虛譽，眩曜於時"，被懷疑收攬人心，有篡位之意，被道武帝所殺。

同書卷二八《庾業延傳》：業延本"外朝大人"，升至司空。有

---

1 《十六國春秋輯補》卷六七《後涼錄》。

2 唐長孺：《拓跋國家的建立及其封建化》，載《魏晉南北朝史論叢》，生活・讀書・新知三聯書店，1955 年。

3 《韓非子・外儲說右下》。

人告發他“衣服鮮麗，行止風采，擬儀人君”，也被道武帝所殺。

同書卷二《太祖紀》：道武帝在天興三年（400）連下詔，要求貴族大臣、地方長官“絕奸雄之僭肆，思多福於止足”，指出即便位居台輔，也“在人主之所任耳，用之則重，捨之則輕”，即要求這些人知道這樣一個道理，即“量己者，令終而義全；昧利者，身陷而名滅”。這些詔書和前述言論、行徑完全一致。

在這種思想指導下，都督中外之制北魏雖然採用，但從一開始就沒有讓它名實相符：

《魏書》卷二《太祖紀》：皇始二年（397）在包圍後燕都城中山過程中，道武帝以從征的貴族元儀“為驃騎大將軍、都督中外諸軍事、兗豫雍荊徐揚六州牧、左丞相、封衛王”。這是北魏第一個都督中外，然而卻是一個空名。首先，元儀這一封拜，共五個頭銜，前後四個均空名，[1]則介於其間的都督中外自難例外，何況這時北魏尚未見中外諸軍之制。其次，平中山後，天興元年（398）道武帝北還，“慮還後山東有變，乃置行台於中山，詔左丞相、守尚書令、衛王儀鎮中山”。這裏已不提都督中外，當已免去；即使形式上暫時未免去，是史書失載，可是任行台尚書令，與都督中外保衛京師、宮城之職掌，也是不能相容的，除非後者是虛銜。最後，從這以後直到高宗興安元年（452），凡五十四年都不見都督中外之設。分析其原因，很可能是道武帝於皇始（396—397）年間征後燕過程中，“初拓中原，留心慰納，諸士大夫詣軍門者，無少長，皆引入

1 驃騎本軍號，衛王乃封爵，自不用說。兗豫等六州當時都不在道武帝手中，亦無實際意義。至於左丞相，時在戰爭中，元儀不斷被派出率一部分軍隊攻城略地，當然也談不上“輔政”。

賜見，存問周悉”。[1] 一時受了他們建議的關於魏晉以及漢化了的十六國官制的影響，設了都督中外，隨即發覺在制度上、歷史上它權力太重，不適合北魏當時急需加強君主專制，削弱貴族、臣屬權力的形勢，於是不聲不響將它罷去，繼位者沿之，一直中斷了半個多世紀。

那麼興安元年以後設立的都督中外是否有實權呢？同樣也沒有，至少尚未形成制度。

首先，據《魏書》卷一一三《官氏志》所載太和（477—499）年間兩個“職令”，其“都督中外諸軍事”，官位雖甚高（第一令位正一品下，第二令位從一品），卻是虛銜、榮譽銜。因為在這兩個職令上，它前面是儀同三司、開國縣公，後面是特進、諸開府，無一不是這類官爵，則介於其間的都督中外，性質自當相同。當然，兩個職令均定於太和年間，時間稍晚，可是聯繫道武帝後長期不設此官，從興安元年起設立了，數目也很少，且未見一例可以證明已形成都督中外擁有實權的制度（見下），則據此推定太和職令這種規定乃長期習慣之制度化，是有理由的。

其次，據萬斯同北魏及東魏將相大臣年表，自興安元年至東魏亡，前後僅有都督中外九人，即宗愛、拓跋壽樂、拓跋雲、馮誕、元幹、爾朱榮、高歡、高澄、高洋。萬表漏載二人，即孝文帝時之元勰，及前廢帝時之爾朱兆。[2]

這十一人可分兩種情況：

一種是爾朱榮、爾朱兆、高歡、高澄、高洋五人。當時京師

---

1 《魏書》卷二《太祖紀》。

2 《魏書》卷二一下《彭城王勰傳》、卷七五《爾朱兆傳》。

洛陽、鄴已無重兵，[1] 他們都主要依靠自己的地方軍隊遙控京師和皇帝。如爾朱榮靠的是以契胡族為主的并、肆諸州軍隊；高歡靠的主要是六鎮起義後屢經演變，最後駐紮在并州一帶的鮮卑軍隊。兩人掌權雖時間相隔數年，但都常住根據地晉陽（今山西太原），而對京師、朝廷實行"遙制"。[2] 所以其都督中外的頭銜，和南朝諸篡位前權臣幾乎一樣，是自封，以提高聲望，作為篡位階梯。這就是說，其性質與太和職令規定一致，是虛銜、榮譽銜。

另一種情況是其他六人：[3]

宗愛：乃宦官，興安元年暗弒太武帝，矯皇后令，殺貴族大臣，立吳王余。吳王余以愛為大司馬、大將軍、太師、都督中外等。在這之前，長期不設都督中外，動亂之際忽然設立，除提高聲望外，或許宗愛還想行此漢制，藉以控制京師全部軍隊，所以稱他"兼總戎禁"，可是八個月後吳王余、宗愛全被殺，此制並未固定下來。

拓跋壽樂：興安元年在吳王余、宗愛死後，因對文成帝"有援立功"，被拜都督中外。可是一個月後便因與另一擁立有功大臣"爭權"，並賜死。自此又是十四年不設此官。

拓跋雲與元幹：獻文帝天安元年（466），任城王雲"拜都督中外諸軍事、中都坐大官，聽理民訟，甚收時譽"。這裏值得注意的

1　北魏孝莊帝殺爾朱榮，因無重兵，洛陽隨即為爾朱兆自晉陽南下的軍隊攻破，見《魏書》卷一〇《孝莊帝紀》。其後魏孝武帝不甘心當傀儡，與高歡對立，高歡大軍自晉陽南下，孝武帝便只得由洛陽逃入關中，見同書卷一一《出帝平陽王紀》。《資治通鑒》卷一六二武帝太清三年（549）：東魏宰相高澄死於京師鄴城，弟高洋執政，"勛貴以重兵皆在并州，勸洋早如晉陽"。又卷一六八天嘉元年胡注："高歡建大丞相府於晉陽，文宣（高洋）席之以移魏鼎，宿將勁兵咸在焉。"

2　《魏書》卷七四《爾朱榮傳》。

3　以下凡未專門出注者，均見《魏書》本傳。

是，只提拓跋雲為中都坐大官所起折獄作用，[1] 而不及都督中外。又《資治通鑒》卷一三二明帝泰始六年（470）：及北魏皇興四年時，蠕蠕犯塞，獻文帝親征，以京兆王子推等督諸軍出西道，任城王雲等督諸軍出東道，汝陰王天賜等督諸軍為前鋒，隴西王源賀等督諸軍為後繼。拓跋雲竟被派出征討，至於都督中外諸軍，保衛京師、宮城的任務，另有殿中尚書呂羅漢與尚書右僕射元目振組成尚書留台承擔，與他無干。[2] 再看元幹。太和二十一年（497）孝文帝南討，詔以司州牧、趙郡王幹"都督中外諸軍事"。可是據《魏書》卷六二《李彪傳》，"車駕南伐，彪（時為御史中尉）兼度支尚書，與僕射李沖、任城王澄等參理留台事"，而不及官位比他們高的都督中外元幹。又元幹在這期間有不法行為，李彪屏人告戒他："殿下，比有風聞，即欲起彈，恐損聖明委託之旨，若改往修來，彪當不言，脫不悛改，夕聞旦發。"李彪口氣也不像在向一個總管留守諸軍事務的長官講話。將相隔二十多年的拓跋雲與元幹事聯繫起來，可以推定，他們的都督中外很可能只是榮寵。拓跋雲平日實際只掌中都坐大官折獄事，中外諸軍事務分別總於皇帝；有了戰爭，中外諸軍另有留台尚書兼管，自己則被派出征討。至於元幹之所以拜都督中外，大概是因為孝文帝感到自己連年征討在外，主要負責留台的李沖、李彪雖然忠誠，畢竟是漢人；對任城王澄又有些顧慮，[3] 元幹德

---

1 三都大官掌折獄，見嚴耀中《北魏三都大官考》，載《中華文史論叢》1983 年第 1 期。

2 《魏書》卷五一《呂羅漢傳》：獻文帝出討蠕蠕，呂羅漢"與右僕射南平公元目振都督中外軍事"。此處"都督"當是總管之意，並非官拜都督中外。因二人原官與都督中外相差二至三階（呂羅漢鎮西將軍，依太和第一職令，位從一品下，上有從一品中、上，離第一品下之都督中外，差三階；元目振尚書右僕射，從一品中，也差兩階），不可能無功一下超遷；而且同時任命兩個都督中外，北魏也無此先例。當因二人"掌留台事"（《資治通鑒》卷一三二明帝泰始六年 [470]），因而分別總管中外諸軍，保衛京師。

3 《資治通鑒》卷一四二東昏侯永元元年胡注稱：元澄極有才幹，"孝文外雖容之，內實憚之"。

才雖差，但畢竟是親弟，給他一個很高的榮譽銜，多少過問一些留守事務，是可以起到牽制作用的。

馮誕：乃外戚，“無學術，徒整飾容儀，寬雅恭謹而已”。一生無任何政績可言，亦無軍事才幹，只因是文明太后之姪，又與孝文帝私人感情特別好，故多歷實際政務很少或完全是虛銜的美官、顯官，其都督中外當屬此類。

元勰：乃孝文帝親弟，以侍中、司徒身分隨駕南伐，途中孝文帝病重，“詔勰使持節、都督中外諸軍事，總攝六師”。孤立地看，此處都督中外似乎是一個有實權，總管全部南征軍的最高統帥，但聯繫太和職令和上述北魏故事分析，應該說，還是將它視為虛銜、榮譽銜比較妥當。不然便不好解釋為甚麼一年多以前罷免的趙郡王幹，同是都督中外，不但未隨軍，而且在留守大臣中實權也不大。我推測情況大概是這樣的：孝文帝病重，想讓元勰“總攝六師”，但名義上他是司徒，是文官，要有個武官頭銜方能名正言順。而按太和第二次職令，可能為了防微杜漸，一、二品官中已無實職武官，因而只能給虛銜。照說，元勰既是司徒，要給便得給一品官中班次在三公前的大司馬、大將軍才合適；可是當時孝文帝次弟，即元勰之二兄元禧已是太尉，按制度班次在大司馬、大將軍之後，弟先於兄，也不妥。所以只得以元勰為官位低於司徒，然是武官頭銜的都督中外（司徒正一品，都督中外從一品）。也正因這都督中外是為了名義上臨時統軍方便而設，等打退梁軍後，元勰仍以司徒身份出現，都督中外便不提了。

此外，還有一個情況應予考慮，即北魏自宣武帝以後，除末年爾朱榮等五人相繼權重自封外，凡皇權強大或能自主之時，都督中外均無生拜，只有死贈。[1] 或許這是南朝都督中外頻頻成為簒位階梯，忌諱日益加深，帶給北朝的影響。

以上表明，無論從太和職令規定，或者從十一個都督中外的材料，以及正常情況下不再生拜的特點分析，都不能排斥興安元年以後至魏末都督中外的虛銜、榮譽銜的性質與作用。

北齊、北周基本沿襲這個制度。

在北齊，除廢帝末常山王演控制全部軍政大權，自封都督中外作為簒位階梯外，整個一代，因皇權強大或能自主，同樣都不設都督中外。值得注意的是，有個極重要武官叫京畿大都督，設立於魏末，[2] 具體掌管京師鄴城一切軍隊，約相當於魏晉以來實職的都督中外。所以高歡在東魏自封都督中外等職，居晉陽遙控，另外先後以從弟清河王岳、長子澄為京畿大都督等，在鄴城具體把持朝政和軍隊。這大概是吸取了在這之前因未具體派人控制京師洛陽，魏孝武帝不甘心當傀儡，奮起反抗，西入關中的教訓，而採取的措施。故《資治通鑒》卷一六八文帝天嘉元年（560）胡注："高歡遷魏主於鄴而身居晉陽，以其子為京畿大都督，防遏內外……"其後高歡死，高澄繼其位，自封都督中外等，便以弟高洋為京畿大都督；齊廢帝末，常山王演控制朝政，簒位前自封都督中外等，便以弟長廣王湛為京畿大都督，[3] 指導思想全同。這種京畿大都督的設立和存在，便是都督中外進一步脫離實職，變成虛銜、榮譽銜的反映。

---

1 死贈見《魏書》卷一九中《任城王澄傳》、卷八三下《外戚胡國珍傳》。又南朝二例，見《南齊書》卷二二《豫章文獻王嶷傳》、卷四〇《竟陵文宣王子良傳》。

2 《魏書》卷一一三《官氏志》。又參周一良《領民酋長與六州都督》，載《魏晉南北朝史論集》，中華書局，1963 年。

3 以上諸京畿大都督，分別見《北齊書》卷一三《清河王岳傳》、卷三《文襄帝紀》、卷四《文宣帝紀》、卷七《武成帝紀》。

在北周，也有自己的特點。大約從西魏大統元年（535）到北周建德元年（572）為止，皇權一直不振。實際上執掌大權，並自封都督中外等職的宇文泰，以及後來的宇文護，開始和爾朱榮、高歡等人手段相同，將直屬自己的大量軍隊，與少量中央禁軍區別開來，[1]主要依靠前者穩固整個統治，而中央禁軍只是用來控制西魏皇帝的。[2]可是自大統八年（542）起，經過改制，逐漸創立了具有特色的府兵制度，前者被吸收到了府兵當中。於是宇文泰（後來是宇文護）便改變成主要通過緊緊控制住府兵，來穩固統治，操縱朝政。如所周知，府兵的性質是中央軍、禁軍。[3]所以這時的特點，就組織系統而言，是原來直屬宇文泰的大量軍隊與中央禁軍被合而為一。[4]同時相應地領導機構也發生變化。《周書》卷二《文帝紀》：魏廢帝二年（553），“詔太祖去丞相、大行台。為都督中外諸軍事”。[5]在這之前，宇文泰主要通過“大行台”來統率駐紮和征討在外的、

1　參唐長孺《魏周府兵制度辨疑》，載《魏晉南北朝史論叢》。

2　《周書》卷一〇《宇文導傳》：大統三年（537），“太祖東征，導入宿衛，拜領軍將軍、大都督”。及高歡打來，“太祖自弘農引軍入關，導督左右禁旅會於沙苑”。又《資治通鑒》卷一五七武帝大同三年（537）記當時宇文泰引兵入關後，因關中兵少，曾“徵諸州兵”。合觀之，便知宇文導之“入宿衛”，是因宇文泰離開京師而入宮城宿衛，旨在加強對西魏文帝控制。後因宇文泰處緊急，方不得已應徵，率長安禁旅東會宇文泰於沙丘。

3　唐長孺：《魏周府兵制度辨疑》。又參谷霽光：《府兵制度考釋》，上海人民出版社，1962年，第22—66頁。

4　唐長孺：《魏周府兵制度辨疑》。谷霽光先生則主張中央軍以府兵為主體，此外另有禁軍，均屬都督中外。參谷霽光：《府兵制度考釋》，第73頁。

5　大統元年宇文泰已拜都督中外，此處不當再拜都督中外。谷霽光先生以為“為”乃衍字（《府兵制度考釋》第71頁注[2]），意即這時連都督中外也一起免去。可是這與此後多處出現都督中外屬官的記載矛盾（如《周書》卷二九《達奚寔傳》“魏廢帝二年，除中外府司馬”等）。《北史》卷九《周本紀上》中華書局標點本校勘記注[21]以為原來三個頭銜，今指免去丞相、大行台，止留都督中外。可是表示保留還要再宣佈“為都督中外諸軍事”，此例亦罕見。疑“為……事”下脱一“府”字，或當理解為有一“府”字。即宇文泰自大統元年起一直為都督中外，但無衙門，只是榮寵；現在罷去丞相、大行台後，新設中外府代替大行台機構來處理具體事務，故用“為”字。《周書》卷三三《王悦傳》“改行台為中外府”，亦一側證。

直屬自己的軍隊[1]；在這之後，可能因為作為中央軍、禁軍的府兵制已經健全，再用北魏以來指揮地方上軍隊的"大行台"來統率府兵，名義上顯然不妥，於是從這年起，取消了大行台，改由都督中外來總管，並設立了辦事機構，叫"中外府"（即"都督中外諸軍事府"之簡稱）。《周書》卷三三《王悅傳》記載：悅本為宇文泰大行台尚書，魏廢帝二年，"屬改行台為中外府，尚書員廢，以儀同領兵還鄉里"。這樣便使都督中外在聲望極高的同時，又擁有了實權。史載中外府配備屬官頗多，如長史、司馬、參軍等，分別掌管中外諸軍各項事務。[2] 在宇文泰行周禮、建六官之後，此制依然保留，與之並行。公元 556 年宇文泰死，宇文護執政，估計有一段時期由於統治集團內部存在矛盾，對他不服氣，[3] 而未設都督中外，但中外府繼續存在，[4] 實際上當由宇文護以"輔政""大冢宰"的身份掌管。到保定元年（561）宇文護翦除異己成功，正式拜都督中外，名實便又相符合。

表面看來，西魏、北周的都督中外又擁有實權，似乎和長期以來都督中外的發展趨勢相矛盾，其實前者並非正常情況，而是在西魏、北周條件下，皇權不振，權臣宇文泰、宇文護長期把持朝政的產物。不同的只是：過去之權臣，如東魏之高歡，他在自封大丞相、都督中外、大行台等職提高聲望的同時，以大行台（開始是大

1　《周書》卷一一《晉蕩公護傳》："自太祖為丞相，立左右十二軍，總屬相府。" 按永熙三年（534）宇文泰已拜丞相，大統元年又拜大行台。疑開始以相府掌管直屬軍隊，後因長期與北齊打仗在外，便以大行台出面。二者是一套班子，兩種稱呼。

2　王仲犖：《北周六典》卷八，中華書局，1979 年，第 519—524 頁。

3　《資治通鑒》卷一六六敬帝太平元年：宇文護"名位素卑，雖為（宇文）泰所屬，而群公各圖執政，莫肯服從"。

4　這一時期任中外府官吏者頗多，是其證。參《周書》卷三八《李昶傳》、卷一一《叱羅協傳》、卷四二《蕭撝附蕭濟傳》等。

丞相府）以及京畿大都督為實權機構，總管軍隊，藉以把持朝政，所以都督中外完全是虛銜、榮譽銜。而宇文泰則是由於特殊條件，實行了府兵制，在自加諸榮譽頭銜的同時，改以"中外府"為這種實權機構，因而似乎和都督中外總的發展趨勢矛盾。從本質上說，它們都不符合君主專制制度的需要，都不能看作一般發展規律，都不是正常官制。正因如此，北周武帝於建德元年（572）殺掉權臣宇文護之後，便立即"罷中外府"，[1] 將中外諸軍的最高都督權，奪到自己手中，和一般情況下的南朝皇帝相同。而在北周宣帝死，靜帝即位年幼，權臣外戚楊堅奪取北周江山，都督中外（當時叫"都督內外諸軍事"）再一次充當篡位階梯之後，在君主專制制度恢復正常狀態的隋代，便被廢除了，並且就制度言從此永遠退出了歷史舞台。

綜合以上北朝材料，是否可以這樣分析：如果說五胡十六國都督中外已開始向虛銜、榮譽銜轉化，但往往還是實職武官的話，那麼從北魏以後，雖然不是沒有機會繼續保留實職的性質（如道武帝之時），終因特殊社會歷史條件，鮮卑貴族長期形成的潛在勢力極大，如再設立實職的都督中外，新興的皇權感到威脅太重，加上在南朝它已成為篡位階梯的影響，而沒有成為事實。也就是說，作為一種君主專制制度下的官制，都督中外在北朝完成了向虛銜、榮譽銜的轉化，而明白地固定在太和職令上。

最後，把都督中外諸軍事的性質和作用概括如下：

在曹魏一代，都督中外是實職武官。如果不計統治集團內部鬥爭即司馬氏利用它給篡位作準備這一因素，它的確起了鞏固京師地區統治秩序，進而穩定全國政局的作用。

1　《周書》卷五《武帝紀》。

大體從西晉開始，它的性質逐漸向虛銜、榮譽銜轉化。八王之亂後，特別在東晉，京師中外諸軍力量削弱這一客觀因素又加速了這一過程。五胡十六國模仿漢制，都督中外在經歷了實職武官，保衛京師，穩定整個政局階段之後，也呈現同樣趨勢。南北朝徹底完成了這一轉化：都督中外變為虛銜、榮譽銜，起的主要也是這類性質官吏所起的作用。

大概由於作為虛銜、榮譽銜，“都督中外諸軍事”這一名稱又太實，明明白白意味總管中外宿衛諸軍，和虛銜、榮譽銜的性質不協調，所以至隋唐，儘管文武散官制度進一步發展，而都督中外卻被廢除，並且再也沒有恢復。[1]

1　隋唐文武散官之名稱都是籠統的，如開府儀同三司、特進，或驃騎將軍、輔國將軍等，看不出應掌管哪一部門具體事務，過於實在的名稱“都督中外諸軍事”自然無法存在於其間。參《通典》卷三四《職官十六》。不過這是就制度言，至於一時委任，不為永制者，後代仍偶爾出現。如《資治通鑒》卷二七〇後梁均王貞明五年，吳國“以徐溫為大丞相，都督中外諸軍事”，即一例。

略論晉律的“寬簡”和“周備”*

晉律(泰始律)頒佈於泰始四年(268),是我國古代一部頗為重要的法典。它既反映了魏晉時期政治經濟特點,成為鞏固西晉地主階級統治的工具,對太康年間的經濟繁榮起了一定作用;又前承漢律,後啟唐律,影響於後代法律頗大,在我國法制發展史上佔有其不可忽視的地位。遺憾的是:晉律早已散佚,比較重要的資料《晉書》卷三〇《刑法志》又語焉而不詳。為了有助於晉律之研究,本文試圖就它的“寬簡”和“周備”這兩方面的問題作一些考證和分析,並初步接觸其階級本質和指導思想。拋磚引玉,千慮一得,敬希讀者指正。

一

毫無疑問,作為地主階級意志之反映,晉律如同其他任何封建法典一樣,實質是統治與鎮壓廣大農民的工具。但是由於時代不同,政治形勢、經濟條件不同,晉律又有它自己的特點,其一就是內容比過去的封建法典“寬簡”。寬指刑罰有所減輕,對刑重而言;簡指法律條文省併削減,對禁網繁密而言。為了了解這一特點,需

---

* 原載《北京大學學報(哲學社會科學版)》1983年第2期。

要先回顧一下漢魏兩代之法律。

東漢時期法律已十分混亂。除了律、令，還有傍章、科令。[1]而且“一章之中或事過數十，事類雖同，（刑罰）輕重乖異”；內容也很龐雜，“盜律有賊傷之例，賊律有盜章之文，興律有上獄之法，廄律有逮捕之事，若此之比，錯糅無常”。此外，還有學者對法律的解釋叫章句，也具有法律效力，其中“凡斷罪所當由用者”，共 26272 條，773 萬餘字，“言數益繁，覽者益難”。這種混亂狀況造成的後果是：“律文煩廣，事比眾多，離本依末……輕、枉者相繼。”[2] 這對封建王朝並不利。所以到曹魏之時便大加整理，取消了煩雜的傍章、科令，將其條文吸收於律、令之中；[3] 同時根據新的情況和統治需要，將律、令內容按性質歸類，該分的分，該合的合，必要時另立新篇章。如原來賊律中摻入欺謾、詐偽等條文，囚律中又雜有詐偽生死之內容，“令丙”中又含有詐自復免的規定，[4] 於是將這些合為新的詐律（一作詐偽律）。經過這樣整理，最後除了令之外，共制定魏新律十八篇，“於正律（沿漢九章律）九篇為增，於傍章、科令為省矣”。[5]

然而，曹魏改革重點僅在整理、歸類，旨在解決內容之重複與混亂，至於條文數目、懲罰輕重，似乎變動有限，和漢代律、令沒

---

1 傍章，沈家本以為即叔孫通所撰之“禮儀”。“傍，廣也，衍也。律所不及者廣之、衍之”，所以叫傍章，見《漢律摭遺》一，載《歷代刑法考》，中華書局，1985 年，第 1377 頁。“科令”當即“科”，是一種單行法規，參見同上書，第 1388 頁。

2 《晉書》卷三〇《刑法志》。

3 參程樹德《九朝律考・魏律序》按語，商務印書館，1935 年。

4 復，指因故（如有爵位、孝悌力田等）免除傜役。免，指男丁至五十六歲取消傜役。參《九朝律考・漢律考三》。

5 以上均見《晉書》卷三〇《刑法志》。

有明顯出入。[1] 所以到司馬昭掌大權時，仍然“患前代律令本注煩雜……雖經改革，而科網本密”，[2] 不符合統治需要；再加上這時司馬氏羽翼已豐，即將代魏，正需要收買人心；此外魏晉之際，“土廣人稀”，[3] 地主階級和農民階級的矛盾相對緩和，客觀條件十分有利，因此，為了清除“煩雜”內容，彌補魏新律改革之不足，以進一步鞏固地主階級統治；也為了通過減輕刑罰，收買人心，給代魏作準備，一部具有“寬簡”特點的晉泰始律便被制定出來了。

關於這一特點，史不乏書：

《晉書》卷四〇《賈充傳》：“詔曰：漢氏以來，法令嚴峻。……先帝（司馬昭）愍元元之命陷於密網，親發德音，釐正名實。……今法律既成……刑寬禁簡，足以克當先旨。”這是晉武帝的評價。

《世說新語・政事篇》注引傅暢《晉諸公贊》：賈充“與散騎常侍裴楷共定科令，蠲除密網，以為晉律”。這是西晉末年人的評價。

《隋書》卷二五《刑法志》：晉律“實曰輕平，稱為簡易”。《晉書》卷三〇《刑法志》：晉律“條綱雖沒，稱為簡惠”，在漢魏律基礎上，“蠲其苛穢，存其清約，事從中典，歸於益時”。所謂中典，當指《周禮・大司寇》的一個原則：“刑平國用中典”，即主張除特殊情況下當用“輕典”“重典”外，一般治國均應用“不輕不重”之“中典”。[4] 比起嚴峻的漢魏律來，“中典”就是寬大了。以上是唐初人的評價。

---

1 《九朝律考・魏律序》按語：“魏則刪繁就簡，悉納入正律之中。……其餘與漢律實無大出入。”

2 《晉書》卷三〇《刑法志》。

3 《晉書》卷四七《傅咸傳》。

4 參《周禮・秋官・大司寇》鄭玄注，賈公彥《周禮注疏》卷三四，中華書局影印阮元《十三經注疏本》，1980 年，第 870 頁；《尚書・立政》“以列用中罰”句偽孔傳，孔穎達《尚書正義》卷一七，中華書局影印阮元《十三經注疏本》，1980 年，第 233 頁。

這一“寬簡”特點體現於甚麼地方呢？由於晉律早已散佚，這裏只能根據《晉書》卷三〇《刑法志》極其簡略的記載，結合一些片斷材料作些分析和考證。

第一，法律條文的大量省減。早在東漢和帝時，廷尉陳寵即曾上疏指出法律條文繁多，死刑 610，耐罪 1698，贖罪 2631，一共達 4939 條。他建議減至 3000 條，刪除多餘條文，但未被皇帝採納，[1] 至漢末魏初，封建王朝又曾考慮“辯章舊典，刪革刑書”，終因“述作體大，歷年無成”。[2] 由此可以推斷，舊的法律自陳寵之後雖然不能說毫無增減，但大體上當仍維持在東漢的四五千條上，不會有顯著變動。而到晉代卻大不同了。據《晉書》卷三〇《刑法志》，由於大刀闊斧地進行了刪革，晉律雖然篇章比魏新律還多兩篇，共二十篇，但條文只有 620 條，27657 字，加上四十篇令，一共才 2926 條，126300 字，比漢魏律令大約省減了兩千條。[3] 與此同時，大約對法律的文句也作了修改，比舊律簡明通俗，即所謂“文約而例直”。[4]

這樣大力省減條文的目的，我們缺乏明了的史書記載，但可以結合其他材料約略推得。

《後漢書》卷二七《杜林傳》：東漢初為穩定社會秩序，有人建

1 《後漢書》卷四六《陳寵傳》。

2 《晉書》卷四〇《賈充傳》。

3 《魏書》卷一一一《刑罰志》也說：“後漢二百年間律章無大增減。”曹魏小有變動，至晉武帝方“併合（為）二千九百餘條”。又晉律 620 條，《唐六典》卷六注則稱 1530 條。沈家本《歷代刑法考》中《律令考三》說“未詳其故”。程樹德《九朝律考》中《晉律篇目》按，以為六典注“疑誤”。是也。《通典》卷一六三也稱晉律為六百三十條（三當為二之誤）。《通典》卷一六四稱：南朝“齊武帝令刪定郎王植之集注張（斐）杜（預）舊律合為一書，凡千五百三十條”。或《唐六典》注將此集注條文數與晉律文相混。

4 杜預語，見《晉書》卷三四本傳。

議多增加法律條文，杜林反對說：“法防繁多，則苟免之行興。……古之明王，深識遠慮，動居其厚，不務多辟。周之五刑，不過三千。大漢初興……蠲除苛政，更立疏網，海內歡欣，人懷寬德。及至其後，漸以滋章，吹毛索疵，詆欺無限。果桃菜茹之饋，集以成臧；小事無妨於義，以為大戮。故國無廉士，家無完行。至於法不能禁，令不能止，上下相遁，為敝彌深。”史載：“帝從之。”

杜林的理由比較系統，主要有三點：

首先是“果桃菜茹之饋，集以成臧”，意即法律規定太苛刻，把不少官吏輕易定為貪污犯了，弄得“國無廉士”。這是為統治集團中一部分人鳴不平。

其次是“小事無妨於義，以為大戮”，就是說一些對封建統治構成不了甚麼危害的行為，也遭到嚴厲懲罰，以至“家無完行”。這是害怕打擊面太寬會激起反抗。

再次是“上下相遁，為敝彌深”。對這兩句話，章懷注：“遁，猶回避也。前書曰：‘上下相匿，以避文法焉。’”他引的“前書”指《漢書》卷九〇《酷吏傳》，又來源於《史記》卷一二二《酷吏列傳》。據傳文及徐廣注，原意是指由於漢武帝對鎮壓所謂盜賊不力的官吏懲罰嚴厲，所以官吏不分大小，“詐為虛文，言無盜賊”。章懷把它引來注釋杜林的話，雖然不能說毫無干係，但我認為並不很確切。我懷疑杜林的話可能和《鹽鐵論・刑德篇》中“文學”對秦法之批評一脈相承。文學說：“昔秦法繁於秋荼，而網密於凝脂，然而上下相遁，奸偽萌生。”意思是大小官吏藉條文繁密之機，各取所需，營私舞弊，回避了真正應該適用的條文。類似情況，漢代依然存在。如《漢書》卷二三《刑法志》說，漢武帝時由於“禁網寖密”，“奸吏因緣為市，所欲活則傅生議，所欲陷則予死比”；漢景帝時下詔規定，已判決的案子，如有疑，要重審，“其後獄吏復避微文，遂其愚心”。對此弊病，漢宣帝時鄭昌上疏主張解決辦法只有“刪定律令”，“律令一定，愚民知所避，奸吏無所弄矣”。我以為杜林反對增加條文的第三個目的正和鄭昌一樣，防止“上下相遁”，也就是要使“奸吏無所弄”。

杜林還以西漢初年的實踐為證，認為刪除煩雜多文可以博得“海內歡欣，人懷寬德”，有利於整個封建統治之鞏固。

杜林的這些見解，西晉初年制定晉律諸人是否也具有呢？我認為大體也具有，其證有二：

一是杜林主張“不務多辟”，他理想的法律條文之數，就是周代的三千條。此數出於儒家經典《尚書・呂刑》。杜林之後陳寵建議壓縮律令至三千條，也舉《呂刑》為據。[1]而制定晉律諸人不僅奉行《周禮》“中典”原則，而且把律令恰好也壓縮至2926條，與三千條大體相同。這絕非偶然，正是三者一脈相承，同受儒家思想支配之結果。

另一證明是杜林的這些見解，西晉初年儒者也都有所表露。如當過御史中丞和司隸校尉的傅玄就認為刑罰過濫，“戮及善民”，會招致“下民怨而思叛”，使“萬乘之主死於人手”；相反，如崇尚“寬簡”，“簡則不苟，寬則眾歸之”，統治就會像漢代一樣“歷年四百”。[2]特別值得注意的是參與制定晉律之杜預的看法。《晉書》卷三四《杜預傳》：預為晉律、令作注解，並上奏說：“法者……文約而例直，聽省而禁簡。例直易見，禁簡難犯。易見則人知所避，

1　見《後漢書》卷四六《陳寵傳》。

2　見嚴可均《全晉文》卷四七《傅子・法刑》、《通志》。

難犯則幾於刑厝。"《藝文類聚》卷五四引同文多出以下幾句話："法出一門，然後人知恆禁，吏無淫巧，政明於上，民安於下。"歸納杜預之意，就是要法律條文省減（"禁簡"），文字簡明通俗（"文約而例直"），法律形式單一，防止混亂（"法出一門"）。[1] 其意圖有三：首先要使廣大百姓一看就明白，實質就是要讓法律起到威嚇作用，即所謂"人知恆禁"，"人知所避"，意即看明白後才會害怕而不敢觸犯。而條文煩雜，文字艱深，不會有此效果。其次，要防止不區分行為是否危害封建統治一味嚴懲，"禁簡"就是要從條文中把"小事"全都省掉，使一般人不易犯法（"禁簡難犯"），從而可以把鎮壓鋒芒指向少數真正危害封建統治的人，這就叫"幾於刑厝"。再次要使司法官吏不能營私舞弊，上下其手（吏無淫巧）。由此可見，杜預的見解和杜林在一些方面很相似。

根據以上稍稍迂回的分析，我們似乎可以這樣推定：西晉統治者大力省減條文絕非出於任何慈悲之心，而是藉以緩和階級矛盾，緩和統治集團內部的不滿，為了使晉律更加有效地起着鞏固封建統治的作用。從杜林到杜預的這些言論，正是這一長時期內形成的統治經驗的反映。

第二，在上述法律條文的省減中，據《晉書》卷三〇《刑法志》記載，主要是"減梟斬族誅從坐之條，除謀反適養母出女嫁皆不復還坐父母棄市，省禁固相告之條，去捕亡、亡沒為官奴婢之制"（中華書局標點本）。

首先，減少重罰條文，即"減梟、斬、族誅、從坐之條"。梟

1　即不要傍章、科令之意。

即梟首，斬即斬首，[1] 族誅指一人犯罪同族之人牽連誅死，從坐指一人犯罪有關的人牽連受罰，直至處死。這些都是用以鎮壓所謂謀反大逆等重罪之殘酷刑罰，這時大概將其中涉及貴族官吏犯罪的某些條文，以及杜林所說"無妨於義"的"小事"省掉了。不過，史缺有間，除下面將探討的個別內容外，已無法知道究竟省減了些甚麼條文。

其次，對婦女的寬大，即"除謀反適養母出女嫁，皆不復還坐父母棄市"。此句當有脫誤（理由見後），原文似當為"除謀反適養母出、女嫁，還坐子、父母棄市之制"。即如兒子謀反，早已被父親迫令離婚的適母（嫡母，父之正妻）、養母（似指生母即親母），[2] 不得和未離婚的母親一樣從坐棄市。如父親謀反，已出嫁的女兒不得和未出嫁的女兒一樣從坐棄市。後一改革，議始於曹魏。史稱司馬師掌權，大臣毌丘儉謀反，孫女毌丘芝已嫁。當從坐死。程咸上書議曰：按律，"父母有罪，追刑已出（嫁）之女；夫黨見誅，又有隨姓之戮"。這樣，"男不得罪於他族，而女獨嬰戮於二門"，很不合理。因而他建議"在室之女，從父母之誅；既醮之婦，從夫家之罰"。據說被司馬師採納了，"有詔改定律令"。但或許因具體案子雖已從寬，而律令之刪減在曹魏"歷年無成"（見上引），所以《晉書》卷三〇《刑法志》還把它作為晉代法律特色予以列舉。至於對"適養母出"從坐棄市一事何時何人提出疑難，史無明文，但魏晉

1　此據沈家本說，見《歷代刑法考》中《刑制總考二》。程樹德主晉律之斬仍為古代腰斬，見《九朝律考》中《晉律考・晉刑名》按語。

2　後代養母一般指婦女撫養同宗子形成的關係，比較疏遠，故《通典》卷八九引唐人語"嫡、繼、慈、養，皆非所生"。但此處如指後代之養母，超越了生母、繼母、慈母而與嫡母並列，很不合理，當以指生母即親母為是。

之際族誅、從坐之案涉及婦女常發生糾紛（見下），估計此事也當發生在這一時期。由於《晉律》體現對婦女從輕之精神，所以到晉惠帝時又進而改為連未嫁之女也不從坐棄市了。[1]

通過婦女從坐與否這一變化過程，回過頭我們也就比較容易理解上引婦女從坐一句的文字脫誤了。因為該句如在"除謀反"三字下句讀，本句雖通，聯繫當時歷史背景及上下文則不可解。1. 據現有史料，魏晉之際涉及婦女從坐最多的是"謀反"（即"謀反大逆"）罪，[2] 如減婦女從坐之刑而排除謀反罪，這種改革就沒有意義了。2. 如上所述，曹魏時司馬師為了收買人心，已將謀反罪從坐之婦女棄市刑免除，並準備改定律令，在階級力量對比沒有發生變化的條件下，不應到司馬昭、司馬炎定晉律時又倒退了回去。3.《晉書》卷六〇《解結傳》：結與張華同時被誅，張華夷三族，解結被判無疑也當是謀反之類的罪名。史稱"女適裴氏，明日當嫁而禍起，裴氏欲認活之，女曰：'家既若此，吾何活為！'亦坐死"。所謂"欲認活之"，當指按已嫁之女對待，而結女則堅持以在室女身份坐死。由此可證，晉律中免除已嫁女從坐並沒有排除謀反罪。4. 從《晉書》卷三〇《刑法志》上下文和句型看，均為"減……之條"，"省……之條"，"去……之制"，而且第一字均為動詞而不是介詞，不應此句獨異。根據以上四點，我認為儘管至今尚無善本可校，重要史料如《通典》卷一六三《刑一》均同《晉書》卷三〇《刑法志》，還是可以大膽懷疑此句有脫誤的。

1 見《晉書》卷六〇《解結傳》。不過原文之"女不從坐"，大概指不從坐處死，不可能免刑。《宋書》卷六〇《范泰傳》：劉宋沿用晉律，謝晦謀反，婦女沒於尚方。可證。

2 參《九朝律考・魏律考》。

再次，“省禁固相告之條”。這一改革因可資研究的史料太少，所以沈家本說“其事則未詳”。[1] 但我想通過一些考證或許還是可以求得其仿佛的。禁固即禁錮，固、錮古通。[2] 本為不許出仕的一種懲罰，涉及範圍比較寬。[3] 但從東漢後期起，歷曹魏一代，似乎禁錮主要用來打擊貴族官吏關於朋黨一類的犯罪。《後漢書》卷六一《黃琬傳》：陳蕃與琬共掌選舉，“顯用志士”，為人告發，交給御史中丞王暢、侍御史刁韙處理。二人“素重蕃、琬，不舉其事”，於是一起被定為朋黨罪，暢、蕃降官免官，琬、韙俱禁錮。對於這種朋黨，到不久爆發的黨錮事件中，更是通過大規模地用“禁錮終身”“免官禁錮，爰及五屬”[4] 來進行打擊。曹魏防範朋黨也很嚴。曹操就曾下令反對“阿黨比周”，反對“以白為黑，欺天罔君”[5]。魏文、明二帝在嚴密防範諸王“交通京師”“私通賓客”的同時，[6] 也不放鬆對“阿黨”之打擊。特別是魏明帝，史稱他深惡“浮華”。所謂浮華，當時就是指的結為朋黨，互相吹捧。[7]《三國志》卷二八《魏書·諸葛誕傳》注引《世語》：“是時，當世俊士散騎常侍夏侯玄、尚書諸葛誕、鄧颺之徒，共相題表，以玄、疇四人為四聰，誕、備八人為八達，中書監劉放子熙……（等）為三豫，凡十五人。（明）帝以構長浮華，

1 《歷代刑法考》中《漢律摭遺》卷一一。

2 《宋書》卷六《孝武帝紀》大明七年七月詔：“名山大川，往往佔固。”《晉書》卷六九《刁逵傳》：“固吝山澤。”而《梁書》卷一《武帝紀上》則有“錮山護澤”。《抱朴子·自序》又有“佔錮市肆”。均固、錮相通之證。詳參《辭通》卷十七“禁錮”。

3 如賈人、贅婿等“禁錮不得為吏”等，見《漢書》卷七二《貢禹傳》。詳參《歷代刑法考》中《漢律摭遺》卷一一。

4 《後漢書》卷六七《黨錮列傳》。

5 《三國志》卷一《魏書·武帝紀》建安十年九月令。

6 《三國志》卷二〇《魏書·中山恭王袞傳》注引《魏書·趙王幹傳》。

7 《三國志》卷一四《魏書·董昭傳》，明帝“深疾浮偽，欲以破散邪黨”。又說這些浮偽之人“合黨連群，互相褒歎”。

皆免官廢錮。”這種浮華之風，和《後漢書》卷六七《黨錮列傳》所列“黨人”以“三君”“八俊”“八顧”等相互標榜，至少形式上完全一致，可證夏侯玄等因浮華免官廢錮，其要害確在朋黨罪上。

在“禁錮”被廣泛使用並主要以之打擊貴族官吏朋黨罪的背景下，加上從黨錮事件起，作為追查犯罪手段之一的鼓勵告發一再得到推廣，[1] 因而完全有可能在東漢末年或曹魏某一時期頒佈了禁固相告的法令，統以“禁固”即當時廣泛適用的懲罰之名來概括、稱呼其所打擊的各種朋黨、浮華罪，[2] 並鼓勵“相告”。《三國志》卷九《魏書・曹爽傳》注引《魏略》稱：李勝因浮華罪被捕，“以其所連引者多，故得原，禁錮數歲”。禁錮有輕重之差，重者或及終身。[3] 李勝之所以從輕發落，就得力於“所連引者多”。或許這就是禁固相告法令存在之一證。如果這些考證不錯，則這一法令防範、打擊對象均為統治集團中人，正因如此，晉武帝一即位就下詔稱：“除舊嫌，解禁錮，亡官失爵者悉復之。”過了幾天又下詔：“除魏氏宗室禁錮。”第二年又下令：“除漢宗室禁錮。”[4] 與此同時也就在編纂晉律中“省禁固相告之條”。很明顯，這些措施都是互相關聯，一脈相承的。

最後，“去捕亡、亡沒為官奴婢之制”。此句文亦有訛誤。我懷疑原文當作：“去逋亡士（妻子）沒為官奴婢之制。”理由是：1. 在

1 《後漢書》卷六四《史弼傳》：“時語書下舉鈎黨，郡國所奏相連及者，多至數百。”又：允許謀反大逆相告，見《三國志》卷二《魏書・文帝紀》黃初五年令，允許誹謗妖言相告，見《三國志》卷二四《魏書・高柔傳》。

2 這種用法，西漢已行。《漢書・食貨志》：“贖禁錮免臧罪。”禁錮與臧罪並舉。《漢書》卷六《武帝紀》元朔六年詔：“諸禁錮及有過者，……得免、減罪。”禁錮與有過並舉。可證禁錮已成若干犯罪之概括稱呼。

3 參《歷代刑法考》中《刑法分考》卷一七“禁錮”，及《漢律摭遺》卷一一“禁錮”各條。

4 以上均見《晉書》卷三《武帝紀》。

律文上，捕字作追捕意與“亡”字連用，始見於北魏律，[1]魏晉律中不見；相反，逋、亡二字連用之例，魏晉時期卻不少。《說文・辵部》：“逋，亡也。”《三國志》卷二二《魏書・盧毓傳》：“時天下草創，多逋逃，故重士亡法，罪及妻子。”依《說文》，逃、亡二字互訓，[2]逋逃也就是逋亡。《晉書》卷三七《高陽王睦傳》：“冀州刺史杜友奏睦招誘逋亡，不宜君國。”逋亡二字已入奏章，可證確為當時熟語。2. 捕、逋二字音近形似。籀文逋字從捕聲，作逋，見《說文》。偏旁一脫落即成捕字，故二字極易相混。《梁書》卷二《武帝紀》天監十一年詔：“自今逋讁之家……”《隋書》卷二五《刑法志》同詔“逋讁”作“捕讁”，即其證。3. 逋亡者有種種不同身份與情況，法律決不可能將他們一概沒為官奴婢。例如魏晉之時徒刑罪人逃亡，捕獲後也只不過增加刑期，[3]則一般平民為躲避賦役逃亡，其刑應該更輕。所以上述沒為官奴婢之制只有軍士最適合。因為在三國鼎峙之時，為保證軍隊的穩定，防止軍士逃亡他國，懲罰嚴厲，是普遍的現象。而原文第二個亡字，與“士”字形近致誤，也很有可能。不過“士”不當沒為官奴婢。《三國志》卷二四《魏書・高柔傳》：軍士竇禮被認為逃亡後，“沒其妻盈及男女為官奴婢”。同傳及《三國志》卷二二《魏書・盧毓傳》所載另外兩個軍士逃亡事，涉及的問題也都是如何懲罰其妻子。由於全國不統一，軍士逃亡後很難捕獲，所以曹魏相應之措施，除了將軍士與他的家庭分在兩地

1 《唐律疏議・捕亡律》疏議。晉雖有捕亡令（見《唐六典》卷六注），其名或許曹魏已有，但因是“令”，無懲罰規定，與此處所述之制不合，故不足為據。

2 《説文》辵部、亡部。

3 《晉書》卷三〇《刑法志》劉頌疏。

居住，以其家庭作為抵押外，[1] 在軍士逃亡後，把鎮壓的鋒芒指向其妻子是毫不足怪的。相反，應該說這正是其立法精神之所在。然而正因為如此，我們也就更有理由懷疑今本《晉書》卷三〇《刑法志》漏脫了妻子一類字樣，因為在全國分裂條件下，無論是就曹魏立法旨在打擊逃亡也好，或者就晉律改革想要減輕對逃亡的打擊也好，離開了對妻子的處理，都是沒有甚麼意義的。當然，這只是一種推測，有待於今後出現善本來校補。

以上就是西晉省減法律條文中比較突出的幾個方面。這樣做的政治目的有兩個：

一個就是為了收買人心，特別是拉攏統治集團中人支持司馬氏。前述免除毌丘芝從坐一事即其證。由於曹魏之時已開始按門閥通婚，毌丘芝的丈夫是潁川太守劉子元，母親是東漢以來名門大族潁川荀氏之女，母親之族兄荀顗、族父荀虞"並景帝（司馬師）姻通"，顗又是司馬氏心腹，[2] 因而先是顗、虞為毌丘芝母親求情（芝母作為毌丘儉之媳，亦當從坐死），得到批准；接着毌丘芝母親又請求沒為官婢，以贖女兒毌丘芝之命；司馬氏的另一心腹何曾也替毌丘芝鳴冤，[3] 再加上從坐之女均未構成對司馬氏統治的任何危害，在此情況下，司馬氏怎麼會愚蠢到繼續堅持殺毌丘芝，開罪許多心腹與大族，而不是順水推舟，博一寬大之名呢？類似例子還可舉出王淩之妹來。王淩出身名門太原王氏，為曹魏大臣，以謀反誅。妹為雍涼都督郭淮妻，淩誅，妹當從坐，朝廷派人逮捕，郭淮竟用武力

1 參周一良《魏晉兵制上的一個問題》，載《魏晉南北朝史論集》，中華書局，1963 年。

2 《晉書》卷三三《何曾傳》、《晉書》卷三九《荀顗傳》。

3 《晉書》卷三三《何曾傳》、《晉書》卷三〇《刑法志》、《三國志》卷一二《魏書・何夔傳》注引干寶《晉紀》。

攔截了下來，事後給司馬懿信說："若無其母，是無五子；無五子，亦無淮也"，表示願意領罪。"書至，宣王（懿）亦宥之。"[1] 此事比毌丘芝案要早，當時還沒有提出已嫁之女從坐合理與否的問題，為甚麼對這種依仗武力，公開對抗法律的行為司馬懿竟給予寬恕呢？原來郭淮不但本人是名將，握有重兵，守衛邊防；而且出身名門，弟郭配的兩個女婿，一個是出自河東望族的裴秀，一個是"世為著姓"、名刺史賈逵的兒子賈充，[2] 這兩個人又都是司馬氏之心腹。這樣一種複雜的門第、婚姻關係，不能不成為司馬氏基於政治需要，寬宥郭淮及其妻子的決定因素。同時後來當毌丘芝從坐與否引起議論時，這一先例恐怕還對"有詔改定律令"起了促進作用。

省"禁固相告"之條也有這種目的。如前所述，晉律這一改革是和晉武帝即位後接連頒佈解除貴族官吏的禁錮詔令互相關聯的，全為了討好統治集團中人，求得他們的支持。很顯然，這和不殺毌丘芝、王淩妹的精神沒有多少差異。需要補充的是：之所以到晉武帝即位後才廢除"禁固相告"之條，決非偶然。自司馬懿發動高平陵政變消滅曹爽後，又先後平定王淩、毌丘儉、諸葛誕等擁魏勢力之叛亂，形成"朝廷、四方皆為之致死"的一邊倒之勢，[3] 以至司馬昭殺掉皇帝高貴鄉公也未在全國引起波動。在這種情況下，司馬氏相信自己能控制局勢，認定曹魏復辟已沒有可能，當時又不存在大規模的朋黨需要鼓勵告發，[4] 所以才敢於採取這些措施了。就是說，

1　《三國志》卷二六《魏書・郭淮傳》注引《世語》。

2　《晉書》卷三五《裴秀傳》、《晉書》卷四〇《賈充傳》、《三國志》卷一五《魏書・賈逵傳》注引《魏略》。

3　《三國志》卷四《魏書・高貴鄉公紀》甘露五年注引《漢晉春秋》。

4　晉武帝在位二十六年雖有朋黨（參《晉書》卷四五《任愷傳》），而無朋黨、浮華之獄，即其證。

西晉初年廢除這一類法令，不但有必要性，而且有可能性，這是統治階級內部力量對比發生變化的結果。

西晉省減前述幾方面法律條文的另一目的則是認為這樣有利於防止、減少犯罪。如軍士逃亡，妻子為甚麼不再沒為官奴婢呢？《三國志》卷二四《魏書・高柔傳》，柔曾諫止對逃亡軍士之家屬採用死刑，他說："士卒亡國，誠在可疾，然竊聞其中時有悔者。愚謂乃宜貸其妻子，一可使賊中（指吳、蜀等）不信，二可使誘其還心。"如果一概處死，"恐自今在軍之士，見（親屬）一人亡逃，誅將及己，亦且相隨而走……此重刑非所以止亡，乃所以益走耳。"這些話把封建王朝有時廢除某些重刑的意圖暴露得再清楚不過了。一句話，完全着眼於他們自己的統治利益。在這方面還可補充一點的是：漢末三國人口大減，據說曹魏全部戶口只相當於漢代一大郡，見《三國志・魏書》蔣濟、杜恕、陳群各傳。當時許多大臣都建議減死刑，復肉刑，使犯人"猶任生育"，以利人口增殖，見《三國志・魏書》鍾繇、陳群傳，則高柔之建議恐怕也包含有這一因素。當然，高柔之諫遠在制定晉律之前，而且說的是家屬不處死刑，但我想晉律制定之時吳尚未平，仍存在士兵逃亡問題，[1] 高柔強調重刑只會促使更大量人逃亡，而輕刑卻可吸引亡士歸來之見解，應當同樣是賈充等人的一個指導思想。此外，就此事說，還有一個新的情況也要考慮在內。《晉書》卷二六《食貨志》載咸寧元年

1 《晉書》卷九二《文苑・趙至傳》，出身士家，居洛陽而逃亡遼西即一例。

（275）晉武帝為了表示“以戰士為念”下詔“以鄴奚官奴婢著新城，[1] 代田兵種稻，奴婢各五十人為屯”。這表明西晉奚官令所屬奴婢數量甚多，供皇宮生活驅使包括從事官手工業已用不了，需要他們去支援軍士屯田，既然為此，有何必要繼續將逃亡軍士家屬沒為官奴婢，而不是減輕刑罰讓他們照舊屯田呢？當然，此詔下於 275 年，在晉律頒佈之後七八年，但如果在廢除逃亡軍士家屬沒為官奴婢之制後，官奴婢隊伍仍這麼龐大，則晉律制定時或許人數更多，因而也就更有必要廢除這種不合時的刑法條文了。

綜上所述，在歷史上備受讚賞的晉律之“寬簡”，具體分析起來，其實質不過是為了從各方面穩固司馬氏江山，加強地主階級統治而已。

二

晉律的另一特點是比過去的法典“周備”。

我國的法律從夏代開始建立國家時算起，到晉代已有兩千多年的歷史，即使從現知比較系統的法經、秦律、漢律算起，也存在了好幾百年。在這漫長的時間裏，無數勞動人民遭到鎮壓與迫害，統治階級內部的鬥爭也十分激烈。大量的經驗便這樣被總結出來，最後凝固於不斷改革的法典之中。熊遠讚美晉代法律說：“經賢智，

1　“奚”是晉代一種官奴名稱，管理奚奴機構叫奚官，有令主之，見《晉書》卷二四《職官志》。奚官奴婢即奚官令所掌官奴婢。《周禮・春官・敍官》《周禮・春官・守祧》《周禮・天官・敍官》《周禮・天官・酒人》鄭玄注均主奚為女奴，以《晉書》此詔證之，至少晉代兼指男奴。此事還可參《晉書》卷七五《范堅傳》。

厲夷險，隨時斟酌，最為周備。”[1]《晉書》卷三〇《刑法志》也說：晉武帝“接三統之微，酌千年之範，乃命有司，大明刑憲”。三統當來自漢代的三統說，指夏商周；“酌千年之範”，大概是從西周末年算起，證明晉律確是一部總結過去統治得失的法典。章太炎先生是極力推崇晉律的，他說“商法既亡，刑名則當從晉”；甚至認為晉律超過現代西方資產階級法律，“賢於拜金之國遠矣”。[2] 這話雖有些過分，但晉律比過去法典完備，應是無疑的。

晉律超過以往法典之處首先就在於律、令界限分明了。即“令”僅正面規定各項規章制度，違令有罪如何懲罰則屬律的範圍，律成了專門的刑法典。而在晉律之前二者是混淆不清的。《漢書》卷六〇《杜周傳》：“周曰：‘三尺（法）安出哉？前主所是著為律，後主所是疏為令。’”《漢書》卷八《宣帝紀》地節四年注引文穎曰：“天子詔所增損，不在律者為令。”可見在漢代，律、令只有頒佈時間先後之別，以及基本法規與補充法規之別，至於二者的範圍同樣很廣泛，並不限於刑法。章太炎在《漢律考》中指出：“漢律九章……西京之時刑律而外遂無制度法式之書邪？案《史記・汲鄭列傳》集解引如淳曰：‘律，太守、都尉、諸侯內史，史各一人，卒史書佐各十人，是漢律有官制也。’《漢書・高帝紀》如淳注：‘律，四馬高足為置傳，四馬中足為馳傳，四馬下足為乘傳，一馬二馬為軺傳，急者乘一乘傳。’是漢律有驛傳法式也。……由是言之，漢律非專刑書，蓋與《周官》禮經相鄰。……亦以見漢律之所包絡，國

1 《晉書》卷三〇《刑法志》。

2 章太炎《太炎文錄初編》卷一《五朝法律索隱》，上海書店，1992 年。

典官令，無所不具，非獨刑法而已也。”[1]1975年出土的雲夢秦簡，證明秦律之包絡與漢律同。如長達六十支簡的《效律》，既記載關於核驗官府物資財產之各項規章制度，同時又對違反之人規定貲甲、貲盾、免官等懲罰。再如《傳食律》，名為“律”，內容卻只有關於驛傳對過往官吏按其不同地位供給不同量米、醬、菜羹、鹽、芻稿的具體章程。正由於秦漢律、令沒有明確界限，有時也就混用，如金布令又稱金布律等，沈家本、程樹德均指出過，此處不再贅述。[2]然而從晉律開始，律、令卻有了明確界限。其證有三：1.《太平御覽》卷六三八引杜預律序：“律以正罪名，令以存事制。”這是歷史上最早的一條明確區分律、令的定義。[3]杜預，西晉大臣，參與制定並獨立注解晉律，他下的定義無疑應是西晉律、令狀況的概括。後來《唐六典》卷六的定義“律以正刑定罪，令以設範立制”，就是在杜預律序基礎上提出的。2. 從《魏律》序略，還看不出曹魏律、令區分比漢代有何變化，而《晉書》卷三〇《刑法志》卻明確記載，制定晉律之精神，除省減大量舊的律令條文，制定永久性的律外，“其餘未宜除者，若軍事、農田、酤酒，未得皆從人心（予以刪除），權設其法，太平當除，故不入律，悉以為令。施行制度，以此設教，違令有罪則入律”。這段話一方面反映晉律被看作基本法規，不能隨便更動，而晉令可以是“權設”的，形勢變化後就能刪除。就這一點說，和漢代律、令差別還不大。但另一方面，“違令有罪則入律”卻反映晉令已和漢令不同，晉令僅只正面規定制度，

1 見章太炎《檢論》卷三，載《章太炎全集》第三冊，上海人民出版社，1984年。

2 見沈家本《歷代刑法考》中《漢律摭遺・自序》、程樹德《九朝律考》中《漢律考・律名考》。

3 《管子・七臣七主篇》：“律者所以定分止爭，令者所以令人知事”，其區分與杜預以下律、令不同。

而無“違令有罪”如何懲罰之內容了。如何懲罰專屬於律，這是晉代之特色。3. 前引《漢書》卷八《宣帝紀》文穎對漢代律令之注釋，並無後代律令區別之痕跡。此外如淳、孟康等也未涉及這一問題。文穎、如淳、孟康均魏人，[1] 據《魏律》序略，當時漢代律令尚存，如果魏代律令之區別已發生變化，與漢代不同了，為甚麼他們無一人加以說明呢？特別文穎，據《漢書》卷八《宣帝紀》注所引，既然他專門注釋漢代律、令之區別，為何不將魏代新的變化附上一筆呢？這恐怕只能有一個解釋，就是曹魏之時尚未發生這種變化。

晉律比以往法典完備之處還可以通過篇目的變化看到。如所周知，漢九章之篇目是：盜、賊、囚、捕、雜、具、戶、興、廄。[2] 魏新律增為十八篇：刑名（原具律）、盜、賊、囚、捕、雜、戶、興、劫掠、詐偽、毀亡、告劾、繫訊、斷獄、請賕、驚事、償贓、免坐。[3] 晉律又進一步增損為二十篇。即增法例、衛宮、水火、關市、違制、諸侯六篇，減劫掠、驚事、償贓、免坐四篇。[4] 晉律之增損十分重要。如新增之衛宮、關市兩篇，專門維護宮殿、關塞、城、市之安全，主要適應君主專制制度進一步發展之需要，而為唐律衛禁律所沿用。[5] 又如晉律新增“違制”一篇，專門反對官吏不按規章制度行事，反映封建王朝力圖以此提高統治效率。它與另一篇

1 參顏師古《前漢書敍例》。

2 《晉書》卷三〇《刑法志》。

3 此據沈家本說，見《歷代刑法考》中《律目考》。《唐六典》卷六注略有出入。

4 沈家本《歷代刑法考》中《律目考》主“晉律就漢九章增定，與魏律不同”。而《唐律疏議・名例律一》疏則主晉律據漢魏律增損。此從唐律疏。

5 《唐律疏議・衛禁律》疏議曰：“衛禁律者，秦漢及魏未有此篇，晉太宰賈充等……創制此篇。”

請賕，後來發展成唐律之職制律。[1] 如果我們拿晉律和號稱古代"集眾律之大成"的唐律相比較，[2] 就可發現唐律篇目除鬥訟律外，晉律都基本齊全了。唐律之名例即晉律之刑名、法例。衛禁即衛宮、關市，職制即違制、請賕。戶婚即戶律。廄庫即廄律、毀亡。[3] 擅興即興律。賊盜即盜律、賊律。雜律即雜律、水火。捕亡即捕律。斷獄即斷獄、繫訊。[4] 詐偽二律同。至於鬥訟，雖然《唐律疏議》稱其名起於北魏，"從秦漢至晉未有此篇"，然而我們認為訟的部分應基本即晉律之"告劾"。如唐鬥訟律中有密告謀反及大逆、官司承告需立即掩捕、撾登聞鼓等條，當即魏晉告劾律中之告反、逮受、登聞道辭發展成的。[5] 而鬥的部分原來當在賊律中。[6] 這就是說，晉律雖無鬥訟之名，而鬥訟之內容早已分別概括於賊律、告劾律中了。晉律二十篇中只有諸侯一篇未為唐代繼承，那是因為分封諸侯制已廢除，相應的法律必然不復能保留的緣故。總之，可以這樣說：中國封建刑法典的體系發展到晉律已基本齊備，後來只有如何概括、

1　《唐律疏議・職制律》疏議曰："職制律者，起自於晉，名為違制律。"又《唐律疏議・職制律》中有"請求"各條。當即晉請賕篇發展而成（雖然求與賕有些區別，見沈家本《歷代刑法考》中《漢律摭遺》二"受財枉法門"按語）。

2　薛允升：《唐明律合編・例言》，法律出版社，1999 年。

3　《晉書》卷三〇《刑法志》稱，晉所沿用魏毀亡律有毀傷、亡失縣官財物的內容。梁代增倉庫律（見《隋書》卷二五《刑法志》），可能是由毀亡律中分出的。北齊改晉毀亡為毀損律，隋又併毀損、倉庫、廄牧為廄庫，而為唐律所沿襲（隋採梁律，參《北史》卷七七《裴政傳》）。

4　據《晉書》卷三〇《刑法志》，漢囚律至晉分為告劾、繫訊、斷獄三律。告劾至唐入鬥訟律（見下），而繫訊、斷獄則入唐斷獄律（繫訊內容參《歷代刑法考》中《漢律摭遺》六）。

5　《歷代刑法考》中《漢律摭遺》卷一三按語："登聞者，有變事及急聞則登（進）之；道辭者，聽其辭以集奏之也。"逮受則指官府遇到案子"受而逮治之"。均與唐律各條大體相合。所以《歷代刑法考》中《律目考》第 1351 頁說：北齊律改告劾為鬥訟，而唐律此篇正沿自北齊。

6　《歷代刑法考》中《漢律摭遺》五"賊鬥殺人"條按語："賊，害也。唐律有害心者名故殺。漢之賊殺當即唐之故殺。"《漢書》卷八三《薛宣傳》引律："鬥以刃傷人，完為城旦；其賊，加罪一等。"又提到"賊傷人"。魏新律中有"賊鬥傷人"之目，證明鬥、傷、賊在律中常連用。特別是《晉書》卷三〇《刑法志》在敘述法律混亂時說："盜律有賊傷之例，賊律有盜章之文。"更足以說明鬥毆傷害原在賊律之中。所以《歷代刑法考》中《律目考》第 1351 頁也說："鬥事疑從賊律分出。"

精練的問題了。

晉律之完備還在於形成了一套前所未有的法律制度。這些制度體現了對犯罪和違法行為注意區別對待的精神。晉武帝時明法掾張斐曾上注律表，對這一精神作了扼要的闡述。[1] 他通過注釋晉律二十個不同用語（故、失、謾、詐等），闡述了各類不同性質、情節的犯罪和違法行為；又通過分辨不同情況，指出晉律精神就在於對這些行為“慎其變，審其理”，最後給以應得的懲罰。這裏我們首先介紹一下涉及面極廣的一組用語，即故、過失、失之區別。

張斐注釋說：“其知而犯之謂之故”，“不意誤犯謂之過失”，“意以為然謂之失”。

對於故意與過失之區別，從《尚書・康誥》以來一直為統治者所重視。但何謂故意，何謂過失，在張斐以前一直未見有簡明的、一致公認的定義。[2] 所以沈家本重視張斐的定義說：“故字之義，自當以此為定論。”[3] 但他卻認為張斐對過失之注釋不當。在他看來，誤與過失有分別。《周禮・秋官・司刺》掌三宥之法。“壹宥曰不識，再宥曰過失，三宥曰遺忘。”鄭玄注：“識，審也。不審，若今仇讎當報甲，見乙，誠以為甲而殺之者。過失，若舉刃欲斫伐（草木），而軼中人者。”沈家本說“康成以不審為誤”，與過失“義各不同”。因而認為張斐之“不意誤犯謂之過失”，是把誤與過失混為

1 杜預也曾注律，據說與張斐注差別極大，見《南齊書》卷四八《孔稚珪傳》，但杜預注只留下一份極簡單奏書，見《晉書》卷三四《杜預傳》。所以我們只得據張斐注來探討晉律精神。

2 如為漢律作章句最有名的是鄭玄，然而他在《周禮》注中對過失之注釋，時而說：“過，無本意也”，見《地官・調人》；時而說：“過失，若舉刃欲斫伐，而軼中人”，見《秋官・司刺》。但有時又說：“過失，亦由邪惡酗醬（酗酒）、好訟，若抽拔兵器，誤以行傷害人麗於罪者”，見《地官・司救》。反映注釋不很明確、準確。鄭玄如此，他人可知。

3 《歷代刑法考》中《寄簃文存》卷二《論故殺》。

一談了，特別是張斐又說“鬥而殺傷傍人又似誤”，沈家本批評說“鬥而殺傷傍人正是誤，而以‘似誤’設為疑詞，可見其誤與過失不知分別”。[1] 其實，張斐並未混淆，而是沈家本自己錯了。原來在晉律及張斐注律表中，沈家本所謂的誤（即鄭玄之不審），用的是另一個字“失”；而沈家本強調的過失，在漢晉法律中則與誤字含義相同。《廣雅・釋詁三》：“過，誤也。”《後漢書》卷四六《郭躬傳》：孫章宣詔，錯把輕刑說成重刑，被劾矯詔，當腰斬；郭躬反對，僅主罰金，說：“法令有故、誤，誤者其文則輕。”《太平御覽》卷六四〇引《晉書》：陳滿射鳥，箭誤中人，雖未傷人，被判棄市，何承天持異議說：“今（陳）滿意在射鳥，非有心於中人，按律，過誤傷人三歲刑，況不傷乎？”兩處之誤、過誤都指過失，證明在漢晉律中誤與過失二語同義。另一面，為甚麼鄭玄的不審（即沈家本錯以為的誤），會在晉律中改稱“失”呢？我想這可能和王肅的思想有關。王肅是晉文帝司馬昭的岳父，武帝的外祖父，乃曹魏大儒。他一貫反對鄭玄學說。[2] 晉文帝在下令制定晉律的同時，曾指出過去解釋法律只取鄭玄一家章句是“偏黨”，“未可承用”，[3] 當係受王肅影響。很可能因此之故，賈充等人就不敢使用鄭玄創造的不審兩字，然《周禮・司刺》之不識兩字又不明確，於是另提出一“失”字來代替，以與誤（即過失）相區別。[4] 按失字之義，漢魏六朝均有訓詁。《說文・手部》：“縱也”；《廣雅・釋詁二》：“逸也”；《玉篇・手部》：“縱逸也。”由縱逸又引申出過錯之義。《國語・周語

1 同上書《寄簃文存》卷三《誤與過失分別說》。

2 參《三國志》卷一三《魏書・王肅傳》；皮錫瑞：《經學歷史》第五章，中華書局，1959 年。

3 《晉書》卷三〇《刑法志》。

4 清俞正燮甚至說：“晉用武帝外祖之言，盡廢鄭義。”見《癸巳類稿》卷十二《唐律疏議跋》。

上》引《尚書・盤庚》文韋昭注：“逸，過也。”而逸、佚、軼、失古字並通。[1]由此可見，賈充等人用失字代替鄭玄的不審，是持之有據的。總之，在晉律中誤即過失，另用一失字表達沈家本所謂誤之內容。試看張斐之“意以為然謂之失”，其“意以為然”不正是鄭玄《司刺》注錯把乙當作仇人甲殺掉的“不審”嗎？張斐之“鬥而殺傷傍人又似誤”，不也正是將“失”（鬥而殺傷傍人不是過失，而屬“失”一類，說見下引唐律）與“誤”（即過失）加以區別，說明二者只是相似不可混淆嗎？明白了晉律中失字此義，張斐注律表中另一些話也就好懂了。如“若不承用詔書，無故、失之刑，當從贖；謀反之同伍，實不知情，當從刑，此故、失之變也”，其意不過是說過失（既非“故”，又非“失”），或類似過失，應減罰而已。

在這個問題上沈家本之所在會錯怪張斐，是因為他錯把後來唐律中“誤”之含義套在晉律上了。《唐律疏議・鬥訟律三》：“諸鬥毆而誤殺傍人者，以鬥殺傷論，至死者減一等。”疏議曰：“……假如甲共乙鬥，甲用刃杖欲擊乙，誤中於丙，或死或傷者，以鬥殺傷論。不從過失者，以其原有害心……”很明白，唐律此條之誤字，是“原有害心”，當屬晉律“意以為然”的“失”一類，而與晉律之“誤”，即“不意誤犯”的過失，並非一義。沈家本在引用時因未注意晉、唐二律這一用語之變化，把不同含義之“誤”混而為一，才會武斷張斐對誤與過失“不知分別”。由晉律至唐律“誤”字法律上含義這種變化，我想可能是因為賈充等人撇開鄭玄的不審而另提出的“失”字，與“過失”這一用語容易混淆不清，在實踐上不利於封建統治，所以後來不知甚麼時候就用晉律中過失的同義字“誤”取

1 參郝懿行《爾雅疏議・釋言》、王念孫《廣雅疏證・釋詁》。

代了“失”，從而到唐律中過失與誤之含義就一分為二了。

除了故、過失、失之外，[1] 晉律注意區別對待犯罪和違法行為之處還很多。如張斐雖說“不意誤犯謂之過失”，但又指出“向人室廬道徑射，不得為過”。這種區別後為《唐律疏議・雜律》所繼承，並規定凡因此殺人者，“減鬥殺傷一等”治罪，而與過失殺傷人“以贖論”（見《鬥訟律三》）不同。原因是雖無本意殺傷人，但向人們居住行走之處射，事前應該考慮到很可能殺傷人的後果，所以與完全無法考慮到後果之過失不同。又如張斐說：“兩訟相趣謂之鬥，兩和相害謂之戲”，“戲似鬥”。將鬥毆殺傷人與戲殺傷人加以區別，下了定義。其精神亦為唐律所沿用。如《唐律疏議・鬥訟律三》：“諸戲殺傷人者，減鬥殺傷二等。”律注：“謂以力共戲至死和同者。”疏議：至死和同即至死“不相瞋恨”。顯然，這是張斐“兩和相害”定義之發展。但張斐又說：“鬥之加兵刃水火中，不得為戲。”這是從反面來注釋晉律之戲字。《唐律疏議・鬥訟律三》疏議更明確說：戲而用兵刃或推人入水火中，本應知其很可能產生嚴重後果，“自須共相警戒”，現在毫不顧忌，“因此共戲，遂致殺傷，雖即和同，原情不合”，所以刑罰要比戲殺傷來得重。

諸如此類對不同性質、情節犯罪的區別對待，通過張斐注律表，可以推定晉律規定得一定十分詳盡。其目的是想通過“慎其變，審其理”，避免懲罰不分青紅皂白地一律從重或從輕，一方面防止錯誤地打擊了統治階級內部忠於司馬氏的人，另一方面則為了要把鎮壓鋒芒指向真正危害封建統治秩序之行為。

1　當然，故、過失、失三者中，將“失”單獨區分對維護封建統治意義並不大，後代封建法典也沒有全部沿用。參沈家本《寄簃文存》卷二《論故殺》。

晉律的具體法律制度比舊律完備之處頗多，如刑罰、時例、加減例、累犯加重、數罪併罰等。其中加減例、累犯加重和數罪併罰更為明顯。

張斐注律表有以下一段話：

> 不以加至死，併死不復加。不可累者，故有併數；不可併數，乃累其加；以加論者，但得其加；與加同者，連得其本。不在次者，不以通論。

這十二句話，文字過於精煉，其他地方又沒有注釋，今天很不好理解。但如果聯繫西晉以及唐代某些制度來推斷，我想或許主要指的加減例、累犯加重和數罪併罰。

"不以加至死，併死不復加"

為了弄清楚它的意思，讓我們先來引一段西晉廷尉劉頌的話：徒刑犯人逃亡，"得輒加刑，日益一歲，此為終身之徒也。……今宜取死刑之限輕，及三犯逃亡淫盜，悉以肉刑代之"。[1] 劉頌的話反映了當時已行加刑制度：徒刑犯人逃亡抓到後要加刑。同時三犯"淫、盜"，也要加刑。這些加刑加到甚麼程度呢？原則之一，就是這裏研究的"不以加至死"。就是說，只要本罪（如淫、盜）不該處死，只是由於某些原因（如逃亡、三犯等）而加刑，則無論如何加，也不允許加成死刑。劉頌只講加至"終身之徒"，或主"以肉刑代之"，也是證明。《唐律疏議・名例律六》："加者，……不得加至

1　《晉書》卷三〇《刑法志》。

於死。”恐怕就是沿自晉律。至於“併死不復加”，說的是另一種情況。《廣韻・清韻》:“併，合也。”用在法律上就是將一人判決前所犯數罪合併在一起按某種原則論處。這種原則在漢律、唐律中一般是“以重者論之”，不許“累輕以加重”。[1] 但對某些罪（如盜竊財物、丟失官府兵器、出征時私放若干兵士回家等）卻規定要按數量“累併”論罪。[2] 我以為張斐此處說的正是這一類情況。就是說，如果累併論罪到達一定數量已達死刑，則其餘之罪雖多也不作為依據加刑了。例如私有衣甲二領，又私有弩四張，如果晉律規定同於唐律：私有弩五張即絞，則此處只要累併衣甲一領入弩四張中就構成死刑，私有另一領衣甲之罪就不再過問了。[3] 這就是“併死不復加”。

“不可累者，故有併數”

有人以為此處之累字指“累犯”。[4] 恐怕不對。因為張斐注律表中累作、累笞之“累”，均非此義。而且直到後來唐律中也只叫“三犯”，尚無今日“累犯”之目，此處不應獨異。我以為此處之“累”，指積累。《說文・厽部》:“絫（累），增也。”段注：“增才，益也。凡增益謂之積絫。”積累在此處是甚麼意思？上面已講，如犯數罪有些事要累併論決。累併論決有兩種情況：一種是犯數罪性質、情節等相同，如同為所謂強盜，就可將數處所得財物簡單地合併在

1 《公羊傳》莊公十年何休注引漢律、《尚書大傳》鄭玄注（《太平御覽》卷六三五引）、《唐律疏議・名例律六》。

2 《唐律疏議・名例律六》。

3 當然甲、弩不是簡單合併論處的，參《唐律疏議・擅興律》“諸私有禁兵器者”條疏議。又據《名例六》“諸稱加者”條律注“加絞者，不加至斬”。所以晉律之“併死不復加”也可能指“累併”至死刑中最輕的一等為止，不再加重。

4 朱方：《中國法制史》第二章第八節，上海法政學社，1931 年。

一起論決。這在唐律中一般叫“累”。[1] 另一情況是性質、情節等數罪並不同，如上舉私有甲、弩之罪，由於甲重弩輕，就不能簡單相加。《唐律疏議・擅興律》疏議也說：“畜甲畜弩，各立罪名，既非一事，不合併滿”，而需要按另外的原則論決。這在唐律中一般叫“併”。[2] 我認為“不可累者，故有併數”，很可能就反映這兩種不同情況，意即如犯涉及財物、器物的數罪，性質情節等不同，就不可簡單“累”在一起，而應按“併數”論決。《說文・攴部》：“數，計也。”《宋書》卷三《武帝紀》：下詔稱同罪三犯方能加重判刑，而“主者頃多併數眾事，合而為三，甚違立制之旨”。可證“併數”是一個熟語。但張斐此處之“併數”，就像唐律之“併”一樣，當具有特殊涵義，指法律上某種數罪併罰原則。這種原則唐律是重贓併滿輕贓等，[3] 晉律不知是否相同？

“不可併數，乃累其加”

以上引劉頌所奏情況例之，當指犯罪判決後又犯逃亡罪，或執行完畢後又三犯同類性質之罪（如所謂淫、盜等），這與併數，即判決前所犯數罪合在一起論處不是一回事，而屬於加重懲罰之範圍，也就是要“乃累其加”，即將本刑再累積上加重之刑。劉頌所謂日益一歲、加作一歲，就是此制之體現。

1　見《唐律疏議・名例律六》：罪法相等，“以贓致罪，頻犯者併累科”。

2　《唐律疏議・名例律六》：“罪法不等者則以重法併滿輕法。”

3　《唐律疏議・名例律六》。

“以加論者，但得其加；與加同者，連得其本”

這四句疑是上句“乃累其加”的具體說明。再以劉頌所奏情況為例：一種情況如正在服徒刑之犯人本有刑期（假定四年），現在逃亡抓回，原來刑期不用說必須繼續服滿，而且還要增加刑期（假定一年）。這就是“以加論”。因為原來刑期不動，僅僅增加一年刑期，二者毋需連算，所以叫“但得其加”。另一種情況如三犯。假定初犯、再犯竊盜各判徒刑兩年，這是本刑，已刑滿釋放，今三犯竊盜，當加重懲罰，如果加刑為一年，連同原來應判的本刑兩年，共判徒刑三年，這在晉律上叫“與加同”，張斐把它注釋為“連得其本”。

“不在次者，不以通論”

這兩句話，含義很泛。當為不屬這一次揭發的問題，不能合併論處之意。但具體何所指？卻不好捉摸。《唐律疏議・名例律六》律注：“累，謂止累見發之贓。”疏議：“假有官人枉法，受甲乙丙丁四人財物，各有八匹之贓。甲乙二人先發……依律（不該處死）科流除名已訖。其丙丁二人贓物於後重發，即累見發之贓。……後發者與前既等，理從勿論。不得累併前贓……斷作死罪之類。”這似乎就是一種“不再通論”。即本來貪污財物應累併論罪，依律已該處死刑，但因分兩次揭發和判決，先發甲乙二人共十六匹贓已判決，不屬這一次揭發範圍之內，所以就“不再通論”即不再累併在一起判死刑了。當然，晉律不見得指的就是這一種情況，範圍肯定還要寬，但大體精神以唐律此規定作線索去理解，或許不會相差很遠。

通過這十二句話，除了了解晉律的加減例、累犯加重和數罪併罰等制度之外，還可以看到用語也十分精煉、概括。“以加論”“與加同”各三個字，就把不同的制度表述了。

總之，和漢魏律比，律令界限分明，篇目體系進一步完備，各項制度進一步周密，晉律這一方面特點影響於後代封建法典甚大。楊鴻烈說：泰始律的制定“為中古時代法典大備的開始”，[1] 確有一定道理。

以上兩個特點 ——“寬簡”和“周備”，同時集於晉律之中，表面看來似乎有點矛盾，實際上正好符合古代法典發展變化之規律。即隨着社會經濟之發展、文明程度之提高以及統治經驗之積累，一方面殘酷而野蠻並遭到人們反對的刑罰逐漸減少和廢除，[2]（儘管不是直線的，而是曲折的，有時還倒退），煩瑣、混亂因而極便官吏舞弊的律條也次第整理或刪削，這是一個歷史的進步，應予肯定。但另一方面，法律是統治階級意志的反映，寬簡並不是出於善心和慈悲，所以就在寬簡的同時，界限更加明確的法律形式，概括力更強的法律規範和更準確的用語，以及和犯罪危害性大小更相適應的刑罰和各項制度，一句話，更加“周備”的法典也就被制定出來了。總之，“寬簡”和“周備”是一致的，都體現了統治階級意志，都為了達到同一目的：進一步鞏固統治。晉律的這一演變正是我國古代法典演變過程中的一個重要階段。

---

1 楊鴻烈：《中國法律發達史》上冊，商務印書館，1930 年，第 217 頁。

2 《晉書》卷三〇《刑法志》：晉元帝欲恢復肉刑，王敦以為“百姓習俗日久，忽復肉刑，必駭遠近。且逆寇未殄，不宜有慘酷之聲以聞天下”，於是作罷。類似“駭耳之聲”、“慘酷之聲”的提法，常見於魏晉反對肉刑之議中，說明統治者十分害怕酷刑會遭到人們的反對。這一顧慮同樣可適用於其他酷刑為甚麼逐漸廢除上。

略論晉律之“儒家化”*

晉律（泰始律）在我國法制發展史上佔有不可忽視的地位。關於它的“寬簡”和“周備”，筆者已有文章論述，[1] 本文只想就它的“儒家化”，亦即進一步吸收和體現了儒家思想，略抒己見。

一

如所周知，秦律是以法家思想為指導而制定的。及至西漢，雖然大臣中儒者逐漸進用，思想領域中儒家思想日益受到重視，但在實際政治中法家思想影響仍十分巨大。漢武帝十分欣賞的儒者董仲舒、公孫弘、倪寬並非醇儒，三人皆“通於世務，明習文法，以經術潤飾吏事”。[2] 漢宣帝更明確說：“漢家自有制度，本以霸王道雜之，奈何純任德教，用周政乎！”[3] 而在立法、司法中這一問題更為突出。蕭何之九章律乃“攈摭秦法”而成，這是東漢大儒班固都不諱言的。[4] 漢文帝時號稱“有刑錯之風”，但就制度言，“唯除省肉

* 原載《中國史研究》1985 年第 2 期。

1 見《北京大學學報》1983 年 2 期。

2 《漢書》卷八九《循吏傳・序》。參同書卷五八《公孫弘傳》。

3 《漢書》卷九《元帝紀》。

4 《漢書》卷二三《刑法志》。

刑相坐之法，它皆率由，無革舊章”。[1] 九章律以外的傍章、越宮、朝律情況相仿。參與制度的只有叔孫通是個儒生，而且還是個“知時變”即善於見風轉舵的儒生。[2] 另外兩個人張湯、趙禹都出身“小吏”“刀筆吏”，“共定諸律令，務在深文”，[3] 被司馬遷寫入《史記》卷一二二《酷吏列傳》，所繼承的乃法家傳統是無疑的。他們的用人當然也不會例外。“時張湯為廷尉，廷尉府盡用文史法律之吏，而兒（倪）寬以儒生在其間，見謂不習事，不署曹，除為從史”，也說明司法官吏中儒生極少。[4] 所以漢宣帝時路溫舒上書還在說：“秦有十失，其一尚存，治獄之吏也。”[5] 儒生和文吏（即法吏）形成兩個不同的集團。漢哀帝時何武為大司空，“疾朋黨，問文吏必於儒者，問儒者必於文吏，以相參檢”。[6] 可證兩集團壁壘極森嚴。直到東漢初王充還在慨歎“論者多謂儒生不及彼文吏”，儒生遭受壓抑，“文吏喧於朝堂”。[7] 漢明帝時袁安為河南尹，見帝，“具奏對無所遺失。上以為能也，問安本自何為官？對曰：‘臣本諸生。’上曰：‘以尹故吏也，何意諸生邪！’”[8] 證明甚至在皇帝心目中能幹的都是文吏。

然而，大概也就從西漢後期、東漢初年開始，由於君主大力崇儒，如明帝親至太學講經，章帝“大會諸儒於白虎觀，……親臨稱制”，[9] 立法與司法中儒家思想之滲透也日益加劇。第一，世代律家

1 《後漢書》卷三四《梁統傳》。

2 《史記》卷九九《叔孫通傳》。

3 《漢書》卷五九《張湯傳》、卷九〇《趙禹傳》、卷八三《薛宣傳》。

4 《漢書》卷五八《兒寬傳》。

5 《漢書》卷二三《刑法志》、卷五一《路溫舒傳》。

6 《漢書》卷八六《何武傳》。

7 《論衡・衡程材》。

8 《後漢紀》卷一〇永平十四年。

9 《漢書》卷七九上《儒林傳序》。

漸習經學。東漢最著名的郭、陳兩家，[1] 郭躬討論案子已引《詩經》《論語》為據；傳至郭禧更是“明習家業，兼好儒學”。[2] 陳氏比郭氏更突出。陳寵“雖傳法律，而兼通經學”，“及為理官（廷尉），數議疑獄，常親自為奏，每附經典，務從寬恕”。寵子忠，依據儒家思想，上疏堅持大臣應服三年喪制；為三公尚書，“廣引（《周禮》）八議求生之端”來處理疑案。[3] 又如鍾皓，“為郡著姓，世善刑律”，但又精通《詩經》。[4] 第二，儒家兼通律令。最著名的就是東漢末馬融、鄭玄等十餘家大儒為漢代律令作了“章句”，具有法律效力。曹魏時甚至一度下詔“但用鄭氏章句，不得雜用餘家”。[5] 儒家對法律影響之大，於茲可見。第三，儒家思想進一步滲入法律。這從西漢已經開始。如漢武帝本“重首匿之科”，凡為首藏匿罪人雖係親屬也不減罪，體現了法家思想；而漢宣帝則下詔改為“自今子首匿父母，妻匿夫，孫匿大父母，皆勿坐”。又如漢初平民有父母喪仍得服傜役，漢宣帝把它改為“自今諸有大父母、父母喪者勿繇事，使得收斂送終，盡其子道”。[6] 這些是儒家“親親得相容隱”思想和喪服制度在立法中的體現。

至東漢，又進了一步。

首先，大臣要不要服三年喪？按《儀禮・喪服篇》，父母死，當行三年喪。然而作為大臣，奔喪守制三年又會妨礙處理統治事務，

---

1 《南齊書》卷二八《崔祖思傳》，參呂思勉《呂思勉讀史札記》乙帙“秦漢法律之學”，上海古籍出版社，1982 年。

2 《後漢書》卷四六《郭躬傳》。

3 《後漢書》卷四六《陳寵傳》、卷四八《應劭傳》。

4 《三國志》卷一三《魏書・鍾繇傳》注引《先賢行狀》。

5 《晉書》卷三〇《刑法志》。

6 《漢書》卷八《宣帝紀》。據《後漢書》卷四六《陳忠傳》，為大父母服喪時間應為三個月。

所以漢文帝臨死，“深慮大政之廢”，[1] 自行創造了三十六日之喪制。原涉及全國吏民為君主所服之喪，影響所及，也包括了官吏對父母之喪制，“自是之後，天下遵令，無復三年之禮”。[2] 然而到東漢安帝元初三年竟下詔“初聽大臣二千石刺史行三年喪”。雖然其後至桓帝延熹二年間此制屢行屢廢，[3] 反映儒家思想滲入法律並非一帆風順，如與封建王朝眼前利益發生矛盾，影響了現實統治事務，法家務實的思想便又會冒出來起阻礙作用。但因三年喪為儒家基本主張之一，在屢行屢廢的同時，影響也在擴大，為西晉吸收入法律作了歷史的和輿論的準備。

其次，父母為人所殺或侮辱，私自復仇，是否要償命？按儒家主張，“父之仇弗共戴天”[4]，“君弒……不復仇，非子也”。[5] 然而如果允許私自復仇，又會冤冤相報，“開相殺之路”，雙方子弟仇殺無有已時，社會秩序混亂，對整個封建統治不利，即所謂“一人不死（私復仇殺人者不被處死），天人受敝”。[6] 所以西漢仍按“殺人者死”處理。但隨着儒家思想之廣泛傳佈，甚至東漢儒學經典《白虎通》重點也在宣揚“子得為父復仇”。[7] 特別由於“好儒術”之漢章帝有一次對私復仇殺人者“貰其死刑而降宥之”，自後成為慣例，叫輕

1 《通典》卷八〇晉武帝條“議曰”。

2 以上參《漢書》卷四《文帝紀》、卷八四《翟方進傳》，《文獻通考》卷一二一《王禮考十六》按語，《宋書》卷一五《禮志二》。

3 以上參《宋書》卷一五《禮志二》，《後漢書》卷三九《劉愷傳》、卷四六《陳忠傳》、卷六七《左雄傳》、卷五《安帝紀》、卷七《桓帝紀》，又參《陔餘叢考》卷一六“漢時大臣不服父母喪”條，楊樹達《漢代婚喪禮俗考》第二章第十五節，商務印書館，1933 年。

4 《禮記・曲禮上》。

5 《公羊傳》隱公十一年。

6 《後漢書》卷四四《張敏傳》。

7 《白虎通》卷二上。內容也提到父母以義見殺，子不得復仇，但一帶而過，重點強調了復仇。

侮法，由此產生的判例竟達四五百，[1] 進一步把復仇之風推向高潮，見《後漢書・申屠蟠傳》。[2] 其後雖由尚書張敏之建議，漢和帝廢輕侮法，恢復"殺人者死"之舊制，但實際司法中因輕侮、復仇而殺人者，往往得到同情，甚至減刑。如果雙方不報官，地方官也就聽之任之，不予干涉。[3]

再次，對貴族官吏犯罪要不要照顧？依據法家"法不阿貴"之精神，秦代貴族官吏基本不享有這種特權；[4] 而到漢代，由儒家"刑不上大夫"思想卻發展成"先請"制度。但西漢先請之範圍限於吏六百石以上，東漢建武三年進一步擴大為"吏不滿六百石，下至墨綬長相，有罪先請"。[5] 所謂先請，便是有罪不能像一般人那樣依法處理，需要請示皇帝定奪，[6] 相當於後來的八議。所以《周禮・小司寇》"議親之辟""議貴之辟"條鄭注引鄭司農云："若今時宗室有罪先請是也"，"若今時吏墨綬有罪先請是也"。先請、八議的結果一般是減刑。如樂成王劉萇"驕淫不法，愆過累積"，漢安帝下詔稱，"朕覽八辟之議，不忍致之於理"。最後以貶爵了事。[7] 而橋玄為齊相徑直處罰臨淄令，"竟以不先請免官"，更反映先請是一種特權。[8]

1 《後漢書》卷四四《張敏傳》。

2 又見《後漢書》卷二八上《桓譚傳》、卷二九《郅惲傳》、卷四一《鍾離意傳》、卷四四《張禹傳》、卷四四《張敏傳》、卷六四《吳祐傳》、卷六七《黨錮・魏朗傳》、卷七六《循吏・許荊傳》、卷八四《列女・龐淯母傳》、卷八三《逸民・周黨傳》。

3 《太平御覽》卷五九八引王褒《僮約》注。

4 在秦代只有軍爵可以折抵罪名，見出土秦律軍爵律；馬非百：《秦集史・封爵表序》，中華書局，1982 年。

5 參《漢書》卷八《宣帝紀》、《後漢書》卷一上《武帝紀》。

6 參《續漢書》志二六《百官志三》"宗正卿"條。

7 《後漢書》卷五〇《孝明八王列傳》。

8 《蔡中郎集》卷一。又不先請甚至有下獄死的，參《後漢書》卷八九《南匈奴列傳》、卷八《靈帝紀》光和二年處死張修一事。

需說明的是，先請在兩漢時已規定於法律之中，而八議是東漢隨着古文經《周禮》之傳播方才作為一種儒家思想流行於社會，它已有很大影響，但尚未吸收入律，形成制度。

以上兩漢特別東漢立法、司法中儒家思想之逐步滲透，便是晉律“儒家化”之前奏，並為之提供了不少經驗。

二

陳寅恪先生說：“古代禮律關係密切，而司馬氏以東漢末年之儒學大族創建晉室，統制中國，其所制定之刑律尤為儒家化，既為南朝歷代所因襲，北魏改律，復採用之，輾轉嬗蛻，經由齊、隋，以至於唐，實為華夏刑律不祧之正統。”[1] 這段話把晉律在古代法律儒家化中所佔之重要地位說得十分明白。我認為這個評價並不過分。所謂儒家化，主要指制定晉律遵循和吸收的是儒家經典中“禮”的精神和規範。而禮，從戰國秦漢以後被儒家視為治國兩大手段“禮”“刑”中的主要手段，也可以說是戰國以後儒家思想之核心。“治之經，禮與刑”，“禮之於正國也，猶衡之於輕重也，繩墨之於曲直也，規矩之於方圓也”。[2] 但並非取消刑，只不過把它放在次要地位。違反了禮，必要時就得用刑。《大戴禮》說：“禮度，德法也。……刑法者，所以威不行德法者也。”[3] 東漢王充也強調：“出於禮，入於刑；禮之所去，刑之所取。”[4] 正因如此，法律便應與

1　陳寅恪：《隋唐制度淵源略論稿》第四《刑律》，生活・讀書・新知三聯書店，1957 年。

2　分見《荀子・成相》《禮記・經解》。

3　德法，據上下文意，當指體現德化精神之行為規範，其“法”字並非指法律，見《大戴禮・盛德》。

4　《論衡・謝短》。又參《後漢書》卷四六《陳寵傳》。

禮制一致，儘可能地遵循和吸收禮的精神和某些規範，保護禮的推行，這便是儒家化與否的基本標誌。晉律正是在漢律一定程度儒家化基礎上，以上述思想為指導制定出來的。下面着重考察晉律這一方面之突出內容。在這之前先聲明三點：（1）由於儒家和法家所強調的行為規範有些是共同的，如維護君主專制、嚴厲打擊所謂盜賊等，甚至可以說這方面內容後代法律基本源於法經、秦律，並非儒家特色，所以此處從略。（2）由於魏晉一脈相承，[1] 有些變化始於魏，而沿用、完備或大力推行則在晉；有些問題則因晉代缺乏直接材料，所以有時不得不將魏晉法律結合在一起分析，但着眼點則在論述晉律。（3）名為論泰始律，由於材料所限，有時不得不逸出這個範圍，涉及"令"以及泰始以後的單行法令。好在廣義地說，前人已有把這些都算作晉律的（如程樹德之《晉律考》），這裏姑沿用其體例。

第一，司法中禮、律並舉，同具法律效力。漢代曾流行《春秋》決獄。董仲舒且撰有《春秋決獄》一書。這種風氣一方面固然反映儒家思想在司法中影響逐漸擴大，即儒家經典內容可作判案依據；但另一面又只不過表明儒家思想滲入法律領域尚處於初級階段：於律令之外另行引用儒家經典斷案。表面看來，經典極受推崇，很有權威，實際經驗證明，對於封建統治裨益不大，甚至有損。因為儒家經典（如《春秋》）所載之禮制和解決矛盾的辦法有它自己的社會條件，後代情況變了，簡單地引用斷案，容易各取所需，弊病迭出。如漢哀帝時薛況指使門客楊明斫傷博士申咸，群臣同據"《春

1　沈家本說："晉律就漢九章增定，故與魏律同。"見其《律目考》，載《歷代刑法考》，中華書局，1985 年，第 1350 頁。恐非。觀《晉律》二十篇，與《魏律》篇目、內容相同者十四，其沿襲之跡十分明顯。

秋》之義”，御史中丞、丞相等主張定大不敬罪，棄市；而廷尉、將軍等主張“與凡民爭鬥無異”，只應判四年徒刑。二者相差懸殊，哀帝無奈，採取折中辦法了案。[1] 又如馮奉世出使西域，自作主張進擊莎車，勝。丞相等主封以爵土，因“《春秋》之義，大夫出疆，有可以安國家，則顓之可也”；而少府等則以為奉世“擅矯制違命”，“《春秋》之義亡遂事（出使大夫不許擅自生事）”，反對封侯。[2] 當然，這種引用經書各取所需之弊端，在引用律令時，如果條文積累多了，前後出現矛盾，也是會發生的。但律令可以修改、整理，而經書卻無法變動。所以用經書斷案並不是好辦法。好辦法是甚麼呢？就是根據現實統治需要，將經書中某些精神以至某些規範吸收入律，仍按法律斷案。這一經驗，西漢剛剛懂得，越往後越自覺，一直發展到唐律“一準乎禮”，[3] 意即完美地體現了儒家精神，成為典範。在這一變化過程中，晉律是一重要階段，甚至可以說，晉律在這一方面就是唐律之雛形，為唐律奠定了基礎。禮、律並舉就是一個突出標誌。[4] 在西晉，“凡斷正臧否，宜先稽之禮、律”。[5] 這種提法為漢代所未見，正是禮、律逐漸結合，禮的精神和規範已大量吸收入法律之反映，而和漢代禮、律往往區為二途，按儒家經典決獄與按法律斷案截然分開是不同的。如晉武帝詔免華廙官，不許襲父爵。有人持異議說：廙為世子，“諸侯犯法，八議平處者，褒功重爵也。嫡統非犯終身棄罪，廢之為重，依律應聽襲封”，此事即《周

1 《漢書》卷五九《張湯傳》、卷九〇《趙禹傳》、卷八三《薛宣傳》。

2 以上參《漢書》卷七九《馮奉世傳》、《春秋公羊傳》桓公八年。

3 《四庫全書總目提要》卷八二“政書類二”。

4 禮、律並舉，程樹德據《文選》潘茂元《冊魏公九錫文》，以為始於漢末魏初，是。但廣泛適用是在晉。

5 《晉書》卷五〇《庾純傳》。

禮》"八議"已吸收入律之證。所謂"依律應聽襲封"，也可作"依禮、律應聽襲封"。所以晉武帝下詔批駁此議便說這是"詭易禮、律，不顧憲度"。[1] 又如《禮記・王制》:"(父母)九十者，其家不從政。"晉令同樣規定:"年九十，乃聽(諸子免官)悉歸。"如果父母年九十而諸子戀官不歸，就是犯令，也就是觸犯禮、律。[2] 這也是禮已入律，二者為一之證。

為甚麼西晉判案要禮、律並舉？我想大概有兩個原因。主要是想以此表明西晉王朝十分重視禮，禮已放到與法律並重的地位，特別是表明禮的精神和規範已大量入律，違者要受法律制裁，而不僅是道德譴責。其次，如遇某些違禮行為尚未入律，也可能藉此表示禮、律並重，不排斥單獨按禮斷案的合法性。晉代熊遠上疏反對判案"不循法律"傾向時說:"凡為駁議者，若違律令節度，當合經傳及前比故事，不得任情以破成法。"[3] 熊遠所謂"律令"，是指已有大量禮滲入之"律令"；熊遠所謂"當合經傳"，應是指駁議該遵循經傳中某些尚未吸收入律令之規範及處理辦法。這些規範及辦法因未入律令，所以居於和判例、故事相等之次要地位，但仍是"成法"。這種把未入律令之禮也算成法之制度，因為有如前所述之弊端，並不為所有司法官所首肯。如著名的劉頌就只強調"律法斷罪，皆當以法律令正文，若無正文，依附名例斷之。其正文名例所不及，皆勿論"，[4] 一個字也未提"經傳"。這當然並不意味劉頌否認禮之崇高地位，他否認的只是未吸收入律令之禮也具有法律效力而已。劉頌

1 《晉書》卷四四《華廙傳》。

2 《晉書》卷五〇《庾純傳》。

3 《晉書》卷三〇《刑法志》。

4 《晉書》卷三〇《刑法志》。

和熊遠的不同，正反映法制史上西晉是一過渡時期。禮應入律，這一條經驗定下來了，但未入律之禮有沒有法律約束力，則還在摸索之中。後來歷史證明，劉頌之主張比較符合封建統治利益，因而越往後，離開法律單獨按經義決獄之事就越少了。

由此可見，禮、律並舉，乃西晉特點。前乎此的漢代，禮尚未大量入律，除《春秋》決獄外，禮的地位在實際司法中還無法與律令相比，[1] 所以不可能禮、律並舉。後乎此的唐代，封建統治者認為禮已比較完備地與法律相結合，提到律，就意味禮在其中，用長孫無忌等進律疏表的話就是，唐律"網羅訓誥，研核丘墳。……實三典之概括，信百代之準繩"，因而也就毋需禮、律並舉。[2] 這就是西晉以及稍後一個時期判案要禮、律並舉的基本原因。

第二，官吏得終三年喪，居喪違禮受法律制裁。前面提到漢安帝曾許官吏行三年喪，桓帝廢。三國時天下多事，更不允許官吏奔喪廢職。[3] 然而從西晉一開始，武帝就十分強調守禮。如武帝自己在父親司馬昭死後雖依舊制"既葬除喪（服）"，但又下詔說"吾本諸生家，傳禮來久，何心一旦（為帝）便易此情於所天"，於是"遂以疏（食）素（冠）終三年"。後來這被視為"心喪"，杜預還為之提供了經典根據。[4] 與此同時，晉武帝又下詔："諸將吏遭三年喪者，

---

1 《論衡・程才》指出當時存在"徒尊法家，不高《春秋》"，把法令視為"漢家之經"，置五經之上的風氣。又説"董仲舒表《春秋》之義，稽合於律，無乖異者"。可見《春秋》決獄之所以得到王朝肯定，是以不違犯法律為前提的。

2 當然，律中吸收的禮終究是一部分，其沒有來得及吸收而又有利於封建統治的規範，按《唐律・雜律》規定，可由司法官按"不應得為"條靈活處理，如《唐律・職制律》疏議，居期喪作樂，"律雖無文，不合無罪，從不應為之坐，期喪從重杖八十"。這是唐律"儒家化"比晉律高明之處。

3 《三國志》卷四七《吳書・吳主傳》嘉禾六年：廢職奔喪處死。《三國志》卷二三《常林傳》注引《魏略・清介・吉茂傳》："是時科禁長吏（因奔喪等）擅去官。"又參《宋書》卷一五《禮志二》。

4 以上參《晉書》卷二〇《禮志中》。

遭寧終喪，百姓復其傜役。”[1]“諸將吏”三字，《宋書》卷一五《禮志二》作“諸將吏二千石以下”，更準確。依此詔，二千石（四、五品）以下將吏已允許終三年喪。[2] 同時漢宣帝允許平民遭父母喪免傜役之制，大約漢末曹魏已不行，現在又恢復了。這些都比曹魏更儒家化。至於二千石以上大臣，因為終喪影響統治事務較大，咸寧以前並未實行。[3] 然司馬氏標榜的是“以孝治天下”，[4] 不許大臣終喪與此精神顯然抵觸，所以後來就無法堅持下去。咸寧年間大臣鄭默“遭母喪，舊制，既葬還職。默自陳懇至，久而見許。遂改法定令，聽大臣終喪，自默始也”。[5] 以上表明，漢魏以來封建王朝在是否允許官吏終三年喪上，長期搖擺不定，直到西晉，終於不得不先退讓到允許二千石以下終喪，接着又“聽大臣終喪”，使法律體現了《禮記・中庸》篇“父母之喪，無貴賤一也”這一原則。[6] 這是儒家奪取了又一法律陣地之明證。根據“出禮入刑”精神，違反此禮所應受之懲罰和處分，肯定也先後規定了下來。晉太子洗馬郤詵母亡，因貧不能歸葬，便在京都住所堂北壁外下棺，叫假葬，“朝夕拜哭”。三年後除服為官，因假葬不算葬禮，不該除服，為此被劾，幸虧吏部尚書山濤保護，只“降品一等”。[7] 司徒王渾因太子家令虞濬等八

---

1 《晉書》卷三《武帝紀》泰始元年十二月，又參三年三月條。

2 據《通典》卷三七，晉已行九品官位制。二千石相當四、五品，見《隋書》卷二六《百官志上》載梁武帝官品注。

3 《晉書》卷二〇《禮志中》泰始十年杜預等奏，大臣終喪“亦奪其制”。

4 《晉書》卷三三《何曾傳》。

5 《晉書》卷四四《鄭默傳》。其實在這之前已有終喪的，見《晉書》卷三九《荀顗傳》，不過未正式形諸法令。在這之後，根據統治者需要，依然可以奪情，如陳準、傅咸、溫嶠，見《晉書》卷二〇《禮志中》。

6 只有君主例外，“天子……不與士庶同禮”（杜預語），這是君主淩駕一切之反映，參《晉書》卷二〇《禮志中》。

7 《通典》卷一四、卷一〇三。據説人們都知詵“孝篤”“至孝”，但因違反禮、律，仍得受罰。

人居兄弟喪（一年期喪）嫁女娶婦，雖然所行的是一種非正式的拜時禮，仍奏彈他們“虧違典（禮）憲（律），宜加貶黜，以肅王法”。[1] 這些制度後均為唐律沿用。如《職制律》規定聞祖父母、父母喪，匿不舉哀，流兩千里；喪制未終，釋服從吉，徒三年。均歸入十惡不孝罪中。居期喪而嫁娶，也得杖一百，見《戶婚律》。比起晉律，懲罰進一步加重。

第三，關於處理私復仇案件之折中辦法。前講東漢和帝廢輕侮法，但在實際生活中私復仇之風仍頗盛行。曹魏初年，因為三國交爭，社會秩序本不甚穩定，不能允許私復仇來加劇混亂，所以魏文帝下詔：“今海內初定，敢有私復仇者皆族之。”[2] 顯然這反映了曹操以來所受先秦法家思想之影響。但由於曹魏王朝整個說來是逐步崇儒的，[3] 這一和儒家經典精神衝突得很厲害的詔令，無法長期堅持。到魏明帝定魏律時便改為：“賊鬥殺人，以劾而亡，許依古義，聽子弟得追殺之。會赦及過誤相殺，不得報仇。”[4] 即既允許私復仇殺人，又要以不違背整個統治階級利益為原則。首先對方必須是賊鬥殺人，即依法本應處死的人，[5] 而不是過失殺人。其次，對方必須是“以劾而亡”，即犯罪揭發後逃亡之人。如果揭發後沒有逃亡，就應歸官府處理；或犯罪未揭發而逃亡，也應向官府揭發，肯定對方確係犯罪，方許私復仇。再次，對方在逃亡中如遇大赦，也

1　《通典》卷六〇。同卷還有王籍居期喪娶妻、顏含居期喪嫁女，俱被劾“公違典憲”。這類事例還可見《晉書》卷六九《劉隗傳》、卷六〇《張輔傳》。拜時禮，見《通典》卷五九。

2　《三國志》卷二《魏書・文帝紀》。在他之前曹操已下令“不得私復仇”，見《三國志》卷一《魏書・武帝紀》。

3　參《三國志》卷二《魏書・文帝紀》、卷三《魏書・明帝紀》。如吹捧孔子、立太學、定五經課試之法等。

4　《晉書》卷三〇《刑法志》。

5　參沈家本《歷代刑法考》中《漢律摭遺》五“賊鬥殺人”條。

不許再復仇。因為大赦是封建王朝為緩和種種矛盾主要是階級矛盾而採取的一種措施，關乎整個統治利益，不應由私人來破壞。由此可見，魏律之修改，是一折中方案：依儒書古義不得不從"私復仇者皆族之"的立場後退一大步，不再籠統反對一切私復仇；但又以整個統治秩序的穩定為重，用王朝的法律去限制它。[1] 晉律無疑沿用了這一精神。晉司馬承東晉初反對王敦，敦命王廙殺承。承子無忌為復仇，後在一次宴會上欲手刃王廙子王耆之（時廙已死），被劾"欲專殺人"。晉成帝下詔承認"尋事原情，今王（無忌封譙王）何責"，但又說由於"公私憲制亦已有斷，王當以體國為大，豈可尋繹由來，以亂朝憲。主者其申明法令，自今以往，有犯必誅"，決定讓無忌以金贖罪結案。[2] 因為王敦謀反而王廙依附王敦殺人，依法本屬犯罪（可比附賊鬥殺人），所以成帝認為向對方兒子復仇"何責"，當然也就意味向本人復仇更合法。但由於種種複雜原因，王廙早蒙晉元帝寬恕（相當於大赦），[3] 就不許再私復仇"以亂朝憲"。這和前述魏律精神正好一致。所謂"申明法令"云云，無疑只是重申繼承魏律之晉律而已。又如刁協忠於晉元帝，反對王敦，敦攻入建康，協為人所殺。王敦事平，協子彝"斬仇人黨，以首祭父墓，詣廷尉請罪，朝廷特宥之，由是知名"。[4] 殺刁協的一夥是有罪的，刁彝復仇有其鼓勵忠君的一面，不能和一般私復仇同等看待；然而不經官府，擅自殺人畢竟觸犯法律，無法提倡，故"特宥之"，意

1 東漢荀悅《申鑒・時事篇》主對私復仇要"有縱有禁，有生有殺，制之以義，斷之以法"，證明這是當時流行的法律思想。

2 《晉書》卷三七《宗室・譙烈王無忌傳》。

3 晉元帝與王廙是親戚，故廙得到寬恕，見《晉書》卷七六《王廙傳》。

4 《晉書》卷六九《刁協傳》。

即一般是應抵命，至少也得判刑。[1]這和處理譙王無忌的辦法可說完全相同。但晉律又有發展魏律之處。南朝民黃初妻趙，打死兒媳王，遇赦，為避孫子（兒媳之子）復仇，議"依法徙趙二千里外"，並引"舊令云：'殺人父母，（遇赦），徙之二千里外。'"[2]時在劉宋元嘉初年。因"江左相承用晉世張、杜律"，[3]所謂"依法""舊令"，當指西晉律令。據此可見，晉律不但沿用魏律，而且進一步吸收《周禮・地官・調人》"凡和難，父之仇，辟諸海外"之精神，把"海外"具體化為二千里外。意即雙方仍不能和平相處，殺人者需移徙遠方，以一定程度上貫徹"父之仇弗共戴天"的儒家原則。此外，晉律還允許被殺者之期、功親復仇，規定會赦也需避他們於千里外。[4]這些則為魏律所不見，而為晉律儒家化的又一方面之證明。後來唐律處理這類問題，精神大體一致。如"諸祖父母、父母為人所毆擊，子孫即毆擊之，非折傷者勿論，折傷者減凡鬥折傷三等"（《鬥訟律》）。這與漢代輕侮法有相似之處，從輕發落就表示體現儒家鼓勵孝道之精神，但從輕是有限度的，如果把對方打死，則仍"依常律"（同上），以防止統治秩序遭到破壞過重。對私復仇殺人者，唐律無專門規定，亦即原則上當按一般殺人罪論決。[5]然而實際司法中，據《唐書》載，由唐初至穆宗二百年間，作為特例上報皇帝者共八件，判決結果，死與減死各四。大體佔上風的見解是，

---

1 又《晉書》卷九八《桓溫傳》，私復仇殺人，"時人稱焉"，未言如何處理。《太平御覽》卷四八一引王隱《晉書》同。但因情況與刁彝類似，恐也是以"特宥之"結案的。

2 《宋書》卷五一《劉義慶傳》、《宋書》卷五五《傅隆傳》。

3 《南齊書》卷四八《孔稚珪傳》。

4 《宋書》卷五五《傅隆傳》。

5 《新唐書》卷一九五《孝友・張琇傳》，私復仇殺人，唐玄宗曰："赦之則虧律"；卷一九五《王君操傳》，私復仇殺人，州官曰："殺人償命，律有明文。"均其證。

要看被殺之父母是否有罪。如有罪，私復仇者就是"仇天子之法"，當處死；如無辜被殺，私復仇即可原諒免死，但也並非毫無懲罰，仍得流放，因為最好的復仇辦法是"先言於官"。[1]總之，又要推崇孝道，又要讓私復仇服從於"天子之法"。這是唐代精神，也是魏晉以來法律傳統。

第四，強調繼母名分同親母。儒家經典《儀禮·喪服》規定"繼母如母"。按傳統訓詁，這表明二者仍有分別。分別在於"繼母之配父與因（親）母同，故孝子不敢殊也"，但如繼母與父親的夫妻關係發生變化（如離婚），就不再存在繼母關係。[2]由於對經典這種理解，再加上繼母與前妻之子容易產生隔閡，大概漢魏之時出現過許多糾紛。如"河北鄙於側出，不預人流，是以必須重娶，至於三四，母年有少於子者。……身沒之後，辭訟盈公門，謗辱彰道路，子誣母為妾，弟黜兄為傭"。[3]顏之推說的雖是北朝風尚，但此風由來已漸，這種矛盾漢魏西晉早已很尖銳。東漢太尉龐參"夫人疾前妻子，投於井而殺之"；陳文矩妻"前妻四子……以母非所生，憎毀日積"；杜畿"少孤，繼母苦之"；晉閻纘上疏稱："臣家門無祐，三世假親，具嘗辛苦。"假親即指繼母（見下），三世俱重娶，而且"具嘗辛苦"，反映風尚與南北朝時無大差異。[4]由於這種糾紛對封建家庭之鞏固、社會秩序之穩定都不利，所以制定魏律時提出一條原則："正殺繼母與親母同，防繼假之隙也。"假即假子，此

1 《新唐書》卷一九五《孝友·張琇傳》。

2 參《儀禮·喪服》傳、胡培翬《儀禮正義》卷二一。漢魏大儒鄭玄、王肅都主繼母為父所出無服，見《通典》卷九四。

3 《顏氏家訓·後娶》。事例參見《魏書》卷二四《崔道固傳》、卷四七《盧度世傳》。

4 以上四事分別見《後漢書》卷五一《龐參傳》、《後漢書》卷八四《列女·陳文矩妻傳》、《三國志》卷一六《魏書·杜畿傳》、《晉書》卷四八《閻纘傳》。

處指前妻之子。[1] 防繼假之隙，就是防止繼母與前妻之子的矛盾，以及隨之產生的前妻之子與繼母之子的矛盾。晉律繼承了這一原則，這從下例可以推得。東晉初淮南郡中正王式繼母先嫁人，原有假子，後嫁式父。父臨死，繼母求離婚，父同意，有遺命。但式父死後繼母仍依禮服喪，期滿後方回前假子家，死後與前夫合葬。王式因父臨死已答應離婚，所以繼母死後只服喪一年，未像對親母一樣服喪三年，因而遭劾。理由是：王式父臨死雖答應離婚，並未正式辦手續，而且繼母在式父死後仍以妻的身份服喪，“不為無義之婦”，所以王式不為繼母服三年喪是“虧損世教”。結果，不但王式免官，“付鄉邑清議，廢棄終身”，而且連他的上級司徒荀組等三人也因失察被劾。[2] 當然，此事與殺繼母性質不同。但可以肯定，王式與繼母關係是不和的，所以繼母寧願回前夫假子家，也不願留下；而王式不服三年喪，大概也是出於對繼母不滿。因而現在這樣處理，同樣是為了“防繼假之隙”；而且如果說在繼母身份出現這種特殊變化下，因喪制違禮尚要受此懲罰，則在一般繼假關係中，繼承“殺繼母與親母同”這一魏律原則，是可以推定的。西晉閻纘父死，“繼母不慈，纘恭事彌謹。……（母）誣纘盜父時金寶，訟於有司，遂被清議十餘年，纘無怨色，孝謹不怠”。[3] 此事同樣反映晉律注意通過懲罰假子之不孝來維護繼母地位，而閻纘的行為正是“防繼假之隙”的最理想的一種境界，而為穩定封建家族和社會

---

1 引文見《晉書》卷三〇《刑法志》。假子見王先謙《漢書補注》卷七六《王尊傳》補注引沈欽韓曰“前妻之子也”。《列女傳》卷一“魏芒慈母”，為人後妻，稱前妻子為假子。同樣，繼母也可叫假母，《漢書》卷四四《衡山王傳》假母，師古曰“繼母也”。“假繼”連用例甚多，見《晉書》卷七〇《卞壼傳》、《抱朴子・嘉遁》《顏氏家訓・後娶》。

2 《晉書》卷七〇《卞壼傳》、《通典》卷九四。

3 《晉書》卷四八《閻纘傳》。

秩序所必須。另一面，晉律對繼母行為也有限制。東晉安帝時郭逸妻以大竹杖打死前妻之子，“妻因棄市，如常刑”。[1] 這是從另一角度防止封建家庭關係的破壞。不過，大概因為這對尊長毫無照顧，後來進一步儒家化的唐律並未沿用（唐代繼母故殺前妻之子僅徒三年，見《鬥訟律》）。

第五，父在，子不得分家異財；父老，子必須棄官回家供養。儒家經典曰“父母存……不有私財”，[2]“父母在……不敢私其財也”。[3] 這是保持大家族不分裂的重要措施。然秦代依法家思想，為發揮小家庭的主動性、積極性，增加墾荒面積和糧食產量，實行的是強制性分家異財的制度。[4] 兩漢隨着土地兼併和封建大家族的發展，以及儒家思想之傳播，從西漢末開始，累世同居之風興起。如樊重“三世共財”、蔡邕“三世不分財”等。[5] 值得注意的是，曹魏定律，“除異子之科，使父子無異財也”。這個“異子之科”不見於他書，沈家本、程樹德以為是漢法，但對內容均未作考釋。[6] 我以為“異子之科”或許和上述秦制類似，大概是指兒子長大，該分家獨立成戶而不分家者，給予科罰。由於東漢一代重視孝道，“察孝廉，父別居”被視為極大諷刺，和“異子之科”正相矛盾，所以這一法令很可能頒佈於東漢滅亡前夕。當時具有先秦法家精神的曹操在中

---

1 《太平御覽》卷五一一引《三十國春秋》。

2 《禮記・曲禮上》。

3 《禮記・坊記》。

4 參《史記》卷六八《商君列傳》。《漢書》卷四八《賈誼傳》：“秦人家富子壯則出分，家貧子壯則出贅。”也反映這一制度。

5 見《後漢書》卷三二《樊宏傳》、《後漢書》卷六〇下《蔡邕傳》，又參《陔餘叢考》卷三九“累世同居”條。

6 引文見《晉書》卷三〇《刑法志》。參沈家本《歷代刑法考》中《漢律摭遺》一、程樹德《九朝律考》中《漢律考・律名考》“科條”按語。

國歷史上第一次推行戶調制，為保證足夠稅收，防止隱匿勞動力，模仿秦制，對不分家者科罰，是很有可能的。史稱曹操部下何夔於行戶調制後為長廣郡太守，“是時太祖始制新科下州郡”。[1] 我懷疑此新科中包括“異子之科”。因為不久曹操打敗袁紹，平定冀州後大力反對和防止的就是豪強以種種藉口，包括以大家族名義“藏匿罪人，為逋逃主”。[2] 則在行戶調制的同時頒佈“異子之科”，堵塞漏洞，是順理成章，不難理解的。後來隋高祖下令整理戶口，“大功以下兼令析籍，各為戶頭，以防容隱”，[3] 雖非父子之間，但析戶防容隱之精神完全一致。然而這種法令雖適合於漢末動亂之時，卻與儒家觀念對立。特別是魏晉時期高門大族進一步發展，需要鞏固，而“異子之科”起着分離作用。大概就因為這個緣故，定魏律時把它廢除了。這再一次反映儒家思想在法律領域裏雖是曲折地，卻是不斷地為自己開闢着道路。在魏律基礎上改定的晉律，也繼承了這一內容。西晉庾純為河南尹，被劾“父老不歸供養”，犯不孝罪。何曾等不同意，說：按禮、律，“八十者，一子不從政；九十者，其家不從政。新令亦如之。按純父年八十一，兄弟六人，三人在家不廢侍養。純不求供養。其於禮、律未有違也”。[4] 此事說明：(1) 庾純位河南尹，兄弟六人，長兄峻位侍中，[5] 官位都不低，然因有老父在，就沒有分家，且有三人在家供養。這正是晉代繼承魏律，將《禮記》中《曲禮》《坊記》之原則吸收入律之證。類似情況還可舉顏

1 《三國志》卷一二《魏書・何夔傳》。

2 《三國志》卷一《魏書・武帝紀》建安九年注引《魏書》。

3 《隋書》卷二四《食貨志》。

4 《晉書》卷五〇《庾純傳》、《通典》卷六八。

5 見《晉書》本傳。

含。含父老兄病，“含乃絕棄人事，躬親侍養，足不出戶者十有三年。……二親既終，兩兄繼沒，次嫂樊氏因疾失明，含課勵家人，盡心奉養”。[1] 這是父母死後仍堅持不分家的範例。不過，從承用晉律的南朝劉宋“父母在兄弟異計”“父子殊產”等情況增多看來，[2] 晉律原來這方面的懲罰可能比較輕微，慢慢有無法阻攔父母在別籍異財之趨勢，所以唐律總結經驗，把它歸入“十惡”不孝罪中，判徒刑三年（《名例律》《戶婚律》），用加重懲罰來鞏固封建大家族制度。（2）父年八十，一個兒子（父年九十，所有兒子）必須辭官回家供養。如果屆時戀官不提出申請，就是觸犯禮、律，就是不孝。把這事和允許官吏終喪一事聯繫起來，就可看出，為了強調守制或養親，西晉王朝不惜讓一部分統治事務受到損失，充分反映對儒家孝道之重視。後來唐把“供養有闕”歸入“十惡”不孝罪中，無疑也是晉律的進一步發展。

第六，禁止以妾為妻。早在奴隸社會就十分強調嚴格妻妾之界限，以至春秋時期著名的葵丘之盟中也約定“無以妾為妻”。魯國官吏釁夏說：“若以妾為夫人，則固無其禮也。”[3] 但儒家經典的這種規定，在兩漢並未受重視：“漢興……婦制莫釐。高祖帷薄不修，孝文衽席無辨（李賢注：孝文幸慎夫人，每與皇后同坐，是無辨也）。”[4] 景帝、武帝以下，以妾為妻之例極多，如武帝衛皇后本“平陽主謳者”，入宮，由宮人升后等，參見《漢書》卷九七《外戚傳》。

1　《晉書》卷八八《孝友・顏含傳》。

2　《宋書》卷八二《周朗傳》。

3　分見《孟子・告子下》、《左傳》哀公二十四年。又《春秋》僖公八年“禘於大廟，用致夫人”。《公羊傳》以為此“譏以妾為妻也”。《穀梁傳》：“言夫人而以氏姓，非夫人也，立妾之辭也，非正也。”精神同。

4　《後漢書》卷一〇上《皇后紀序》。

東漢光武帝創“貴人”名號，視為“媵妾”。諸帝相沿，多以貴人為后，甚至以地位更低賤的“采女”為后。[1] 值得注意的是，對此風氣兩漢儒臣從未視為非禮而進諫。社會上一般也不甚輕賤妾媵。漢成帝許后之姐本龍額侯夫人，寡居，竟嫁淳于長為“小妻”（妾）；竇融以軍功封建武男，家中“出入貴戚”，然“女弟為大司空王邑小妻”。[2] 這些都證明當時儒家思想還未來得及進入這一領域。[3] 從三國開始便有了變化。大儒鄭玄在東漢末已強調除特殊情況，“妾子立（為君主）者，得尊其母（為太后），禮未之有也”。[4] 曹魏起自閹宦養子之家，更不知此禮。曹操妾卞氏立為王后，文帝貴嬪郭氏、明帝貴嬪毛氏先後立為皇后。對此，明帝繼位前之王妃河內大族虞氏斥為“曹氏自好立賤，未有能以義舉者也”。中郎棧潛在引葵丘之盟、嬖夏之語後諫曰：“今後宮嬖寵，常亞乘輿。若因愛登（為皇）后，使賤人暴貴，臣恐後世下陵上替，開張非度，亂自上起也。”[5] 當時妻妾位錯亂之風頗為盛行。孫權“廢適（嫡）立庶，以妾為妻”；鍾會母本妾，父鍾繇寵之“為之出其夫人”；夏侯尚“有愛妾嬖幸，寵奪適（嫡）室”。[6] 這樣，必然要影響到嫡子、庶子之爭奪爵位、財產之繼承權。這對封建家族之穩定與鞏固十分不利。所以重視禮制之晉武帝泰始十年下詔：“嫡庶之別，所以辨上下，明貴賤。而近世以來，多皆內寵，登妃后之職，亂尊卑之序。自今以後皆不得

1　《後漢書》卷一〇下《皇后紀・桓帝鄧皇后》。

2　分見《漢書》卷九三《佞幸・淳于長傳》、《後漢書》卷二三《竇融傳》。

3　《漢書》卷一八《外戚恩澤侯表》，哀帝死，孔鄉侯傅晏“坐亂妻妾位免，徙合浦”。兩漢僅此一例。疑是王莽為了打擊傅太后一支所找的藉口，兩漢並無其法。

4　《通典》卷七二。

5　分見《三國志》卷五《魏書・后妃傳》明悼毛皇后、文德郭皇后傳。

6　以上三事分別見《三國志》卷四七《吳書・吳主傳》太元元年注、卷二八《魏書・鍾會傳》注、卷九《魏書・夏侯尚傳》。

登用妾媵以為嫡正。”[1]這是兩漢以來第一次用詔令形式嚴格妻妾界限，而體現了儒家之禮。兩晉王朝認真執行了這一詔令。和兩漢曹魏往往以妾媵為皇后相反，兩晉皇帝均直接從士族高門聘立皇后，無一例是以妾為妻的。只有晉元帝之鄭夫人在元帝死去幾十年之後，因兒子是簡文帝，“母以子貴”，被孫子孝武帝尊為太后，但在涉及應否配食元帝時竟不得不從徐邈之議，予以否決。理由是：鄭太后於元帝生前並未為后，“至於子孫，豈可為祖考立配？其崇尊盡禮，由於臣子，故得稱太后……若乃祔葬配食，則義所不可”。[2]大概由於貫徹武帝詔令，西晉以後妾媵地位日益低下。晉左僕射胡奮女為貴嬪，奮對皇后父楊駿曰：“我女與卿女作婢耳。”司空裴秀年十餘歲時，“母賤”，“嫡母宣氏不之禮，嘗使進饌於客”。[3]唐褚遂良說：“永嘉以來……風俗頓乖，以嫡待庶而若奴，妻遇妾而若婢。”[4]把這一風尚僅歸因永嘉以後，雖然不對，但西晉以後改變了過去妻妾界限不嚴狀況，法律中吸收了儒家之禮，卻是事實。前引《顏氏家訓》“河北鄙於側出……必須重娶”，固是這一風氣之延續；即使同書“江左不諱庶孽，喪室之後多以妾媵終家事”，也是不許以妾為妻這一禁令之體現，即妾媵始終不得立為妻，只不過地位稍高於北方而已。至於違反泰始詔令應如何懲罰，史書失載。唐《戶婚律》則規定：以妾為妻“徒一年半，各還正之”。由於某些原因，有時雖不懲罰，至少也要受到輿論譴責：唐李齊運“以妾衛氏為正室……人士嗤誚”；杜佑妻亡，“升嬖妾李氏為正室……時論非

1 《晉書》卷三《武帝紀》。

2 《晉書》卷三二《后妃・簡文宣鄭太后傳》。

3 以上二事分別見《晉書》卷五七《胡奮傳》、卷三五《裴秀傳》。

4 《文苑英華》卷六〇七《請千牛不簡嫡庶表》。

之”。[1]不管法律懲罰或輿論譴責，都可溯源於泰始詔令。

第七，貴族官吏犯法得到照顧，享有特權。前面已講，東漢後期八議作為一種儒家思想已在社會流行，但尚未入律。由於它符合封建統治需要，曹魏正式入律，見《唐六典》卷六注。這一制度同樣為晉律繼承，被廣泛地用來保護貴族官吏。西晉趙王倫犯罪，“有司奏倫爵重屬親不可坐”，劉毅駁曰：“王法賞罰，不阿貴賤……倫……當以親貴議減，不得闕而不論。”晉武帝“以倫親親故，下詔赦之”。[2]此事既說明晉律中確有八議，否則持駁議的劉毅決不會同意“以親貴議減”；又說明所謂八議雖不見得能完全免罪，但往往是減罪的。需要指出的是，“議減”此語，周禮、魏律均未見，它更露骨地表明“議”就要“減”這一立法意圖，或許是晉代的創造。後來唐《名例律》直接規定八議之人“流罪以下減一等”，應當就是晉律的發展。西晉貴族依恃八議橫行霸道，欺淩平民，肯定大大超過前代，以至當時反對行八議的傅玄竟說：“若親貴犯罪，大者必議，小者必赦，是縱封豕於境內，放長蛇於左右也。”[3]由於這並不符合整個封建統治利益，後來在實際處理中開始規定限制適用的條件。如東晉羊聃為太守，“疑郡人簡良等為賊，殺二百餘人，誅及嬰孩，所髡鎖復百餘”，依律當死。因為是外戚，被歸入八議之列，本應減刑。但因過於殘暴兇狠，不殺對整個封建統治不利，所以晉成帝詔曰：“此事古今所無，何八議之有！”仍決定處死。最後雖因於成帝有撫育之恩的太妃極力求情而“原聃生命”，[4]但免死是一時

1　二事分見《舊唐書》卷一三五《李齊運傳》、卷一四七《杜佑傳》。

2　《晉書》卷五九《趙王倫傳》。

3　《太平御覽》卷六五二引《傅子》。

4　《晉書》卷四九《羊聃傳》。

特恩，而按經驗和慣例，在某些條件下八議的適用顯然是可以而且必須被限制的。唐《名例律》規定犯“十惡”罪的人不得適用八議，以及在“十惡”中將“殺一家非死罪三人”等作為“不道”列入，或許參照了晉代這方面的經驗。

以上七點僅是晉律中體現儒家思想的主要內容。此外即就《晉書》卷三〇《刑法志》記載，魏晉兩代這方面的規定還有：毆兄姊加刑，重懲奸伯叔母之罪，嫁娶一以下聘為正，不理私約等。總之都圍繞着一個中心，即從多方面極力維護儒家強調的禮。具體說，一是維護封建家族制度，一是維持封建貴族官吏的特權。其中主要又是第一點，用《晉書》卷三〇《刑法志》的話說就是：“峻禮教之防，準五服以制罪也。”

三

最後，還有兩個問題需略加申述。

其一，為甚麼晉律會儒家化？固然，這和長期統治經驗的積累分不開，但更主要的，歸根結底還決定於社會經濟制度和階級關係的某些變化。如所周知，先秦儒家強調的禮、重視的孝道，本是西周至春秋時期奴隸社會土地國有制的實行和奴隸制宗族、氏族大量存在的產物。進入封建社會後，隨着土地國有制之瓦解和奴隸制宗族、氏族之沒落，代之而起、大量出現的是無數個體小農。和這種經濟狀況相適應，為增加剝削收入，秦代實行了強制性分家異財的小家庭制度。因而在一個時期內原來儒家提倡的、維護奴隸制宗族、氏族所需要的繁文縟禮，就遭到反對。孝道雖仍受重視，1975年出土的秦簡還規定不孝罪處死刑，懲罰極重，然它與儒家思想貌合神離，立法意圖並不相同。[1]

西漢初期，地主階級政治家、思想家在全面總結秦亡經驗教訓的同時，對禮和孝道的認識也逐漸變化。[2] 但是由於秦末暴政和戰爭造成的經濟破壞太嚴重，勞動力極大減少，大土地所有制的迅速發展沒有可能，儒家思想的實行尚未具備足夠的階級基礎，因而法家的一套仍然繼續發揮着作用。漢武帝實行"首匿相坐之法"，[3] 對犯罪親親容隱毫不照顧，即其一證。一直到西漢中後期土地兼併猛烈進行，特別是東漢魏晉以後，封建大土地所有制和大家族進一步發展，經濟制度和階級關係的這種變化，方才明顯地反映到政治、法律上層建築方面來，然而這種反映也並非直接的、立即出現的，而是經歷了一個過程。

開始，大土地所有主力量還不夠強大，由於田宅逾制，武斷鄉曲，蔑視國法等行為，侵犯了封建王朝利益，漢武帝曾任用酷吏給予不法豪強地主以沉重打擊。然而封建經濟之規律並不以人們意志為轉移。一部分不法豪強地主消滅了，隨着土地兼併的進行，更多的豪強地主出現了。漢光武主要就靠南陽豪強地主集團支持而登上帝位。所以當他站在整個地主階級利益代表立場上，通過度田，想再次給予不法豪強地主以大規模打擊時，由於大土地所有制之比重在社會上已進一步增加，遠非漢武帝之時可比；而且隨即發現南

1　儒家強調孝道是主張法律對大家族應做出一定限度之讓步（如犯法親親容隱等），藉以提高父家長威望，加強大家族成員間的親愛、和睦和感化力量，以減少和消弭犯罪分子。秦律不孝處死只是為了要用威嚇迫使兒子服從父家長，便於家長率領全家安分守己地從事耕戰，交納賦稅。秦律對家庭未做出任何讓步。父親如有違法行為，兒子必須無情告發。法家根本不相信儒家宣傳的家庭力量，認為要鞏固統治只有靠"峭其法而嚴其刑"（《韓非子・五蠹》）。

2　如《漢書》卷四八《賈誼傳》上治安策，將秦亡歸結為堅持商鞅"遺禮義，棄仁恩"的措施，造成風俗敗壞，子婦對父母不講孝道等。

3　參程樹德《九朝律考》中《漢律考・律令雜考上》。

陽豪強地主集團違法行為也頗普遍，不能不有所顧忌。在種種壓力下，漢光武妥協了，度田因此虎頭蛇尾，不了了之。[1] 地主階級內部力量對比的這一重大變化終於迫使封建王朝不得不把政策進一步放寬。為了換取大土地所有主這一強大社會力量對自己的全面支持，對他們某些不法行為（如隱瞞勞動力、土地，少交賦稅，欺壓平民等），不再強調嚴厲打擊，往往寬容、默認，或給予輕微懲罰；同時通過"鄉舉里選"，徵召辟除，使之大量入仕，給他們創造"累世公卿"的機會。當然，政策的放寬是有限度的，一般以違法行為不嚴重破壞整個封建統治秩序以及大土地所有主之政治、經濟力量，不給皇權帶來嚴重威脅為原則。

西晉之時，由於在大土地所有制基礎上形成和發展了門閥制度，上述政策的運用更具有對世家大族妥協、遷就的特點。除實行九品中正制，出現"上品無寒門，下品無勢族"之局面外，人們所熟悉的西晉佔田制竟規定依官品高低佔田五十頃至十頃，並在中國歷史上第一次在全國範圍內允許"各以品之高卑蔭其親屬，多者及九族"，還可蔭佃客、衣食客。[2] 這正是貴族官吏多是大土地所有主，佔田和隱藏勞動力之數目已遠遠超過這一標準，並且聚族而居已十分普遍的有力證明。也反映西晉對大土地所有主的妥協、籠絡已形諸普遍適用的法令，這是過去王朝所望塵莫及的。西晉初年，李憙劾大臣山濤等人侵佔官稻田。可是對這種瘋狂兼併土地、直接損害王朝經濟利益之行為，晉武帝只懲罰了地位最低的縣令劉友，對地

1　事參《資治通鑒》卷四三建武十五年、十六年。

2　《晉書》卷二六《食貨志》。參唐長孺《西晉戶調式的意義》，見《魏晉南北朝史論叢續編》，生活・讀書・新知三聯書店，1959 年。

位高得多的大臣和宗室如山濤、司馬睦、武陔，竟下詔“皆勿有所問”。過了幾年司馬睦又招誘逋亡等達七百餘戶，這才給了處分，也不過是貶爵而已。[1] 尚書胡威“嘗諫時政之寬。（武）帝曰：‘尚書郎以下吾無所假借。’威曰：‘臣之所陳豈在丞郎令史，正謂如臣等輩，始可肅化明法耳。’”[2] 皇帝毫不諱言自己只準備對六品（尚書郎六品）以下官吏犯法給予懲罰，六品以上就得“假借”，這在中國歷史上也是第一次見到。怪不得司馬光在評論赦山濤等而殺劉友一事時指出這是“避貴就賤”，而且憤憤地說：“可謂政乎！”[3] 他不明白，在大土地所有制進一步發展，貴族官吏、大土地所有主、世家大族日益結合的歷史條件下，只有採取這種政策，方能鞏固西晉統治。晉武帝之所以能輕易代魏、平吳，正是以千方百計籠絡這一強大社會力量為前提的。

在這種歷史背景下出現的晉律儒家化，絕非偶然。一方面，這項措施符合西晉的政治需要。因為現在強調孝道，用法律強制力量推行禮制，所鞏固的主要已不是西漢初年廣大的個體小農家庭，而是貴族官吏由以出身的世家大族，甚至是幾代同居的封建大家族。[4] 同時儒家八議的廣泛適用，所保護的實際上也是這些大家庭的利益。這就完全符合晉武帝上述政策精神，可和其他方面措施配合，使這些大家族更加把西晉王朝看成自己利益的忠實代表，積極予以支持。大家知道，從東漢到西晉一直流行一句話：“求忠臣必於孝

1　見《晉書》卷四一《李憙傳》、卷三七《高陽王睦傳》。

2　《晉書》卷九〇《良吏・胡威傳》。

3　《資治通鑒》卷七九泰始三年按語。

4　參呂思勉《兩晉南北朝史》第十七章第二節“族制”，上海古籍版社，1983 年。

子之門。”[1] 甚麼是孝子之門呢？主要便指這樣一些強調孝道、遵守儒家繁文縟禮的封建大家庭。這些大家庭中出現的孝子其所以會是忠臣，當然有着種種條件，但王朝和大家族利益基本一致（包括法律反映大家族的意志），孝於家者一般必然忠於國，應是極其重要的因素。另一方面，法律儒家化也只有到西晉才有可能。因為在西晉，不但君主司馬氏一家“傳禮來久”，而且世代習禮的大土地所有主、世家大族更加大量地參加和把持政權，並且直接主持和參加修訂法律。[2] 只有到這個時候，才能把他們關於法律應儒家化的意志和願望強烈反映到封建王朝，促使君主進一步認清實行這項措施的重大政治意義，從而決心批准；同時也只有在西晉，社會上封建大家族的比重進一步增加，晉律這部分內容才會在統治實踐中不斷修改、充實，把儒家禮制中有利於當時統治階級的規範吸收進來。一句話，沒有封建大家族這一階級基礎，晉律之儒家化是不可能的。

總之，春秋戰國時期儒家總結奴隸社會宗法制度下依靠宗族、氏族進行統治，強調禮制的某些經驗，經過秦漢魏晉幾百年的摸索，直到這時，即封建大土地所有制和大家族進一步發展之後，方才找到最有利於自己發展的歷史環境和階級基礎。晉律之儒家化，便是社會經濟制度和階級關係這一變化的反映。

其二，晉律之儒家化，其指導思想有甚麼特點？這就是在極端重視鞏固封建大家族制度的同時，又十分注意以穩定社會統治秩序、維護整個地主階級利益為目的，並以後者制約前者。如前所

1 《後漢書》卷二六《韋彪傳》、《晉書》卷五〇《庾純傳》。

2 如主持修晉律的賈充，父逵“世為著姓”，見《三國志》卷一五《魏書・賈逵傳》注；參與修訂的重要人物如裴楷，河東大族；杜預，京兆大族，《晉書》均有傳。

述，先秦儒家着重強調的是用禮維護大家族。秦及西漢初期在法家思想指導下，以君主為本位，法律未對家庭做出任何讓步。從漢宣帝開始有所轉變。然而從東漢以後，隨着儒家思想的猛烈傳播，孝道蔚為風氣，逐漸又走向另一極端，即儘管儒家思想也強調尊君，封建王朝也從未許諾人們可把家族利益和孝道放在整個封建統治利益之上，可是在實際生活中，由於自然經濟的發展和封建大家族的增加，受這一階層思想要求的影響，孝淩駕忠的傾向日益明顯（如強調養親不出仕、服喪擅去官、私復仇等）。[1] 漢末一次群臣集會，出現一個問題："君、父各有篤疾"，藥丸僅一枚，救誰？眾人意見紛紜，邴原對曰："父也。"[2] 又一次發生皇后父伏完應不應拜伏后之爭。一部分人主張不能拜，因為"子事父，無貴賤""子尊不加父母"，[3] 實質是堅持父權至高無上。這種傾向，一方面固然形成強大壓力，促進了法律的儒家化；另一面也使一些有遠見的政治家、思想家產生憂慮。前述漢章帝定輕侮法，張敏侃侃陳詞，堅持予以廢除，即其一證。如何解決這個問題呢？從東漢後期、曹魏開始，一項極其重要的措施便是：逐漸在思想領域中於宣傳孝親的同時，又繼續大力倡導忠君；如孝與忠衝突無回旋餘地，則堅持孝必須服從忠，力圖把鞏固封建大家族和維護王朝利益結合起來。早在上述漢末伏完拜不拜皇后之爭中，大儒鄭玄便主張凡正式場合，由完拜后；如后歸寧，則由后拜完。即"王庭正君臣之禮，私覿全父子之

1　服喪擅去官例，參楊樹達《漢代婚喪禮俗考》第二章第十五節。

2　《三國志》卷一一《魏書・邴原傳》注。

3　《通典》卷六七。又參同書同卷東晉穆帝時褚太后應否拜父之爭。

親”。[1]前述西晉庾純，被劾父老不求歸養親，然依法令並無過錯，為此許多人為之辯護。其中劉斌說：“人倫之教，以忠孝為主。忠不忘其君，孝故不忘其親。若孝必專心於色養，則明君不得而臣；忠必不顧其親，則父母不得而子也。是以為臣者……在朝則從君之命，在家則隨父之制。然後君父兩濟，忠孝各序。”這和鄭玄意見一致，雖說是在調和忠孝矛盾，然側重點則在反對以孝妨礙忠。東晉初王朝召南陽樂謨、潁川庾怡為官，“各稱父命不就”。卞壼奏曰：這是“以私廢公”。如果都不出仕，“此為王者無人，職不軌物，官不立政。如此則先聖之言廢，五教之訓塞，君臣之道散，上下之化替矣”。意思就是整個封建統治都得垮台。史稱對此奏，“朝議以為然”，“謨、怡不得已，各居所職”。[2]在這種思想指導下，兩晉極力表彰典型。嵇紹父嵇康為司馬昭所殺，紹依然仕晉，盡忠而死。後人有罵他為仇人賣命，“不孝之罪通於天”[3]的，然在兩晉紹被奉為忠義楷模，一而再、再而三得到王朝褒獎。[4]周處被派去鎮壓關中少數族起義，兵力單弱。有人勸他可以侍養老母之名，拒絕出征。處說：“忠孝之道安得兩全。既辭親事君，父母復安得而子乎！”竟受命戰死。事後被讚為“見危授命”，是“忠賢”“烈士”。有趣的是，給他的謚號竟是“孝”。[5]溫嶠“少以孝悌稱於邦族”，後違背母命離家遠出支持晉元帝，母亡時又因動亂無法歸葬，為此頗

---

1 《通典》卷六七。又《通典》卷七二魏文帝制“以後如以旁枝入嗣大位不得加父母尊號”，反對“顧其私親”。也是尊君的一項措施。按，西漢雖有類似言論，如《漢書》卷七六《張敞傳》“臣聞忠孝之道，退家則盡心孝親，進宦則竭力於君”。但據上下文，其意僅在說明出仕前雖應盡孝，出仕後則應“奮不顧身”盡忠，目的在宣揚忠君，而非調和忠孝矛盾，旨趣不同。

2 《晉書》卷七〇《卞壼傳》。

3 王夫之《讀通鑒論》卷一一。

4 《晉書》卷八九《嵇紹傳》。

5 《晉書》卷五八《周處傳》。

遭物議。但晉朝不斷給他加官晉爵，陶侃讚他“忠誠著於聖世，勛義感於人神”，《晉書》史臣還把他看作“忠臣出乎孝子”之典型。[1]對於這一類行為，東晉孫綽更概括說：“見危授命，誓不顧親，皆名注史筆，事標教首。記注者豈復以不孝為罪？故諺曰‘求忠臣必於孝子之門’，明其雖小違於此，而大順於彼矣。”[2]當然，如出現忠孝一致典型，就更理想。如東晉初卞壼為尚書令，蘇峻叛亂，壼苦戰而死，“二子……見父沒，相隨赴賊，同時見害”。峻平，追贈甚重。尚書郎弘訥議曰：“夫事親莫大於孝，事君莫尚於忠。……壼……父子並命，可謂破家為國，守死勤事。”翟湯曰：“父死於君，子死於父，忠孝之道，萃於一門。”[3]

必須指出，由於封建大家族與封建王朝之間孝與忠、家與國、私與公的關係，既統一又矛盾，貫串整個封建社會，如何正確處理，魏晉時期並沒有解決，也不可能徹底解決。重孝輕忠的風氣在當時和後代依然不同程度地存在着。[4]不過先秦儒家提倡禮制特別是孝道的思想，經過秦代過於強調家庭服從君權，東漢矯枉過正，又出現往往把孝親放在忠君之上的趨向後，直到魏晉時期方才進一步轉化為忠孝並重，如無回旋餘地孝應服從忠的觀念。這確是禮、律發展史上一大特點。這樣，在封建大家族大量增加的情況下，西晉王朝既繼續強調禮制、孝道，反映他們的意見，討取他們的歡心；又要防止封建大家族利益損害整個地主階級利益，二者的結合

---

1 《晉書》卷六七《溫嶠傳》。

2 《弘明集》卷三“喻道論”。

3 《晉書》卷七〇《卞壼傳》。

4 《南齊書》卷二三“史臣曰”評高級士族“殉國之感無因，保家之念宜切”，即其一證。

點便被找到了。雖然這種觀念先秦儒家也並非闕如，[1] 但只有到了此時，地主階級方才通過自己的正反面經驗開始真正體會、掌握了，並且把它視為一種鞏固統治的有力的思想武器加以廣泛宣傳，毒害廣大勞動人民。晉律便是在這一思想影響下，吸收儒家禮的某些精神和規範，以處理孝和忠、家和國、私和公之矛盾的。因而其目的並不是單純維持封建大家族利益，而是往往要它受整個地主階級利益的制約，也就是說，首先是為了鞏固封建王朝的政治統治。張斐在注律表中吹捧晉律體現儒家思想，“是故尊卑敍，仁義明，九族親，王道平也”。將家族與“王道平”緊緊聯繫在一起，正是一語破的，透露了實質的。

1　《論語・顏淵篇》“君君臣臣，父父子子”，《孟子・離婁上》“人親其親，長其長，而天下平”，均家國並舉。《孝經・廣揚名章》“君子之事親孝，故忠可移於君”，主忠孝一致。《左傳》隱公四年石碏殺子石厚，是“大義滅親”之例。

外編

學者與學術

一部別開生面的讀史札記
—— 簡評周一良《魏晉南北朝史札記》*

近讀周一良先生的新著《魏晉南北朝史札記》。該書收採宏富，琳琅滿目，頗有如登山陰道上，應接不暇之感。

本書的第一個特點就是史料極豐富。正史《三國志》等十二史外，舉凡後人的補編、雜史、典章制度史、文集、詩集、類書、道藏、佛經、考古成果，以至保存於日本書籍（如《和名類聚鈔》《正倉院圖錄》等）中之資料，只要有必要，哪怕是很生僻的，全部信手拈來，為我所用。如 335 頁據《正倉院圖錄》描述“熊皮障泥”之形狀。373 頁引《和名類聚鈔》，有力證明“調度”一詞指用具。294 頁據敦煌古藏文，介紹古代可能不僅以敵人頭骨為酒器，並且亦有用祖先頭骨作酒器的。

本書的第二個特點就是大量參考和吸取古今中外學者的研究成果。所引用的筆記、札記，除赫赫有名的《日知錄》《廿二史考異》等十餘種外，還廣泛涉及解放後未出版、人們較少利用或不大注意，而於治史頗有價值的如程大昌的《演繁露》、方以智的《通雅》、姚鼐的《惜抱軒筆記》、盧文弨的《鍾山札記》、沈濤的《銅熨斗齋隨筆》等不下數十種。近人（包括十餘家日本學者）的著作、文章，

---

* 原載《書品》1986 年第 3 期。

也徵引浩繁。對這些成果，或加採納，或加補正。如 340 頁引用和肯定蔣禮鴻氏《敦煌變文字義通釋》中“所由”乃“吏人的名稱”之說，同時《通釋》稱“所由一名較早見於陳時”，《札記》則引《魏書》《梁書》證實此語乃“南北朝時所習用”。365 頁既肯定日本宮川尚志氏《六朝史研究》一書考訂中正制度“頗為詳贍確切”，又在涉及該書所附歷代中正年表時指出訛誤多處。338 頁表示在為馮承鈞氏“詳盡精確”之《高昌事輯》一文拾遺補缺，但也指出該文注二十引洛陽出土“前部王故車伯生息妻鄯月光墓銘”，奪一“妻”字，將鄯月光由伯生兒媳當成兒子，存在訛誤。

本書的第三個特點就是在上述兩特點的基礎上，本着“實事求是”的精神，提出的見解，所作的考證，許多是精審確當的。

1. 十二史中有許多當時俗語，後來逐漸失傳，古今字書、辭書中往往不載，今天一般人讀來更是似懂非懂，不能知其確切意思，從而影響了對史料之深入了解。《札記》皆詳為考證剖析。如 12 頁“設”指飲食，“設主人”猶今言作東道請客。50 頁“定見”猶簿籍之類。197 頁“作佞”猶今拍馬。205 頁“經過”猶今訪問、交往。237 頁“次第”猶今有辦法、有把握。373 頁“反故”乃指廢紙等。又如 14 頁一個“家”字，既引王利器氏文章，證“家猶人也”；又進一步聯繫州家、郡家、台家、兵家、軍家、詔家、官家、國家，一一剖明其義。其中如官家，還有力駁斥了關於此詞源於“五帝官天下，三王家天下”之附會。

2. 對古代一些制度、地理、姓氏、名物、雜伎樂舞等作了考證，為深入研究歷史規律掃清或減少障礙。如 166 頁主“共射”（合射）當即儒生“揖讓升降以行禮”之“博射”（騎馬則叫馬射），而與真正習武射箭不同。並論證博射、馬射的程序、制度，引庾信賦描述其“鐘鼓震地，埃塵漲天”的場面。220頁考證了漢魏以來皇帝、貴族射雉之制，引劉敬叔《異苑》等有力駁斥晉室過江“射雉乃廢”說，又用具體資料揭露射雉之奢侈浪費，幫助我們從一個方面了解統治集團之腐化，以及為何歷代皆有臣子對此進諫之故。307頁詳盡考證中山、鄴、信都三城在北魏地理上、經濟上的重要性。175頁細緻地揭出了由漢代至南朝禮法大族婚姻不論行輩的風氣。315頁論述了北朝官吏考績制度，並與唐代作了比較。甚至370頁連門亭長這樣的小吏，因為自漢迄晉宋多見，也彙集資料介紹其制度、任務。

3. 對歷史上一些重大事件、人物提出自己的觀點、見解。如100頁以對待民族矛盾之態度與措施來評論東晉人物，否定了王敦，肯定了桓溫、劉裕。然對劉裕又指出他北伐雖符合當時人民利益與願望，而作為地主階級政治家，“個人篡位野心驅使其入關中後匆匆南返，終於違反人民意願，放棄關中”，使之重為少數族統治。此外，還認為至梁武帝蕭衍時南北對立之矛盾性質已經轉化，主要已非民族鬥爭，而屬封建政權之間鬥爭。全都遵循了具體情況、具體分析之原則。317頁則從堅持孝文帝建都洛陽之方針，注意發展經濟，擴大疆域，統治遠較齊末昏暴之主為穩定的角度，有說服力地肯定了北魏宣武帝元恪之功業，而批判魏收將他比為兩漢元、成、安、順四帝是“擬人不倫”。159頁又透過《宋書》卷五一《臨川烈武王道規附劉義慶傳》“以世路艱難，不復跨馬”字句表面，揭示了劉宋統治集團內部鬥爭之激烈。342頁則用關於拓跋氏早年婚姻關係雜亂之精審考證，推定北魏崔浩招禍之導火線確在所修國史“備而不典”上，補充了近四十年前作者自己的修國史乃招禍之

"近因"說。[1] 而就考證之說服力言，似超過了其他學者以及作者自己當年關於招禍之根本原因的種種推論。

總之，《札記》包羅繁富，不但於治魏晉南北朝史，即便對其他各階段古代史之研究，也甚有裨益或啟發性。甚至如年代相隔比較遠的西周銘文，像"令鼎"上之鄉射，"噩侯鼎"上之"鄉王射"[2]，以及《儀禮》中之鄉射禮、大射儀，如讀了 166 頁之"博射"，增加一些後代感性材料，對理解它們恐怕也會有所幫助的。此外，從《札記》中，文學、語言、藝術、舞蹈、音樂、民俗、哲學之研究全都可從不同角度不同程度地吸取營養。

當然，書中也有一些可商榷之處，如 440 頁稱《宋書》中之"外監""似掌軍需"。然《南史》卷十八《趙倫之附伯符傳》明言"先是外監不隸領軍……至此始統焉"。而領軍正是"管天下兵要"的。[3]《南史》卷七七《恩幸傳・序》更說"外監，領器仗兵役"。《札記》失引，故用"似"字。207 頁釋"與手""猶言毆打也"，但它還有"殺害"之意，[4] 如能補上，則更貼切。又有一類條目，如 175 頁婚姻不論行輩，但考證其風氣，而未進一步分析、揭示所以如此之原因，令人終有不滿足之感。不過，這些疏略，和全書之淵博、精審相比，是居於很次要之地位的。

---

1 周一良：《魏晉南北朝史論集》，中華書局，1962 年，第 118 頁。

2 鄉字，郭沫若氏釋"合"，見《兩周金文辭大系圖錄考釋》第六冊，科學出版社，1957 年，第 30 頁；楊樹達氏釋"會"，見《積微居金文說》卷一，科學出版社，1959 年，第 1 頁。

3 見《梁書》卷四二《臧盾傳》、卷二四《蕭景傳》。

4 見王鳴盛《十七史商榷》卷六一。

評田餘慶著《東晉門閥政治》*

一部史學著作不但需要有宏觀方面的理論概括和創造性見解，而且需要有微觀方面的嚴謹處理與史料的細緻考證和巧妙運用。前者欠缺，後者便易流於餖飣、煩瑣；後者單薄，前者又會失之空洞、缺乏說服力。田餘慶先生的《東晉門閥政治》是宏觀與微觀兩者有機結合的一個典範。

一

作者在自序中說：所謂門閥政治，“是指士族與皇權的共治，是一種在特定條件下出現的皇權政治的變態。它的存在是暫時的；它來自皇權政治，又逐步回歸於皇權政治”。“嚴格意義的門閥政治只存在於江左的東晉時期。”這是本書的核心思想，也是它的主要理論意義所在。

自秦統一六國，建立君主專制制度後，就開始出現皇權政治，從此一直延續了兩千多年。在理論上，皇權至高無上。體現在制度上，便是全國任何重大政務，未經皇帝首肯、批准，便不能決定、執行。所以作者指出：“不但宗族力量處在皇權控制之下，而且一

* 原載《歷史研究》1993 年第 1 期。

切其它力量都處在皇權控制之下，不可能與皇權平行，更不可能超越皇權。”（第 340 頁）

在中國歷史上，雖然絕大多數情況下皇帝能基本掌握大權，推行皇權政治；但在特定條件下，也會出現其他政治、社會力量平行於皇權，以至超越皇權的現象。以上兩種情況互有聯繫。由於皇權至高無上的觀念深入人心，所以在實際社會中，絕大多數皇帝，包括很大數量的駑鈍之才，也可以推行或維持皇權政治。一些政治、社會力量，在特定條件下儘管控制皇權、覬覦皇權，仍然不敢不打着皇帝旗號，“假皇帝之名行事”。他們的權力，來自皇權政治，“只是對皇權的竊取，而不是對皇權的否定”（第 340 頁）。

然而，以上兩種情況又有區別。一個是理論上、制度上的皇權或皇權政治，一個是實際中的皇權或皇權政治。不能因為理論上、制度上皇權至高無上，就認為實際社會中也全都如此；也不能因為在特定條件下，皇權受人操縱，就認為皇權政治已被否定。只要社會經濟基礎不變，皇權政治始終起着支配作用。斷定門閥政治是“皇權政治的變態”，它體現了理論上、制度上皇權、皇權政治，與實際社會中皇權、皇權政治的辯證關係。

長期以來，史學界探討魏晉南北朝史，也往往使用“士族（或貴族）政治”這一概念。對它與皇權政治的關係，有兩種理解。一種認為二者角度不同。士族政治是就官吏主要成員的來源及推行主要代表士族階層利益的政治而言，皇帝是他們的總代理人，彼此利益一致；而皇權政治則是就國家的根本政治制度實行君主專制，一切政治、社會力量都處在皇權控制之下而言。所以二者互不排斥。如果這樣理解，與本書主旨沒有衝突。另一種理解是，推行士族政治代表士族利益，是與皇權利益對立的，從而限制、否定了皇權政治。如果這樣理解，除將竊取皇權作否定皇權，在理論上有扞格之處外，還有一個問題，即士族參與政權，推行有利於自己的政治，究竟到甚麼程度算是士族政治，否定了皇權政治？如果只要是士族在政權中發揮作用，不論大小，一概看成士族政治，是不是太泛而不嚴謹呢？

而本書則不同。它認為皇權政治是秦漢以來"中國古代歷史的常態"（第 270 頁），其他政治都是變態，是暫時的、過渡的。就士族政治或門閥政治而言，"嚴格意義的門閥政治只存在於江左的東晉時期"。標準就是這一時期門閥士族勢力"平行於皇權或超越於皇權"（第 341 頁）；"控制皇權，操縱政柄"（第 264 頁）。以此衡量，前於此的三國西晉不是，後於此的南北朝也不是。

二

為了探討門閥政治，本書對東晉幾家大門閥士族的淵源、經濟基礎、文化面貌，特別是與皇權之間和相互之間的關係，從不同時期的發展演變上作了富於創造性的論述。歸納起來，這些論述主要是就"民族矛盾十分尖銳這樣一個外部條件"下（第 358 頁），圍繞建立並維持"祭則司馬，政在士族的政權模式"（第 6 頁）這一門閥政治特點展開的。

（一）尊奉皇權，控制皇權

士族政治自琅邪王導、王敦與僑姓士族拉攏南方士族，擁立司馬睿為帝，出現"王與馬，共天下"諺語時基本形成，其後雖經庾與馬、桓與馬、謝與馬共天下而始終不變。

南渡之初，其所以必須尊奉司馬睿為帝，除了歷史上形成的王與馬的特殊關係外，主要因為司馬睿具備有利條件。在西晉滅亡之際，武、惠、懷、愍諸帝已無合法繼承人，司馬睿雖是疏屬，畢竟仍是宗室，這是他優越於其他任何士族的地方。在北方胡族的強大壓力下，門閥士族只有尊奉司馬睿為帝，才有可能在江左建立新王朝，保護自己岌岌可危的政治、經濟利益。另一面，其所以必須控制皇權，自然同樣出於門閥士族的家庭利益。因為司馬睿只是西晉皇室疏屬，“在晉室諸王中既無威望，又無實力，更無功勞”（第341頁），全靠門閥士族扶持方得登上皇帝寶座。司馬睿即帝位，命王導升御牀共坐，這在歷史上並無先例可援。他作出這種姿態，正是門閥士族控制皇權具備可能性的有力證明。雖然王導力拒，但門閥士族平行或超越皇權的氣勢已經造成，“王與馬，共天下”之諺由此而起。以後又經潁川庾亮的進一步努力，東晉的門閥政治才最後鞏固了下來。

尊奉皇權、控制皇權，是不可分的策略。不尊奉皇權，江左沒有重心；而不控制皇權任皇權伸長，也就無所謂士族門閥政治。只有二者結合，方可使“祭則司馬，政在士族”這一對門閥士族最有利的政權模式得以建立和維持。

（二）門閥士族之間的聯合與牽制

門閥士族之間的聯合是為了保持皇權與士族的平衡，使“政在士族”；牽制則是為了保持士族之間的平衡，使“祭則司馬”得以存續。

陳寅恪先生高度讚揚王導功業，着眼點只在南渡之初南北士族的聯合，共奉東晉王室，而於後來僑姓士族之間的聯合與牽制的重要性則沒有涉及。其實，對南方士族加意籠絡，只有東晉建國前後最為迫切。但是，自孫吳滅亡起，經過西晉三十多年統治，江東士族的力量畢竟不大。所以等僑姓士族在江東逐步立穩腳跟後，南方士族的分量便日益減輕。僑姓士族之間的聯合與牽制，便成為關鍵的問題。本書用大量篇幅着力論述的，正在這一方面。

王敦第一次起兵，反對晉元帝伸張皇權，涉及的是能否維持皇權與士族的平衡問題，僑姓士族包括王導及部分南方士族全都支持，所以勝利了。這便是聯合的作用。王敦第二次起兵，由於矛盾已轉化為是否還要維持"祭則司馬"的局面，涉及士族之間的平衡問題，因而遭到門閥士族包括王導的一致反對，所以失敗了。這便是牽制的作用。"說明司馬氏皇權也不容任何一姓士族擅自廢棄。"（第 343 頁）其後，晉明帝重用宗室諸王及外戚，希冀復振皇權終成泡影；庾亮居上游荊州思廢王導、壓倒其他士族、獨攬大權，亦遭挫敗，門閥士族採用的就是上述手段。淝水戰後，"皇權有振興之勢"（第 263 頁），其原因除了門閥士族腐朽不堪外，也由於他們不能堅持聯合以抵制皇權的伸張。

（三）牢牢掌握軍權 —— 士族專兵

這是建立並維持"祭則司馬，政在士族"這一政權模式的實力基礎，也是"東晉門閥政治特點之一"（第 213 頁）。主要表現為：

第一，牢牢掌握以荊州、江州為中心的長江上游軍權。最早專兵的是王敦。後來相繼主要為陶侃、溫嶠、庾亮、庾翼、王允之、庾冰、桓溫、桓沖、殷仲堪、桓玄等。除陶侃門第有些特殊外，其餘無不為門閥士族。等到桓玄失敗，江州、荊州先後落入次等士族劉裕手中，門閥政治也就接近尾聲。

第二，牢牢掌握以京口、廣陵為中心的長江下游軍權。京口重鎮的形成為時略晚，最早經營者為郗鑒。他在王導支持下吸引流民，利用流民帥建立京口重鎮，控制三吳，箝制上游，拱衛建康。繼郗鑒鎮京口者，很長時期內也無不為門閥士族。及至東晉末年京口、廣陵軍權先後為次等士族劉牢之、劉裕所奪；就和失去上游軍權一樣，門閥政治不久也就畫了句號。

值得注意的是，本書反復強調，士族專兵控制上下游，以及與有兵的流民帥又聯合又鬥爭（第 138 頁），其目的與作用主要不是對外，而是對內。上游諸州的"楚江恒戰，方城對敵"，只出現於東晉初年短暫時期，後來便主要轉化為"居上制下"的形勢（第 115 頁）。至於京口重鎮從開始經營其職能便"主要不是對外，而是對內，起着防備上游以穩定建康的作用。……即令是在謝玄創建北府兵和淝水之戰前後時期，京口也只是兼有外鎮作用，其主要職能還不是外鎮"（第 96 頁）。甚至為世所注視的多次北伐，"動機雖不相同，但都有以北伐影響江左政治形勢，增益個人威望和門戶權勢的目的"（第 132 頁）。"專兵"對維護門閥政治的重要性，在這些論述中體現得十分清楚。

以上三個問題互相關聯，不可或缺。否則就不能體現"祭則司馬，政在士族"這一士族門閥政治的總特點。

三

一部膾炙人口的文學作品，不僅僅要有格調極高的主題思想，還必須通過高超筆觸，對無數細節進行細膩描繪，然後各種類型人物方能栩栩如生，作品方能具有強大感染力。史學著作中史料的考證、運用，細節的安排、分析，對全書的作用，一定程度上可以說有些類似。本書在這一方面功力很深，精彩的論述迭出不窮。

例一：第 199 頁稱，陳郡謝鯤過江後，死葬建康城南"塚墓相亞，不可識別"的石子岡。這條材料，僅講葬地，看似平常，卻使在十分重視擇地為塋的東晉社會裏陳郡謝氏乃"新出門戶"之說，多了一條有力旁證。第 226 頁引《尚書故實》記謝安死後，"墓碑，樹貞石，初無文字，蓋重難製述之意"。這條材料，僅講墓石，一般也不會被人留意，而作者用在此處，巧妙地反映了淝水戰後謝安深受皇權壓抑的困難處境。第 141 頁發現《世說新語・人名譜》等書所列譙國龍亢桓氏，由東漢桓榮至東晉桓彝、桓溫世系，十世中獨缺第六世名諱，經過旁徵博引，推定其人為死於曹爽嘉平之獄，為司馬氏所誅的大司農桓範，從而為譙國桓氏儘管源出東漢高層世家大族，在司馬氏晉代卻不為時人所重，找到合理的解釋。上述幾條史料運用的特點是由小見大、由微顯著。

例二："王與馬，共天下"，這是治東晉史所津津樂道的史料。但如進一步深究，為甚麼是琅邪王氏，而不是別的大士族與晉元帝司馬睿"共天下"？這個問題過去似乎無人留意。而本書卻提出並由此展開對有關史料、細節的考證、分析。得出的具體結論：1. 晉元帝司馬睿原為琅邪王，自其祖父起就與國內望族琅邪王氏交好、聯姻，相互利用。這是"王與馬，共天下"的歷史基礎。2. 西晉末東海王越與琅邪王衍在洛陽的政治結合，派生出司馬睿與王導在徐州的政治結合。這是"王與馬，共天下"的前奏。3. 在琅邪王氏策劃、推動下，經東海王越委派，司馬睿南渡長江，進而建立東晉，這才正式形成"王與馬，共天下"的格局。通過以上三點，便找到了門閥政治為何會從"王與馬，共天下"開始的歷史淵源，同時後來東晉歷史上某些問題或細節，如“不與劉、石通使”，或太原王氏中的王承一支為何顯於江左（第 259 頁）等，也可不同程度地由此得到解釋。

例三：對高平郗鑒生平事績的探討，古今史家多不注重。王夫之雖說了一句“東晉大臣可勝大臣之任者，其唯郗公乎”（第 73 頁），然無具體分析。本書鉤沉索隱，弄清了治晉史者多未留意的一些問題。郗鑒乃流民帥身分，但又“門第條件初備，氣質出眾，足以出入門閥士族政治之中”（第 49 頁）。其第一功是與晉明帝密謀徵流民帥入援京師，討伐王敦；第二功是與庾亮一起，反對和勸阻陶侃由荊州起兵，順流下建康廢王導之謀；第三功是反對庾亮由荊州起兵，順流下建康廢王導之謀；第四功是經營重鎮京口。並通過一系列考證，論述了京口在穩定東晉門閥政治中的重要戰略地位。由於郗鑒多次促成各種勢力由不平衡達到“平衡”，本書評價說：“東晉朝廷得以維持，東晉門閥士族政治格局得以延續，郗鑒起過很大的作用。”（第 42 頁）這一結論，由於考證扎實，細節精彩，使得歷來若隱若現、面貌模糊不清的郗鑒，光彩奪目，身價增倍。

值得注意的是，作者在微觀方面的許多努力，並不是主要目的。以郗鑒為例，作者通過史料考證、細節處理，從動態角度爬羅剔抉出郗鑒一項又一項功績，主要目的是通過郗鑒這種作用，加上用同樣方法探討出的其他士族類似作用，概括了門閥政治中士族之間又聯合又牽制，以維持各種勢力平衡的特點，進而體現出“祭則司馬，政在士族的政權模式”這一總特點，最後上升到門閥政治乃皇權政治的變態，以及皇權政治乃“中國古代歷史的常態”（第 270 頁）的理論高度。

當然，任何優秀著作也不無可商榷之處。

本書第 6 頁陳亮念奴嬌詞："六朝何事，只成門戶私計"，而將"門戶私計"的政治限定於東晉，這當然是創見。但是，我們今天來理解"門戶私計"，恐怕只應從總的趨勢、規律上把握，至於具體事件、人物，則未必毫無例外。

試以庾、王江州之爭為例。咸和四年(329)，庾亮以激發蘇峻叛亂等過錯，自請出鎮蕪湖。第 114 頁說他"企圖就近控制朝政，以與王導相持"。第 119 頁分析了軍事、地理形勢後又說，這時"庾亮名為藩鎮，實際上卻能夠掌握朝權。王導則被庾亮困死都下，無法動彈"。合觀之，似乎表明庾亮這次自請出鎮，"門戶私計"極深。可是這裏也存在疑點。1. 如庾亮動機確實如此，那麼他首先不能不考慮當時晉成帝只有 8 歲，出鎮後把他全交給王導，如果王導假成帝之名壓制自己，豈不十分被動？其次他還得考慮出鎮蕪湖究竟有多少軍事上、地理上的優勢可言？當時下游京口有郗鑒，上游荊州有陶侃，江州有溫嶠。郗鑒與王導交好，陶侃與自己積怨頗深，溫嶠雖"欽重"自己，然素"忠誠"頂多守中立，而豫州兵力又不強，王導還有執政朝廷的優勢，衡量全局，儘管蕪湖密邇建康，要說出兵指向建康，又談何容易，又如何能將王導"困死"。2. 說庾亮居蕪湖而"掌握朝權"，似乏依據。因《晉書》卷六五《王導傳》"亮雖居外鎮而執朝廷之權"，指的是咸和九年陶侃死去，庾亮取得荊州、江州，鎮守武昌以後的事。當時庾亮實力大增，激發蘇峻叛亂等過錯已被時間沖淡，加上外戚身分，這才略備居上制下、控制朝政、廢黜王導的條件。而在咸和四年，庾亮遠未具備這一條件，而且剛剛上書表示"求外鎮自效"，豈能轉瞬間即食言，又干預朝政？果如此，便和出入玄儒家風，"風格峻整"的評价相距太遠了。

由於上述疑點難以解釋，所以似乎也有這種可能，即庾亮從整個一生看，固是“只成門戶私計”，但具體到咸和四年則有例外。即他的“欲遁逃山海”或“求外鎮自效”，的確出於內心慚悔以及輿論壓力，而與庾、王之爭“門戶私計”沒有多大關係。本書第106—109頁稱潁川庾氏本儒學士族，由儒入玄是稍晚的事。所以庾亮“具有玄學表現與儒學內涵”的個人素質。如果這個看法不錯，則由於種種因素，在個別時期儒家君臣名分思想佔據主導地位，將門戶之爭暫時淡化，似乎也是可能的。至於他欲起兵廢王導，那是七八年以後的事。咸和四年出鎮時不一定存在這個念頭。這說明歷史上出現的某些偶然性，不必非要從必然性的角度去考慮。

《東晉門閥政治》，田餘慶著，25 萬字。北京大學出版社 1989 年出版，1991 年再版。

我與中國古代史 *

我從事中國古代史的教學與研究工作，純屬偶然。

在中學讀書時，我數學學得不錯，原打算畢業後考理工科。不幸因為家庭發生變故，1946 年高中二年級結業後不得不輟學。一年以後再以同等學力報考大學時，沒有學過高三數學、物理等課程的我，只得選擇了因愛看小說而比較感興趣的中國文學系。同等學力的錄取比例據說是百分之五，我自然對報考名牌大學特別是北京大學，想也不敢想。大學考上了，自己並不滿意。1948 年春來到北平，由於特殊原因，先是在華北文法學院借讀，秋後又轉為正式生。1949 年北平解放，不久我便走上了工作崗位，到過農村，下過部隊。到這時為止，我對中國古代史還是很陌生的，有關知識也極淺薄（僅在大學裏學過一點點）。用“一窮二白”去形容，決不過分。然而命運卻注定要把我與中國古代史拴在一起，拴一輩子。1954 年，由於某種機遇，我被調到北大，先在法律系輔導、講授中國政治、法律制度史，開始部分涉及中國古代史；後轉歷史系，從此便專門從事中國古代史的教學、研究工作，直到今天。

四十多年來，原本“一窮二白”，後來一直也沒有得到機會脫產學習、進修的我，其所以在中國古代史工作崗位上未遭淘汰，還

* 原載《學林春秋》二編下冊，朝華出版社，1999 年。

能基本上完成任務，靠的便是北大學術氣氛的熏陶，而主要通過自學的形式來實現。在這一方面，我有以下幾點體會。

厚積薄發

在燕園裏很早就流行一個比喻：如果將講課內容比作一杯水，那麼教師本人的學識便應相當於一桶水，方能應付裕如。每當我在輔導、答疑中被同學問得瞠目結舌、背上冒汗之時，便自然而然想起這個比喻。這也就是要求教師厚積薄發。有一次我在圖書館借書，將王鳴盛《蛾術編》之“蛾”念 é，一位老館員委婉地指出我念了別字，當念 yǐ，義同蟻。這“一字師”也再次提醒我學海無涯，自己知識太淺薄了，必須儘快地積累，再積累。

在摸索中，我不斷積累目錄學、文獻學知識。這得力於藏書豐富的北大圖書館者綦多。50 年代的館員個個業務嫻熟，工作認真負責，知無不答；而且教員可以自由出入書庫，十分方便。當我逐漸懂得《書目答問》《四庫全書總目提要》等，以及今人有關論著的價值之後，便以之為指導，將其中所載重要的或我感興趣的書借回閱讀，做卡片、索引，或徑直在書庫中瀏覽序跋等，廣泛增加感性知識。同時也購置一些書，每月總要跑琉璃廠等地一趟，並把它視為極大樂趣。由於有了一些目錄學、文獻學知識，便懂得哪些書該買，哪些書可暫不買。如《漢書》《後漢書》便買王先謙《補注》《集解》本；學術筆記首先買《廿二史考異》《廿二史札記》《十七史商榷》；《周禮》買孫詒讓《正義》本；《儀禮》買胡培翬《正義》本；《禮記》買孫希旦《集解》本；諸子則主要買世界書局的《諸子集成》本等。這些書都對豐富我的知識起了重要作用。不過，坦白地說，改革開放以前，和許多教師一樣，對一些大部頭的書籍如二十四史、“四書”“五經”等，是沒有時間，也沒有條件(包括“白專”帽子的威脅)像前輩學者當年那樣系統閱讀、鑽研，打下深厚功底的；[1] 就我來說，充其量只不過是通過一般瀏覽，有個大體印象而已。我的學力只能做到：藉助於這個大體印象，加上直接間接利用各種各樣的工具書(如“引得”)、辨偽書、類書，以至內容豐富的學術筆記(如《日知錄》《陔餘叢考》)、論文等，一般能夠儘快了解一部古書的真偽、價值、存亡，到哪裏去查找佚文；或比較迅速地搜集到某一問題的有關資料。舉一例：70 年代初有一位鄰居是北京林學院的老師，他認定我教中國古代史便該懂得查找唐宋時期牡丹栽植的歷史資料，於是便把一外地來信請教他的這個問題，轉託於我。雖然我從未接觸，甚至想都沒想過這個問題，但還是答應了。因為我立即想到《古今圖書集成》中有《草木典》可以利用。後來果然以之為線索找到、整理了一份資料給他，據說回信後對方表示滿意。不容置疑，我的答覆肯定是膚淺的獺祭之作，因為我毫無研究基礎。我舉此例，只是想說明，作為一名中國古代史教師，即使基礎較差，但如果能掌握一定的目錄學、文獻學知識，一旦研究一個課題，需要有關資料，大體上便知道通過甚麼方法，到甚麼地方去查，這對教學、科研都是頗為有用的(如我上課講皇權制度，涉及朝會、常朝，首先去翻秦蕙田的《五禮通考》，以之為線索，擴大資料範圍，便事半功倍)。雖然在這一方面我還遠不能與前輩學者相比，但我堅信必須向這一方向努力。

1　如呂思勉先生曾將二十四史系統讀過三遍，見《蒿廬問學記》，生活・讀書・新知三聯書店，1996 年，第 3 頁。

為了厚積薄發，除了史學知識、基本功外，還需懂得一些與之時有聯繫、比較專門的知識。如閱讀先秦兩漢若干文獻和有關論文，音韻學便是一個重要攔路虎。很早我便對它感到頭疼。後來下決心反復學習王力先生和其他先生的一些通俗著作，學會查閱《韻鏡》《七音略》，並懂得了一點基本知識，回過頭再讀有關歷史文獻和論文，涉及某些術語，便不感到那麼神秘莫測了，有時還可以利用它。有一次寫一篇有關門閥制度的論文，為了證明中古"庶族"這個詞可能演化為"素族"，作為證據之一，便從音韻學上考證出審母三等字"庶"，和心母一等字"素"，在魏晉南北朝時期有時可以相通，從而加強了論點的說服力。

官制和歷史地理知識更為重要。錢大昕曾說："予嘗論史家先通官制，次精輿地，次辨氏族，否則涉筆便誤。"他還批評《南史》《北史》作者李延壽"似未通南北朝官制，故諸傳刪省（按：指刪略《宋書》《魏書》等八書為南北史），多未得其要領"。[1] 關於官制和氏族，因為篇幅關係，茲從略，此處只想談一下我是如何積累歷史地理知識的。如所周知，歷史地理變化多端，難度很大。為了對它多少能有所掌握、有所利用，除了閱讀當代權威論著（如譚其驤、侯仁之、史念海諸先生的文章）外，我還大體瀏覽了《尚書・禹貢》（參考胡渭《禹貢錐指》）、《漢書・地理志》（用王先謙補注本）、《水經注》（用楊守敬等《水經注疏》本，參考趙一清《水經注釋》，對照楊守敬《水經注圖》）三大經典。特別是《水經注疏》，1988 年以前只有北京科學出版社 1957 年的影印本，共三大函，很笨重，從圖書館借閱需定期歸還，用起來很不方便。於是我便將疏文某些重要

1　分見《廿二史考異》卷四〇、卷三六。

部分，轉抄在我的國學基本叢書本《水經注》的相關注文下。因為後者是小 32 開本，每頁天地有限，為了多抄些，只得寫成蠅頭小字，再不夠便貼上小紙條。每頁看上去小字密密麻麻，紙條錯錯落落。如今有了段熙仲點校本，已經不用它了，但偶爾翻閱，一方面驚詫自己當年怎麼會下這笨工夫；另一面心中也有一種欣慰感：在不斷“階級鬥爭”的縫隙中，我沒有浪費自己的青春。有了一點歷史地理知識，在教學、科研中便主動多了。如在一篇文章中我肯定晉武帝的民族政策，於是便不得不探討當時西北地方綿延十年的鮮卑樹機能反晉活動，其性質究竟是甚麼。很長時期以來，人們都把它看成是少數民族起義，而我主要藉助歷史地理知識、《水經注》知識，經過反復考證，得出的結論是：樹機能的反晉活動是叛亂而不是起義，是非正義的，從而使我的基本論點站住了。很清楚，評價晉武帝民族政策本是政治史論文，但如果沒有歷史地理知識，說服力便會大打折扣，甚至論點根本無法成立。

此外，我的體會是，文字學、訓詁學、考古學、天文曆法、科學技術、中外交通、文學藝術、哲學宗教等知識，也都需要不同程度地儘可能多懂一些；或一旦教學、科研中涉及這些問題，出了麻煩，立刻會到有關書中去查找答案。為此，又必須學習、掌握外文，增大信息量。我在 60 年代學的日文，儘管只能勉強看業務書，也在擴大知識面上派上用場。當然，前面強調要學習的各種知識，或許其中有些在中國古代史教學、科研中始終直接用不上，但多少懂得一些卻可使我們對直接用上的知識掌握得更扎實，運用起來更有信心。

《莊子・外物》：莊子對惠子說，“夫地非不廣且大也”，但人所“容足”之處只是一小塊，是不是其他地方都“無用”呢？不是。

他說：如果把除“容足”以外的土地全都挖去，其深“至於黃泉”，則“人（所容足之地）尚有用乎？”惠子答曰無用。莊子說：“然則無用之為用也明矣！”用在知識上也可以說是這樣。看來，未能直接用上的知識與直接用上的知識往往是互相關聯的，就像“容足”之地與其外相毗連土地是一個整體一樣。不能因為直接用不上便不去學它，成為目光短淺的實用主義。沒有直接用上，從總體上看，應該說，也是用上了。清代袁枚在《隨園詩話》卷一中說：“余每作詠古詠物詩，必將此題之書籍，無所不搜。及詩之成也，仍不用一典。常言人有典而不用，猶之有權勢而不逞也。”這正是“無用之為用”的好例。袁枚雖然沒有直接用上這些“典”，但有了這些“典”，心中有恃無恐（“猶之有權勢”當即此意），作起詩來自然便得心應手，運用自如了。

精細讀書

莊子說：“吾生也有涯，而知也無涯。”我國古籍浩如煙海，個人精力有限，自然不可能讀任何一本書都精細，而應像彈鋼琴一樣，有重有輕，有疾有徐。有的很快地大致瀏覽一下序跋目錄，記入卡片備查就可以了；有的，特別是和自己專業或科研課題緊密相關的重要書籍或篇章，則必須精讀細讀，遇到疑點難點，還必須聯繫上下文，甚至查找有關資料，反復琢磨。這樣讀書的好處甚多。

有時可以透過字面，擴大、加深對問題的理解：

如《後漢書》的《百官志》，這是研究中國古代政治制度史者必讀的一篇。此志寫得比較簡略，王先謙《集解》本有助於對某些問題的理解，但如果讀時不精細，仍會把重要內容忽略過去。如在九卿“少府”屬官太醫令、太官令、守宮令、上林苑令之後，緊接着列有侍中、中常侍、尚書令和僕射、御史中丞等，最後說：“右屬少府。本注曰：‘職屬少府者，自太醫、上林凡四官；自侍中至御史，皆以文屬焉。’”

開始我馬馬虎虎地讀，便以為這些官員全歸少府統率、指揮。後來讀書一深入，便發現其中存在一些矛盾難以解釋。如尚書各官至東漢權力日益擴大，以至形成將取代三公為宰相的態勢，怎麼可能聽命於少府呢！再如查劉昭注引蔡質《漢儀》，三公列卿等“行復道中，遇尚書僕射、左右丞郎、御史中丞、侍御史，皆避車，預相回避。衛士傳：不得忤台官。（台官）過後乃得去”。按列卿中自然包括少府，如此則長官要回避屬官，豈不違背禮制了嗎？這些矛盾只有在仔細琢磨“以文屬焉”四字，正確理解其含義後方可得到解釋。原來“以文屬焉”就是“文屬少府”，[1] 它與“職屬少府”不同。“職屬少府”是真正聽命於少府；而“文屬少府”之“文”，是指法令條文之“文”。[2]“文屬少府”是指僅在條文規定上，亦即形式上（包括朝會班次上）、名義上屬少府，實際職務與少府無干。這一制度，西漢很長一個時期似不存在，諸尚書應該和太醫令等同樣“職屬”少府，但後來尚書權力逐漸發生重大變化，其任務已經遠遠超出少府指揮範圍，往往由君主直接過問，而積習難改，尚書品秩一時尚未能提高（如尚書令僅千石之官），不足以撐起獨立機構，於是“文屬”的辦法便出台了。[3] 這樣，通過仔細琢磨，分清職屬、文屬，對

---

1 《通典》卷二一《職官三》。

2 參勞榦《兩漢刺史制度考》，載《勞榦學術論文集甲編》，（台北）藝文出版社，1976 年。

3 侍中、中常侍、御史演變情況與尚書不同，但“文屬”性質則一。其他官府如光祿勛屬官也有“職屬”“文屬”之別。

漢代政治制度這一特色，也就加深了理解。

精讀細讀有時還可以正確掌握原文精神：

如《史記》卷一二四《游俠列傳》有這麼一段話："由此觀之，'竊鉤者誅，竊國者侯，侯之門仁義存'，非虛言也。"

這一段話常被今人引用，作為司馬遷否定儒家仁義思想之強證。過去我也同意這一看法。可是後來我反復閱讀上下文之後，發現司馬遷並非此意。因為在這段話之前他明明說："且緩急，人之所時有也。"並舉虞舜、伊尹等"有道仁人"有時也難免陷於困境為例，證明如能幫助他們，體現仁義思想，具有極大社會意義。所以說："鄙人有言曰：'何知仁義，已饗其利者，為（謂）有德。'"司馬遷是肯定這"鄙人"之言的。因而在"由此觀之"那段話之後及全文中，雖不否認游俠某些行為"時扞當世之文網"，但基本精神仍是肯定游俠"救人於厄，賑人不贍"等（隱隱包含可能"救""賑"像虞舜、伊尹這類"有道仁人"之意），合乎仁義之道，並說"俠客之義又曷可少哉！"這樣，聯繫上下文便可斷定，司馬遷絕無否定仁義思想之意，相反，是在通過這段話肯定游俠，宣揚仁義之行的必要性。然則又如何理解"由此觀之"一段話呢？經過進一步琢磨，我發現原來司馬遷對仁義的理解很樸素，和後來發展了的儒學有所不同，他僅只認為，肯於幫助他人，使之擺脫困境，得到各種利益，這種行為就合乎仁義之道。"竊國者"（如周武王）因為涉及面寬，從其舉事中得到利益的人極多，稱讚這一行動合乎仁義，故被擁為諸侯；而"竊鉤者"因他人沒有得到利益，沒人稱讚他仁義、擁護他，所以一犯法就被殺。"侯之門仁義存"的真正涵義便在於此。這樣理解，和司馬遷在《貨殖列傳》中肯定"人富而仁義附焉"（如陶朱公）、"富者得勢益彰"（如子貢），其精神也是完全一致的。

固然，“竊鈎者誅”等三句話，司馬遷轉引自《莊子・胠篋》，原意確是諷刺、反對儒家仁義之道的，但先秦兩漢學者在發表議論時，常有引前人的話反其意而用之的風氣，甚至還有捏造史實以證明自己觀點的，司馬遷不能免俗，是毫不奇怪的。這樣，“由此觀之”一段話的精神，本來易被誤解，經過反復閱讀，也就不難正確掌握了。[1]

精細讀書有時還可以發現原書及其注疏中的錯誤：

《資治通鑒》卷一三九：南齊鬱林王即帝位，與大臣蕭鸞矛盾尖銳。支持鬱林王的杜文謙敦勸鬱林王的寵臣綦毋珍之，趕快聯絡掌兵權的人先下手為強，“勒兵入尚書，斬蕭令”，“若遲疑不斷，復少日，錄君稱敕賜死（胡三省注：鸞錄尚書事，故稱為錄君），父母為殉，在眼中矣”（以上依古籍出版社 1956 年版、1957 年第二次印刷，今人標點）。

然而據《南齊書》，齊武帝臨死遺詔僅以蕭鸞為“尚書令”。蕭鸞“錄尚書事”是在發動政變殺掉鬱林王，擁立海陵王為帝後自封的，則在此之前與鬱林王鬥爭時，何來“錄君”（錄尚書事）頭銜？何況《通鑒》正文杜文謙明明白白說的是“斬蕭令（尚書令）”！胡三省此處讀書不細，注釋出錯，今人標點又受其誤導，將“錄君”作為名詞下屬。其實，正確標點應該是：“若遲疑不斷，復少日錄君，稱敕賜死”云云。這裏“錄”是逮捕之義。綦毋珍之極受寵幸，如蕭鸞奪鬱林王位，必定殺珍之，故杜文謙才以“復少日錄君”這一利害關係打動他，要他先下手。

---

1 以上看法詳參拙作《有關〈史記〉崇儒的幾個問題》，載《國學研究》第 2 卷，北京大學出版社，1994 年。

我就是這樣在可能的條件下通過精細讀書不斷受益的。有時還可以在此基礎上“由此及彼”，發展成科研論文。如上述《史記》卷一二四《游俠列傳》之例，便觸發了我進一步研究的興趣，並成為我後來發表的有關司馬遷崇儒論文的一個重要支撐點。

論從史出　追求新意

從 50 年代過來的人都知道，有很長一段時期，史學界十分強調“以論帶史”，甚至“論”也強調“以階級鬥爭為綱”。那時我在法律系講授中國政治、法律制度史，曾撰寫、不斷修改了幾十萬字的講義，全都體現這一精神。雖然我對史料還是注意搜集的，但僅只為了反復證明權威之“論”的正確。具體說，就中國古代部分言，就是不管歷史上任何時期政治、法律制度發生任何變化，結論都是預定的；其指導思想全都被認定是為了加強鎮壓奴隸、農民反抗的需要，即階級鬥爭的需要。為此，有時還不得不曲解史料。記得有一次討論，我的發言出了格，強調統治集團內部矛盾，便遭到批評。從此，我便被“以論帶史”緊緊箍住。老實說，這樣做，倒也很省心，只要搜羅一些足以說明統治階級殘酷剝削、鎮壓勞動人民的史料，塞入既定框架中就可以了。然而有時也會感到乏味和苦悶，難道科學研究就是這樣不斷重複已有現成的結論嗎？

60 年代初，讀到翦伯贊先生幾篇論文，大受啟發。他反對“把史料硬塞進原則中去作為理論的注腳”，反對“挑選材料只是作為原理原則的注腳”，“用史料去遷就理論”。[1] 這正中我的弊病。他十分強調從具體歷史中概括出結論來。這也就是“論從史出”。如果真能做到這一步，也就必然會有創見，會有新意。改革開放以後，有條件了，我努力追求這一境界。

所謂“論從史出”，如果從廣義理解，也可以把“論”理解為一種看法，則小至一個字、一件事、一項制度等的考證，只要史料確鑿、見解新穎，都應該是“論從史出”。這種“論從史出”，大體也就是清代乾嘉學派的考證，也可以說就是“微觀”。對於史學研究來說，它是決不可少，決不可忽視的。因為古代史料脫漏、錯訛、長期誤解，在所難免。如果不加考證，去偽存真，而是囫圇使用，以之為依據提出宏觀看法來，也許不知哪一天便會像建立在沙灘上的大樓一樣，倒塌下來的。50 、60 年代有些鴻篇巨著，今已很少有人問津，原因之一即在於此。所以對於一些在關鍵問題上的精彩考證，必須給予高度評價，有些考證決不亞於一篇大論文或專著。我自己從來對這類“論從史出”、考證都是十分欣羡的，也曾在這方面做過一番努力，發表過《劉裕門第考》《素族、庶族解》等文章。不過，總的來說，我的興趣還是偏重在探討一些分析性、帶有規律性的問題上。即將“論從史出”之“論”，多從宏觀方面着眼，而把一些微觀考證作為“論從史出”中“史”的組成部分，為宏觀看法服務，力圖大處着眼，小處着手，宏觀與微觀相結合，將宏觀建立在微觀基礎之上。

關於偏重宏觀，古代學者早有類似論述：清初學者劉獻廷在其

1　分見翦伯贊《對處理若干歷史問題的初步意見》《目前史學研究中存在的幾個問題》，載《翦伯贊歷史論文選集》，人民出版社， 1980 年。

名著《廣陽雜記》卷四中說："歷代史冊，浩繁極矣！苟不提挈其綱領，便如一屋散錢，無從着手。"所謂"提挈其綱領"，他指的便是要用史料說明一些"關係重大"的問題，以達到"識古今之成敗是非"的目的。這是很有見地的。我寫專著《兩漢魏晉南北朝宰相制度研究》，便是通過對大量"散錢"即史料的搜集與考證，力圖"提挈其綱領"，探討這一段時期內，在不同客觀條件下，宰相和秘書咨詢官員出現、發展的原因與規律，以及相互之間，並與皇帝三者之間的複雜關係，而不僅限於具體制度的羅列及其變化的介紹。

關於究竟如何大處着眼，將宏觀與微觀相結合，我的體會如下：

第一，需要提高理論水平、理論概括能力。我自己在50年代是十分認真地、自覺地學過一點理論的，如辯證唯物主義與歷史唯物主義、政治經濟學等。原著如《共產黨宣言》《反杜林論》《費爾巴哈與德國古典哲學的終結》《家庭、私有制和國家的起源》等，可以說都是一個字一個字讀下來的。儘管它們的具體內容，後來逐漸模糊了，但它們分析歷史與現實在原則基礎上的靈活性，毫無教條氣息，以及高度抽象概括的方法，卻在我頭腦中不同程度地留下痕跡。使得我對一些辯證、歷史唯物主義的重要觀念，如經濟基礎與上層建築、社會存在與社會意識、個人與人民群眾、必然性與偶然性等的相互辯證關係，能有一個大體的了解與掌握，這便有利於宏觀地把握史料，提高"論從史出"的理論性。

例如我的《陶淵明田園詩產生的歷史、文化背景》一文，聯繫儒家正統文學觀、玄學、門閥制度、江州農業生產狀況、陶淵明宦途失意親自參加一些勞動等因素展開論述，便是以必然性與偶然性的相互辯證關係，必然性通過偶然性體現這一理論觀點為指導來進行的。又如《有關〈史記〉歌頌漢王朝的幾個問題》一文，關於《史記》不可能以批判、反對漢王朝為指導思想的看法，則是以社會存在決定社會意識這一理論觀點為指導，分析司馬遷的家世、教育、仕宦經歷之後得出的。

第二，需要具有比較寬廣的我國古代社會、經濟、政治、思想文化各方面的知識；或一旦涉及這些問題，懂得如何很快查到、了解。其實這也就是前面提到的"厚積"，而且是其中的主體部分 —— 系統的中國通史基礎知識。過去我寫過《略論晉律之儒家化》一文，初稿送周一良先生請教，他便指出：研究晉律和禮、法關係，不能局限於晉代，要"上掛下連，非於通史精熟者不辦"。這對我啟發很大。通過後來教學、科研實踐，我深深感到，如果沒有系統的通史知識，縱使有着很高理論水平、宏觀思維，面對有關課題，也只能是望洋興歎，無從下手；或雖然下手，也不能不是捉襟露肘，主觀地概括出幾句乾巴巴的教條，"以論代史"而已。相反，通史知識越豐富，掌握得越深入細緻，有關史料越嫻熟，進行教學、科研，分析問題，也就越能左右逢源，得心應手。

最近我寫了《〈四書〉傳播、流行的社會、歷史背景》一文，其所以能宏觀地認定主要是"四書"適合宋代以後各王朝力圖以之教育官員及其後備力量一般士人"明天理，滅人慾"的需要，而不是為了毒害廣大勞動人民，正是以具有唐宋之際社會、經濟、政治、思想文化發生重大變化的一些通史知識，以及經學、理學的一點比較專門的知識為前提的。沒有這些知識，便不會了解宋代的新特點，也就不會考慮宋代以後官員、士人思想意識、道德品質的教育，和完備法令制度相比，在鞏固王朝統治上的重要性，已上升到新的高度問題，也就寫不出這篇文章了。當然，我這篇文章的論點是否站得住，是另一問題。我舉此例，只想說明，各方面知識包括通史知識多一些，必然有利於教學、科研中大處着眼，將宏觀與微觀相結合。

順便一說，上面提到理學知識，我還要特別感謝馮友蘭先生的《中國哲學史》，它對我學習哲學史知識幫助極大。這書從30年代版本，到60年代《新編》，再到80年代《新編》修訂本，我全都一一購買、拜讀，有的篇章是反復拜讀若干遍。這是把極難讀懂的哲學史史料，一個字一個字真正讀懂、理解、消化後，概括出來的具有精闢見解，而又深入淺出的一部巨著，是一部高水平的"論從史出"之作。從中國哲學史專家學者的角度，或許對馮先生的某些觀點持有異議，但從我們這一些一般古代史學工作者積累哲學史知識言，則已感到非常滿足。某些囫圇引用史料之作，是絕對無法與之比擬的。所以我還要求我的研究生根據情況有選擇地閱讀這部書。

以上三方面，只是我的體會，即經過摸索，懂得要朝哪個方向去做，實際上我自己做得還很不夠。這也不難理解。如前所述，我原來史學基礎極差，起步也晚。開始一段時間，可以說是不得其門而入；逐漸摸索出一點門徑的過程中，大量旺盛精力又被迫消耗在無謂的"運動""文革"之中。改革開放，好日子到來時，已垂垂老矣，勉力起追，成就畢竟有限。對這個問題，我很想得開，所以把自己的蝸居顏曰"材不材齋"，但與《莊子・山木》的圓滑態度，以及辛棄疾的消極態度不同，[1] 我是現實的、積極的。從我的經歷看，

1 辛棄疾詞《鷓鴣天》："味無味處求吾樂，材不材間過此生。"見鄧廣銘《稼軒詞編年箋注》卷二"帶湖之什"，上海古籍出版社，1978年。

應該說直到 80 年代五十歲時，才真正進入中國古代史“角色”，發表反映自己觀點的文章，的確是“去日苦多”，已太晚了。和功成名就的前輩學者比，成“材”已不可能，要正視這一現實，不怨天，不尤人，要“知命”(“五十而知天命”)；但另一面，我又不甘心陷於“不材”境地，畢竟“天生我材”，總要發揮一些光和熱，所以要奮鬥，要以“材”為目標，儘可能地多出一些成果，不過要心中有數，如果精力不濟，成果有限，也就算了，不必勉強。面對來日方長的中青年學者碩果累累，還有可能著作等身，要為他們高興，為史學興旺發達高興，可能時予以扶掖。要心平氣和，決不要嫉妒、壓制，也不必暗自嗟傷，空耗心力。與其如此，還不如將心力用在學術上，多增加一點成果。這便是我的材不材觀，並以之顏蝸居以自勉。

最後，談一下一些前輩學者對我直接間接的影響與點撥。只舉兩例。

記得 1948 年在華北文法學院兼課的黎錦熙先生，給我們上“中國聲韻學”，第一堂課便宣佈：聽完課，要動腦筋，提問題，有自己的看法。期末考試，“如果完全照我講課的筆記背，一字不錯，別人給你一百分，我給零分！”對慣於死記硬背的我來說，這話無異於一聲霹靂，振聾發聵，以至五十年後黎先生當年說話時的姿勢、神態，記憶猶新。那年期末考試，我才得 65 分，懊惱之餘，更進一步加深了對這話的印象。我這一生，教學、科研在內容、觀點上總力爭有點新意，不願落人窠臼，不能說完全是受黎先生的影響，但他的話對我啟發極大，卻是可以肯定的。

另一位直接給我很多幫助的是周一良先生。我認識周先生是在 1972 年調到歷史系以後，但早聞大名，1964 年已購買、拜讀他的大作《魏晉南北朝史論集》。在與周先生交往，有幸親聆教誨的近三十年中，深感他的最大美德就是真誠：真誠地進行學術研究，真誠地指導研究生、中青年教師（包括我這類由中轉老的教師），真誠地與同事相處，真誠地獎掖後進，而毫無利己的意圖。“其責己也重以周，其待人也輕以約。”他的名著《魏晉南北朝史札記》初稿寫就，徵求意見。我在先睹為快，拼命學習，還抄下一些精彩內容之餘（因當時還不知何時能出版），也提了幾點小意見。如《陳書》卷一九《虞寄傳》“繫馬埋輪”一詞，我以為既非漢代俗語，亦不出於《孫子》，而是源於楚辭《九歌・國殤》“霾兩輪兮縶四馬”。周先生不但表示讚許，而且後來《札記》定稿出版，他還在這一條目下轉述了我的看法，以為“似與虞寄原意較近”。這既反映周先生的謙虛美德，更是對我的激勵、獎掖！十多年前一位已經畢業了的北大同學來信問我“茶”字的梵文讀音與寫法。我哪裏懂？便帶上此信當面請教周先生。他說，多年沒摸梵文，要查一查。過了幾天他給我寫信，做了解答；但又說，為了慎重，還要再去請教季羨林先生（似乎有一段時間季先生正好有事外出）。不久，周先生又來信，並附上季先生給他的信，明確地答覆了這個問題。我便將這些信一並寄給了那位同學，雖然涉及的只是一個“茶”字，對方還是一位從未謀面的青年，周先生仍然分出自己極其寶貴的時間，如此認真負責處理，這一件事，更主要的是體現了周先生一貫平等待人，一片真誠待人的美德。這種美德給我的教育意義更大。當然，我得到周先生學術上的點撥也很多，同樣終生難忘。前面所舉關於重視中國通史掌握問題，即其一。下面再舉一例作為本文的結束。80年代初我的《劉裕門第考》一文初稿，本來只提到陳寅恪先生將魏晉南北朝士族分為三等，自己並無定見。周先生看後認為三等說“陳先生似未伸論”，建議說：“我看士族大致分為高下兩階層較妥。”據此，我又收集資料作了點考證，補充到初稿中去；並且後來一直堅持士族高低兩級之分，追根溯源，實得力於周先生的點撥。

祝總斌先生論著目錄

專著、文集

《兩漢魏晉南北朝宰相制度研究》，中國社會科學出版社，1990年、1998年；北京大學出版社，2017年

《材不材齋文集：祝總斌學術研究論文集》（上編：中國古代史研究；下編：中國古代政治制度研究）（下文簡稱《文集》），三秦出版社，2006年

《材不材齋史學叢稿》（下文簡稱《叢稿》），中華書局，2009年

論文及其他

1.《"八王之亂"爆發原因試探》，《北京大學學報》，1980年第6期（《文集》《叢稿》）

2.《劉裕門第考》，《北京大學學報》，1982年第1期（《文集》《叢稿》）

3.《略論晉律的"寬簡"和"周備"》，《北京大學學報》，1983年第2期（《文集》《叢稿》）

4.《關於漢代御史中丞的"出外"、"留中"問題》，《中國歷史大辭典通訊》，1983年第4期（《文集》《叢稿》）

5.《高昌官府文書雜考》，北京大學中國中古史研究中心編《敦煌吐魯番文獻研究論集》第2輯，北京大學出版社，1983年（《文

集》《叢稿》)

6.《素族、庶族解》,《北京大學學報》,1984 年第 3 期(《文集》《叢稿》)

7.《略論晉律之"儒家化"》,《中國史研究》,1985 年第 2 期(《文集》《叢稿》)

8.《簡評晉武帝在統一全國中的作用》,《文史知識》,1985 年第 2 期(《文集》)

9.《試論東晉後期高級士族之沒落及桓玄代晉之性質》,《北京大學學報》,1985 年第 3 期(《文集》《叢稿》)

10.《西漢宰相制度變化的原因》,《歷史研究》,1986 年第 2 期(《文集》《叢稿》)

11.《晉恭帝之死與宋初政爭》,《北京大學學報》,1986 年第 2 期(《文集》《叢稿》)

12.《一部別開生面的讀史札記 —— 簡評周一良〈魏晉南北朝史札記〉》,《書品》,1986 年第 3 期(《文集》)

13.《評晉武帝的民族政策 —— 兼論匈奴劉猛、鮮卑樹機能反晉之性質》,中國魏晉南北朝史學會編《魏晉南北朝史研究》,四川省社會科學院出版社,1986 年(《文集》)

14.《從〈宋書・蔡興宗傳〉看封建王朝的"廢昏立明"》,《北京大學學報》,1987 年第 2 期(《文集》《叢稿》)

15.《試論我國封建君主專制權力發展的總趨勢 —— 附論古代的人治與法治》,《北京大學學報》,1988 年第 2 期(《文集》《叢稿》)

16.《都督中外諸軍事及其性質、作用》,北京大學中國中古史研究中心編《紀念陳寅恪先生誕辰百年學術論文集》,北京大學出版社,1989 年(《文集》《叢稿》)

17.《“律”字新釋》，《北京大學學報》，1990 年第 2 期（《文集》《叢稿》）

18.《關於我國古代的“改法為律”問題》，《北京大學學報》，1992 年第 2 期（《文集》《叢稿》）

19.《評田餘慶著〈東晉門閥政治〉》，《歷史研究》，1993 年第 1 期（《文集》）

20.《馬援的悲劇與漢光武》，《北京大學學報》，1993 年第 2 期（《文集》）

21.《關於北魏行台的兩個問題》，《周一良先生八十生日紀念論文集》編委會編《周一良先生八十生日紀念論文集》，中國社會科學出版社，1993 年（《文集》《叢稿》）

22.《陶淵明田園詩產生的歷史、文化背景》，林華國、鄭家馨主編《北大史學》第 1 輯，北京大學出版社，1993 年（《文集》）

23.《有關〈史記〉崇儒的幾個問題》，袁行霈主編《國學研究》第 2 卷，北京大學出版社，1994 年（《文集》《叢稿》）

24.《魏晉南北朝尚書左丞糾彈職掌考——兼論左丞與御史中丞的分工》，《文史》，1995 年第 3 輯（《文集》《叢稿》）

25.《有關〈史記〉歌頌漢王朝的幾個問題》，袁行霈主編，北京大學中國傳統文化研究中心編《國學研究》第 3 卷，北京大學出版社，1995 年（《文集》《叢稿》）

26.《試論魏晉南北朝的門閥制度》，白壽彝主編，何茲全分冊主編《中國通史》第 5 卷上冊，上海人民出版社，1995 年（《文集》《叢稿》）

27.《略論中國封建政權的運行機制》，馬克垚主編《中西封建社會比較研究》，學林出版社，1997 年（《文集》《叢稿》）

28.《〈四書〉傳播、流行的社會、歷史背景》，《慶祝鄧廣銘教授九十華誕論文集》編委會編《慶祝鄧廣銘教授九十華誕論文集》，河北教育出版社，1997年（《文集》《叢稿》）

29.《〈史記〉導讀》，本書編委會編《中國大學人文啟思錄》第2卷，華中理工大學出版社，1998年（《文集》）

30.《試論我國古代吏胥的特殊作用及官、吏制衡機制》，袁行霈主編，北京大學中國傳統文化研究中心編《國學研究》第5卷，北京大學出版社，1998年（《文集》《叢稿》）

31.《諸葛亮隱居地贅考》，丁寶齋主編《諸葛亮躬耕何處——有關史料和考證》，武漢大學出版社，1998年（《文集》）

32.《我與中國古代史》，張世林主編《學林春秋》二編下冊，朝華出版社，1999年（《文集》《叢稿》）

33.《試論我國古代吏胥制度的發展階段及其形成的原因》，侯仁之、周一良主編，燕京研究院編《燕京學報》新9期，北京大學出版社，2000年（《文集》《叢稿》）

34.《〈史記〉神農氏、炎帝為一、為二說考辨》，北京大學歷史學系編《北大史學》第7輯，北京大學出版社，2000年（《文集》《叢稿》）

35.《正確理解顧炎武八股文取士"敗壞人才"說》，《文史知識》，2001年第2期（《文集》）

36.《論八股文取士制不容忽視的一個歷史作用》，本書編委會編《求是求真永葆學術青春》，河南人民出版社，2001年（《文集》）

37.《試論明代內閣制度的非宰相性質——兼略說明代以前秘書咨詢官員權力的特點》，《文史》，2002年第3期（《文集》）

38.《正確認識和評價八股文取士制度》，袁行霈主編，北京大

學國學研究院中國傳統文化研究中心編《國學研究》第 9 卷，北京大學出版社，2002 年（《文集》《叢稿》）

39.《〈梁書・何敬容傳〉“宰相皆文義自逸”句考釋》，袁行霈主編，北京大學國學研究院中國傳統文化研究中心編《國學研究》第 15 卷，北京大學出版社，2005 年（《叢稿》）

40.《評魏晉宋齊“儒教淪歇”及“近世取人，多由文史”說》，《文史》，2006 年第 1 輯（《叢稿》）

41.《關於魏晉南北朝“棄市”刑為絞刑說》，張金龍主編《黎虎教授古稀紀念中國古代史論叢》，世界知識出版社，2006 年（《叢稿》）

42.《王荊公詩“作賊”說質疑 —— 試探唐宋及其以前指斥詩歌剽竊的標準問題》，袁行霈主編，北京大學國學研究院中國傳統文化研究中心編《國學研究》第 18 卷，北京大學出版社，2006 年（《叢稿》）

43.《董小宛入宮說始於何時 —— 兼略探吳梅村〈清涼山贊佛詩〉的創作意圖》，《北京聯合大學學報》，2007 年第 1 期（《叢稿》）

44.《銅鉦與懸鼓 —— 蘇東坡詩一個“出典”的商榷》，《文史》，2007 年第 4 輯（《叢稿》）

45.《關於朱熹〈答陳齊仲（書）〉》，《中華文史論叢》，2008 年第 2 輯（《叢稿》）

46.《古代皇太后“稱制”制度存在、延續的基本原因》，《北京大學學報（哲學社會科學版）》，2008 年第 2 期（《叢稿》）

47.《戴震的理慾說應該重新評價 —— 試論其對程朱理慾說的歪曲與妄評》，北京大學中國古代史研究中心編《鄧廣銘教授百年誕辰紀念論文集》，中華書局，2008 年（《叢稿》）

48.《史佚非作冊逸、尹逸考》，《文史》，2009 年第 1 輯（《叢稿》）

49.《唐初宰相制度變化原因試探》，《北京大學學報（哲學社會科學版）》，2009 年第 5 期

50.《關於〈紅樓夢〉研究的幾個問題》，朱誠如、王天有主編《明清論叢》第 9 輯，紫禁城出版社，2009 年

51.《從"佛狸"的"佛"字注音說起》，中華書局編輯部編《學林漫錄》第 17 集，中華書局，2009 年

52.《略論朱熹〈戊申封事〉的特色和宋孝宗的度量》，《北京聯合大學學報》，2010 年第 2 期

53.《〈後漢書・黨錮傳〉太學生"三萬餘人"質疑》，《中華文史論叢》，2010 年第 1 期

54.《試論戴震理慾說與其人品之關係》，北京大學歷史學系編《北大史學》第 15 輯，北京大學出版社，2010 年

55.《說宰相》，《文史知識》，2012 年第 1 期

56.《"須"義"面毛"辨：試析〈說文解字注〉》，《文史》，2012 年第 3 輯

57.《試析關於宋孝宗"憎恨"宋高宗的兩條資料》，《中華文史論叢》，2012 年第 4 輯

58.《說"涿"——〈三國志・張裕傳〉的一個考釋》，北京大學歷史學系編《北大史學》第 17 輯，北京大學出版社，2012 年

59.《〈蘭亭集序〉再議》，《中國國家博物館館刊》，2014 年第 4 期

60.《說〈史記〉——兼試論司馬遷〈史記〉的得名問題》，北京大學中國古代史研究中心編《田餘慶先生九十華誕頌壽論文集》，

中華書局，2014 年

61.《關於王通的〈續六經〉與〈中說〉》，《中華文史論叢》，2015 年第 2 輯

62.《東漢士人人數考略》，北京大學歷史學系編《北大史學》第 19 輯，北京大學出版社，2015 年

（李彥楠、季昊亮整理）